Die Ausstellungen stehen unter der Schirmherrschaft
von Bundespräsident Frank-Walter Steinmeier.

Eirene / Pax

FRIEDEN IN DER ANTIKE

HERAUSGEGEBEN VON

ACHIM LICHTENBERGER, H.-HELGE NIESWANDT, DIETER SALZMANN

ARCHÄOLOGISCHES MUSEUM DER

WESTFÄLISCHEN WILHELMS-UNIVERSITÄT MÜNSTER

SANDSTEIN VERLAG

INHALT

PAX ROMANA
Ein Imperium schafft Frieden

FRIEDENSSYMBOLIK
Antike Grundlagen einer abendländischen Ikonografie

ANHANG

Grußwort

Liebe Besucherinnen, liebe Besucher,

Was ist Frieden? Welche Vorstellungen von Frieden gibt es? Wer gewährt Frieden? Wie erreicht man Frieden? Wie bewahrt man Frieden? Diese Fragen stellt die Gemeinschaftsausstellung »Frieden. Von der Antike bis heute«, an welcher außer dem Archäologischen Museum der Westfälischen Wilhelms-Universität (WWU) auch das Bistum Münster, das Kunstmuseum Pablo Picasso Münster, das LWL-Museum für Kunst und Kultur und das Stadtmuseum Münster beteiligt sind. In der Antike beispielsweise glaubte man, die Götter seien diejenigen, die den Frieden hervorbringen. Wie entwickelte sich diese Meinung, und wann und unter welchen Voraussetzungen änderte sich diese Einstellung der Gesellschaft zum Thema Frieden? Es freut mich als Rektor der WWU außerordentlich, dass das Archäologische Museum Sie mit der Teilausstellung »Eirene/Pax – Frieden in der Antike« mitnimmt auf eine Entdeckungsreise, um Antworten auf diese Fragen zu finden.

Wissen mit den Menschen in Münster, aber auch mit der Öffentlichkeit insgesamt zu teilen, ist Teil des Transfergedankens der WWU. Dabei spielen der Botanische Garten und zukünftig auch wieder die drei Museen der WWU – das Bibelmuseum, das Geo-Museum und natürlich das Archäologische Museum, seit mehr als 125 Jahren ein über die Stadtgrenzen hinaus sichtbares Aushängeschild der WWU – eine wichtige Rolle. Die Museen sind eine reale Kontaktstelle zwischen der WWU und der Öffentlichkeit. Noch dazu mitten in Münster sind sie essentiell, um Interesse und Begeisterung für die Wissenschaft zu wecken. Denn unsere Museen sollen Schaufenster der WWU-Wissenschaften und damit Orte des Wissenschaftstransfers sein.

Das Thema »Frieden« ist als Thema für einen solchen Wissenstransfer ein – leider – hochaktuelles. 2012 hat die Europäische Union den Friedensnobelpreis bekommen. Dies war Auszeichnung und Verpflichtung zugleich. Denn auch wenn der Beitrag der Union zur »Förderung von Frieden, Versöhnung, Demokratie und Menschenrechten« die Auszeichnung begründet, ist dieser nicht zwangsläufig dauerhaft und auch nur auf Teile Europas beschränkt. Sich also mit der Frage zu befassen, auf welchen Wegen Frieden ermöglicht und aufrecht erhalten wird, ist heute so aktuell und drängend wie in der Antike, zur Zeit des Westfälischen Friedens, zu Zeiten der Weltkriege und in allen Zeiten dazwischen.

Ich wünsche Ihnen viel Freude bei dem Besuch der Ausstellung!

Prof. Dr. Johannes Wessels
Rektor der Westfälischen
Wilhelms-Universität Münster

Grußwort

Seit seiner Einrichtung im Jahre 2007 hat der Cluster es als eine wichtige Aufgabe angesehen, Themen und Ergebnisse seiner Arbeit auch einer breiteren Öffentlichkeit zu vermitteln. Dies geschieht seither in Vorträgen, Ringvorlesungen, Podiumsdiskussionen und nicht zuletzt auch durch Ausstellungen, die in Kooperation mit Museen durchgeführt werden. Die regionale Öffentlichkeit hat dieses Angebot angenommen und intensiv genutzt.

So ist es kein Zufall, dass der Cluster die im Archäologischen Museum der WWU von einigen seiner Mitglieder entworfene Idee zu einer Ausstellung über »Frieden in der Antike« aufnahm und den Horizont von der Antike bis in die Gegenwart hinein erweiterte. Angesichts unseres Generalthemas »Religion und Politik« gehört die Frage nach der Herstellung und Bewahrung von Frieden wie seiner Gefährdung zu den Kernthemen unserer wissenschaftlichen Arbeit. Nachhaltig ist unserer Gegenwart vor Augen geführt worden: Religionen besitzen in vielfacher Hinsicht eine große Affinität zu Frieden und Gewaltlosigkeit; sie können zur Stiftung von Friedensschlüssen beitragen und Religionsangehörige zur Versöhnung aufrufen. Ebenso sind Religionen aber auch in der Lage, Tendenzen zur Legitimation von Gewalt zu entwickeln und darüber hinaus sogar als Akteur von Gewalt aufzutreten.

Von welchen äußeren Umständen hängt es ab, wie Religionsgemeinschaften jeweils wirken? Welches gewalthemmende oder auch gewaltantreibende Potential liegt in ihnen selbst? Die Auseinandersetzung mit der konfliktmindernden und konfliktverstärkenden Rolle, die Religionen in der Geschichte gespielt haben, kann uns helfen, auch gegenwärtige Konfliktkonstellationen besser zu verstehen. Dabei müssen wir die Verhältnisse der Vergangenheit nicht auf heutige Zustände übertragen. Vielmehr lassen sich auch aus der Differenz zwischen Vergangenheit und Gegenwart weiterführende Einsichten gewinnen.

In einer interdisziplinären Arbeitsgruppe, gebildet aus Vertreterinnen und Vertretern vieler geistes- und kulturwissenschaftlicher Disziplinen, erarbeiteten Mitglieder des Clusters Bausteine zur wissenschaftlichen Analyse des Friedensthemas in Vergangenheit und Gegenwart. Das Archäologische Museum hat die Konzeption für die Ausstellung »Eirene/Pax – Frieden in der Antike« entwickelt und präsentiert sie nun in seinen Räumen. Eine international besetzte Tagung des Clusters, die dem Friedensthema gewidmet ist, wird schließlich in der Woche nach Pfingsten stattfinden.

Ich danke den Mitarbeitern und der Leitung des Archäologischen Museums für den außergewöhnlichen Einsatz bei der Vorbereitung und Durchführung der Ausstellung und wünsche ihr viele interessierte Besucher und eine starke öffentliche Resonanz.

Prof. Dr. Detlef Pollack
Sprecher des Exzellenzclusters
»Religion und Politik«
der Universität Münster

Vorwort

Eine umfassende Ausstellung über Frieden in Europa von der Antike bis heute ist eine große Herausforderung für ein einzelnes Museum, seien die zur Verfügung stehenden Mittel und Räume auch noch so groß. Die Motivation, dieses Thema 100 Jahre nach dem Ende des Ersten Weltkriegs und 370 Jahre nach Abschluss des Westfälischen Friedens in Münster und Osnabrück trotz aller absehbaren Schwierigkeiten anzugehen, war enorm und hat zu einer außergewöhnlichen Bündelung der Kräfte geführt.

In einem einzigartigen Schulterschluss haben sich fünf museale Institutionen in Münster in einer mehrjährigen Kooperation zusammengetan, um der Herausforderung gerecht zu werden. Gemeinsam behandeln das Archäologische Museum der Universität Münster, das Bistum Münster, das Kunstmuseum Pablo Picasso Münster, das LWL-Museum für Kunst und Kultur sowie das Stadtmuseum Münster die große und vielschichtige Geschichte des Friedens. Aus unterschiedlichen Blickwinkeln beleuchtet die fünfteilige kunst- und kulturgeschichtliche Ausstellung das Thema über einen Zeitraum von mehr als zwei Jahrtausenden mit hochrangigen Exponaten aus deutschen und internationalen Sammlungen. Dank gilt dabei dem Exzellenzcluster »Religion und Politik« der WWU Münster, das bei der Ideenfindung und Konzeption beraten und das Projekt von Anfang an begleitet und unterstützt hat.

Jede der fünf Teilausstellungen trägt mit einem eigenen Schwerpunkt und eigenem Blickwinkel dazu bei, ein facettenreiches Bild zusammenzusetzen. Das Archäologische Museum der Westfälischen Wilhelms-Universität Münster widmet sich dabei dem Frieden in der Antike. Denn Frieden als Idealzustand, aber auch die Unfähigkeit, Frieden dauerhaft herzustellen, sind keine modernen Phänomene, sondern lassen sich bis in früheste historische Epochen zurückverfolgen. Zwischenmenschliche Gewalt ist seit der Altsteinzeit archäologisch zu fassen, und auch die ältesten Schriftzeugnisse der Menschheit zeugen von Krieg und von der Sehnsucht nach Frieden.

Die Ausstellung »Eirene/Pax. Frieden in der Antike« im Archäologischen Museum hat sich zum Ziel gesetzt, dieses Thema umfassend darzustellen. Während sich archäologische Ausstellungen immer wieder Krieg und Gewalt im Altertum zugewendet haben, ist diese Schau in Münster die erste, die sich dezidiert mit dem Frieden in der Antike beschäftigt. Es werden Exponate gezeigt, die vm Beginn der Veranschaulichung einer Friedensidee im alten Griechenland bis zu einer Inflation der Friedensbotschaften in der turbulenten Spätantike reichen. Damit wird ein Zeitraum von rund 1 000 Jahren umfasst, und es werden Epochen vorgestellt, die grundlegend für die Ikonografie des Friedens bis zum heutigen Tage sind.

Vieles von den antiken Bildern ist uns auch heute noch sehr vertraut, manches kommt uns bekannt vor, anderes ist uns fremd. Der Zusammenhang von Friede und Wohlstand, wie er in der großartigen matronalen Statue der Friedensgöttin Eirene mit dem Ploutos (Reichtums)-Knaben ins Bild gesetzt wird, spricht uns auch heute noch unmittelbar an, genauso wie die friedlichen Tieridyllen, die Picassos Friedenstaube vorwegzunehmen scheinen, für uns heutige Sinnbilder des Friedens sind. Nicht so einfach zu verstehen ist das Symbol des Botenstabs, des Kerykeion oder des Caduceus, dessen verschlungene Schlangen ein Zeichen für Verhandlungsfrieden sind und der in der Antike wirkmächtiges Attribut der Friedensgöttin ist. Nach den Weltkriegskatastrophen des 20. Jahrhunderts uns weitgehend fremd geworden ist die positive römische Sicht auf den militärisch-kriegerisch erlangten Siegfrieden, verbunden mit der Vernichtung und Zerstörung der Feinde. Damit wird ein Punkt berührt, der ein wichtiges Anliegen der Ausstellung ist. Wir möchten den Besuchern nicht nur den »zuckersüßen« Frieden präsentieren, sondern auch die kriegerische Negation des Friedens und dabei nicht allein die Siegerperspektive, sondern durchaus auch die der Besiegten zeigen und zugleich die offizielle Friedensideologie kritisch in Frage stellen.

Die Ausstellung wurde im Rahmen intensiver Diskussionen und Forschungen im Exzellenzcluster »Religion und Politik« an der WWU Münster und im Institut für Klassische Archäologie und Christliche Archäologie/Archäologisches Museum entwickelt und konzipiert, und sie möchte nicht nur das Thema »Frieden in der Antike« einem größeren Publikum nahebringen, sondern als »Fenster der Wissenschaft« auch aktuelle Forschungen an der Universität einer breiteren Öffentlichkeit vermitteln.

Wir danken unseren Kooperationspartnern in dem Ausstellungskonsortium, dem Bistum Münster, dem Kunstmuseum Pablo Picasso Münster, dem LWL-Museum für Kunst und Kultur sowie dem Stadtmuseum Münster.
Die überaus kollegiale Zusammenarbeit an dem großen Thema hat sich gelohnt. Für institutionelle Unterstützung danken wir dem Rektorat der Westfälischen Wilhelms-Universität Münster und dem Exzellenzcluster »Religion und Politik«.

Großer Dank geht an alle Leihgeber, die mit ihren Exponaten überhaupt erst ermöglichten, das Thema der Ausstellung umfassend darzustellen. Weiterer Dank geht an die Drittmittelgeber und Sponsoren für ihre großzügige Unterstützung.

Ganz besonders sei Prof. Taher Ghalia (Bardo Museum Tunis) gedankt, der der Westfälischen Wilhelms-Universität einen Abguss eines der Reliefs des Gens Augusta-Altars aus Karthago geschenkt hat. Die Erstellung des 3D-Digitaldrucks der Fragmente der Forma Urbis wurde durch die liberale Überlassung der Daten durch das Stanford University Forma Urbis Project ermöglicht. Unser Dank geht dabei an David Koller, Marc Levoy und Jennifer Trimble. Für die Möglichkeit, die polychrome Rekonstruktion des Durchgangsreliefs vom Titusbogen in Rom zu zeigen, danken wir Steven Fine (New York) und seinem Team. Die neue Rekonstruktion der

Eirene des Kephisodot wurde ermöglicht durch die reibungslose Zusammenarbeit mit Hans Effenberger, Form & Abbild, Dresden. Mit der Ausstellungsgestaltung war die Firma nur | design.text, Münster unter der Leitung von Gerd Schossow betraut, der wir für die bewährte Zusammenarbeit herzlich danken.

Ein besonderer Dank geht an die Mitarbeiter des Museumsteams Robert Dylka, Saskia Erhardt, Silke Hockmann und Torben Schreiber, die sich unermüdlich und aufopferungsvoll in die Konzeption und Umsetzung der Ausstellung eingebracht haben. Ohne ihren Enthusiasmus, ihre Ausdauer und Geduld hätte diese nicht realisiert werden können. Individuell möchten wir zudem auch noch Gerd Althoff, Klara De Dekker, Philip Ebeling, Ulla Kreilinger, Monika Nieswandt und Lars Petersen für vielfältige Unterstützung bei der Ausstellung danken. Nicht zuletzt geht unser Dank an das Team vom Sandstein Verlag und Christine Jäger-Ulbricht, die mit großer Sorgfalt und Umsicht die Redaktion des Katalogs ausgeführt hat.

Achim Lichtenberger
Direktor des Archäologischen Museums
der Westfälischen
Wilhelms-Universität Münster

H.-Helge Nieswandt
Kustos des Archäologischen Museums
der Westfälischen
Wilhelms-Universität Münster

Dieter Salzmann
Seniorprofessor am Institut für Klassische
Archäologie und Christliche Archäologie/
Archäologisches Museum der Westfälischen
Wilhelms-Universität Münster

Der Frieden nimmt Gestalt an

IDEE UND VERKÖRPERUNG DES FRIEDENS

Krieg und Gewalt sind allgegenwärtig in der Menschheitsgeschichte. Auch die Sehnsucht nach Frieden ist eine allgemeinmenschliche Konstante, doch bildet sich eine kollektive Vorstellung von Frieden nur langsam heraus. Bereits im alten Orient können wir Versuche registrieren, zwischen Großreichen Frieden vertraglich zu regeln. Auch in der zersplitterten Staatenwelt, des archaischen und klassischen Griechenlands gibt es solche Bemühungen und es lässt sich beobachten, wie Vorstellungen von Rechtstaatlichkeit und Festfreuden sich mit dem Frieden verbinden. Es sind die großen Konflikte wie der Peloponnesische Krieg, die Friedenssehnsüchte in Literatur, Kultur, Religion und Politik in den Fokus rücken die und schließlich zu Vorstellungen eines »allgemeinen Friedens« führen. Der Athener Künstlers Kephisodot hat diesen Gestalt gegeben in dem großartigen Bildwerk der Friedensgöttin mit dem Ploutosknaben, der den aus dem Frieden resultierenden Reichtum verkörpert. *AL*

»Guter Friede«

Friedenssicherung in der frühen Staatenwelt Vorderasiens

HANS NEUMANN

Politische Geschichte und gesellschaftliche Entwicklung im alten Mesopotamien vollzogen sich stets im Kontext und in Auseinandersetzung mit den benachbarten Gebieten Vorderasiens, was eine gegenseitige Beeinflussung in kultureller wie auch politisch-sozialer Hinsicht einschloss. Dies trifft in besonderem Maße auf das 2. und 1. Jahrtausend v. Chr. zu, als Mesopotamien mehrfach sowohl Zentrum und Ausgangspunkt expansiver, weite Teile Vorderasiens erfassender Machtpolitik babylonischer und assyrischer Territorialstaaten und Imperien als auch Drehscheibe eines interregionalen Handels- und Wirtschaftsverkehrs mit einem damit verbundenen Kultur- und Wissenstransfer gewesen ist. Verdeutlicht wird dies nicht zuletzt durch den Vertrag des »guten Friedens« und der »guten Bruderschaft« zwischen dem ägyptischen Pharao Ramses II. und dem hethitischen Großkönig Ḫattušili III. vom 21. November des Jahres 1259 v. Chr. (Kat.-Nr. 1). Dieser paritätische Staatsvertrag in akkadischer und ägyptischer Sprache dokumentiert das Ergebnis einer bis dahin auf Erringung der Vorherrschaft der beiden altorientalischen Großmächte im syrisch-levantinischen Bereich gerichteten, keineswegs immer friedlichen und in der Schlacht bei Qadeš am Orontes im Jahre 1275 v. Chr. kulminierenden Politik, was im Jahre 2002 von Horst Klengel unter dem auf heutige Zustände im Nahen Osten abhebenden Titel »Hethiter und Ägypter – ihr langer Weg zum Frieden« ausführlich gewürdigt worden ist.[1] Der ursprünglich auf einer Silbertafel aufgezeichnete Staats- und Friedensvertrag fixierte unter anderem ein gegenseitiges Nichtangriffsversprechen wie auch die Verpflichtung zu gegenseitigem Beistand gegen Feinde und regelte darüber hinaus den jeweiligen Umgang mit Flüchtlingen aus den ägyptisch bzw. hethitisch dominierten Gebieten. Der Vertragstext war dabei das Ergebnis eines umfangreichen, letztlich auf Interessenwahrung und -ausgleich gerichteten diplomatischen Botenverkehrs und Geschenkeaustauschs, wie dies durch die in Teilen überlieferte Korrespondenz zwischen den königlichen Protagonisten auf beiden Seiten dokumentiert ist.

◄ Abb. 1
Abschrift des frühesten erhaltenen Friedensvertrages der Welt (Kat.-Nr. 1)

Der in seiner Bedeutung kaum zu überschätzende Vertrag zwischen Ramses II. und Ḫattušili III. steht in einer für die Hethiter charakteristischen Vertragstradition, für die über 30 überlieferte Staatsverträge mit Nachbarn vor allem in Anatolien und Syrien beredtes Zeugnis ablegen. Dabei kann allerdings nur der ägyptisch-hethitische Staats- und Friedensvertrag mit Sicherheit als paritätisch bezeichnet werden. Möglicherweise trugen aufgrund bestimmter Formulierungen bereits auch ältere Vereinbarungen mit dem Königreich Kizzuwatna im Südosten Kleinasiens aus der Zeit um 1500 v. Chr. paritätischen Charakter. Ansonsten handelt es sich bei den überlieferten Vereinbarungen in der Regel um Verträge ungleicher Kontrahenten, das heißt, die jeweiligen Partner des hethitischen Großkönigs – seien sie eigenständige Fürsten oder Personengruppen ohne monarchische Herrschaftsstruktur – standen in einem untergeordneten Verhältnis zum Hethiterkönig, sodass es sich bei diesen Verträgen um sogenannte Vasallen- oder Subordinationsverträge handelt.[2]

Mit Blick auf die keilschriftliche Überlieferung des alten Vorderasiens insgesamt müssen die hethitischen Verträge im Kontext einer mesopotamisch-nordsyrischen Tradition von Staatsverträgen gesehen werden, die bis in das 7. Jahrhundert v. Chr. reicht und deren Ursprünge im 3. Jahrtausend v. Chr. liegen.[3] Neben der Fixierung von Bündnisverpflichtungen regelten die Staatsverträge des 3. und 2. Jahrtausends v. Chr. unter anderem die Auslieferung von Flüchtlingen, die Behandlung und Rechtstellung von Einheimischen sowie von Kaufleuten einer vertragschließenden Partei auf dem Gebiet der anderen Vertragspartei sowie die Ahndung von Verbrechen gegen den genannten Personenkreis. Die überlieferten neuassyrischen Staatsverträge aus dem 9. bis 7. Jahrhundert v. Chr. sowie die Erwähnung derartiger Verträge in anderen Quellen belegen, dass zwischenstaatliche vertragliche Vereinbarungen und die vertragliche Absicherung von Loyalitätsbekundungen einen wichtigen Teil assyrischer Herrschaftspolitik darstellten. Sie dienten der territorialen Sicherung des Reiches, bedienten handelspolitische Erfordernisse, regelten Bündnis- und Beistandsverpflichtungen und sicherten die Abhängigkeit sowie die Loyalität gegenüber dem assyrischen König.[4]

Zwar stammen die meisten Staatsverträge Mesopotamiens und Nordsyriens in akkadischer Sprache aus dem 2. und 1. Jahrtausend v. Chr., jedoch zeigen die wenigen überlieferten Beispiele für zwischenstaatliche Vereinbarungen in sumerischer, akkadischer und elamischer Sprache aus dem 3. Jahrtausend v. Chr., dass man bereits in dieser Zeit mit den nicht zuletzt auf Konfliktbewältigung gerichteten Möglichkeiten und Wirkungen derartiger Verträge im Kontext vielfältiger diplomatischer Aktivitäten vertraut war und damit das entsprechende Instrumentarium auch zur Anwendung brachte.[5] Gesellschaftshistorisch verbunden war dies mit den sich in frühstaatlicher Zeit entwickelnden politischen Strukturen und sozioökonomischen Bedingungen im Süden Mesopotamiens in der ersten Hälfte und der Mitte des 3. Jahrtausends v. Chr. und mit der sich daran anschließenden Herausbildung und Konsolidierung von größeren Territorialstaaten in der zweiten Hälfte des 3. Jahrtausends v. Chr., namentlich des vom 24. bis 22. Jahrhundert v. Chr. existierenden Reiches von Akkade und des im 21. Jahrhundert v. Chr. die Geschichte Mesopotamiens und angrenzender Gebiete prägenden Staates der Könige der III. Dynastie von Ur.[6]

Sowohl für die ausgehende sogenannte frühdynastische Zeit um die Mitte des 3. Jahrtausends v. Chr. mit ihrer aufgesplitterten Staatenwelt in Mesopotamien als auch für die Periode der Reiche von Akkade und Ur III lassen sich vielfältige, allerdings je nach geografischen, politischen und sozioökonomischen Rahmenbedingungen unterschiedlich intensiv und spezifisch ausgerichtete interregionale Beziehungen und Kontakte nachweisen. Diese betrafen – von Mesopotamien aus gesehen – im Allgemeinen zum einen den östlichen und südöstlichen Bereich, namentlich Elam und dessen Nachbargebiete im Iran und darüber hinaus, sowie die Region des Persischen Golfes, also Magan, Meluḫḫa und Dilmun, worunter im Einzelnen Teile der Ostküste der Arabischen Halbinsel, das Industalgebiet sowie Bahrain zu verstehen sind. Zum anderen bestanden Kontakte zum Norden, vom nordsyrischen Bereich bis zum osttigridischen Gebiet. Von besonderer Bedeutung war in diesem Zusammenhang der für das rohstoffarme Mesopotamien lebensnotwendige Handelsverkehr, der – insgesamt gesehen – im Laufe des 3. Jahrtausends v. Chr. mit bemerkenswerter Kontinuität erfolgte. Damit untrennbar verbunden war auch ein kultureller Austausch, der sich sowohl in den archäologischen Hinterlassenschaften als auch im Schrifttum jener Zeit widerspiegelt.

Abb. 2
Fragment der sogenannten Geierstele des E'anatum von Lagaš
Der Stelentext berichtet vom ältesten bislang bezeugten Staatsvertrag Mesopotamiens.
Musée du Louvre, Paris, AO 50-2346

Im Zusammenhang mit den Handelsbeziehungen wie auch im Kontext der jeweiligen machtpolitischen Ambitionen gab es natürlich ebenso Kontakte im politischen Bereich, deren Art und Umfang dabei von den (sich im Laufe der Zeit unterschiedlich gestaltenden) politisch-sozialen Verhältnissen in Mesopotamien selbst und in den benachbarten Gebieten bzw. Kontaktzonen abhingen. Insbesondere mit der Herausbildung und Konsolidierung größerer Territorialstaaten in Mesopotamien entwickelte sich ein reger politisch-diplomatischer Verkehr, der in engem Zusammenhang mit den militärischen Unternehmungen der Könige von Akkade und Ur III zu sehen ist. Die Feldzüge gegen die Fremdländer dienten sowohl der Sicherung von Handelswegen und des Zugangs zu den Rohstoffquellen als auch der Ausplünderung fremder Gebiete. Sie waren zudem darauf gerichtet, die (im Einzelnen natürlich fließenden) Grenzen des Reiches militärisch einigermaßen stabil und die Randgebiete möglichst in Abhängigkeit oder zumindest in Loyalität zu halten. Im Zusammenhang mit dieser Befriedungspolitik kam es auch zu vertraglichen Vereinbarungen und zu politisch motivierten Hochzeiten zwischen den Angehörigen der jeweiligen Herrscherhäuser. Auf diplomatischem Gebiet bestand ein reger Botenverkehr, es wurden Gesandtschaften ausgetauscht und Gastgeschenke gemacht.

Mit Blick auf das hier zunächst nur angedeutete politisch-diplomatische Instrumentarium im Rahmen der interregionalen Beziehungen der

Reiche von Akkade und Ur III sei darauf hingewiesen, dass dieses nicht voraussetzungslos seinen Eingang in das politische Handeln der jeweiligen Herrscherhäuser fand. Bereits die Fürsten der sogenannten altsumerischen Stadtstaaten nutzten das ganze Spektrum politisch-diplomatischer Möglichkeiten zur Regelung ihrer Beziehungen und Konflikte untereinander. Davon zeugt nicht zuletzt der sumerischsprachige Text der sogenannten Geierstele (Abb. 2) des Herrschers von Lagaš E'anatum (um 2470 v. Chr.), wonach dieser in der Folge seines Sieges über den Fürsten von Umma jenem eine Grenzvereinbarung diktiert hatte. Der Stelentext in sumerischer Sprache reflektiert damit den ältesten bislang bezeugten Staatsvertrag Mesopotamiens, rechtsgültig bekräftigt durch den Eid des besiegten Herrschers von Umma. Allerdings war der hier dokumentierten Konfliktlösung durch Vertrag nach gewonnener Schlacht keine allzu lange Dauer beschieden, denn bereits einige Jahre später unter den Nachfolgern von E'anatum brachen die Konflikte wieder auf, und Mitte des 24. Jahrhunderts v. Chr. musste sich der König Irikagina von Lagaš (um 2355 v. Chr.) dem Fürsten Lugalzagesi von Umma endgültig geschlagen geben.[7]

Ein weiterer sumerischer Text, eine Bauinschrift auf insgesamt über 40 Tonnägeln aus Badtibira, bezeugt den Abschluss eines Freundschafts-Paktes zwischen Enmetena (um 2430 v. Chr.), einem Herrscher von Lagaš, und Lugalkinešdudu von Uruk mit den Worten: »Damals (haben) Enmetena, der Fürst von Lagaš, und Lugalkinešdudu, der Fürst von Uruk, Bruderschaft geschlossen.« Der mächtige Fürst von Lagaš hatte über Badtibira die Vorherrschaft ausgeübt und nach Ausweis einer anderen Inschrift für den Bau des Emuš, des gemeinsamen Tempels der Gottheiten Inana und Lugal'emuš, Arbeitskräfte aus Uruk, Larsa und Badtibira ausgehoben. Nach Abschluss der Arbeiten wurden diese Arbeitskräfte allerdings wieder von ihrer Dienstverpflichtung befreit, was möglicherweise mit einer eingetretenen Schwächung der Macht des Fürsten von Lagaš in der südwestlich von Badtibira gelegenen Region insbesondere von Uruk zu tun hatte. Dies könnte die Voraussetzung für die hier dokumentierte »Bruderschaft« zwischen Enmetena und Lugalkinešdudu gewesen sein. Die vertragliche Abmachung erfolgte offensichtlich auf paritätischer Grundlage, was wiederum auf die gestärkte Position des Lugalkinešdudu von Uruk dem Enmetena gegenüber hinweisen dürfte.[8]

In den Kontext der macht- und handelspolitischen Auseinandersetzungen der nordsyrischen Staatenwelt um 2400 v. Chr. sind einige den internationalen Verkehr betreffende Texte aus den staatlichen Archiven des nordsyrischen Ebla (Tell Mardīḫ) zu stellen. Die entsprechende Dokumentation zeigt, dass man das gesamte zur Verfügung stehende politisch-diplomatische Instrumentarium im Bereich des interregionalen und zwischenstaatlichen Verkehrs kannte und interessengeleitet zur Vermeidung zukünftiger Konflikte anzuwenden verstand.

In diesen Zusammenhang gehört auch ein zweifelsfrei als zwischenstaatliche Vereinbarung zu charakterisierender Text, der erste seiner Art in der Reihe altorientalischer Staatsverträge (Abb. 3). Der mehrkolumnige Text dokumentiert einen (zum Teil allerdings immer noch schwer verständlichen und an einigen Stellen sogar unklaren) Vertrag zwischen Ebla und Abarsal, der Hauptstadt eines regionalen Fürstentums, das wohl im Bereich des Oberen Euphrat nordöstlich von Karkemiš zu suchen ist, ohne dass wir allerdings die näheren historischen Zusammenhänge kennen. Die vertraglichen Bestimmungen – nach moderner Zählung über 40 Paragrafen – zeigen in der Mehrzahl der Fälle eine bevorzugte Stellung von Ebla gegenüber Abarsal. Nur zum geringen Teil tragen die Bestimmungen paritätischen Charakter.

Abb. 3
Tontafel mit dem Text des Vertrages zwischen Ebla und Abarsal
Die vertraglichen Bestimmungen mit über 40 Paragrafen zeigen in der Mehrzahl der Fälle eine bevorzugte Stellung von Ebla gegenüber Abarsal. Archäologisches Museum Idlib, Syrien, T.M.75G2420

Den einzelnen Vertragsbestimmungen vorangestellt ist eine Präambel, in der es um die Fixierung des jeweiligen territorialen Besitzes geht, was vertragsrechtlich grundlegend war. Es folgen unter anderem Regelungen hinsichtlich der Jurisdiktion der Vertragspartner gegenüber Bewohnern des jeweils anderen Staates, und zwar mit entsprechender Auslieferungspflicht und ausdrücklicher Strafhoheit der jeweils anderen Seite gegenüber deren eigenen Bürgern. Handelsrechtlicher Natur sind Bestimmungen über die Verköstigung von Karawanen bzw. (Handels-) Reisenden sowie über Reisebeschränkungen

Abb. 4 a/b
Tontafel mit dem Text des Vertrages zwischen Elam und dem König Narām-Sîn von Akkade
Es geht um die Bereitstellung von elamischen Hilfstruppen. Musée du Louvre, Paris, Sb 8833

bzw. -freiheiten. Der Vertrag enthält darüber hinaus die Fixierung einer (fern-)handelsrechtlichen Bevorzugung von Ebla gegenüber Abarsal sowie die Zusicherung der Rückkehrsicherheit für Kaufleute beider Seiten. Geregelt wird ebenfalls die Informationspflicht Abarsals in Bezug auf Ebla-feindliche Aktivitäten. Auch die im Vertrag darüber hinaus genannten Bestimmungen und (Straf-)Tatbestände betreffen stets das Verhältnis der Untertanen beider Seiten zueinander sowie die Rechtssicherheit insbesondere von Eblaitern auf dem Gebiet von Abarsal. In diesem Zusammenhang wird weiterhin ein Verbot des (staatlichen) Zugriffs auf das Vermögen von auf dem Territorium von Abarsal verstorbenen Eblaitern verfügt, das eine Erstattung für Begräbnisauslagen der anderen Seite ausschließt.

Das mit den Vertragsbestimmungen geregelte Verhältnis zwischen den Bewohnern von Ebla und Abarsal in der vorliegenden Art und Weise dürfte sich in erster Linie aus den entsprechenden handelspolitischen Aktivitäten beider Seiten hergeleitet haben und sollte eventuelle künftige Konflikte vermeiden, so wie wir es ja zum Teil auch aus späteren Quellen des 2. Jahrtausends v. Chr. kennen. Abschließend heißt es im vorliegenden Vertrag: »So (spricht) der König von Ebla zu Abarsal: [...] All diejenigen, die mit bösen Absichten handeln, wird das Wort des Sonnengottes (sowie das der Götter) Hadda (und) Kakkab, (wenn sie ihrer) ansichtig werden, sogleich umkommen lassen. Für ihre Karawanen, die auf Reise gehen, wird niemand Wasser zum Trinken bringen, verweigernd (zugleich) eine Unterkunft. Was dich betrifft, (falls) du (mit) böse(n Absichten eine) Reise unternimmst, wirst du den Eid gebrochen haben.« Damit wurde der vorliegende Vertrag durch die Androhung göttlicher Strafe für den Fall des Eidbruchs abgesichert.[9]

Etwa in dem historischen Zeitraum, in dem der Vertrag zwischen Ebla und Abarsal entstanden war, kam es in Mesopotamien zu den bereits eingangs angedeuteten politisch-sozialen

Umbrüchen, die sich schließlich in der Herausbildung des ersten größeren Territorialstaates von Akkade unter dem König Sargon (reg. 2340–2284 v. Chr.) manifestierten. In mehreren Feldzügen gelang es dem Herrscher, im Süden bis zur Küste des Persischen Golfes und in östlicher Richtung in das Zagrosgebirge vorzustoßen sowie Nordmesopotamien und Nordsyrien zu erobern. Im Südosten besiegte er Elam im heutigen Iran sowie das nördlich davon gelegene Gebiet von Paraḫšum. Der durch militärische Expansion errichtete Staat von Akkade war jedoch keineswegs stabil. Besonders prekär scheint die Situation in der Regierungszeit des vierten Akkade-Herrschers Narām-Sîn (reg. 2259–2223 v. Chr.) gewesen zu sein, als der König sich nämlich einer gewaltigen Aufstandsbewegung gegenübersah. Der Überlieferung nach benötigte Narām-Sîn ein Jahr, um die Rebellion schließlich in neun Schlachten niederzuschlagen und dem Reich von Akkade seine einstmalige Größe wieder zurückzugeben.[10]

Begleitet und ergänzt wurden die umfangreichen militärischen Unternehmungen der Akkade-Könige durch politisch-diplomatische Aktivitäten. So schloss Narām-Sîn einen Vertrag mit einem elamischen König, dessen Name auf der sich heute im Louvre befindenden mehrkolumnigen fragmentarischen Tafel (Abb. 4) zwar nicht erhalten ist, in dem man aber den König Ḫita von Awan vermutet, was jedoch nach wie vor unsicher bleibt. Der in altelamischer Sprache überlieferte und in Teilen immer noch schwer verständliche Text stammt aus der Stadt Susa in Elam. Mit guten Gründen kann man annehmen, dass der Vertrag in der frühen Regierungszeit des Narām-Sîn aufgesetzt wurde, wobei allerdings die konkreten historischen Umstände nicht klar sind.

Der als Erklärung einseitig vom elamischen König aus formulierte Text beginnt mit der Anrufung einer langen Liste von Schwurgöttern, von denen die meisten – über 25 – im elamischen und fünf im sumerisch-akkadischen Pantheon jeweils im weitesten Sinne zu verorten sind. Inhaltlich geht es dann um die Bereitstellung von elamischen Hilfstruppen, dem wohl eine Sendung mit diplomatischen Geschenken seitens des Akkade-Königs vorausgegangen war. So heißt es im Text unter anderem: »Mein (= des Königs) Feldherr wird den Herrn (von Akkade) vor Feindestaten be[schützen]! […] Seine Gabe(n) wurde(n) empfangen; seine Gaben sollen das (elamische) Untertanenvolk als Bundesgenosse des Narām-Sîn beschützen! […] Böses für Akkade soll mein (= des Königs) [Feldherr] mit dem Heer abwehren, zerschmettern, ein feindliches Volk soll er nicht [schonen]!« Zugleich versicherte der elamische König, keine irgendwie geartete Opposition gegen Narām-Sîn zuzulassen, den Vertrag in jeder Hinsicht zu verteidigen und Standbilder des Akkaders in Ehren zu halten. Die zweifach im Text formulierte entscheidende Aussage lautet: »Narām-Sîns Feind ist auch mein Feind, Narām-Sîns Freund ist auch mein Freund.«[11]

Nach Walther Hinz, dem wir wichtige Bemerkungen zum Verständnis des Vertragstextes verdanken, handelt es sich hier um einen Bündnis-, nicht um einen Unterwerfungsvertrag, was eine Parität zwischen den Vertragspartnern impliziert.[12] Unsicher bleibt, inwieweit der Vertrag zusätzlich belegt, dass Narām-Sîn eine Tochter des elamischen Königs geehelicht hatte, es hier also auch um eine diplomatische Heirat ging. Dass derartiges durchaus im altakkadischen Herrscherhaus Praxis war, zeigt das Beispiel der Prinzessin Tar'am-Akkade, der Tochter des Narām-Sîn, die als Ehefrau des hurritischen Königs Tupkiš von Urkeš (Tell Mawzān) im obermesopotamischen Ḫābūr-Gebiet thronte und gewiss für Stabilität in den diplomatischen Beziehungen zwischen Akkade und dem hurritischen Siedlungsgebiet im Norden sorgen sollte. Ähnliche Intentionen dürften für die Verheiratung einer akkadischen Prinzessin mit einem Angehörigen des Fürstenhauses von Mari am mittleren Euphrat ausschlaggebend gewesen sein.[13]

Nach dem Zusammenbruch des Reiches von Akkade im Verlauf des 22. Jahrhunderts v. Chr. kam es um 2100 v. Chr. im Süden Mesopotamiens erneut zur Herausbildung eines größeren Territorialstaates, des Reiches der Könige der sogenannten III. Dynastie von Ur. Zahlreiche militärische Unternehmungen der Ur-III-Herrscher richteten sich auf die nördlich und nordöstlich gelegenen Grenzgebiete des Reiches. Die Expansionsrichtung und Einflusszonen reichten dabei weit nach Nordmesopotamien hinein. Im Osten gehörte das Gebiet von Elam mit der Stadt Susa zum Ur III-Reich.[14]

Eng verbunden mit den jeweiligen militärischen Unternehmungen wie auch mit weitergehenden militärstrategischen und handelspolitischen Optionen waren wie in der Akkade-Zeit die in den Quellen mehrfach nachweisbaren politischen Hochzeiten. Geografisch orientierte sich die entsprechende Heiratspolitik der Ur III-Könige an den Grenzregionen des Reiches und den wiederum daran angrenzenden Fremdländern, und zwar vom Nordwesten bis in den südöstlichen Bereich hinein. So wurden mesopotamische Prinzessinnen in die Ehe mit ausländischen Fürsten nach Simānum am oberen Tigris nördlich von Ninive und nach Marāaši im südöstlichen Iran gegeben. Weitere Königstöchter wurden mit Herrschern von Anšan und Zabšali – gleichfalls im Iran gelegen – bzw. mit dem König von Pašime, das an der Nordostküste des Persischen Golfes lag, verheiratet.[15]

Diese wie auch andere Beispiele zeigen, dass das Ur-III-Königshaus bestrebt war, mittels seiner diplomatischen Heiratspolitik zum einen die an das Reich angrenzenden Gebiete möglichst an sich zu binden bzw. in militärischer Ruhe zu halten und zum anderen die Rohstoff- und Luxusgüterzufuhr aus den entsprechenden Gebieten abzusichern. Zwar sind uns aus der Ur-III-Zeit keine zwischenstaatlichen Vereinbarungen überliefert, jedoch enthalten die überlieferten Verwaltungstexte zahlreiche Hinweise auf einen regen interregionalen Boten- und Gesandtschaftsverkehr. Bestandteil dieser diplomatischen Aktivitäten dürften gewiss auch Verhandlungen gewesen sein, die zu entsprechenden Verträgen geführt haben, die uns aber bislang noch nicht vorliegen.

1 Klengel 2002.
2 Zu den hethitischen Staatsverträgen vgl. den Überblick bei Müller/Sakuma 2003 sowie Wilhelm 2011–2013 (mit Literatur); zuletzt Devecchi 2015.
3 Zu den keilschriftlichen Staatsverträgen Mesopotamiens und Nordsyriens vgl. den Überblick bei Neumann 2003, Beckman 2006 sowie Eidem 2011–2013 und Parpola 2011–2013 (jeweils mit Literatur), zuletzt Veenhof 2013.
4 Vgl. im vorliegenden Zusammenhang auch den Überblick bei Podany 2010.
5 Zu den (keilschriftlichen) Staatsverträgen als »Mechanismen der Konfliktlösung« bzw. »der Konfliktbewältigung«, gerichtet auf »(vorläufige) Konfliktbeendigung und Vermeidung zukünftiger Konflikte« vgl. Pfeifer 2013.
6 Vgl. im vorliegenden Zusammenhang auch Altman 2004; Altman 2005.
7 Zur Geschichte des Grenzkonflikts zwischen Lagaš und Umma und zu seiner durch den Text der Geierstele bezeugten (vorläufigen) Beilegung vgl. Cooper 1983.
8 Vgl. (mit Literatur) Neumann 2005, S. 9–10.
9 Vgl. (mit Literatur) Neumann 2005, S. 2–9. Der in runden Klammern eingefügte Text dient dem besseren Verständnis der Inschriften. Er steht nicht wortwörtlich im Dokument, ist allerdings aus dem Inhalt zu erschließen.
10 Zur Geschichte und Gesellschaft Mesopotamiens zur Zeit der Könige von Akkade vgl. zuletzt ausführlich Foster 2016.
11 Vgl. Hinz 1967; Koch 2005, S. 283–287; Foster 2016, S. 172–173.
12 Hinz 1967, S. 75–76.
13 Vgl. Foster 2016, S. 22.
14 Zur Geschichte und Gesellschaft Mesopotamiens zur Zeit der Könige von Ur vgl. zusammenfassend Sallaberger 1999.
15 Vgl. Sallaberger 1999, S. 159–161.

Von der Schwierigkeit, Frieden zu finden

Krieg und Frieden im antiken Griechenland

PETER FUNKE

»Krieg ist aller Dinge Vater, aller Dinge König. Die einen erweist er als Götter, die anderen als Menschen, / die einen macht er zu Sklaven, die anderen zu Freien.«[1]

Aus diesen Worten des griechischen Philosophen Heraklit von Ephesos (etwa 550 bis etwa 480 v. Chr.) spricht eine tiefe Erfahrung der Allgegenwart von Krieg als ein bestimmendes Element im täglichen Leben; und es war in der Tat eine überaus konfliktgeladene Staatenwelt, in der sich die Zeitgenossen des Heraklit – wie auch schon ihre Vorgänger und die dann nachfolgenden Generationen – zurechtzufinden hatten. Nach dem Zusammenbruch der machtpolitischen Konstellation im östlichen Mittelmeerbereich am Ende des 2. Jahrtausends v. Chr. hatte sich die mediterrane Oikumene umfassend gewandelt. Ein prägender Faktor dieses Wandels war die grundlegende Neuformierung des politischen Gefüges der griechischen Welt. In weiten Teilen des griechischen Mutterlandes waren an die Stelle weiter ausgreifender Machtbereiche kleinräumige, Poleis genannte Herrschaftsgebilde getreten, die in der Regel über einen urbanen Siedlungskern mit oft auch nur dörflichem Zuschnitt und über eine relativ überschaubare Bevölkerungszahl verfügten. Diese neue Siedlungsform entwickelte sich zugleich auch zu einer neuen politischen Lebensform und bildete den einzigen Bezugspunkt für politisches Handeln: Losgelöst von überkommenen stammesstaatlichen Strukturen wurden die Siedlergemeinschaften zugleich auch zu eigenständigen Bürgergemeinden, die jeweils für sich und ihre Polis innenpolitische Handlungsfreiheit (*autonomia*) und außenpolitische Unabhängigkeit (*eleutheria*) einforderten.

Beschleunigt wurde die Entstehung und Etablierung der griechischen Poliswelt durch die griechischen Migrations- und Kolonisationsbewegungen in der ersten Hälfte des 1. Jahrtausends v. Chr., bei denen sich die Polis als eine besonders gut geeignete Form für Neuansiedlungen erwiesen hatte. Am Ende des 6. Jahrhunderts v. Chr. saßen die Griechen rund um das Mittelmeer »wie Frösche um einen Teich«.[2] Die Welt war größer und doch zugleich auch wieder kleiner und enger geworden. Es war eine griechische

◀ Detail aus Abb. 6

Vielstaatenwelt entstanden, die mit ihren schließlich mehr als 700 Poleis die Anzahl der heute in der UNO vertretenen Staaten um ein Mehrfaches überstieg. Zwar fühlten sich die griechischen Polisbürger – gerade in Konfrontation mit ihren nichtgriechischen Nachbarstaaten – durch gemeinsame Sprache, Religion und Kultur miteinander verbunden, politisch jedoch sahen sie sich einzig und allein ihrer Polis verpflichtet. Gleiches gilt im Übrigen ebenfalls für die Bewohner der griechischen Stammstaaten (*ethne*), die noch bis in die hellenistische Zeit hinein an den Randzonen der Poliswelt fortbestanden und sich erst allmählich durch die Auflösung ihrer stammesmäßigen Binnengliederung und durch die Entwicklung neuer föderaler Strukturen in gewisser Weise an die Poliswelt anglichen.

Das unbedingte Beharren einer jeden Polis auf ihrer politischen Eigenständigkeit bedingte eine grundsätzlich prekäre Stabilität innerhalb der griechischen Staatenwelt – und zwar in zweifacher Hinsicht: Einerseits war in zahlreichen Poleis die Ausgestaltung der inneren Verfassung ein beständiger Streitpunkt, der über Jahrhunderte hin immer wieder zu heftigen Auseinandersetzungen innerhalb der Bürgerschaften führte und sich oft in erbitterten Bürgerkriegen entlud. Bezeichnend ist die Aussage des griechischen Historikers Herodot (etwa 485–424 v. Chr., Abb. 1), dass ein Bürgerkrieg (*stasis emphylos*) um so viel schlimmer als ein einmütig geführter Krieg (*polemos*) sei, wie Krieg schlimmer als Frieden (*eirene*) sei.[3] Andererseits waren die Poleis darauf bedacht, ihre territoriale Integrität nach außen hin zu behaupten und gegebenenfalls auch ihre eigene Einflusssphäre auszubauen, wo immer es möglich war. Dabei erhöhte die räumliche Dichte der Poliswelt die Konfliktbereitschaft und die Eskalationsgefahr, die nur allzu oft in Kriegen endeten, die keineswegs nur auf bilaterale Auseinandersetzungen beschränkt blieben, sondern sich auch zu »internationalen« Flächenbränden entwickeln konnten.

Abb. 1
Porträtherme des Herodot (von einer Doppelherme mit Thukydides)
Gipsabguss, Archäologisches Museum der Universität Münster, Inv.-Nr. A 52

Die Ambivalenz von Krieg und Frieden

Es steht außer Frage, dass das Grauen und die Brutalität von Bürgerkriegen ebenso wie von zwischenstaatlichen Kriegen die Erfahrungswelt der antiken Griechen in einem kaum zu unterschätzendem Maße geprägt haben. Zugespitzt lässt Platon in seinem Spätwerk »Nomoi« (»Gesetze«) den Kreter Kleinias formulieren: »(Die meisten Menschen) begreifen nämlich nicht, dass stets ein lebenslanger Krieg aller gegen alle Staaten besteht. [...] Denn was die meisten Menschen Frieden (*eirene*) nennen, das sei ein bloßes Wort; in Wirklichkeit befänden sich von Natur alle Staaten mit allen ständig in einem Krieg ohne Kriegserklärung.«[4] Es bleibt allerdings problematisch, hieraus mit Bruno Keil den Schluss zu ziehen, dass für die Griechen »Friede eine vertragsmäßige Unterbrechung des naturgemäßen Kriegszustandes, nicht umgekehrt der Krieg eine Unterbrechung des Friedenszustandes« gewesen sei.[5] Auch Heraklits eingangs zitierter Spruch ist keineswegs zwingend als Ausdruck einer alternativlosen Unbedingtheit des Krieges zu lesen. Heraklit sah Krieg und Frieden durchaus in einem ambivalenten Verhältnis zueinander, wenn er sagt: »Gott ist Tag–Nacht, Winter–Sommer, Krieg und Frieden, Sattheit–Hunger.«[6]

Diese Ambivalenz von Krieg und Frieden findet sich schon in Homers Beschreibung des Schildes des Achilleus: Auf diesem ist der Darstellung einer Stadt im Frieden die einer Stadt im Krieg gegenübergestellt.[7] Und im ausgehenden 8. Jahrhundert v. Chr. hat Homers jüngerer Zeitgenosse Hesiod mit eindringlichen Worten gegen Willkür und Krieg das Recht eingefordert: Denjenigen, die »nirgends den Weg des Rechtes verlassen, denen gedeiht die Stadt (*polis*) und erblühen die Bewohner darinnen. Friede (*eirene*) beschirmt die Jugend im Land, und niemals wird ihnen Zeus […] schrecklichen Krieg (*polemos*) bestimmen.«[8] Entsprechend erscheint bei Hesiod Eirene neben Dike (»Gerechtigkeit«, vgl. Kat.-Nr. 4, Abb. 2) und Eunomia (»gut gestaltete Gesetzgebung«) als eine der drei Töchter, die Zeus mit Themis, der Göttin der gerechten Ordnung, zeugte.

Friede galt also bereits in früharchaischer Zeit durchaus als eine alternative und auch anzustrebende Option zum Krieg und nicht nur als kurzzeitige Unterbrechung eines »naturgemäßen Kriegszustandes«. Krieg war auch schon für die antiken Griechen eben nicht »naturgemäß« und alternativlos. Krieg konnte allerdings »unausweichlich« sein,[9] da Rache für verletzte Ehre und erlittenes Unrecht im griechischen Denken tief verankert war und geradezu normativ das Handeln bestimmte. Eindrücklich wird das uns oft so verstörende Wechselspiel von Gewalt, Rache und Vergeltung in der tragischen Dichtung wie auch in der Bildenden Kunst der griechischen Antike thematisiert und zur Darstellung gebracht. Man kann durchaus von einem Zwang zur Rache sprechen, der alles Streben nach Herstellung und Absicherung von Frieden zu einem schwierigen Unterfangen machte. Es bedurfte daher eines mühsamen und langwierigen Prozesses, der sich von den Anfängen der griechischen Staatenwelt bis in die römische Zeit hinein erstreckte, um die anfangs fehlenden Instrumente zur Eindämmung und bestenfalls zur Beendigung von inneren wie auch äußeren Kriegszuständen zu entwickeln, zu erproben

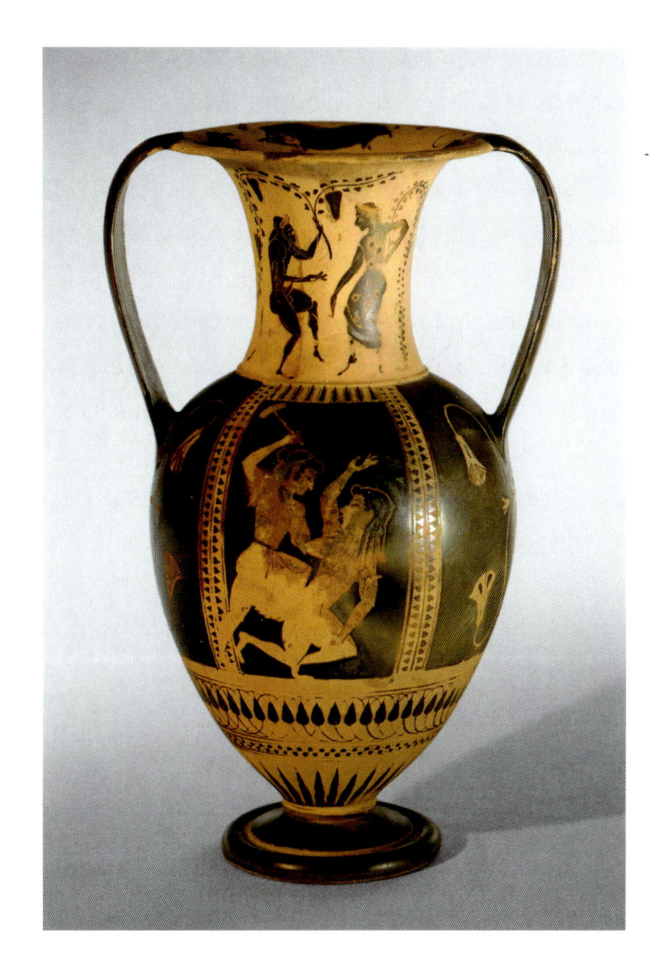

Abb. 2
Das Recht (Dike) schlägt das Unrecht (Adikia)
Detail einer Bandhenkelamphora (Kat.-Nr. 4), um 520 v. Chr.

und einzuüben. Es war ein ständiges Experimentieren und Nachjustieren, das nur allmählich und auch nur sehr bedingt ein allseits akzeptiertes Regelwerk entstehen ließ.

Im Folgenden soll zumindest in groben Umrissen das Instrumentarium beschrieben werden, dessen sich die Griechen bedienten, um Kriege, wenn schon nicht zu verhindern, so doch wenigstens zu beenden. In Anbetracht der unterschiedlichen Rahmenbedingungen werden hier die Bürgerkriege innerhalb der Poleis und die zwischenstaatlichen Kriege als zwei getrennte Konfliktfelder jeweils gesondert behandelt.

Bürgerkriege: Zwietracht und Zusammenhalt in einer gespaltenen Bürgerschaft

Bürgerkrieg war nicht erst für Herodot die schlimmste Form einer kriegerischen Auseinandersetzung. Schon Homer warnte in der »Ilias« vor dem »grausamen Bürgerkrieg«,[10] und für den athenischen Staatsmann Solon (7./6. Jahrhundert v. Chr.) brachten Aufruhr und Krieg innerhalb der Bürgerschaft nur Knechtschaft, Verbannung und Tod.[11] Auslöser dieser Auseinandersetzungen waren in der Regel interne Streitigkeiten über die Ausgestaltung der politischen Spielräume in einer Polis und insbesondere über die Frage, wer an welchen Entscheidungsprozessen teilhaben durfte. Es ging um die Verfasstheit einer Polis. Die Begründung und die Zuteilung politischer Rechte innerhalb der Bürgerschaft blieben in der griechischen Poliswelt ein permanenter Zankapfel und führten über Jahrhunderte zu erbitterten Parteikämpfen, die sich noch verschärften, wenn sich zunehmend auch auswärtige Poleis – von den jeweiligen Bürgerkriegsparteien herbeigerufen – in die internen Machtkämpfe einmischten.

Welches brutale Ausmaß Bürgerkriege annehmen konnten, ist von dem griechischen Historiker Thukydides (Abb. 3) im Rahmen seiner von zeitloser Aktualität geprägten Schilderung über die blutigen Bürgerkriegsauseinandersetzungen während des Peloponnesischen Krieges eindrucksvoll beschrieben worden: »So tobten also Parteikämpfe in allen Städten, und die erst später dahin kamen, die spornte die Kunde vom bereits Geschehenen erst recht an zum Wettlauf im Erfinden immer der neuesten Art [...] unerhörter Racheakte. [...] Sich wiederzurächen am anderen war mehr wert, als selber verschont geblieben zu sein. [...]

Die Ursache von alle dem war die Herrschsucht mit ihrer Habgier und ihrem Ehrgeiz und daraus dann, bei der entbrannten Kampfwut, noch das wilde Ungestüm. Denn die führenden Männer in den Städten, auf beiden Seiten mit einer bestechenden Parole, sie seien Verfechter staatlicher Gleichberechtigung der Menge oder einer gemäßigten Herrschaft der Besten, machten das Gemeingut, dem sie angeblich dienten, zu ihrer Beute, und in ihrem Ringen, mit allen Mitteln einander zu überwältigen, vollbrachten sie ohne Scheu die furchtbarsten Dinge und überboten sich dann noch in der Rache; nicht, dass sie sich dafür eine Grenze gesetzt hätten beim Recht oder beim Staatswohl – da war freie Bahn, soweit jede Partei gerade ihre Laune trieb.«[12]

Diese Darstellung lässt deutlich werden, wie problematisch es war, aus derartigen Bürgerkriegskonstellationen einen Ausweg zu finden, um die tiefe Spaltung der Bewohnerschaft einer Polis zu überwinden und einen friedlichen Zusammenhalt der Gesamtbürgerschaft wiederherzustellen. Schon sehr früh rief man sogenannte Diallaktai oder Asymnetai (»Aussöhner« oder »Wieder-ins-Lot-Bringer«[13]) zu Hilfe, die quasi als Krisenmanager mit schiedsrichterlichen Funktionen agierten und die Aufgabe hatten,

Abb. 3
Porträt des Thukydides (von einer Doppelherme mit Herodot)
Gipsabguss, Archäologisches Museum der Universität Münster, Inv.-Nr. A 52

die in Unordnung (*dysnomia*) geratene Verfassung einer Polis wieder in einen geordneten und von allen anerkannten Zustand (*eunomia*) zu versetzen. Entscheidend für den Erfolg solcher Schiedsrichter, die oft die politischen Rechte der Bürgerschaft auf eine völlig neue, gesetzlich abgesicherte Grundlage stellen mussten, war ihre Akzeptanz durch alle Bürgerkriegsparteien. Daher holte man sich meistens die Schiedsrichter von außerhalb (Kat.-Nr. 11, Abb. 4); sie konnten aber auch – wie im Falle des Atheners Solon – aus der Mitte der eigenen Bürgerschaft gewählt werden.

Die Akzeptanz der Schiedsrichter allein reichte allerdings nicht aus, um die nachhaltige Etablierung einer neuen politischen Ordnung und damit die Aussöhnung einer vom Bürgerkrieg zerrissenen Bürgerschaft durchzusetzen. Verbannung der politischen Gegner und gegenseitiges Morden hatten oft allzu tiefe Wunden geschlagen, sodass der einmal erzielte Ausgleich innerhalb einer Bürgerschaft prekär blieb und alte Konflikte erneut auszubrechen drohten. Daher versuchte man, durch flankierende Maßnahmen das Erreichte abzusichern, indem durch besondere kultische Feiern und vor allem durch genau geregelte Schwurzeremonien die Bürgerschaft auf Eintracht und Zusammenhalt verpflichtet wurde. Ein sehr eindrückliches Zeugnis bietet eine Inschrift aus der Stadt Dikaia in Thrakien, in der in den sechziger Jahren des 4. Jahrhunderts v. Chr. eine Aussöhnung zwischen den zuvor untereinander verfeindeten und zum Teil exilierten Bürgern zustande gekommen war. Durch Beschluss wurden alle Bürger verpflichtet, innerhalb von drei Tagen in den wichtigsten Heiligtümern einen Eid zu leisten. Ausdrücklich wurde festgelegt: »Wer den Eid nicht schwört, wie er aufgeschrieben ist, dessen Besitz sei konfisziert [...]; er soll seine bürgerlichen Ehrenrechte verlieren und keinerlei Rechtsansprüche mehr haben.«[14]

Dieser strikten Einforderung der Eidesleistung entsprach auch die eindringliche Schwurformel selbst: »Ich werde in jeder Hinsicht auf gerechte Weise Bürger sein, sowohl in meinem öffentlichen als auch in meinem privaten Verhalten und werde die angestammte Verfassung nicht verändern, noch werde ich fremde Feinde aufnehmen zum Schaden der Gemeinde der Dikaiopoliten und auch nicht zum Schaden eines einzigen (Bürgers). Und ich werde nichts Übles erinnern, weder in Wort noch in Tat. Und ich werde niemanden töten noch mit der Verbannung bestrafen noch (jemandes) Besitz wegnehmen wegen der vergangenen Ereig-

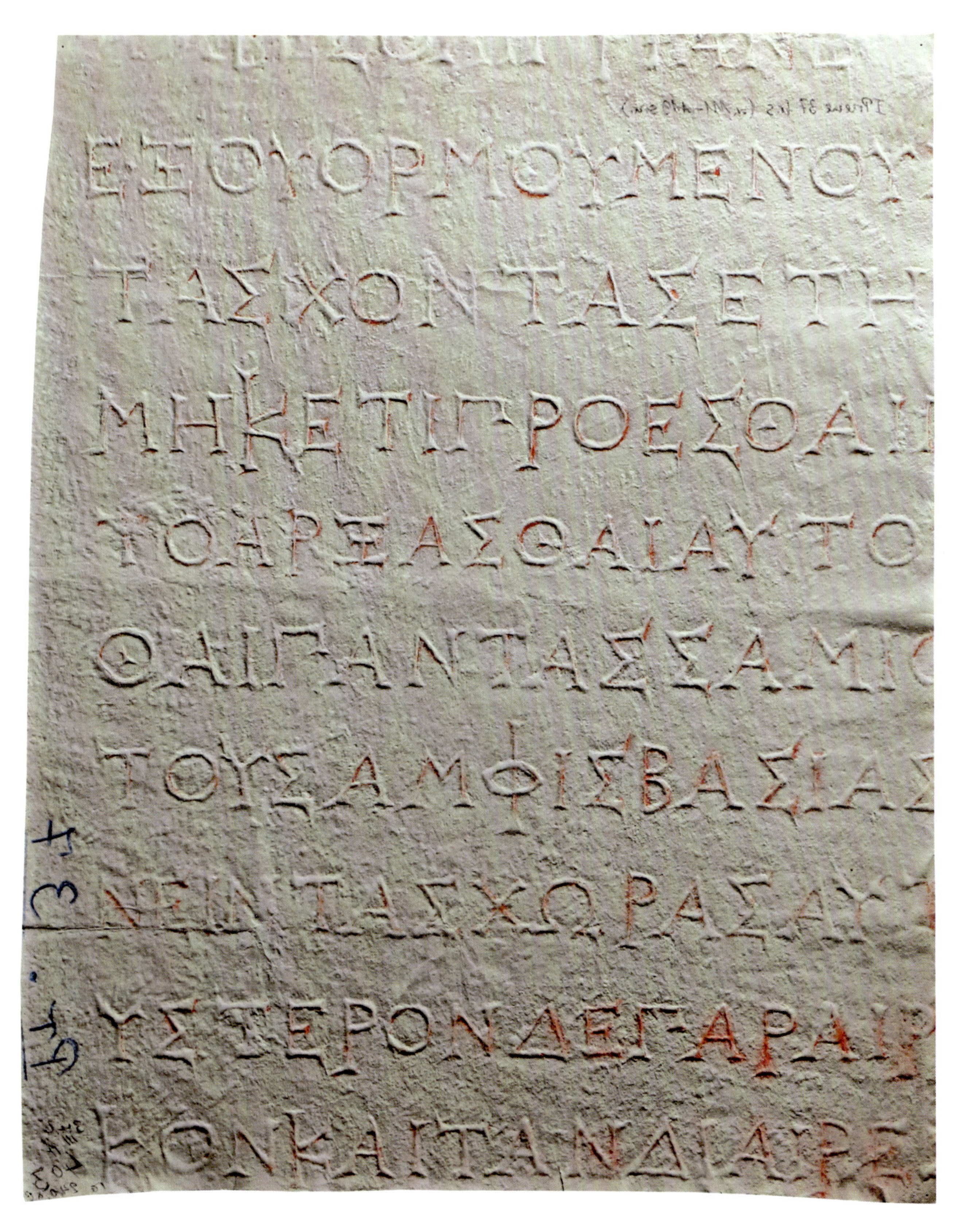

Abb. 4

Mauerquader vom Athenatempel in Priene mit einem Teil der Inschrift über einen Schiedsspruch der Rhodier in einem Gebietsstreit zwischen Priene und Samos

Kat.-Nr. 11

nisse. Und wenn irgendjemand Übles erinnert, will ich es ihm nicht durchgehen lassen. Und von den Altären will ich (ihn als Schutzflehenden) fernhalten. [...] Und wenn ich irgendeinen anderen Eid geschworen habe, löse ich (ihn und) mache diesen hier zu (meinem) wichtigsten. Ich werde fest bei meinem Schwur verharren. [... Es folgt eine zweimalige Beteuerung, dass es – solange der Eidleister den Eid nicht bricht – ihm wie auch seinen Kindern und seinem Besitz gut, anderenfalls aber schlecht ergehen möge.] [...] und es soll der Gott [...] Rache üben zusammen mit allen anderen Göttern.«[15]

Die Intensität der Eidesformel, mit der den Bürgern von Dikaia die Einhaltung der ausgehandelten Bedingungen eingeschärft wurde, lässt die Widerstände erahnen, gegen die eine Aussöhnung nach einem Bürgerkrieg oftmals durchgesetzt werden musste. Das wird besonders deutlich an der eidlichen Verpflichtung zum »nichts Übles erinnern« (*ou mnesikakein*), die sich auch in anderen Aussöhnungsvereinbarungen findet. Das Verbot, auch nur in irgendeiner Weise an die Gräuel der überwundenen Bürgerkriegszeit zu erinnern, sollte verhindern, dass alte Wunden wieder aufgerissen und Rachegelüste wachgerufen wurden. In den politischen Gemeinwesen der griechischen Staatenwelt, in denen Kategorien wie Ehre, Rache und Vergeltung die Wahrnehmung und das Handeln prägten und in denen ein Zwang zur Rache, der aus einem alles bestimmenden Ehrbegriff resultierte, Gewalt unter bestimmten Bedingungen notwendig und gerechtfertigt machte, mussten derartige Amnestien als Zumutung empfunden werden, zumal das Befolgen einer Amnestie im eigentlichen Sinne des Wortes zwangsläufig einen Normenkonflikt heraufbeschwor zwischen der Pflicht zur Rache und der Pflicht zum *ou mnesikakein* und damit zum Verzicht auf Rache.

Statt *ou mnesikakein* findet sich in einer in das Jahr 273 v. Chr. zu datierenden Inschrift aus der peloponnesischen Stadt Alipheira sogar der dieses Dilemma noch klarer bezeichnende Ausdruck *ou mnasicholein* –im Sinne von »an etwas erinnern, was Zorn wach ruft«.[16] Die Voraussetzungen, die die Rahmenbedingungen von Amnestievereinbarungen konditionierten, führten geradezu zwangsläufig in eine Aporie, die nur schwer zu überwinden war. Dennoch hat es nicht an Versuchen gefehlt, das Dilemma zwischen Pflicht zur Rache und Verzicht auf Rache durch eine strafbewehrte Priorisierung der Regelungen einer Amnestie aufzulösen. Ein wirklicher Erfolg war allen diesen Versuchen allerdings nur in den wenigstens Fällen beschieden. Die meisten Bemühungen, die innenpolitischen Verhältnisse in der griechischen Poliswelt nachhaltig zu befrieden und dauerhaft zu stabilisieren, scheiterten an den lebensweltlichen Realitäten einer auf Ehre und Rache bedachten Gesellschaft – über Jahrhunderte.

Zwischenstaatliche Konflikte nicht nur beenden, sondern verhindern

Auch in der zwischenstaatlichen Sphäre herrschte im antiken Griechenland zumindest noch bis zum Ende der archaischen Zeit eine »geradezu existenzielle Unsicherheit«.[17]
Die Genese der Poleis hatte zu einer starken räumlichen Verdichtung der Lebenswelt der antiken Griechen geführt, zugleich aber auch eine Abkapselung der je für sich eigenständig agierenden politischen Gemeinwesen bewirkt.
Die ganz unterschiedlichen Größen und die ebenso unterschiedlichen Interessen und Handlungsspielräume der einzelnen Poleis hatten eine vielfältige und sehr komplexe Welt von Groß- und Mittelmächten und Kleinstaaten entstehen lassen, die umso konfliktträchtiger war, als es anfänglich an verbindlichen und allgemein

akzeptierten Vorgaben für ein geregeltes zwischenstaatliches Miteinander mangelte. Fragen der territorialen Integrität, der Verhaltensnormen für die Kriegführung wie auch für die Ausübung der Blutrache, des Schutzes des Privateigentums, des Wege- und Weiderechts, der Nutzung natürlicher Ressourcen und vieles mehr waren häufig genug strittig und bedurften einer Lösung.

Maßgeblich war zunächst ein Gewohnheitsrecht, dessen Befolgung allerdings oft nur schwer einklagbar war. Vieles musste auch Ergebnis steten Aushandelns bleiben. Erst allmählich bildete sich ein Vertragswesen heraus, das dann seit klassischer Zeit Grundlage zwischenstaatlichen Handelns wurde und das eine weitaus stärkere Regelhaftigkeit und Verbindlichkeit zu gewährleisten vermochte. Rechtshilfeverträge (*symbolai*, *asylia*) schufen geeignete Rahmenbedingungen für ein friedliches polisübergreifendes Miteinander, indem sie einer Polis Sicherheit gewährten, aber auch den persönlichen Schutz eines jeden Bürgers und seines Eigentums außerhalb der eigenen Polis sicherten. Sogenannte *proxenoi* – am ehesten unseren heutigen Konsuln vergleichbar – erfüllten Vermittlungsfunktionen bei Konfliktfällen zwischen einzelnen Staaten und agierten daher häufig ebenso als Mitglieder in Schiedsrichterkollegien, die nicht nur bei internen Bürgerkriegsauseinandersetzungen, sondern zunehmend in außenpolitischen Angelegenheiten zu Hilfe gerufen wurden.

Die Beendigung auswärtiger Kriege wurde ebenfalls stärker in das internationale Vertragswesen einbezogen. In der archaischen Zeit dienten die *spondai* (nach dem den Abschluss eines Vertrages begleitenden »Trankopfer« [*sponde*] an die Götter) genannten Verträge noch allein der Festlegung einer kurzfristigen Kampfpause – etwa mit dem Ziel, den kriegführenden Parteien Gelegenheit zur Bergung ihrer Gefallenen zu geben. Eine exzeptionelle Form solcher *spondai* stellte die *ekecheiria* (»das [die Waffen] aus den Hände Lassen«)[18] dar, eine Vereinbarung, die alle Vertragspartner dazu verpflichtete, während der Durchführung der großen panhellenischen Festspiele und auch eine geraume Zeit vorher und nachher eine unbedingte Waffenruhe einzuhalten, um den aus der gesamten griechischen Staatenwelt anreisenden Teilnehmern einen freien und ungehinderten Zugang zu den Kultfesten zu ermöglichen. Wohl bis ins 8. Jahrhundert v. Chr. zurückgehend wurde die *ekechairia* ursprünglich zur Sicherung der Olympischen Spiele eingeführt; später übernahmen dann auch viele andere Festspielorte diesen auch heute wieder alle vier Jahre beschworenen »olympischen Frieden«. Es ist erstaunlich, wie weit gespannt das bis nach Sizilien und Kleinasien reichende Netz der Poleis war, die die verschiedenen *ekecheiriai* akzeptiert hatten, und wie unbeeinträchtigt diese Institution über Jahrhunderte Bestand gehabt hatte.

Im Verlauf der Zeit fächerte sich das Spektrum der Gründe für den Abschluss von *spondai* weiter aus, ohne dass sich deren grundsätzliche Zielsetzung geändert hätte, kriegerische Auseinandersetzungen zu unterbrechen oder zu beenden, um eine Waffenruhe herzustellen. Die *spondai* blieben daher auch konsequenterweise bis zum 4. Jahrhundert v. Chr. zeitlich begrenzt. Die Spanne konnte sich auf wenige Tage oder Wochen, später auch auf fünf, 30 oder sogar 50 Jahre erstrecken. Oft genug jedoch zerbrach die Waffenruhe schon vor der festgesetzten Frist. Was den *spondai* immer fremd blieb, das war eine Erweiterung der Perspektive hin auf die Schaffung einer Friedensordnung, die Kriege eben nicht mehr nur unterbrach oder beendete, sondern die die Voraussetzungen dafür schuf, Kriege erst gar nicht entstehen zu lassen und Gewalt, wenn schon nicht zu verhindern, so doch zumindest einzuhegen.

Abb. 5
Porträtbüste des Perkiles
Gipsabguss, Archäologisches Museum der Universität Münster, Inv.-Nr. A 80

Spondai erwiesen sich daher als ein untaugliches Mittel, nachhaltige Lösungen für die militärischen Konflikte herbeizuführen, die im 5. Jahrhundert v. Chr. fast die gesamte Mittelmeerwelt überzogen hatten und die aufgrund einer unheilvollen Verflechtung ganz unterschiedlicher Machtinteressen weit über die Grenzen der griechischen Staatenwelt hinaus mit dem tradierten Instrumentarium zeitlich begrenzter *spondai* nicht mehr beherrschbar waren. Schon in den Perserkriegen zu Beginn des 5. Jahrhunderts v. Chr. zeigte sich die Unfähigkeit, den gegen die Perser errungenen Sieg für eine stabile Lösung des Verhältnisses zwischen der griechischen Staatenwelt und dem Perserreich zu nutzen. Zwar hatte sich 481 v. Chr. eine verhältnismäßig kleine, kaum mehr als 30 Mitglieder umfassende Allianz zuvor teilweise miteinander verfeindeter griechischer Staaten zu einer Eidgenossenschaft zusammengeschlossen und die persischen Angriffe erfolgreich abgewehrt; aber die divergierenden Machtinteressen Spartas und Athens verhinderten vorerst eine umfassende Lösung des Konflikts. Die hellenische Eidgenossenschaft wurde dann letztlich zwischen den erstarkenden Machtblöcken des spartanischen und des athenischen Bündnissystems – des »Peloponnesischen Bundes« und des »Ersten Delisch-Attischen Seebundes« – zerrieben.

Thukydides resümiert in seinem Geschichtswerk die Zeit der knapp 50 Jahre (»Pentekontaëtie« [479–431 v. Chr.]) zwischen den Perserkriegen und dem Peloponnesischem Krieg wie folgt: »Nach gemeinsamer Abwehr des Barbaren schieden sich nicht viel später die vom Großkönig abgefallenen Hellenen und die Streitgenossen und unterstellten sich teils Athen, teils Sparta; denn diese beiden Städte hoben sich ab als die mächtigsten; es herrschte die eine zu Lande, die andere mit ihren Schiffen. Eine kurze Zeit dauerte die Waffenbrüderschaft noch, aber dann entzweiten sich Sparta und Athen und führten mit ihren Verbündeten Krieg gegeneinander, und wo sonst in Hellas eine Fehde ausbrach, schlossen sich die Städte jetzt an diese an. So dass sie die ganze Zeit von den Perserkriegen bis zu diesem jetzigen, im Wechsel von Waffenstillstand (*spondai*) und Krieg (*polemos*), sei's gegeneinander, sei's gegen ihre abgefallenen Verbündeten, ihr Kriegswesen weiter ausbildeten.«[19]

In einer derartigen machtpolitischen Konstellation mussten auch die Regelungen des wohl 449/448 v. Chr. – also mehr als 30 Jahre nach dem Angriff des Xerxes auf Griechenland – zwischen Athen und Persien abgeschlossenen

Vertrages (»Kallias-Friede«) prekär bleiben, bei denen es nicht mehr nur um die Beilegung der kriegerischen Aktivitäten ging, sondern um die Festlegung einer Schutzzone in der Ägäis und an der kleinasiatischen Küste, innerhalb derer allen griechischen Poleis ein autonomer, von Persien unabhängiger Status zugesichert wurde. Das war weit mehr als das, was man bis dahin in *spondai* zu vereinbaren gewohnt war, und es ging eigentlich auch weit über das hinaus, was sich in bilateralen Vereinbarungen regeln ließ. Hier bedurfte es der Akzeptanz und der Zustimmung aller von den Vertragsbedingungen Betroffener – und das waren große Teile der Poliswelt.

Dies hatte auch der athenische Staatsmann Perikles (Abb. 5) erkannt und hatte deshalb noch im Jahr 448 v. Chr. einen Volksbeschluss fassen lassen, über den der griechische Philosoph und Biograf Plutarch im 1./2. Jahrhundert n. Chr. zu berichten wusste: »Alle Griechen, in welchen Teilen von Europa oder Asien sie auch wohnten, große und kleine Staaten, sollten eingeladen werden, Abgeordnete nach Athen zu einem Kongress zu schicken, auf dem man sich über den Wiederaufbau der griechischen Tempel, die von den Barbaren verbrannt worden seien, [...] wie auch über die Sicherheit der Schifffahrt und über den Frieden (*eirene*) beraten wolle. [...] Aber die Sache kam nicht zustande, [...] weil die Lakedaimonier (= Spartaner) insgeheim dagegen arbeiteten.«[20]

Auch wenn die Historizität dieses nur bei Plutarch erwähnten panhellenischen Friedenskongresses immer wieder in Frage gestellt worden ist, spricht doch vieles dafür, dass Perikles damals diese Initiative ergriffen hatte, zumal sie ja auch nur eine logische Konsequenz der mit den Persern getroffenen Vereinbarungen gewesen war. Der Kongressplan, mit dem erstmals eine umfassende Friedensordnung zur Diskussion gestellt wurde, scheiterte jedoch schon im Ansatz. Die Zeit war dafür offensichtlich noch nicht reif. Zu bestimmend war der athenisch-spartanische Antagonismus trotz eines nur wenige Jahre zuvor (451 v. Chr.) beschlossenen fünfjährigen Waffenstillstands. Es reichte vorerst (446/445 v. Chr.) nur zum Abschluss eines auf 30 Jahre begrenzten Vertrags, in dem die Athener und Spartaner die Einflusssphären ihrer jeweiligen Bündnissysteme festlegten und den neutralen Poleis Koalitionsfreiheit zugestanden. Die Einbeziehung der keinem der beiden Bündnissysteme angehörenden neutralen Staaten zeigt, dass man durchaus erkannt hatte, dass eine friedliche Stabilisierung der machtpolitischen Verhältnisse nur zu erreichen war, wenn das Gesamtgefüge zumindest der griechischen Staatenwelt mitbedacht wurde. Wie schon beim Plan des Perikles für einen panhellenischen Friedenskongress scheint auch hier wieder die Idee einer gemeinsamen Friedensordnung auf, ohne dass man jedoch schon bereit gewesen wäre, auch alle Betroffenen an den Verhandlungen teilhaben zu lassen. Die Großmächte Sparta und Athen hatten sich die Festlegung der Friedensbedingungen vorbehalten.

Der »30-jährige Friede« hielt dann auch nur knapp die halbe Zeit. Die Kette der lokalen Konflikte riss nicht ab; und indem sich Mittelmächte wie Korinth immer stärker in diese Konflikte einmischten und dann auch die Großmächte eingriffen, eskalierte die Situation und führte 431 v. Chr. zum Ausbruch des Peloponnesischen Krieges, der sich zu einem antiken Weltkrieg entwickelte, in den fast die gesamte Staatenwelt der mittelmeerländischen Oikumene hineingezogen wurde. Zehn Jahre wurde dieser Krieg erbittert geführt, bis sich endlich beide Kriegsparteien – von den Folgen der Kämpfe zermürbt – friedensbereit zeigten und 421 v. Chr. auf Initiative des Atheners Nikias ein diesmal auf 50 Jahre begrenzter Friedensvertrag (»Nikiasfriede«) zustande kam. Die Friedenssehnsucht war auf beiden Seiten überaus groß, und ent-

Abb. 6
Hera und Athena im Handschlag. Samos und Athen schließen ein Bündnis
Urkundenstele (Kat.-Nr. 9) von 404/403 v. Chr.

sprechend hoch waren die Erwartungen an diesen Vertrag. Im Kern einigte man sich auf eine Wiederherstellung der Herrschaftsgebiete beider Bündnissysteme in dem Zuschnitt, wie er vor dem Kriegsausbruch bestanden hatte. Für Streitfälle wurde die Einsetzung eines Schiedsgerichts vorgesehen.

Angesichts der sehr angespannten Lage war man darauf bedacht, den Vereinbarungen eine möglichst große Stabilität und hohe Akzeptanz zu verleihen. Daher beschloss man, die Beeidung der *spondai* jährlich zu erneuern und zwar »Stadt für Stadt« (*kata poleis*) durch jede einzelne Mitgliedspolis der beiden Bündnissysteme. Man rückte also ein Stück von der Bilateralität der *spondai* ab. Auf diese Weise wurden die Stellung aller Vertragspartner und ihre Teilhabe am Zustandekommen des Vertrages zweifellos gestärkt. Allerdings wurde damit der Akt der Ratifizierung unwägbarer und zu einem Problem nicht nur für den Abschluss des »Nikiasfriedens«, sondern auch für das Zustandekommen der zahlreichen multilateralen Friedensverträge, die noch folgen sollten.

Die grundsätzlichen Schwierigkeiten wurden bereits 421 v. Chr. offenkundig, als Korinth und andere Poleis der Übereinkunft nicht zustimmten und sich weigerten, diese zu beschwören: »Nach dem Vertrag (*spondai*) und dem Bündnis zwischen Sparta und Athen, die nach dem Zehnjährigen Krieg abgeschlossen wurden, [...] hatten alle, die ihn annahmen, Frieden (*eirene*), nur die Korinther und einige der Städte im Peloponnes rüttelten an der Übereinkunft, und gleich gab es neue Wirrnisse zwischen Sparta und seinen Verbündeten. Zudem wurden die Spartaner im Verlauf der Zeit auch den Athenern verdächtig, da sie diesen oder jenen Punkt der Abrede nicht erfüllten. Sechs Jahre und zehn Monate nun verzichteten zwar beide auf Heerzüge ins Land der andern, aber außerhalb war nur unverlässlicher Waffenstillstand (*anokoche*), sie schadeten

Abb. 7
Relief der Grabstele des Dexileos, der 394 v. Chr. im »Korinthischen Krieg« gefallen ist
Athen, Kerameikos-Museum, Inv.-Nr. P 1130

einander, wie sie konnten; und danach mussten sie auch den Vertrag aufheben, den sie nach den zehn Jahren geschlossen, und führten wieder offenen Krieg.«[21]

Die vollständige Kapitulation Athens am Ende des Peloponnesischen Krieges (404 v. Chr.) brachte allerdings keinen Friedenszustand. Die Spartaner nutzten ihren militärischen Erfolg, um ihren eigenen Herrschaftsbereich nun auch auf die ehemals von den Athenern kontrollierten Gebiete auszudehnen. Von Freiheit und Autonomie, die die Spartaner ihren Bündnern im Kampf gegen die Athener immer wieder versprochen hatten, war keine Rede mehr. So schmiedeten ehemals prospartanische Mittelmächte wie Korinth und Theben nunmehr mit Athen, dessen totale Vernichtung und existentielle Auslöschung diese Staaten nur kurze Zeit zuvor noch von den Spartanern vehement gefordert hatten, eine gemeinsame Allianz gegen Sparta und setzten den Peloponnesischen Krieg unter geänderten Vorzeichen fort (vgl. Kat.-Nr. 9, Abb. 6).

In diesen Auseinandersetzungen zeigte es sich, dass die unterschiedlichsten Interessen der an dem »Korinthischen Krieg« (395–386 v. Chr.) beteiligten Mächte enger als je zuvor miteinander verflochten waren und dass diesem Dilemma nur durch eine umfassende Friedensordnung zu entkommen war, wie man sie eigentlich auch schon in den Verträgen von 446 v. Chr. und 421 v. Chr. in den Blick genommen hatte. Der athenische Politiker Andokides hatte bereits bei den dann allerdings gescheiterten Friedensverhandlungen 392/391 v. Chr. in Sparta für alle Griechen »gemeinsamen Frieden und Freiheit« gefordert.[22] Es bedurfte allerdings erst langwieriger Verhandlungen und einer Verfügung des persischen Großkönigs, um erstmals eine »*koine eirene*«, eine allgemeine und umfassende Friedensordnung, ins Werk zu setzen, die 386 v. Chr. den in Sardeis versammelten griechischen Gesandtschaften per königlichem Edikt verkündet wurde: »Der König Artaxerxes hält es für gerecht, dass die Städte in Asien ihm gehören und von den Inseln Klazomenai und Kypros, und dass die übrigen griechischen Städte, kleine wie große, in Unabhängigkeit gelassen werden, ausgenommen Lemnos, Imbros und Skyros; diese sollen wie in der Vergangenheit den Athenern gehören. Wer aber diesen Frieden (*eirene*) nicht annehmen will, gegen den werde ich Krieg führen mit denen zusammen, die [diesen Frieden] wollen, zu Lande und zu Wasser, mit meiner Flotte und meinem Gelde.«[23]

So hoffnungsvoll dieser »Königsfrieden« auch aufgenommen wurde, so wenig wurden in der Folgezeit die an ihn geknüpften Erwartungen erfüllt. Immer wieder wurde das in der *koine eirene* verankerte Prinzip der unbedingten Autonomie der Einzelstaaten durch die Hegemoniebestrebungen von Großmächten wie Sparta, Athen oder auch Theben unterlaufen und für die je eigenen Machtinteressen instrumentalisiert. Im Abstand von nur wenigen Jahren (375–371–368–365–362–346 v. Chr.) kam es zu immer neuen Anläufen, das zwischenstaatliche Miteinander in der griechischen Poliswelt mit Hilfe einer *koine eirene* auf eine allseits akzeptierte, friedenssichernde Grundlage zu stellen. Kurzfristig waren diesen Versuchen auch durchaus Erfolge beschieden; längerfristig blieben sie allerdings vergeblich. Auch die makedonischen Könige Philipp II. und Alexander III. (»der Große«), die 337 v. Chr. mit der Gründung des Korinthischen Bundes bewusst an die *Koine Eirene*-Verträge anknüpften, blieben mit ihren Bestrebungen, eine allgemeine und stabile Friedensordnung für die griechische Vielstaatenwelt zu schaffen, letztlich ebenso erfolglos wie alle ihre Nachfolger – Rom als dann neue Ordnungsmacht in der östlichen Mittelmeerwelt mit eingeschlossen.[24]

Mag diese Bilanz auch ernüchternd sein, so sollte sie nicht darüber hinwegtäuschen, dass die Unermüdlichkeit des Strebens nach einer friedlichen »Weltordnung« – wie groß oder klein eine solche Welt sein mag oder empfunden wird – immer auch ein Ausdruck des Bemühens war und ist, nicht nur Kriege zu beenden, sondern nach Möglichkeit zu verhindern. Wie schwierig ein solches Unterfangen bleibt, lehrt nicht nur die Geschichte von Krieg und Frieden in der Antike, sondern etwa auch die Geschichte des »Völkerbundes« nach dem Ersten Weltkrieg und der »Vereinten Nationen« bis heute.

1 Herakl. frg. B 53 (Übersetzung H. Diels).
2 Plat. Phaid. 109B (Übersetzung P. Funke).
3 Hdt. 8,3,1.
4 Plat. leg. 625e–626a (Übersetzung K. Schöpsdau).
5 Keil 1916, S. 8.
6 Herakl. frg. B 67 (Übersetzung H. Diels).
7 Hom. Il. 18,490–540.
8 Hes. erg. 226–229 (Übersetzung K. Hallof).
9 Hom. Il. 2,797: *polemos aliastos.*
10 Hom. Il. 9,64: *polemos epidemios okryoeis.*
11 Sol. frg. 3: *stasis emphylos polemos* (v. 19).
12 Thuk. 3,82 (Übersetzung G. P. Landmann).
13 Meier 2009, S. 262.
14 SEG 57, 576, Zl. 17–21 (Übersetzung S. Scharff).
15 SEG 57, 576, Zl. 67–105 (Übersetzung S. Scharff).
16 SEG 25, 447, Zl. 4–5 (Übersetzung S. Scharff).
17 Heuss 1946, S. 56.
18 Siehe hierzu den Beitrag von T. Schreiber in diesem Band, S. 59–61.
19 Thuk. 1,18.3 (Übersetzung G. P. Landmann).
20 Plut. Perikles, 17,2 (Übersetzung J. F. Kaltwasser).
21 Thuk. 5,25 (Übersetzung G. P. Landmann).
22 And. 3,17: *koine eirene kai eleutheria.*
23 Xen. hell. 5,1,31 (Übersetzung nach G. Strasburger).
24 Neben der in dem Beitrag von M. Papini (in diesem Band, S. 63–73) angeführten Bibliografie sei noch auf folgende Arbeiten verwiesen, die ebenfalls diesem Artikel zugrunde gelegt wurden und in denen sich auch noch weitere Literaturhinweise finden: Scharff 2016; Gray 2015; Chaniotis 2013, S. 47–70; Harter-Uibopuu/Mitthoff 2013; Theotikou 2013; Meier 2010; Meier 2009; Baltrusch 2008; Rhodes 2008, S. 6–27; Dössel 2003; Hölkeskamp 1999; Baltrusch 1994; Meier 1990, S. 555–606; Binder/Effe 1989; Gehrke 1987, S. 121–149; Gehrke 1985; Bengtson 1975; Ziegler 1975; Gauthier 1972; Ciccotti 1971; Heuss 1946, S. 26–62.

Achills Rüstung und Lysistrates Streik

Krieg und Frieden in der griechischen Dichtung

HORST-DIETER BLUME

Im 18. Gesang von Homers »Ilias« wird geschildert, dass der kunstreiche Gott Hephaistos für den waffenlosen Achilleus eine neue Rüstung schmiedet. Zuerst formt er einen gewaltigen runden, reich verzierten Schild:

»Und auf ihm schuf er zwei Städte von sterblichen Menschen,/ schöne. In der einen waren Hochzeitsfeste und Gelage:/ da führten sie Bräute aus den Kammern unter brennenden Fackeln/ durch die Stadt, und viel Hochzeitsjubel erhob sich/ und Jünglinge drehten sich als Tänzer, und unter ihnen/ erhoben Flöten und Leiern ihren Ruf, und die Frauen/ schauten staunend zu, an die Türen getreten eine jede./ Das Volk aber war auf dem Markt versammelt. Dort hatte ein Streit/ sich erhoben. [...]/ Um die andere Stadt aber lagerten zwei Heere von Männern,/ in Waffen strahlend. Und denen gefiel ein zweifacher Rat:/ entweder sie zu zerstören oder halb und halb alles zu teilen,/ soviel an Habe die liebliche Stadt in ihrem Innern verwahrt hielt./ Die aber gaben nicht nach, sondern rüsteten sich zu einem Überfall./ Auf der Mauer standen ihre Frauen und die jungen Kinder/ und schützten sie, und mit ihnen die Männer, die das Alter hielt./ *Sie aber gingen, und ihnen voran schritt Ares und Pallas Athene.*«[1]

Der Wechsel von Krieg und Frieden und die stets drohende Zerstörung der Heimat prägen das Leben der Menschen in homerischer Zeit ebenso wie in den folgenden Jahrhunderten und ergeben in der Dichtung ein unerschöpfliches Thema. Für diesen Überblick will ich mich auf die Ilias und die klassische Tragödie und Komödie in Athen beschränken.

Homer preist die Ruhmestaten der mythischen Vorfahren einer archaischen Adelsgesellschaft: ihre Fähigkeit zu klugem Rat in der Versammlung oder beim gemeinsamen Mahl, ihre Tapferkeit im Zweikampf und in der Feldschlacht und ihre Vortrefflichkeit im sportlichen Wettkampf oder auf der Jagd. In der Ilias bewähren sich diese Tugenden im Krieg um die Einnahme von

◄ Detail aus Abb. 2

Abb. 1
Bildnis des Homer
Römische Marmorkopie nach einem griechischen Original aus Bronze, etwa 460 v. Chr., München, Glyptothek, Inv.-Nr. 273

Ilion (Troja). Gleich die einleitenden Verse verkünden eine mörderische Auseinandersetzung, die zahllosen Kämpfern Tod und Verderben bringen wird. So zeigt die Dichtung über weite Strecken hin ein Schlachtenszenarium. Aus dem Motiv des Zorns und der gekränkten Ehre des Achilleus, seinem daraus folgenden Rückzug aus der Reihe der Kämpfenden und seinem Wiedereintritt entwickelt Homer das epische Geschehen. Neun lange Jahre der Belagerung sind bereits vergangen. Die Ereignisse weniger Wochen, in denen das Schicksal der zwei herausragenden Kämpfer – Achilleus und Hektor – sich entscheidet, genügen für seine Schilderung der aristokratischen Kriegergesellschaft. Am Ende ist die Einnahme Trojas noch nicht in Sicht, so wenig wie zuvor der Anlass des Unternehmens besungen wurde, nämlich der ehrverletzende Bruch des Gastrechts durch den Prinzen Paris, der Helena aus Sparta nach Troja entführte.

Krieg ist in der Ilias allgegenwärtig. Die zahlreichen Zweikämpfe enden gewöhnlich mit dem schnellen Tod des Besiegten. Selten gewährt Homer einen Ausblick auf die Vorkriegszeit, um den Helden zu charakterisieren. Das geschieht im 13. Gesang, in dem beschrieben wird, dass sich das Glück den Troern zuwendet und diese siegreich bis zu den Schiffen der Achäer vordringen, dabei aber auf heftige Gegenwehr stoßen:

»Und Teukros, der Telamon-Sohn, erschlug als erster einen Mann: / Imbrios, den Lanzenkämpfer, den Sohn des pferdereichen Mentor. / Der wohnte in Pedaion, ehe die Söhne der Achaier kamen, / und hatte eine Bastard-Tochter des Priamos, Medesikaste. / Doch als die Schiffe der Danaer kamen, die beiderseits geschweiften, / ging er zurück nach Ilion und tat sich hervor unter den Troern / und wohnte bei Priamos, und der ehrte ihn gleich seinen Kindern. Den stieß der Sohn des Telamon unter das Ohr mit der langen Lanze / und zog die Lanze heraus; der aber fiel wie eine Esche, / die auf dem Gipfel des Berges, des rings weit sichtbaren, / mit dem Erz geschlagen ihr zartes Laub zu Boden wirft: / *so fiel er, und um ihn klirrten die Waffen, die erzverzierten.*«[2]

Andere Tötungen werden mit vielen blutigen Details geschildert. Trotz alledem ist nicht zu übersehen, dass die homerischen Helden ihren Gegnern fast immer ohne Hass gegenübertreten. Krieg und die Bewährung im Kampf werden willig ertragen, ja freudig gesucht, weswegen der Charakter der Ilias im Ganzen nicht pessimistisch erscheint. Die langen Kriegsjahre haben wenig sichtbare Spuren der Verrohung hinterlassen. So hebt Homer den ritterlichen Anstand hervor, als der Grieche Diomedes auf dem Schlachtfeld mit Glaukos zusammentrifft, der aus dem fernen Lykien den Troern zu Hilfe geeilt ist:

»Glaukos nun, des Hippolochos Sohn, und der Held Diomedes/ kamen hervor aus den Heeren gerannt in Begierde des Kampfes./ Als sie nunmehr sich genaht, die Eilenden, gegeneinander,/ redete also zuerst der Rufer im Streit Diomedes:/ Wer doch bist du, Edler, der sterblichen Erdebewohner?/ Nie ersah ich ja dich in männerehrender Feldschlacht/ vormals, aber anjetzt erhebst du dich weit vor den andern,/ kühnen Muts, da du meiner gewaltigen Lanze dich darstellst. [...]/ Ihm antwortete drauf Hippolochos' edler Erzeugter:/ Tydeus' mutiger Sohn, was fragst du nach meinem Geschlechte?/ Gleich wie Blätter im Walde, so sind die Geschlechter der Menschen;/ einige streut der Wind auf die Erd hin, andere wieder/ treibt der knospende Wald, erzeugt in der Wärme des Frühlings./ *So der Menschen Geschlecht; dies wächst und jenes verschwindet.*«[3]

Abb. 2
Tötungsszenen und das Trojanische Pferd
Reliefpithos aus dem Archäologischen Museum, Mykonos, Inv.-Nr. 2240

Dann aber schildert Glaukos doch seine Herkunft und erzählt die Heldentaten des Bellerophontes. Voller Freude hört dies Diomedes, denn von den Großvätern her waren sie gastfreundlich verbunden. Beide springen von ihren Wagen, reichen sich die Hände, geloben Freundschaft und versprechen, einander im Getümmel fortan zu meiden. Als Zeichen ihrer Verbundenheit tauschen sie die Rüstungen: Glaukos gibt seine goldene hin für die eherne des Diomedes.

Vom Frieden allerdings sprechen die Fürsten nie. Für sie tritt ein solcher erst nach der Eroberung Trojas ein. Anders empfinden es die einfachen Soldaten, die sich im zehnten Kriegsjahr nach Heimkehr und Wiedersehen mit den Angehörigen sehnen. Diese Sehnsucht kommt machtvoll zur Geltung, als Agamemnon, um die Stimmung im Heer zu testen, zum Schein vorschlägt, die Belagerung abzubrechen.[4] Da stürmen sie mit Geschrei zu den Schiffen und ziehen diese schon ins Wasser und können danach nur mühsam zurückgehalten und mit neuem Kampfgeist erfüllt werden.

Dem reichen Fundus der epischen Tradition entnehmen die Tragiker des 5. Jahrhunderts v. Chr. ihre Stoffe. Es sind die Heroen des Mythos, die auf der Bühne ihr tragisches Schicksal erleiden – die einzige uns erhaltene Ausnahme bilden »Die Perser« des Aischylos. Doch die gesellschaftlichen Bedingungen der Rezipienten haben sich geändert. So preist das Drama als demokratische Kunstform nicht länger kämpferische

Tugend als solche, sondern lenkt den Blick auf verübtes Unrecht und die Opfer von Krieg und Gewalt, und das sind nicht zuletzt die Frauen.

Die Begebenheiten des Trojanischen Krieges erhalten neue Aktualität durch die Erfahrungen aus den Perserkriegen oder aus dem Peloponnesischen Krieg. Sie stehen in den erhaltenen Tragödien deutlich im Vordergrund. Oft sind es Episoden außerhalb des Ilias-Geschehens: »Aias« und »Philoktet« des Sophokles behandeln Ereignisse aus der Schlussphase des Krieges; mit den »Troerinnen« und der »Hekuba« dramatisiert Euripides den Untergang Trojas, mit der »Iphigenie in Aulis« erhebt er die verhängnisvolle Ausfahrt des Heeres zum Thema. Der siegreiche Heimkehrer Agamemnon wird untergehen, seine Ruhmestaten klingen hohl, der Sieg verbreitet Schrecken. Als die Kunde vom Fall Trojas in Mykene eintrifft, singt der Chor im »Agamemnon« des Aischylos in düsterer Stimmung:

»Viele zogen aus von Hellas' Strand, und da ist kein Haus, / in dem das Weh nicht wohnt. / Viel ist des Bitteren, das ans Herz rührt: / jeder weiß, wen er entsandt hat: / was aber heimkommt – / *Urnen sind's und Asche nur.*«[5]

In einem grausigen Vergleich sieht er im Kriegsgott Ares einen Händler, der für Ware Goldstaub zahlt: Er nimmt sich die Kämpfer und gibt ihre Asche zurück:

»den Lieben daheim schickt er aus Ilion / den branddurchglühten Goldstaub, bitter beweint: / an Mannes statt mit Asche gefüllte Gefäße, / *leicht verstaubare.*«[6]

Von Frieden können die Dichter der Tragödie nicht künden angesichts des Leids, das Kriege hervorbringen. So singt ein Chor (Aischylos »Sieben gegen Theben«) von den Gräueln, die eine eroberte Stadt bedrohen:

»Jammervoll ist es, die so ehrwürdige Stadt / dem Hades hinzuwerfen / als Speeresbeute versklavt, / zuschanden nach dem Willen der Götter. / Und die Frauen überwältigt und fortgeschleppt, / wehe, junge und alte, / wie Pferde am Schopfe gepackt, / mit rings zerfetzten Gewändern. / Es hallt wider die entvölkerte Stadt, / wenn die Beute entschwindet mit wirrem Geschrei. / Ja, ein schweres Geschick befürchte ich. / Zum Weinen ist es, wenn junge Mädchen, / roh gepflückt vor den Hochzeitsriten, / den verhassten Weg in fremde Häuser ziehen. / Ich sage es laut: Wer tot ist, / *dem geht es besser als diesen.*«[7]

Etwa zu gleicher Zeit etabliert sich die Komödie in Athen, die lange ihren improvisatorischen Charakter bewahrt hat. In ihren Anfängen ist sie von der Tragödie grundverschieden. Sie bezieht ihre Themen aus dem Leben in der Polis und ist in diesem Sinne »politisch«. Als Aristophanes erstmals auftritt, hat der Peloponnesische Krieg (431–404 v. Chr.) längst begonnen. Die Sehnsucht nach Frieden und die Bloßstellung von Kriegstreibern sind bevorzugte Anliegen seiner Kunst. Mit schrankenlosem Gelächter und destruktivem Spott stellt er die bestehenden Machtverhältnisse (wenigstens für die Dauer des dionysischen Festes) in Frage, indem er eine utopische Welt des Friedens präsentiert. Dreimal unternimmt er dies auf ganz verschiedenen Wegen. In den »Acharnern« (425 v. Chr.) schließt der attische Bauer Dikaiopolis einen Privatfrieden mit Sparta und eröffnet daraufhin einen Markt, der ihm lang entbehrte Genüsse verschafft, die er allen Kriegstreibern verwehrt. General Lamachos aber muss ins Feld ziehen. Zum turbulenten Ende kehrt er schwer verletzt zurück, weil er unterwegs in einen Graben stürzte. Dikaiopolis aber feiert betrunken mit zwei Hetären im Arm. Im »Frieden« (421 v. Chr.) ergreift der Weinbauer Trygaios die Initiative. Der Kriegsdämon (Polemos) hat die Friedensgöttin (Eirene) in eine Höhle auf dem Olymp gesperrt und droht nun,

Abb. 3
Statue des Sophokles
Gipsabguss einer römischen Marmorkopie nach
einem Bronzeoriginal, um 330 v. Chr., Archäologisches
Museum der WWU Münster, Inv.-Nr. A L KR 2

Abb. 4

Kisenias fordert seine Frau Myrrhine zum Beischlaf auf

Illustration von A. Beardsley zur Komödie Lysistrate (1894)

die griechischen Städte in einem Mörser zu zerstampfen. Trygaios hat einen riesigen Mistkäfer gemästet; auf diesem fliegt er zum Himmel und bringt den Frieden zurück. In der »Lysistrate« (411 v. Chr.) schmiedet die Heldin (»Heeresauflöserin«) einen doppelten Plan: Sie ruft die jungen Frauen Griechenlands nach Athen, und sie schwören, sich den Männern so lange sexuell zu verweigern, bis diese Frieden schließen. Zugleich besetzen die alten Frauen (ein Halbchor) die Akropolis und sperren den Zugang zu den Finanzen für die Rüstung. Dann treffen Lysistrate (LY) und ein Ratsherr (RA) aufeinander, und sie erklärt, dass die Politiker wie die Frauen bei Wollarbeiten vorgehen müssten:

»Wie die Rohwolle vom Kot und vom Schmutz in der Wäsche man säubert, / so müsst ihr den Staat von Schurken säubern und tüchtig ihn klopfen, / dass hinausfällt der Dreck; und ablesen müsst ihr die Dornen und alles / was zusammen sich klumpt und verfilzt für Ämterbesetzung. [...] / RA. Was die Weiber da krempeln und klopfen! / Euch ficht doch der Krieg im geringsten nicht an! LY. Ach so, du Verfluchter! / Trifft er nicht doppelt und dreifach uns Frauen? Wir haben die Knaben geboren / *und als Hopliten ins Feld geschickt. RA. Schweig still! Man soll's nicht berufen!*«[8]

Hier stößt die Komödie an ihre Grenzen. Derbe Spottlust und Schmerz liegen eng beieinander in der vom Krieg heimgesuchten Stadt. Doch am Ende der Komödie siegt das Dionysische; Athener und Spartaner jubeln und singen gemeinsam.[9]

1 Hom. Il. 18,490–498 und 509–516 (Übersetzung W. Schadewaldt).
2 Hom. Il. 13,170–181 (Übersetzung W. Schadewaldt).
3 Hom. Il. 6,119–126 und 144–149 (Übersetzung J. H. Voß).
4 Hom. Il. 2,110–155.
5 Aischyl. Ag. 429–436 (Übersetzung H.-D. Blume).
6 Aischyl. Ag. 438–448 (Übersetzung H.-D. Blume).
7 Aischyl. Sept. 321–337 (Übersetzung H.-D. Blume).
8 Aristoph. Lys. 574–578 und 587–590 (Übersetzung L. Seeger).
9 Vgl. zum Thema Krieg und Frieden: Friedrich 1956; Newiger 1996.

Abstraktion und dionysischer Rausch

Eirene in der griechischen Bilderwelt

MARION MEYER

Krieg und Frieden scheinen in den antiken schriftlichen und bildlichen Quellen sehr unterschiedlich auf. Mit physischer Gewalt ausgetragene Auseinandersetzungen waren – selbst bei langer Dauer – ein Ausnahmezustand, der als solcher gesehen, erinnert und in Wort und Bild dargestellt wurde. Friede ist häufig nur thematisiert, um diesen Zustand vom Krieg abzusetzen. Der allgemein erwünschte Zustand des Friedens wurde – wie oft genug auch heute – meist nicht bewusst als Gut wahrgenommen, das zu schätzen und zu schützen ist. Erzählungen und Bilder von Kriegen gibt es in der Antike zuhauf; explizite schriftliche und bildliche Äußerungen zum Frieden hingegen muss man suchen.[1]

◄ Detail aus Abb. 9

Die Ambivalenz des Krieges in Bildern des Mythos

Mit Schwert und Lanze, Pfeil und Bogen ausgetragene Kämpfe gehören zu den ersten Szenen, die im mittleren 8. Jahrhundert v. Chr. – nach den sogenannten »Dunklen Jahrhunderten« – dargestellt wurden (Abb. 1, 2). Wie die übrigen Bilder dieser Zeit visualisieren sie Erfahrungen der Zeitgenossen und nicht mythische Begebenheiten.[2] Die Erzählungen von Kämpfen der Heroen, der vermeintlichen Vorfahren, haben allerdings die Vorstellungen vom Krieg im öffentlichen und privaten Diskurs geprägt. Auch nach der Einführung der Phalanx – der Formation schwerbewaffneter Krieger, die in geschlossener Schlachtreihe gegen die Feinde vorrückt – wurden Kämpfe in der Regel als Aufeinandertreffen einzelner Krieger dargestellt (Abb. 3), so wie Homer sie in der Ilias schilderte.

Nachdem die entscheidenden Siege über die Perser nicht nur in Feldschlachten, sondern auch zur See errungen worden waren, klafften die

Realität und das Ideal des Krieges weit auseinander. In Athen (dem Staat, der die weitaus meisten Bilder produzierte) können wir verfolgen, welche Konsequenzen das in der Bilderwelt hatte: Darstellungen von Zweikämpfen nichtmythischer Figuren wurden nur noch selten angefertigt. An ihre Stelle treten Bilder mythischer Erzählungen, die nicht einzelne Kämpfer, sondern Gruppen zeigen, und zwar bevorzugt solche, die nicht gegen ihresgleichen vorgehen, sondern Gegner bezwingen, die die gute Ordnung und Zivilisation bedrohen – wie die überheblichen, sich an Frauen und Knaben vergreifenden Kentauren oder die Amazonen (Abb. 4), die in Athen selbst einfallen und von den Athenern (!) unter Führung des Staatsgründers Theseus zurückgeschlagen werden (was eine neue, nach den Perserkriegen entstandene Version des flexiblen Amazonenmythos ist).[3] Bilder von Seeschlachten (die der realen Erfahrung entsprochen hätten, denn es haben weitaus mehr Athener in der Flotte gegen die Perser gekämpft als auf dem Schlachtfeld) wurden hingegen nicht angefertigt; für Teilnehmer an Seeschlachten gibt es nämlich keine mythischen Vorbilder. Dieses Thema war offenbar nicht bildwürdig.[4]

Bereits wenige Generationen nach den frühesten Kampfszenen wurden in Bildern auch die Konsequenzen des Krieges für Nichtkombattanten vor Augen geführt. Ein auf den Kykladen um 670 v. Chr. angefertigter Reliefpithos zeigt im größten Bildfeld in der Halszone das hölzerne Pferd, das die Trojaner in ihre Stadt zogen und dadurch ihr Schicksal besiegelten, denn im Bauch des Pferdes verbergen sich griechische Krieger (Abb. 3, S. 43). Unterhalb dieser Darstellung sieht man in einzelnen Bildfeldern, wie Krieger kleine Kinder in Anwesenheit ihrer Mütter grausam töten (Abb. 5). Der Untergang Trojas wurde in zwei Epen geschildert, von denen nur Inhaltsangaben überliefert sind. Diese erzählten die Ermordung der trojanischen Königsfamilie; es ist aber auszuschließen, dass außer dem tragischen Schicksal des Thronfolgers Astyanax auch noch das mehrerer anderer Kinder erwähnt wurde. Auf dem Reliefpithos wird mit der Wiederholung der Tötungsszenen drastisch gezeigt, dass Troja keine Zukunft hat, weil alle, alle Kinder getötet werden. Es ist eine visuelle Strategie, den Untergang der Stadt zu vermitteln.[5]

Um 500 v. Chr. stellte ein attischer Vasenmaler das Ende Trojas im Innenbild einer großen Trinkschale ausführlicher dar als je zuvor (und schrieb den Figuren jeweils Namen bei). Im runden Innenbild stürmt der Grieche Neoptolemos, der Sohn des gefallenen Achilleus, auf den greisen Priamos zu, der auf einem Altar Schutz gesucht hat. In seiner erhobenen Rechten schwingt er Astyanax, den Sohn Hektors, wie eine Keule – er wird den König mit seinem Enkel erschlagen. Neben Priamos steht seine Tochter Polyxena und rauft sich (wie es Trauernde zu tun pflegen) die Haare. Hinter dem Altar liegt ein gefallener Krieger, wodurch sich erklärt, wie es zu der geschilderten Situation kommen konnte (Abb. 6).
In den mythischen Erzählungen werden die drei Mitglieder des trojanischen Königshauses an unterschiedlichen Orten und zu unterschiedlichen Zeiten ermordet. Der Vasenmaler kombinierte sie in einem Bild, sodass die Betrachter auf einen Blick erfassen können, welches Schicksal Nichtkombattanten (Frauen, Alten, Kindern) blüht, wenn die Krieger sie nicht mehr verteidigen können.[6]

In der Bilderwelt wird also einerseits das Ideal des Kriegers propagiert, der bereit ist, sein Leben für das Vaterland zu geben. In Gesellschaften, in denen die Interessensvertretung und Landesverteidigung den Bürgern selbst obliegt, war dies wohl nötig. Erst in hellenistischer Zeit wird die Kriegsführung von Söldnern übernommen. Andererseits wird das Leid, das der Krieg über die gesamte Bevölkerung bringt, nicht verschwiegen.

Abb. 1, 2
Kämpfe zu Land und zur See
attischer Trinkbecher, etwa 760 v. Chr., Eleusis, Archäologisches Museum, Inv.-Nr. 910

Abb. 5
Ein Krieger tötet ein Kind in Anwesenheit einer Frau
Bildfeld des Reliefpithos in Mykonos, Archäologisches Museum, Inv.-Nr. 2240

Abb. 3
Zweikämpfe
attische Trinkschale, etwa 570–560 v. Chr., Sammlung Dr. D. Jordan

Abb. 4
Viele Athener kämpfen gegen viele Amazonen
attisches Mischgefäß (Volutenkrater), etwa 450–440 v. Chr., Antikenmuseum Basel, Inv.-Nr. BS 486

Abb. 6
Neoptolemos erschlägt Priamos mit seinem Enkel Astyanax in Anwesenheit der Polyxena
Innenbild einer attischen Trinkschale, etwa 500 v. Chr., Rom, Museo Nazionale di Villa Giulia, Inv.-Nr. 121110

Frieden – Von der Theorie zur Praxis

Der – zu allen Zeiten erwünschte – Zustand des Friedens ist hingegen in der Bilderwelt schwieriger zu fassen. Die früheste bildliche Darstellung findet sich nicht in der materiellen Überlieferung, sondern im Epos. Sie wird niemand Geringerem als dem Schmiedegott Hephaistos zugeschrieben. Dieser fertigt persönlich für Achilleus, den besten der griechischen Krieger, eine neue Rüstung an. Auf diesem Schild bringt der kunstfertige Gott die ganze Welt unter, die Erde und den Himmel und das Meer sowie Sonne, Mond und Sterne. Und er stellt das Bild einer Stadt im Frieden der Darstellung einer Stadt im Krieg gegenüber:

»In der einen waren Hochzeitsfeste und Gelage: Da führten sie Bräute aus den Kammern unter brennenden Fackeln/ durch die Stadt, und viel Hochzeitsjubel erhob sich. / Und Jünglinge drehten sich als Tänzer, und unter ihnen/ erhoben Flöten und Leiern ihren Ruf, und die Frauen/ schauten staunend zu, an die Türen getreten eine jede. / Das Volk aber war auf dem Markt versammelt. Dort hatte ein Streit/ sich erhoben: zwei Männer stritten um das Wergeld/ für einen erschlagenen Mann. Der eine gelobte, dass er alles erstattet habe, / und tat es dem Volke dar, der andere leugnete: nichts habe er empfangen. / Und beide begehrten, beim Schiedsmann einen Entscheid zu erlangen. / Und das Volk schrie beiden zu, hüben und drüben als Helfer. / Und Herolde hielten das Volk zurück, die Ältesten aber/ saßen auf geglätteten Steinen im heiligen Ring. / Und sie hielten die Stäbe von den Herolden, den luftdurchrufenden, in den Händen; / mit denen sprangen sie dann auf und taten abwechselnd ihren Spruch. / In der Mitte aber lagen zwei Pfunde Goldes, / um sie dem zu geben, der unter ihnen das Recht am geradesten spräche.«[7]

Abb. 7
Reigentanz
attische Trinkschale, etwa 720 bis 700 v. Chr.,
Athen, Nationalmuseum, Inv.-Nr. 874

Abb. 8
Bankett
attische Kanne, etwa 720 bis 700 v. Chr.,
Athen, Nationalmuseum, Inv.-Nr. 18542

Abb. 9
Symposion
attische Trinkschale, etwa 490–480 v. Chr.,
Cambridge, Fitzwilliam Museum,
Inv.-Nr. Loan Ant.103.18

Es folgt die – sehr viel längere – Schilderung einer von zwei Heeren belagerten Stadt. Deren Männer rüsten sich zu einem Ausfall, welchen die Frauen, Kleinkinder und Alten auf der Stadtmauer stehend beobachten. Es folgt eine Schlacht an einem Fluss mit Verwundeten und Toten.[8]

Es sind also gemeinsame Feste mit Gelagen, Tanz und Gesang sowie die Rechtsprechung, die die Stadt im Frieden kennzeichnen (und von der anderen Stadt, mit der Willkür und Gewalt des Krieges, absetzen). Das Wort »Friede« kommt überhaupt nicht vor. Man wird demnach die vielen Bilder von öffentlichen und privaten Feiern als den Genuss des friedvollen Lebens verstehen dürfen.

Bereits im mittleren 8. Jahrhundert v. Chr. (und damit gleichzeitig mit den Kriegsdarstellungen) kommt das Motiv des Reigentanzes auf. Junge Männer und junge Mädchen, jeweils als Gruppe auftretend, fassen sich an den Händen und tanzen zu den Klängen des Flöten- oder Leierspiels (Abb. 7). Dass die weiblichen Figuren sich kaum zu bewegen scheinen, ist den Darstellungskonventionen der Zeit geschuldet, die die Figuren situationsunabhängig charakterisieren. Ein geschlossener Unterkörper ist für weibliche Personen angemessen, ein weites Ausschreiten für männliche. Die oben zitierten Verse der Ilias zeigen, dass der Tanz der Inbegriff des Festes war. Darstellungen von Reigentänzen können mithin stellvertretend für das Feiern von Festen stehen. Tänze wie auch Bankette (Abb. 8) veranschaulichen das friedliche, erfreuliche Gemeinschaftsleben.[9] Seit der Wende zum 6. Jahrhundert v. Chr. sind es dann vor allem Bilder von Trinkgelagen, mit denen gemeinsames Feiern thematisiert wird (Abb. 9; s. dazu auch unten).[10]

Explizit kann der Friede im Bild visualisiert werden, indem der Abschluss eines Friedensvertrags dargestellt oder indem der abstrakten Idee des Friedens durch eine Personifikation Ausdruck gegeben wird. Diese beiden Möglichkeiten entsprechen der sprachlichen Differenzierung: Das griechische Wort für das Abstraktum »Friede« ist *eirene*, und da dieses Wort weiblich ist, ist auch die Personifikation des Friedens weiblich, und der Frieden wird in weiblicher Gestalt dargestellt. Als Begriff und als Personifikation erscheint *eirene/Eirene* bereits in der frühesten Dichtung; für den Sachverhalt des Friedens im politisch-staatsrechtlichen Sinn wird diese Vokabel aber erst im 4. Jahrhundert v. Chr. benutzt. Den Abschluss eines Friedens bezeichnete man als *spondai*, was sich auf die bei einer offiziellen Vereinbarung erforderlichen Opfer bezieht.[11]

Verbindliche Vereinbarungen und auf Dauer angelegte Übereinkünfte wurden (im öffentlichen und privaten Bereich) durch Handschlag besiegelt. Als in Athen im Zuge demokratischer Praktiken die Beschlüsse des Rates und der Volksversammlung zusätzlich zu den im Staatsarchiv aufbewahrten Akten auch in Stein veröffentlicht und für alle sichtbar ausgestellt wurden, wird den Inschriften hin und wieder ein Reliefbild vorangestellt, das den Inhalt prägnant visualisiert. Wenn man auf einer solchen Inschriftenstele die Stadtgöttin Athena im Handschlag mit einer weiteren Gottheit sieht, dann kann man schließen, dass es sich bei dem veröffentlichten Beschluss entweder um einen Vertrag (unter Umständen um einen Friedensschluss) mit einer Polis handelt, deren Stadtgottheit gemeinsam mit Athena auftritt, oder um Bestimmungen, die Angehörige einer anderen Polis betreffen. Das ist der Fall bei einer Urkunde des Jahres 403/402 v. Chr. (Kat.-Nr. 9 und Abb. 6, S. 37): Athena hat ihren Schild an einem Baum abgestellt und reicht einer Göttin, die ein Szepter in der erhobenen Linken hält, die Hand. Dass diese majestätische Erscheinung die Göttin Hera von Samos ist, wird den Betrachtern in den Zeilen 3 und 4 mitgeteilt, die der Inschrift in größeren Lettern vorangestellt sind: »Den Samiern, die mit dem Volk der Athener waren.« Der Handschlag der beiden Stadtgöttinnen sanktioniert die verzeichneten Beschlüsse, Samier für ihre Loyalität zu loben und zu ehren.[12] Die zahlreichen Grabreliefs, die in den Nekropolen Familienmitglieder im Handschlag zeigen (Kat.-Nr. 10), dokumentieren hingegen nicht die Beendigung häuslicher Fehden, sondern die Demonstration der Zusammengehörigkeit der Familie über den Tod hinaus. Wie so häufig bestimmt der jeweilige Kontext die Aussage der Bilder.

Die abstrakte Idee des Friedens kann – in Wort und Bild – als Personifikation dargestellt werden. Dem Geschlecht des Wortes *eirene* entsprechend erscheint sie als weibliche Figur. In Hesiods »Theogonie«, dem im frühen 7. Jahrhunderts v. Chr. abgefassten Epos über die Entstehung der Welt und die Herrschaft der olympischen Gottheiten als Garanten der Ordnung, ist Eirene die Tochter des Zeus und der Themis (der Göttin der Gerechtigkeit) und die Schwester von Eunomia (der Göttin der guten Gesetze) und Dike (der Göttin des Rechts). Diese drei Schwestern haben die Aufgabe, das Zusammenleben der Menschen zu regeln.[13] Sie sind also von höchster Relevanz für jede Gemeinschaft. Die tiefsinnige Verbindung des Friedens mit Recht und Ordnung ist eine immer wiederkehrende Vorstellung.[14] Der Frieden ist mehr als die Abwesenheit von Krieg – Eirene ist der anzustrebende, einer Gemeinschaft angemessene Zustand, eine moralische Verpflichtung und ein ethischer Wert. Ebenfalls bereits bei Hesiod findet sich die Vorstellung, dass der Frieden etwas Prekäres sei: Er kann »aufblühen«[15] – was impliziert, dass er auch verblühen kann.

Bilder mit Darstellungen des personifizierten Friedens sind aus dem 6. Jahrhundert v. Chr. nicht bekannt. Dass mit der Visualisierung der von Hesiod angesprochenen Vorstellungen aber durchaus zu rechnen ist, zeigt eine attische Amphora des späten 6. Jahrhunderts v. Chr., auf der Dike, die Schwester der Eirene, mit dem Hammer auf Adikia (das Unrecht) einschlägt (Kat.-Nr. 4). Beiden Figuren sind ihre Namen beigeschrieben. Ihre Gegensätzlichkeit wird auch dadurch vor Augen geführt, dass Dike eine schöne Frau, Adikia aber hässlich ist, mit übergroßem Kopf, wirren Haaren und Körpertätowierung. In der altgriechischen Kultur sind Schönheit und Hässlichkeit nicht nur ästhetische, sondern auch moralische Werte. Durch ihr von der Norm abweichendes Aussehen wird Adikia als minderwertig gebrandmarkt. Das Gegensatzpaar Dike und Adikia ist auf zwei weiteren Bildern des 6. Jahrhunderts v. Chr. zu sehen.[16]

Sehnsucht nach Frieden in Zeiten des Krieges

Auch später gibt es von Eirene nur sehr wenige Bilder. Bezeichnenderweise wird der Friede – bzw. die Sehnsucht nach ihm – in Athen gerade zur Zeit des Peloponnesischen Krieges (431–404 v. Chr.) in Wort und Bild thematisiert: im Theater sowie in Bildern für den privaten Gebrauch und im öffentlichen Raum.

Aristophanes entwarf in seiner Komödie mit dem programmatischen Titel »Der Friede« ein berührendes Wunschbild des guten Lebens, wie es zur Zeit der Aufführung des Stückes (421 v. Chr.) nicht möglich war, da die Spartaner jährlich einfielen, das Land verwüsteten und die Stadt belagerten. Der Chor und der Chorführer singen:

»Aber, wie selig ist's/ Wein zu nippen, Schluck um Schluck,/ froh gelagert um den Herd,/ mit dem Freund, trocknes Holz,/ noch vom letzten Somme dürr,/ zuzulegen und dabei/ sich Kastanien bei den Kohlen/ und die Eichel aufzuwärmen,/ und zu schäkern mit der Magd,/ wenn die Frau im Bade sitzt./ Nichts behaglicher als dieses: wenn die Saatzeit ist vorbei/ und der Himmel Regen spendet und ein Nachbar kommt und spricht:/ Hör, was meinst du, Freund, was fangen wir nun an [...]/ Da der Himmel uns so gnädig, denkst du nicht, wir trinken eins?/ [...]/Ruf auch im Vorübergehen dem Charinades: er soll/ heute fröhlich mit uns trinken,/ weil der Himmel unsern Fluren/ Segen und Gedeihen schenkt!«[17]

Abb. 10
Eirene mit Dionysos und seinem Gefolge
attische Pelike, etwa 400 v. Chr., einst in Paris

Dem Protagonisten, einem attischen Weinbauern, gelingt es am Ende des Stückes, die von Polemos (dem Krieg) gefangengehaltene Eirene befreien zu lassen. Sie kehrt zu den Menschen zurück – und wird von Opora (dem Erntesegen) und Theoria (der Freude des Schauens und Feierns) begleitet.[18] Eirene bringt also das Glück mit.

Der Dekor eines zum Mischen von Wein und Wasser bestimmten Gefäßes der Zeit um 410 v. Chr. entspricht den von Aristophanes beschworenen Glücksversionen insofern, als dionysische Freuden (Weingenuss beim Trinkgelage und Gespräch mit Freunden) mit Eirene verbunden werden. Die Hauptperson ist der Gott Dionysos selbst, begleitet von einem Panther und bekränzt von Himeros, der die Wirkmacht der Aphrodite veranschaulichenden Personifikation des Verlangens (Kat.-Nr. 5). Zwei Mänaden bringen Früchte herbei; ein Satyr musiziert auf seiner Leier. Am linken Bildrand sitzen über dem Henkel zwei weitere Figuren: eine bekränzte weibliche Figur mit Fackel und Trinkhorn (Beischrift: Eirene) und, ihr zugewendet, ein Satyr (Beischrift: Hedyoinos, das heißt »süßer Wein«). Eirene erscheint wie eine Partnerin des Satyrn, als Teil des Gefolges des Dionysos. Hier vermischt sich Dionysisches

Abb. 11
Eirene hinter Dionysos und Hermes
Rundaltar, etwa 400 v. Chr., Brauron, Archäologisches Museum, Inv.-Nr. NE 1177

mit Aphrodisischem – den beiden Bereichen, die im antiken Griechenland für Lebensgenuss stehen. Lebensgenuss aber ist ohne Frieden nicht zu haben.[19]

Auf einem etwa gleichzeitig entstandenen Gefäß, dessen Bemalung nur in einer Zeichnung überliefert ist (Abb. 10), ist die Beziehung der Eirene zum dionysischen Umfeld noch drastischer angegeben. Eirene und Dionysos erscheinen im Zentrum des Bildes, einander zugewendet und die Arme zueinander ausstreckend. Sie werden flankiert von Mänaden und Satyrn. Über ihnen befindet sich die Personifikation der Pannychis (des Festes, das die ganze Nacht dauert), im tête-à-tête mit einem Satyrn und begleitet von Pothos, der (im Griechischen männlichen) Personifikation der Sehnsucht (einer weiteren Figur aus dem Umfeld der Aphrodite), der ein Schallbecken (*tympanon*) schlägt.[20] Die Vorstellung, dass Eirene und Dionysos ein gut zueinander passendes Paar sind, teilt auch der Dichter Euripides. In seiner Tragödie »Die Bakchen«, die nach 406 v. Chr. aufgeführt wurde, singt der Chor über den Gott Dionysos: »Er liebt die glückbringende Eirene, die kindernährende Göttin.«[21]

Bilder, die Eirene heraufbeschworen, gab es auch in der Öffentlichkeit. Um 400 v. Chr. wurde im Artemisheiligtum von Brauron (an der Ostküste Attikas, in der Nähe des heutigen Athener Flughafens) ein großer Rundaltar aufgestellt, auf dem Eirene wiederum mit Dionysos verbunden ist. Die Herrin des Heiligtums, Artemis, empfängt zusammen mit Apollon und Leto den Dionysos als »Gastgottheit«. Ihm voraus schreitet Hermes; Eirene geht direkt hinter ihm, im gegürteten Peplos und mit einer Blüte in der Hand (Abb. 11). Der archaistische Stil der Figuren soll an altehrwürdige Traditionen erinnern.[22]

Bilder, die den Weingott und sein Gefolge zeigen, können mithin als der Inbegriff von Wohlleben und Unbeschwertheit gelten. Die beiden Vasenbilder des ausgehenden 5. Jahrhunderts v. Chr. beschwören eine ruhige, friedliche, sorglose Atmosphäre. Eirene fungiert hier als Teil menschlicher Glücksvorstellung. Die Darstellung der Eirene in dionysisch-aphrodisischem Ambiente ist ein bemerkenswertes Zeugnis für die Stimmung in Athen zu den Zeiten des Peloponnesischen Krieges.

Der Friede wird aber nicht nur in Athen und nicht nur in Krisenzeiten als Teil des guten Lebens und der Lebensfreude genossen. Die Stadt Lokroi in Unteritalien prägte um 380 v. Chr. Silbermünzen, auf deren Rückseite

Eirene zu sehen ist (Kat.-Nr. 19).[23] Sie sitzt auf einem Altar und hält ein Kerykeion, einen Stab, wie ihn Boten mit sich führten – wohl die Erinnerung an erfolgreich ausgehandelte Verträge. Auf einem Keramikgefäß, das um 350 v. Chr. in Apulien bemalt wurde, sitzt Eirene (mit Beischrift bezeichnet) oberhalb des Dionysos, der zusieht, wie ein Satyr aus seinem Gefolge dem König Maron (Gründer der für ihren Wein berühmten Stadt Maroneia) eine große Weinrebe überreicht.[24] Der Eirene gegenüber sitzt Aphrodite, die von Eros einen Kranz empfängt. Der Friede wird also wiederum im Zusammenhang mit dionysisch-aphrodisischen Freuden präsentiert.

Einen »Friedensdiskurs« hat es in der Antike nicht gegeben. Schon die früheste Dichtung und die reiche Bilderwelt lassen jedoch keinen Zweifel daran, wonach sich die Menschen sehnten: Homer spricht von Festen und vom friedlichen Ausgleich der Interessen, vom Aushandeln von Recht. In Bildern wird deutlich, wie stark der Frieden mit Wohlstand und Lebensgenuss assoziiert wird. Bilder des Friedens, das sind in der Antike Bilder, die Lebensglück visualisieren. Auch die Bilderfindung der Eirene mit dem Ploutosknaben (Kat Nr. 15) verbindet den Frieden mit Wohlstand (wie das Füllhorn als Attribut des Knaben zeigt), thematisiert aber nun die Voraussetzung und folglich auch die Machbarkeit dieses Äquivalents von Glück: Das Kleinkind (Ploutos) ist auf seine Kinderfrau (Eirene) angewiesen; der Reichtum ist abhängig vom Frieden. Dieses tiefsinnige Bild kann als Mahnung und Versprechen verstanden werden.

1 Zu Bildern: Meyer 2013, S. 18–45; Smith 2011, S. 77–81, 109–118; Hölscher 2003, S. 1–17; Kader 2003, S. 117–160; Recke 2002; Stafford 2000, S. 173–197; Shapiro 1993, S. 45–50, 232.
2 Haug 2012, S. 249–295, Abb. 207–208; Giuliani 2003, S. 58–75, Abb. 7 a–b.
3 AK München 2008, S. 117–135 (Matthias Steinhart); Muth 2008, S. 142–238 und 329–518; Ellinghaus 1997.
4 Meyer 2005, S. 279–314.
5 Reliefpithos: AK München 2006, S. 296, 307–309 und 314–315, Abb. 43.1, 44.3, 44.11, 44.12 (F. Knauß); Ebbinghaus 2005, S. 51–72, Taf. 1–3 b; Giuliani 2003, S. 81–95, Abb. 11 a–f. – Zu Bildern vom Untergang Trojas: AK München 2006, S. 307–325, Abb. 44.1–44.22 (Florian Knauß); Giuliani 2003, S. 203–230, Abb. 40–45; Mangold 2000.
6 Muth 2008, S. 558, Abb. 400; Giuliani 2003, S. 211–214, Abb. 43 b; Mangold 2000, S. 22–25, Abb. 14.
7 Hom. Il. 18, Zl. 490–508 (Übersetzung W. Schadewaldt).
8 Hom. Il. 18, Zl. 509–540.
9 Haug 2012, S. 119–178, Abb. 85 und 107.
10 Symposion: Topper 2012; AK München 1990.
11 Meyer 2008, S. 61–73. Siehe hierzu den Beitrag von P. Funke in diesem Band, S. 34–37.
12 IG I³ Nr. 127; Meyer 2008, S. 68, Abb. 1.
13 Hes. theog. Zl. 901–903.
14 So bei Pind. Ol. 13,6–8, verfasst 464 v. Chr.
15 Hes. theog. Zl. 902.
16 Auf der Amphora in Wien (Kat.-Nr. 4), einer etwa zur gleichen Zeit und ebenfalls in Athen hergestellten Trinkschale und einer (nicht erhaltenen) Truhe des frühen 6. Jh. v. Chr., die der Reiseschriftsteller Pausanias in Olympia sah (Paus. 5,18,2). Smith 2011, S. 14–15; 20, Abb. 2.2; Shapiro 1993, S. 39–44; 213, Nr. 6–7, Abb. 5–6.
17 Aristoph. Pax, Zl. 1131–1158 (Übersetzung Ludwig Seeger, neu bearbeitet von Hans-Joachim Newiger).
18 Aristoph. Pax, Zl. 1316–1357.
19 Smith 2011, S. 78–81; 157–158, VP 22, Abb. 7.2; Meyer 2008, S. 70, Abb. 2 a–b.
20 Smith 2011, S. 78; 163, VP 35, Abb. 7.3; Meyer 2008, S. 71, Abb. 3; Kader 2003, S. 127–129; 150, Abb. 10.
21 Eur. Bacch. Zl. 419–420.
22 Smith 2011, S. 77–80; 142–143, R 2, Abb. 7.1; Meyer 2008, S. 72, Abb. 4 a–d.
23 Simon 1986 a, S. 701–702, Nr. 1 mit Abb.
24 Simon 2009, S. 193, Abb. 2.

»Die Hände zurückhalten«

Der griechische Festfrieden

TORBEN SCHREIBER

Am 9. Januar 1915 veröffentlichte »The Illustrated London News« eine Zeichnung, welche das friedfertige Beisammensein britischer und deutscher Soldaten zu Weihnachten 1914 zwischen den Schützengräben im Ersten Weltkrieg zeigt (Abb. 1).[1] Über die Weihnachtsfeiertage kam es zwischen französischen, britischen und deutschen Soldaten zu friedlichen Aufeinandertreffen im »Niemandsland« zwischen den Fronten. Dieser spontane »Weihnachtsfriede« war nicht durch die jeweilige Heeresleitung autorisiert worden und verbreitete die Befürchtung einer möglichen Fraternisierung der Soldaten, die es in den folgenden Kriegsjahren strikt zu unterbinden galt.[2] Der Wunsch zu derartigen Festlichkeiten, trotz des eigentlichen Kriegszustandes zumindest eine vorübergehende Waffenruhe herbeizuführen, ist bereits aus der Antike überliefert. Hier sind uns jedoch auch staatlich autorisierte Friedensabkommen zu besonderen Feierlichkeiten bekannt.

◄ Detail aus Abb. 1

Seit dem 8. Jahrhundert v. Chr. sollte mit dem Festfrieden (*ekecheiria*), einer vertraglich geregelten und befristeten Waffenruhe, der ungestörte Ablauf der Olympischen Spiele gewährleistet werden, sodass die Athleten und Zuschauer ungehindert an den Spielen teilnehmen und teilhaben konnten. Den an den Spielen beteiligten Stadtstaaten waren während der Festlichkeiten jegliche militärischen Aktivitäten unter Androhung von Strafe untersagt.

Damit handelt es sich um eine der ältesten Formen zwischenstaatlicher Vereinbarungen überhaupt. In der Folgezeit waren auch weitere panhellenische Feierlichkeiten durch solche Festfriedensverträge gesichert. Das griechische Wort *ekecheiria* lässt sich in etwa mit »Zustand, in dem die Hände zurückgehalten werden« übersetzen. Man lässt also während dieser Zeit die Hände von den Waffen.[3] Somit beschreibt dieser Begriff eine vorübergehende Waffenruhe und keinen Zustand des Friedens (*eirene*).[4]

Abb. 1
Friedfertiges Beisammensein britischer und deutscher Soldaten zu Weihnachten 1914 zwischen den Schützengräben im Ersten Weltkrieg, Zeichnung in »The Illustrated London News«, 9. Januar 1915

Phlegon von Tralleis berichtet im 2. Jahrhundert n. Chr. von der mythischen Entstehung des Festfriedens.[5] Demnach wurde den Königen Iphitos von Elis, Lykurgos von Sparta und Kleosthenes von Pisa durch einen delphischen Orakelspruch empfohlen, die Olympischen Spiele zu erneuern, um Aufruhr, Zwietracht, Krieg und Pest beseitigen zu können. Die teilnehmenden Städte sollten zudem den Festfrieden ausrufen. Aus späteren Quellen ist zu entnehmen, dass folgende Vereinbarungen einzuhalten waren: Das Heiligtum und das Festgelände galten als unverletzlich (*asylia*), die Teilnehmer und Zuschauer genossen freies Geleit, der Ausrichter stand unter besonderem Schutz und die Annahme des Festfriedens beruhte auf Freiwilligkeit.[6]

Die genauen historischen Ursprünge der *ekecheiria* sind nicht zu klären; auch ist zu bezweifeln, dass sie in unmittelbarem Zusammenhang mit den Olympischen Spielen gestanden hat. Die besondere Bedeutung Olympias wird jedoch auch zur Entwicklung und Institutionalisierung des Festfriedens beigetragen haben. Es galt hierbei, die Feierlichkeiten vor politischen Interessen zu schützen. Auch in Kriegszeiten sollten Wettkämpfer, Trainer, Festgesandtschaften, Handwerker, Händler und Zuschauer unbehelligt zu den Spielen reisen, dort verweilen und im Anschluss in ihre Heimat zurückkehren können. Ein Verstoß gegen die *ekecheiria* blieb nicht ohne Konsequenzen. So wurde der makedonische König Philipp II. von einer Athener Delegation zur Rückzahlung eines Lösegelds aufgefordert, welches dessen Soldaten durch die Gefangennahme eines Athener Bürgers während des Festfriedens erpresst hatten. Der Makedonenkönig erstattete dem Geschädigten daraufhin die Summe.[7]

Die Waffenruhe dauerte vermutlich drei Monate[8] und galt ab dem Zeitpunkt der Verkündigung durch die offiziellen Boten in den Poleis und Heiligtümern. Sie wurde durch ein gemeinsames Weinopfer (*spondai*) besiegelt.[9] Von den Spartanern berichtet der griechische Historiker Thukydides,[10] dass sie im Jahr 420 v. Chr. von den Olympischen Spielen ausgeschlossen wurden, weil sie trotz des Festfriedens die Waffen erhoben hatten und die deswegen verhängte Geldstrafe nicht zahlen wollten. Die Spartaner versuchten sich damit aus der Affäre zu ziehen, dass die Boten die *ekecheiria* noch nicht verkündet hätten, was deren Gegner, die Eleer, allerdings bestritten, denn bei ihnen sei der Festfriede bereits in Kraft getreten. Offensichtlich konnte es durch die unterschiedliche Reisegeschwindigkeit der entsandten Boten dazu kommen, dass die *ekecheiria* nicht überall gleichzeitig begann.[11]

Auch wenn der olympische Frieden ganz offensichtlich nicht immer konsequent eingehalten wurde, so wird die Bedeutung der *ekecheiria* und der damit verbundene freie Zugang zu den Spielen auch dadurch betont, dass laut Pausanias[12] in der Vorhalle des Zeustempels von Olympia eine Statue des von der personifizierten Eirene bekränzten Königs Iphitos gestanden haben soll.

Abb. 2
Versammlungshalle der Generalversammlung der UNO in New York

Die *ekecheiria* – der Festfriede – genoss in der griechischen Antike weitreichende Anerkennung. So mag es auch nicht verwundern, dass am 13. November 2017 die UN-Vollversammlung eine Resolution zum Olympischen Frieden verabschiedet hat. Bereits seit 1994 ruft der Präsident der UN-Vollversammlung vor einer jeden Olympiade feierlich zu einem Waffenstillstand während der Spiele auf (Abb. 2). Dieser Forderung wurde durch die Resolution erneut Nachdruck verliehen. In einem Artikel von Zeit-Online kommentiert IOC-Präsident Thomas Bach: »Für die Athleten, die in Pyeongchang zu den Olympischen Winterspielen zusammenkommen werden, hat diese Resolution eine besondere, sehr persönliche Bedeutung«, denn »die olympischen Athleten zeigen der ganzen Welt, dass es möglich ist, miteinander zu wettstreiten und dabei friedlich unter einem Dach zusammenzuleben«. Laut der UN-Resolution gilt dieser »Olympische Friede« ab sieben Tage vor Beginn der Olympischen Winterspiele und endet sieben Tage nach dem Ende der Paralympics.[13]

1 The Illustrated London News, Ausgabe vom 9. Januar 1915.
2 Bunneberg 2006, S. 15–60.
3 Theotikou 2013, S. 13–18; Theotikou 2005, S. 36–37.
4 Siehe hierzu auch den Beitrag von P. Funke in diesem Band, S. 27–39.
5 FGrH 257 F1.
6 Theotikou 2013, S. 91–101; Theotikou 2005, S. 40–41.
7 Vgl. Theotikou 2013, S. 149–151.
8 Theotikou 2013, S. 139–143; Theotikou 2005, S. 45–46; Weniger 1905, S. 209–214.
9 Zu den *spondai* siehe den Beitrag von P. Funke in diesem Band, S. 34–35.
10 Thuk. 5,49–50.
11 Generell zu Brüchen der olympischen Ekecheiria: Theotikou 2013, S. 143–148.
12 Paus. 5,10,10.
13 www.zeit.de/news/2017-11/13/olympia-un-verabschiedet-resolution-zum-olympischen-frieden-13201402, (21. 2. 2018).

Frieden bringt Reichtum

Die Eirene des Kephisodot

MASSIMILIANO PAPINI

Der Frieden in der griechischen Welt und die Statue der Eirene

Der Begriff »Eirene« ist vielschichtig: Gemeint sein kann eine ruhige Lebensphase, eine Friedenszeit nach einer Absprache oder einem Friedensvertrag zwischen Konfliktparteien sowie die Sicherheit und öffentliche Ordnung im Innern eines Staates oder auch eine Personifikation als Bezugspunkt eines Kultes.[1]

In der Theogonie des Hesiod ist Eirene mit dem Beinamen »die Blühende« zusammen mit Eunomia (die gute Ordnung) und Dike (die Gerechtigkeit) eine der drei Horen, der Töchter von Zeus und Themis, die über die Folge der Jahreszeiten und den Erhalt der öffentlichen Ordnung wachen. In den »Werken und Taten« (*erga*) des Hesiod wird sie in Vers 228 »Nährerin der Jugend« (*kourotrophos*) genannt. In der »Ilias« des Homer bezeichnet der selten verwendete Begriff *eirene* die Zeit vor dem verhängnisvollen Kampf um Troja. Auf dem im achten Buch beschriebenen Prunkschild des Achilleus, das der Gott Hephaistos geschaffen hat, sind zwei Städte in den entscheidenden Momenten ihrer Geschichte dargestellt: Die eine Stadt wird von zwei Heeren eingekesselt, die von Athena, Ares, Furia (*eris*), dem Tumult (*kydoimos*) und dem tragischen Tod (*ker*) begleitet werden. Die andere feiert ein Fest mit Hochzeiten, Banketten und Reigentänzen; ein Rechtsstreit wird vor einem Richter auf der Agora beigelegt (allerdings kommt hier die Beischrift *eirene* nicht vor).

Auch wenn nach den Worten des Lyderkönigs Kroisos »niemand so unvernünftig ist, dass er den Krieg wählt statt des Friedens«,[2] ist die griechische Geschichte voll von Konflikten zwischen den einzelnen Stadtstaaten, die mit ihrem agonistischen Ethos Autonomie und Prestige verteidigen, obwohl die Mittel und Regeln der

◄ Detail aus Abb. 1

Diplomatie bekannt sind, mit denen sich die zerstörerischen Auswirkungen abmildern lassen (Verträge, zwei- und mehrseitige Bündnisse, Fest- oder Kultgemeinschaften, »Amphiktyonien«, zwischenstaatliche Schiedsgerichte).[3] So kann der persische General Mardonios um den Perserkönig Xerxes zu überzeugen, gegen die Griechen vorzugehen, behaupten, diese seien es gewohnt, Kriege leichtfertig aus Übermut und Dummheit loszutreten: Wenn sie sich untereinander den Krieg erklärten, würden sie sich die schönsten Ebenen aussuchen, um dort hinzuziehen und dann aufeinander loszugehen; am Ende würden die Sieger mit schweren Verlusten von dannen ziehen und die Besiegten seien ausgerottet.[4] Ebenfalls bei Herodot[5] findet sich folgende Werteskala: Ein Konflikt zwischen Bürgern (*stasis*) sei um so viel schlimmer als ein einmütig geführter Krieg (*polemos*), wie der Krieg schlimmer als der Frieden (*eirene*) sei. Berühmt ist der Friedenshymnus des Dichters Bakchylides in einem Päan-Fragment aus der ersten Hälfte des 5. Jahrhunderts v. Chr.: Der Frieden sorge für Reichtum (*ploutos*) und für Gesänge wie Blüten voller honigsüßer Worte. Er bringe die jungen Männer dazu, ihre Körper zu trainieren, die Flöte zu spielen und festliche Umzüge zu veranstalten. Man verlasse die Waffen, und die Stadt sei von Banketten und von glutvollen Liebesliedern an junge Mädchen erfüllt.[6] Sicherlich sei es besser, Frieden zu halten, aber nirgends glaubt man wirklich, den Krieg aus der Welt der *polis* verbannen zu können, am allerwenigsten in Athen. Das militärische Engagement ist in dieser Stadt ganz besonders groß, vor allem seit den kleisthenischen Reformen von 508/507 v. Chr., die die formale Demokratie einführen und das kollektive, gegen das Ausland gerichtete Aggressionspotenzial in geordnete Bahnen lenken und damit stärken. Wenn die Stadt einmal ruhig wäre, würde man sich in sich selbst zurückziehen und im Inneren die eigene Energie verbrauchen, während man sich im rastlosen Kampf daran gewöhne, sich zu verteidigen. Das sei eine Fähigkeit, die mehr durch Taten als durch Worte wachse, sagt Alkibiades in der Rede, die er 415 v. Chr. in der Volksversammlung hält, um die Athener zu überzeugen, ein Hilfskontingent zu den Verbündeten nach Segesta auf Sizilien zu entsenden.[7]

Waffenruhen sind bis auf wenige Ausnahmen immer nur von verhältnismäßig kurzer Dauer, haben begrenzte Ziele und drohen ständig, gebrochen zu werden. Der »Nikiasfrieden« von 421 v. Chr., der im Peloponnesischen Krieg (431–404 v. Chr.) abgeschlossen wird, dauert nur sechs Jahre und zehn Monate. Andererseits führt der Peloponnesische Krieg dazu, dass man für die Schrecken und Nachteile des Krieges stärker sensibilisiert wird: In Zeiten des Friedens und des Wohlergehens würden die Stadt und der einzelne Bürger sich besser fühlen, weil sie nicht Zwängen unterlägen, die dem freien Willen entgegenliefen. Dagegen sei der Krieg, indem er die Annehmlichkeiten des alltäglichen Lebens aufhebe, ein Lehrer, der die Gewalt liebe.[8]

Auf dem Höhepunkt des Peloponnesischen Krieges hat man über den Frieden intensiv nachgedacht, sowohl im politischen Diskurs als auch – nicht weniger öffentlich – in den Tragödien des Euripides wie den »Schutzflehenden« und den »Troerinnen« sowie in den Komödien des Aristophanes mit ihren Fluchten in ein utopisches Landleben. In den »Acharnern« aus dem Jahr 425 v. Chr. kauft sich der gewaltsam nach Athen eingebürgerte Bauer Dikaiopolis, nachdem man eine Waffenruhe von fünf und dann über zehn Jahre zurückgewiesen hat, einen »privaten« Waffenstillstand mit Sparta über 30 Jahre zu Lande und zu Wasser, und es gelingt ihm, aufs Land zurückzukehren, um hier die ländlichen Dionysien zu feiern. Im Unterschied zu dem Heerführer Lamachos, der verwundet von zwei Soldaten gestützt werden muss, gibt er sich am Ende der Liebe in den Armen zweier Kurtisanen hin. In »Der Frieden«

aus dem Jahr 421 v. Chr. und somit unmittelbar vor dem Abschluss des »Nikiasfriedens«, zu dessen Unterzeichnern der soeben erwähnte Lamachos zählt, bittet ein anderer Bauer, Trygaios, die Götter um eine Erklärung für die Übel, die die Menschen bedrücken: Zahlreich sind die Verantwortlichen für das Verschwinden des Friedens: das Volk (*demos*) und seine politischen Führer, die auch von den Bauern aus dem attischen Umland unterstützt werden; die Verbündeten, die zwar Opfer des Herrschaftssystems, aber durch die Korruption darin eingebunden sind; nicht zuletzt Leute vom Schlage der Waffenhändler. Als Eirene aus der Höhle, in die sie der Gott des Krieges geworfen hat, auf theaterwirksame Weise wieder ausgegraben wird, begleiten Opora und Theoria, die Göttinnen der herbstlichen Ernte und der Feste, die »Herrin der Tänze und der Hochzeiten«. Sie verkörpern die wichtigsten Güter, deren Erhalt durch Eirenes Rückkehr garantiert wird. Diese selbst schweigt voller Zorn. Aus der Höhle ist sie in Gestalt einer kolossalen Statue (*kolossikon agalma*) herausgezogen worden, ein szenischer Einfall, der später von Aristophanes' Dichter-Konkurrenten Eupolis und Platon, dem Komiker, verspottet wird. Trygaios richtet zunächst ein Bittgebet an die Göttin (»Veredle du uns Hellenen erneut von Grund aus mit der Freundlichkeit Saft, und misch unserm Sinn mehr Nachsicht bei und Friedfertigkeit«).[9] Dann fordert er einen Diener auf, zu Ehren von Eirene auf einem Altar ein Opfer darzubringen.[10] Diese Verse führen zu der Hypothese, dass in der Stadt ein Altar und ein öffentlicher Kult für Eirene schon im 5. Jahrhundert v. Chr. existierten. Damit bringt man eine bei Plutarch überlieferte Notiz in Verbindung, dass nach dem »Kalliasfrieden«, der die Feindschaft zwischen Persern und Griechen beendete und zwar im Jahr 449/448 v. Chr. – so jedenfalls die übliche Datierung; nach Plutarchs Erzählabfolge dagegen sind die Verhandlungen im Jahr 467 oder 465 v. Chr. unter der Herrschaft des Kimon anzusetzen –, die Athener einen Altar für Eirene errichtet und ihrem Botschafter Kallias besondere Ehren zuerkannt hätten.[11] Diese Notiz wird in der historischen Forschung jedoch kontrovers diskutiert, je nachdem, welche Position man zur Datierung des »Kalliasfriedens« und schließlich zu seiner Historizität überhaupt einnimmt. Jedenfalls dürfte es wohl besser sein, die Existenz eines öffentlichen Kultes für Eirene schon im 5. Jahrhundert v. Chr. zu bezweifeln und davon auszugehen, dass Aristophanes seinerzeit lediglich einem Wunsch Ausdruck verlieh, der sich erst später konkretisieren sollte.

Nichtsdestoweniger kommt nun etwas in Bewegung: Die Brutalität des Krieges führt dazu, dass die Ablehnung und Kriegsmüdigkeit immer mehr um sich greifen. Auch die Siegesrhetorik wird leiser. Dennoch bringt sie in der zweiten Hälfte des 5. Jahrhunderts v. Chr. ein besonders lautes Beispiel hervor: Die Athener haben den Bau eines kostbaren Niketempels auf der mykenischen Bastion an der Südwestecke der Akropolis beschlossen – der Kult war dort bereits um die Mitte des 6. Jahrhunderts gegründet worden. Dediziert wird er vielleicht infolge des spektakulären Sieges über die Spartaner, der 425 v. Chr. von dem Strategen Kleon auf der Insel Sphakteria vor Pylos errungen wird. Der Bauschmuck feiert die Bedeutung des Militärs: Die Akrotere waren wahrscheinlich Niken aus vergoldeter Bronze. Der umlaufende Fries stellt Schlachten dar, deren Identifizierung höchst umstritten ist: Gesichert ist nur der Kampf zwischen den Griechen bzw. Athener und den Persern auf der Südseite, während auf dem Westfries im Hintergrund ein Tropaion steht und für den Nordfries eine heroische Deutung des Kampfgetümmels nicht von der Hand zu weisen ist. Jedenfalls allen Siegen wohnen die auf der Ostseite versammelten Götter bei. Die Reliefplatten der Balustraden zeigen einen großen Schwarm von Niken, die Tropaia errichten und einen Stier zu Ehren Athenas opfern. In der Cella im Inneren des Tempels stellt eine Statue Athena Nike Aptera (flügellos) dar; die Athener wollen die Göttin auf Dauer in ihrer Stadt halten und haben sie deshalb ihrer Flügel beraubt.[12] Doch die Siegesgöttin soll nicht für immer in Athen bleiben, wie vor allem die im Peloponnesischen Krieg erlittene schwere Niederlage zeigt. Sein Ende 404 v. Chr. bedeutet zugleich das Ende des attischen Imperialismus.

Eirene – der Frieden nimmt Gestalt an

In ältester Zeit ist das Wort *eirene* in juristischen Kontexten noch fremd; es bedeutet so viel wie die Abwesenheit eines bewaffneten Konflikts und ist verbunden mit Reichtum (*ploutos*) und den Voraussetzungen für wirtschaftliches Wohlergehen. Seit der zweiten Hälfte des 5. Jahrhunderts v. Chr. erfährt der Begriff eine allmähliche »Profanisierung«, indem er um eine technische Bedeutung erweitert wird. Sein Bedeutungsspektrum dehnt sich von der Alltagssprache und der Religion auf die diplomatische und juristische Fachsprache des internationalen Rechtes aus. Gemeint ist nun eine zwischenstaatliche Beziehung, die durch einen Ad-hoc-Vertrag begründet und geregelt wird, wie es auch die epigrafischen Quellen belegen. Im 4. Jahrhundert v. Chr. dann findet *eirene*, das inzwischen zum wichtigsten Wort unter den unterschiedlichen Begriffen aus dem Bedeutungsfeld »Frieden« geworden ist, als Thema Einzug in die Philosophie etwa bei Platon und bei Aristoteles (beide freilich alles andere als Pazifisten), und es mehren sich die Vertreter eines gemäßigten Pazifismus, der zwar nicht frei von Mehrdeutigkeiten ist, aber weit entfernt von der imperialistischen Aggressionspolitik des 5. Jahrhunderts v. Chr. Gut verdeutlicht werden die Vorzüge des Friedens etwa in der Rede des Isokrates »Über den Frieden« von 356 v. Chr. (Frieden sei die bessere Verteidigung der Demokratie) oder in »Über die Einkünfte« des Xenophon um 355 v. Chr., wo man liest: Nur im Frieden könne man die staatlichen Einkünfte, die theoretisch möglich seien, auch tatsächlich vollumfänglich erzielen. Und es sei richtig, eine Behörde von Friedenswächtern zu schaffen, was Athen zu einer noch liebenswerteren Stadt machen würde.

Es ist das Jahrhundert der multilateralen Verträge und der Proklamation einer *koine eirene*, eines allgemeinen Friedens, der sich auf alle Griechen erstreckt, ohne zeitliche Begrenzung, und der so angelegt ist, dass die Instabilität der früheren Waffenstillstandsverträge überwunden wird. 387/386 v. Chr., als man den Korinthischen Krieg beendet, garantiert der allgemeine (nach Antalkidas benannte) Frieden, der zwischen Persien und den Spartanern geschlossen wird, die Unabhängigkeit und Freiheit aller griechischen Städte, kleiner und großer, ausgenommen die Städte in Kleinasien unter der Oberherrschaft des Perserkönigs Artaxerxes und die zu Athen gehörenden Inseln Lemnos, Imbros und Skyros. Dieser Frieden soll zwar »ewig« dauern, bedarf aber periodischer »Erneuerungen« mit immer stringenteren Regelungen. 375 v. Chr. besiegt der Athener Stratege Timotheos die spartanische Flotte auf offenem Meer bei Alyzeia, einer Stadt in Akarnanien. Dank dieses Sieges erhält Athen die Vorherrschaft in der Ägäis zurück und vernichtet alle Hoffnungen Spartas auf eine führende Rolle auf dem Meer. Der persische Großkönig erkennt die neuerliche Vorherrschaft Athens an und lässt sie wenigstens zur Erhaltung der Autonomien beiwirken. Die Athener – in einem Klima der Euphorie über ihren diplomatischen Erfolg und in der kurzlebigen Überzeugung, dass nun eine neue Ära anbrechen würde – widmen Eirene Altäre (*arae*) und stiften im Namen des Staates ein *pulvinar* zu ihren Ehren mit jährlichen Opfern, die von den Strategen dargebracht werden sollen. Und Timotheos wird mit einer Statue auf der Agora am Kerameikos geehrt.[13] Dieses Mal war der Frieden Frucht eines militärischen und eines diplomatischen

Erfolges Athens, doch nur von kurzer Dauer; 371 v. Chr. muss zunächst Sparta, dann auch Athen zum wiederholten Male den allgemeinen Frieden erneuern.

Zu dieser Zeit schafft Kephisodot der Ältere, wahrscheinlich der Vater des Praxiteles, wohl in staatlichem Auftrag[14] auch das Kultbild der Eirene. Die Vermutung liegt jedenfalls nahe, dass der Beginn des Eirene-Kultes auf der Agora[15] nach dem Sieg des Timotheos auch die Errichtung einer Statue der Göttin zur Folge hatte. Die antiken Quellen halten jedoch nur die Aufstellung des Altares, nicht aber einer Statue fest. Dies schließt jedoch nicht aus, dass die allgemeinen Friedensschlüsse von 371 v. Chr., vor allem der von Athen, den Anlass dafür gaben.

Für 371 v. Chr. spricht möglicherweise auch die von Plinius dem Älteren in der »Naturgeschichte« überlieferte Nachricht, dass die Blütezeit des Kephisodot in die 102. Olympiade, also in die Jahre 372 bis 369 v. Chr., zu datieren sei.[16] Man nimmt an, dass die Initiative auch von Kallias III. unterstützt wird, dem Sohn des Hipponikos II. und Enkel seines schon erwähnten gleichnamigen Großvaters Kallias II. Dieser hatte als Gesandter an den diplomatischen Missionen nach Sparta anlässlich der Friedensverhandlungen von 387/386, 375 und – als Hauptfigur – von 371 v. Chr. teilgenommen. Kallias III. hat auch das wichtigste Priesteramt von Eleusis (*dadouchos*) inne. Außerdem ist er mit einem gewissen Epilykos, der den »Kalliasfrieden« 424 v. Chr. erneuert haben soll, verwandt. Tatsächlich enthält eine Inschrift an einer Statuenbasis in Eleusis,[17] deren Datierung freilich umstritten ist (Anfang 4. Jahrhundert v. Chr. oder um 375 v. Chr.), sowohl die Weihung durch eine gewisse Kekropia, Tochter eines »Kall-« (ergänzbar zu Kallias) und Enkelin eines »Hipp-« (ergänzbar zu Hipponikos), als auch die Signatur des Bildhauers, Kephisodot. Interessanterweise hätte also die wahrscheinliche Tochter unseres

Abb. 1
Römische Marmorreplik der Statue der Göttin Eirene
München, Glyptothek, Inv.-Nr. 219

Abb. 2
Fragmente eines athenischen Preisgefäßes (Kat.-Nr. 17) **mit Darstellung der Statue der Eirene mit Ploutosknaben** (Kat.-Nr. 15)
Eleusis, Archäologisches Museum, Inv.-Nr. 2670

Kallias III. gerade denjenigen Künstler beauftragt, der auch für die Statue der Eirene verantwortlich zeichnet.

Der Reiseschriftsteller Pausanias hat die Statue in der zweiten Hälfte des 2. Jahrhunderts n. Chr. noch auf der Westseite der Agora am Kerameikos hinter der Gruppe der Eponymen Heroen gesehen, um dann zu präzisieren: »Hier« (*entautha*) befänden sich auch die postum aufgestellten bronzenen Porträtstatuen von Lykurg, Demosthenes und eben bezeichnenderweise auch von Kallias II., der den Vertrag mit Artaxerxes abgeschlossen habe.[18]

Ohne durch eine gefestigte bildliche Überlieferung gebunden zu sein,[19] hat sich Kephisodot dazu entschlossen, die überkommene Vorstellung von der Göttin ins Bild zu setzen: als Nährerin, die zusammen mit Ploutos die Jugend gedeihen lässt, eine seit der »Odyssee« geradezu sprichwörtliche Kombination.[20] Natürlich muss der Bildhauer die Göttin als eine Schönheit darstellen. In einem Chorfragment aus der verlorenen Tragödie des Euripides »Kresphontes« (423 v. Chr.?) heißt es: »Friede, überreich (*bathyploute*) bist Du und die Schönste der seligen Götter; ich sehne mich nach Dir, während Du zögerst. Ich fürchte, dass mich das Alter mit seinen Leiden bezwingt, bevor ich Deine lieblichen Zeiten sehe mit ihren Liedern und anmutigen Reigentänzen und kranzgeschmückten Umzügen.«[21] Ihr schönes Antlitz könnte nach Aristophanes auch darauf zurückzuführen sein, dass sie – so jedenfalls macht es der Chor in der Komödie »Der Frieden« (Verse 617–618) – mit Phidias in Verbindung gebracht wird. Diesen Namen hat Hermes in den unmittelbar vorangehenden Versen im Zusammenhang mit eines unschönen Vorfalls erwähnt, deren Hauptfigur der Bildhauer war, der in dieser Komödie als der Ursprung der Ereignisse galt, die zum Verschwinden des Friedens und zum Ausbruch des Peloponnesischen Krieges führten.

Das Bronzeoriginal des Kephisodot ist in zahlreichen Marmorrepliken seit dem 1. Jahrhundert v. Chr. überliefert (Abb. 1, Kat.-Nr. 14). Kleinformatig ist es dargestellt auf den Säulen, die auf den panathenäischen Preisamphoren des Jahres 360/359 v. Chr. Athena umgeben (Abb. 2, Kat.-Nr. 17). Außerdem findet sich eine Abbildung der Statue auf der Rückseite von Bronzemünzen, die im dritten Viertel des 2. Jahrhunderts n. Chr. in Athen ausgegeben wurden (Abb. 3, Kat.-Nr. 16).

Das ovale Gesicht mit halbgeöffnetem Mund wirkt flächig, die Haare fallen in dichten Korkenzieherlocken auf die Schultern herab. Der Kopf

Abb. 3
Silbermünze aus Athen (Kat.-Nr. 16) **mit Darstellung der Statue der Eirene mit Ploutosknaben** (Kat.-Nr. 15), Berlin, Staatliche Museen zu Berlin, Münzkabinett, Obj.-Nr. 18251130

ist dem Ploutosknaben auf dem linken Arm zugeneigt. Die Blicke kreuzen sich und verweisen auf ein »Zwiegespräch«, so wie es die Angehörigen einer Familie auf den gleichzeitig entstandenen attischen Grabstelen miteinander verbindet. Die Statue stellt Eirene als Nährerin von Ploutos dar, der die Rechte nach ihr ausstreckt. Die Entscheidung, die emotionale Bindung wie in einem Mutter-Kind-Schema zu betonen, brachte Kephisodot nach Pausanias den Titel »Der Weise« (*sophos*) ein, der bei einem Bildhauer die Beherrschung seines Könnens (*techne*) bezeichnet. Dieses ikonografische Motiv scheint für Kephisodot charakteristisch zu sein: Er ist auch der Schöpfer einer Statue des Hermes, der den kleinen Dionysos nährt. Außerdem hält eine Statue der Tyche in Theben das Kind Ploutos in den Armen; sie ist das Werk eines lokalen Künstlers Kallistonikos in Zusammenarbeit mit dem Athener Xenophon, der wiederum bei einer dreifigurigen Statuengruppe in Megalopolis mit Kephisodot selbst zusammengearbeitet hat. Dass Ploutos auf dem Kopf einen Kranz aus Kornähren beigegeben ist, wird lediglich durch eine Kopie in Eichenzell nahegelegt (Abb. 4). Daher vermuten einige Forscher, dass sie auch beim Archetyp vorhanden war. Auch auf den panathenäischen Preisamphoren schmücken bisweilen aus Pflanzen gebildete Kränze die Köpfe von Eirene und Ploutos (doch keine bekannte Replik des Eirene-Kopfes überliefert dieses Motiv). Ploutos umklammert ein Füllhorn, das mindestens so groß wie er selbst ist – zumindest nach dem Zeugnis der Darstellungen auf den Amphoren, die es meistens freilich ohne die daraus hervorquellenden Früchte wiedergeben, die deshalb, anders als die modernen Rekonstruktionen annehmen, nicht zwangsläufig auch am Original vorhanden gewesen sind. Die Attribute konkretisieren die Hoffnung auf Reichtum und Wohlergehen, wie wir sie aus den Komödien des Aristophanes kennen. In der Rechten hält Eirene das Szepter. Sie trägt einen Mantel, der über den Rücken herabfällt, und den Peplos, der sie ikonografisch Demeter annähert, der Peplosträgerin schlechthin und zugleich – nach der literarischen und ikonografischen Tradition – Mutter des Ploutos.

Die Statue mit dem breiten Körperaufbau nimmt eine Haltung, die in Umkehrung an den Typus erinnert, der herkömmlicherweise mit der Athena Lemnia des Phidias gleichgesetzt wird. Die gegenläufige Bewegung von Schultern und Hüften setzt die Formensprache des Polyklet voraus. Dagegen entfernt sich der vereinfachte Faltenwurf von der virtuosen Theatralik des sogenannten Reichen Stils, den man freilich noch gegen Ende des 5. Jahrhunderts v. Chr. für Darstellungen von Aphrodite und Nike gut geeignet hielt. Stattdessen kehrt bei Eirene das Detail der senkrecht vom Knie herabfallenden Falte wieder, wie es zum Beispiel die berühmte Athena Parthenos des Phidias zeigt. Handelt es sich also um die bewusst gewählte Formensprache eines »konservativen« Künstlers mit einer politischen Botschaft, die Athens glanzvolle Zeit des 5. Jahrhunderts v. Chr. in den Jahren eines trügerischen Revivals beschwört? Tatsächlich

Abb. 4
Römische Marmorreplik des Ploutosknaben,
Eichenzell, Schloss Fasanerie, Inv.-Nr. AMa 9

könnte der »Klassizismus« der Eirene auf den ersten Blick gut zu den rückwärtsgewandten »nostalgischen« Tendenzen in der Kultur des 4. Jahrhunderts v. Chr. passen, die an die goldenen Zeiten Athens im vorangehenden Jahrhundert anknüpfen. Auf jeden Fall trägt besonders der Statuentyp der Peplosträgerin zu ihrer formalen Schlichtheit bei. Die Verwendung einer ruhigeren Formensprache ist übrigens nicht ungewöhnlich: Diese Richtung ist nie ganz verschwunden und wird seit dem Ende des 5. Jahrhunderts v. Chr. gerade für Peplosstatuen wie die Prokne des Alkamenes, die Erechtheionkoren oder einen mit Demeter gleichgesetzten Typus (»Berlin-Spada-Boboli«) verwendet, die auf unterschiedliche Art und Weise mit Motiven spielen, die man mit dem Etikett »retrospektiv« versehen hat.

Bekannt ist auch ein Fest für Eirene in Athen. Eine stark fragmentierte Inschrift vom Nordabhang der Akropolis deutet darauf hin, dass es unter Lykurg eingerichtet wurde, wahrscheinlich nach 338 v. Chr., nach dem mit Philipp II. geschlossenen Frieden, der auf die Schlacht von Chaironea folgte: In der Inschrift sind ein Musikwettstreit, der alle zwei Jahre abgehalten werden sollte, sowie Wagenrennen erwähnt. 333/332 und 332/331 v. Chr. führt der Verkauf der Felle der Opfertiere für die Göttin zu nicht unbeträchtlichen Einnahmen: Dabei werden bei Weitem höhere Summen eingenommen als bei den Opfern für andere wichtige attische Gottheiten.[22] Pausanias hat im 2. Jahrhundert n. Chr. in Athen noch eine weitere Statue der Eirene gesehen, die nicht näher datiert werden kann. Sie stand zusammen mit einer Statue der Hestia, der Göttin des Herdfeuers, und verschiedenen Statuen von Sterblichen im Prytaneion,[23] dem symbolischen Zentrum der Stadt, dem symbolischen Zentrum der Stadt, dessen genaue Lage aktuell noch diskutiert wird.

Sicher ist, dass der Eirene-Kult keinen panhellenischen Charakter hatte; denn außerhalb Attikas ist er nur selten bezeugt. Das erste ikonografische Zeugnis kommt aus Lokroi Epizephyrioi (in Unteritalien): Auf der Rückseite von Silbermünzen, die vielleicht im dritten Viertel des 4. Jahrhunderts v. Chr. ausgegeben worden sind, erscheint Eirene sitzend mit einem Botenstab (*kerykeion*) (Kat.-Nr. 19).[24]

In römischer Zeit werden Kopien der Eirene des Kephisodot an öffentlichen Plätzen aufgestellt (zum Beispiel auf dem Forum von Cherchel und wahrscheinlich auf der Akropolis von Cumae, Abb. 5, Kat.-Nr. 14), aber auch im privaten Bereich. Besonders wichtig ist eine Kopie, die aus einer Villa im gut 40 Kilometer von Rom entfernten Palombara Sabina stammt (Abb. 6): Hier hat sich der rechte Arm erhalten, der das von den panathenäischen Preisamphoren überlieferte Motiv bestätigt und die Haltung der rechten Hand klärt. Sehr wahrscheinlich um die Mitte des 1. Jahrhunderts v. Chr. wählt der anonyme Eigentümer der Villa die Statue der Eirene zusammen mit anderen Werken als Dekoration für seinen Garten. Was zählt mehr bei dieser Wahl: der Ruhm des Künstlers und seines Archetyps oder der Frieden als ein inhaltliches und ideologisches Konzept? Das eine schließt das andere nicht aus. Denn das Sujet einer Statue muss sowohl zum Ambiente passen, das es zu schmücken gilt, als auch zu den individuellen Vorlieben der Besitzer, die es schätzen, sich in der Annehmlichkeit ihrer Residenzen auf griechische Art und Weise mit den Symbolen der kulturellen Überlieferung Athens zu umgeben. Dabei kann es freilich vorkommen, dass auf dem Kunstmarkt Erworbenes nicht den Erwartungen der Käufer entspricht: So beklagt sich Cicero in einem Brief an seinen Freund Fabius Gallus über den Erhalt einer Mars-Statue, die zu ihm, der doch während des gesamten Bürgerkriegs immer den Frieden befördert habe (*auctor pacis*), kaum passen wolle.[25]

Die Statue der Eirene des Kephisodot ist in Athen in einem optimistischen Moment von nur kurzer Dauer entstanden. Nichtsdestoweniger bleibt »das Ideal [des Friedens] eine beständige Sehnsucht. Und als sich dieses Ideal schließlich realisierte, war dies das Werk von Fremden und nahm sogar einen fremden Namen an, *pax Romana.* Dieser Terminus diente nur dazu, die Griechen noch weiter zu schwächen, indem er sie Fremden in die Arme trieb, die fähig waren, derartige Konzepte auch umzusetzen«, wie der große Historiker Arnaldo Momigliano formuliert. So verschwindet die Göttin nach der Skulptur des Kephisodot nahezu vollständig aus der Bildwelt der Griechen, um erst im Gewand einer

Abb. 5
Römische Marmorreplik der Statue der Göttin Eirene aus Cumae
Gipsabguss des Museums für Abgüsse klassischer Bildwerke, München, Inv.-Nr. 439 (Kat.-Nr. 14)

Abb. 6
Römische Marmorreplik der Statue der Göttin Eirene
Palombara Sabina, Archäologisches Museum, Inv.-Nr. 38996

durch militärische Siege auf Dauer abgesicherten *pax Augusta* wieder zu erscheinen: »Jetzt wagen Fides und Pax, die Ehre und die alte Scham und die lange vernachlässigte Virtus ihre Rückkehr und Copia erscheint glücklich mit vollem Horn.«[26] Aber das ist eine Frage des Blickwinkels: So mancher kann den Frieden niemals als ein Kunstwerk schätzen. So sagte Calgacus, Heerführer des Volkes der Kaledonen in Schottland, von den Römern: »Wo sie eine Einöde schaffen, sprechen sie von Frieden.«[27]

1 Zum Friedensgedanken in der griechischen Welt s. Moloney/Stuart Williams 2017; Raaflaub 2016; Santi Amantini 2012; Wilker 2012; Pritchard 2010; Raaflaub 2009; Raaflaub 2007, S. 1–33; 172–225; Perrin-Saminadayar 1999; Jehne 1994; Lana 1991; Uglione 1991, S. 51–114; Canfora 1990; Sordi 1985; Momigliano 1966.
2 Hdt. 1,87,4.
3 Siehe hierzu auch den Beitrag von P. Funke in diesem Band, S. 27–39.
4 Hdt. 7,9,ß1.
5 Hdt. 8,3,1.
6 Bakchyl. Paian Fragment 3, Zl. 61–80.
7 Thuk. 6,18,6.
8 So Thuk. 3,82,2.
9 Aristoph. Pax, Zl. 996–998.
10 Aristoph. Pax, Zl. 1019–1020.
11 Plut. Kimon 13,5.
12 Paus. 1,22,4; 3,15,7; 5,26,6.
13 Nep. Timotheos 2.2, betont, dass die *arae* »zum ersten Male«/»primum« errichtet worden seien; siehe aber schon Isokr. 15,110 und Philochoros in den FGrH Nr. 328 F151: Beide erwähnen einen Altar (*bomos*).
14 Zum Auftraggeber zuletzt Marginesu 2016a; Marginesu 2016b, S. 113–117.
15 Zur Lokalisierung von Altar und Statue der Eirene auf der Agora siehe Monaco 2008, S. 231–233.
16 Plin. nat. 34,19,50.
17 IG II^2 Nr. 4552.
18 Paus. 1,8,2; 9,16,2.
19 Zu den bildlichen Darstellungen der Eirene seit der Archaik bis insbesondere ins 4. Jahrhundert v. Chr. s. Meyer 2013, S. 32–33; Smith 2011, S. 78–81; Meyer 2008; Stafford 2000, S. 173–193; Shapiro 1993, S. 45–50; Simon 1988, S. 5–18; Simon 1986a; Scheibler 1984, S. 39–51.
20 Hom. Od. 24, Zl. 486. Grundsätzlich zur Statue der Eirene La Rocca 1974; vgl. auch von den Hoff 2007; Geominy 2004, S. 284–286; Ridgway 1997, S. 259–260; Todisco 1993, S. 63–65; Jung 1976; weniger wichtig Smith 2011, S. 110–112 und Knell 2000, S. 73–80.
21 Eur., Kresphontes Fragment 453, Zl. 1–5.
22 IG II^2 Nr. 1496, Zl. 93–5.
23 Paus. 1,18,2.
24 Siehe hierzu den Beitrag von A. Lichtenberger/K. Martin/H.-H. Nieswandt/D. Salzmann in diesem Band, S. 115; 117, Abb. 2 (Kat.-Nr. 19).
25 Cic. fam. 7,23,2.
26 Hor. carm. saec., Zl. 57–60.
27 Tac. Agr. 30,4.

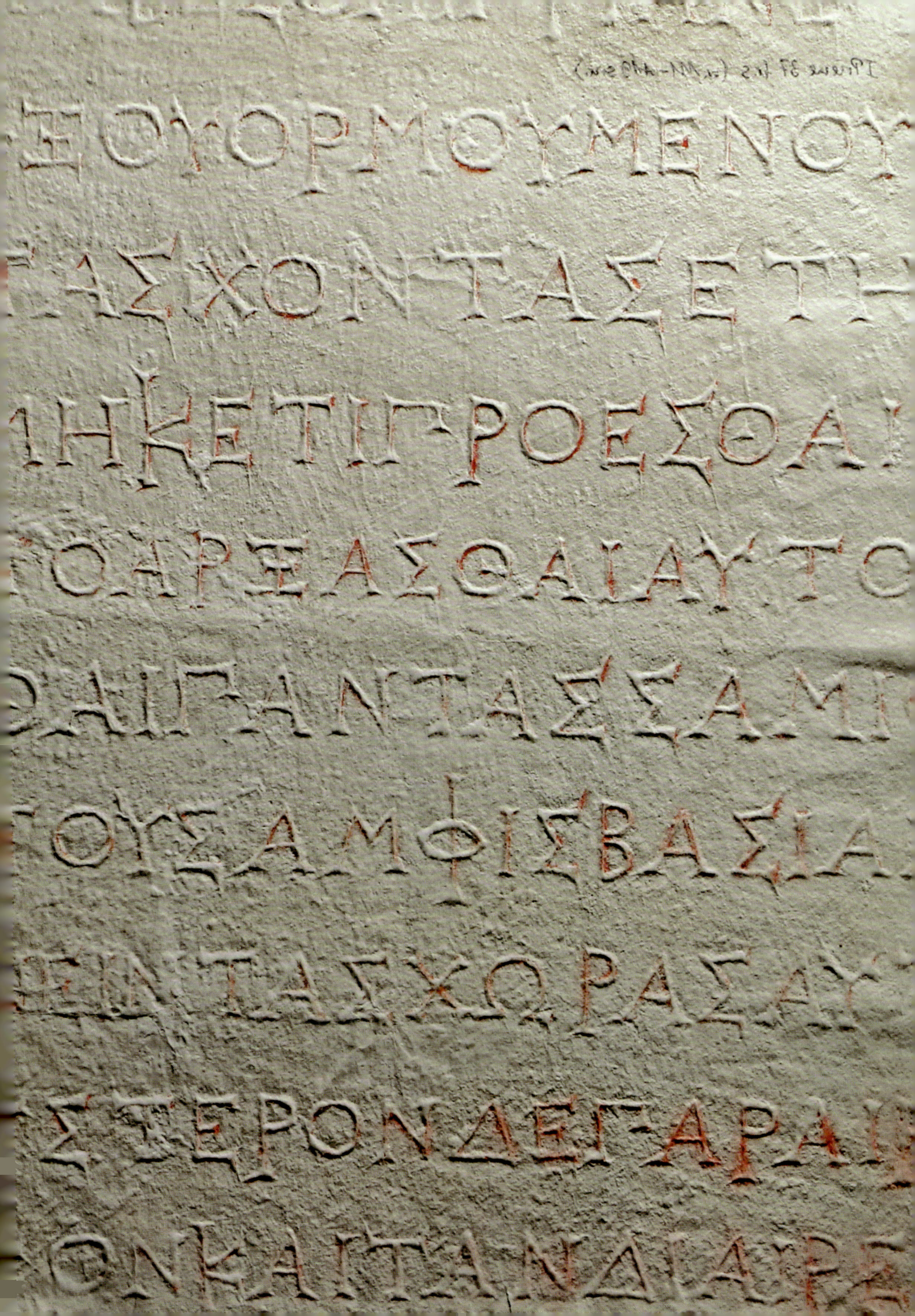

ΞΕΘΥΟΡΜΟΥΜΕΝΟΥ
ΑΣΧΟΝΤΑΣΕΤΗ
ΜΗΚΕΤΙΠΡΟΕΣΘΑΙ
ΤΟΑΡΞΑΣΘΑΙΑΥΤΟ
ΑΙΠΑΝΤΑΣΣΑΜΙ
ΤΟΥΣΑΜΦΙΣΒΑΣΙΑ
ΕΙΝΤΑΣΧΩΡΑΣΑΥ
ΣΤΕΡΟΝΔΕΠΑΡΑΙ
ΘΝΚΑΙΤΑΝΔΙΑΙΡΕ

Das Ende eines langen Konfliktes

Kriegsvermeidung durch Vermittlung in Grenzstreitigkeiten

ANDREW LEPKE

Zwischen 197/196 und 191/190 v. Chr. fand ein schon lange schwelender Gebietsstreit zwischen Priene und der nur wenige Kilometer vor der kleinasiatischen Küste gelegenen Inselpolis Samos sein vorläufiges Ende. Der Schiedsspruch der Vermittler aus Rhodos wurde als Inschrift auf die nordöstliche Zungenwand der Vorhalle des Athenatempels von Priene eingraviert (Abb. 1–3, Kat.-Nr. 11). Glaubt man den literarischen und inschriftlichen Quellen, hatte dieser Konflikt um ein Gebiet auf der Nordseite der Halbinsel Mykale seinen Anfang bei der Zerstörung Melias durch die ionischen Städte[1] und der Neuverteilung des Territoriums an Samos und Priene um 700 v. Chr. genommen und war in unterschiedlicher Intensität bis ins 2. Jahrhundert n. Chr. fortgesetzt worden. Ähnliche Konflikte um Territorien sind in der gesamten griechischen Welt bekannt. Da die griechischen Poleis über extensive Besitzungen im Umland verfügten, Grenzverläufe aber nur selten genauer festgelegt und transparent dokumentiert waren, sich zudem drastisch verschieben konnten, waren sich widersprechende Ansprüche auf bestimmte Gebiete ein häufig auftretendes Problem im Nebeneinander benachbarter Städte.

◀ Abb. 1
Abklatsch der Inschrift am Athenatempel von Priene (Kat.-Nr. 11)

Während sich verschiedene Hinweise auf kriegerische Auseinandersetzungen im 7. und 6. Jahrhundert v. Chr. in unserem Quellenbefund greifen lassen, fehlen über die Mittel, mit denen dieser Konflikt in hellenistischer Zeit geführt wurde, die nötigen Informationen.[2] Der Verdacht liegt aber nahe, dass sich beide Streitparteien darum bemühten, eine erneute Zuspitzung zu vermeiden. Erst als – im Zuge der Erhebung des Tyrannen Hieron – ein Karion genanntes Kastell im umstrittenen Landstrich von Priene besetzt wurde und die Stadt wenig später auch noch 42 Landlose in diesem Gebiet versteigerte,[3] verschärfte sich der Grenzstreit aufs Neue. Im Bestreben, auf diplomatischem Weg dadurch einen Sieg davonzutragen, dass ein machtvoller König auf die eigene Seite gezogen wurde, entsandten die streitenden Städte

Abb. 2
Modell des Athenatempels von Priene (Kat.-Nr. 12) **mit Blick auf die Nordseite**

Gesandtschaften zu König Lysimachos, der in dieser Zeit Anspruch auf das westliche Kleinasien erhob. Der König – als letzte Appellationsinstanz seines Herrschaftsbereichs – hörte sich die Argumente beider Vertretergruppen mehrfach an und entschied schließlich, die Angelegenheit zu klären. Anstoß hatte er an dem vermutlich von der prienischen Gesandtschaft vorgebrachten Vorwurf genommen, wonach sich die Samier widerrechtlich auf prienischem Boden befänden: »Wenn wir nur vorher gewusst hätten, dass ihr (die Samier) dieses Gebiet seit so vielen Jahren innehabt und bewohnt, hätten wir das Verteilen gar nicht an uns gezogen; nun aber nahmen wir an, dass eure Landnahme erst vor ganz kurzer Zeit erfolgt sei: So haben nämlich bei der früheren Anhörung die Gesandten der Priener uns den Hergang der Dinge dargestellt«.[4] Das Kastell und die umliegenden versteigerten Besitzungen wurden vermutlich den Prienern zugestanden, während den Samiern große Teile des sonstigen umstrittenen Gebietes zugesprochen wurden.[5]

Schon wenige Jahre später unter einem neuen Monarchen, Antiochos II. Theos, erhoben die Samier jedenfalls erneute Vorwürfe wegen Grenzverletzungen – und beide Parteien bemühten sich, auch einen weiteren hellenistischen Monarchen, Antiochos III. Megas, auf ihre Seite zu ziehen, der ein eigenes klärendes, aber heute verlorenes Urteil verfasste.[6]

Abb. 3 ►
Die Nordost-Zungenwand des Athenatempels von Priene mit Angabe der Position der Textabschnitte

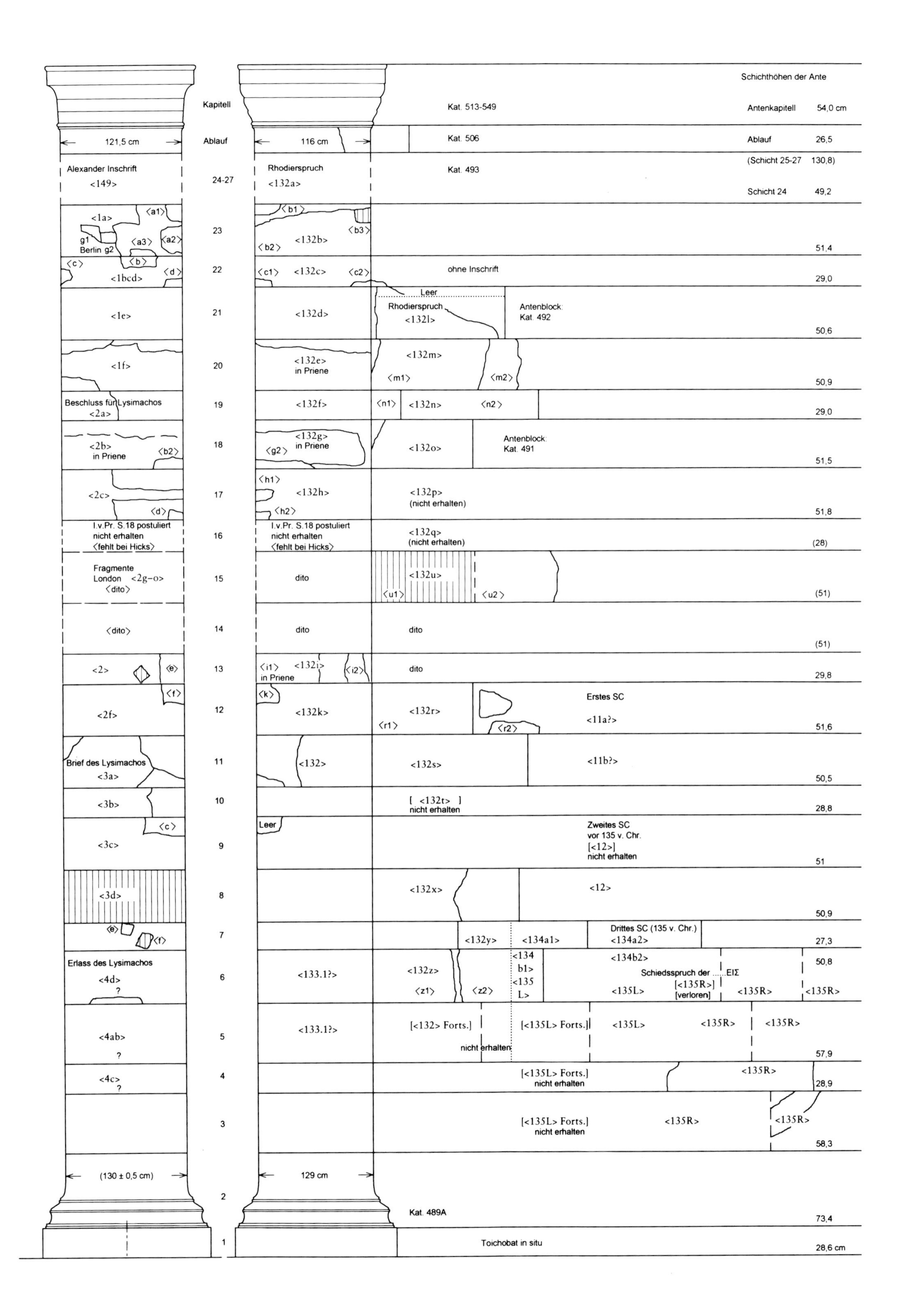

Schichthöhen der Ante
Kapitell
Kat. 513-549
Antenkapitell 54,0 cm
121,5 cm
Ablauf
116 cm
Kat. 506
Ablauf 26,5
Alexander Inschrift
<149>
24-27
Rhodierspruch
<132a>
Kat. 493
(Schicht 25-27 130,8)
Schicht 24 49,2
<1a>
<a1>
g1
Berlin g2
<a3>
<a2>
23
<b1>
<b3>
<132b>
<b2>
51,4
<c>
<b>
<1bcd>
<d>
22
<c1>
<132c>
<c2>
ohne Inschrift
29,0
<1e>
21
<132d>
Leer
Rhodierspruch
<132l>
Antenblock
Kat. 492
50,6
<1f>
20
<132e>
in Priene
<132m>
<m1>
<m2>
50,9
Beschluss für Lysimachos
<2a>
19
<132f>
<n1>
<132n>
<n2>
29,0
<2b>
in Priene
<b2>
18
<132g>
in Priene
<g2>
<132o>
Antenblock
Kat. 491
51,5
<2c>
<d>
17
<h1>
<132h>
<h2>
<132p>
(nicht erhalten)
51,8
I.v.Pr. S.18 postuliert
nicht erhalten
<fehlt bei Hicks>
16
I.v.Pr. S.18 postuliert
nicht erhalten
<fehlt bei Hicks>
<132q>
(nicht erhalten)
(28)
Fragmente
London <2g–o>
<dito>
15
dito
<132u>
<u1>
<u2>
(51)
<dito>
14
dito
dito
(51)
<2>
<e>
13
<i1>
<132i>
<i2>
in Priene
dito
29,8
<f>
<2f>
12
<k>
<132k>
<132r>
<r1>
<r2>
Erstes SC
<11a?>
51,6
Brief des Lysimachos
<3a>
11
<132>
<132s>
<11b?>
50,5
<3b>
10
[<132t>]
nicht erhalten
28,8
<c>
<3c>
9
Leer
Zweites SC
vor 135 v. Chr.
[<12>]
nicht erhalten
51
<3d>
8
<132x>
<12>
50,9
<e>
<f>
7
<132y>
<134a1>
Drittes SC (135 v. Chr.)
<134a2>
27,3
Erlass des Lysimachos
<4d>
?
6
<133.1?>
<132z>
<z1>
<z2>
<134
b1>
<135
L>
<134b2>
Schiedsspruch der ......ΕΙΣ
<135L>
[<135R>]
[verloren]
<135R>
<135R>
50,8
<4ab>
?
5
<133.1?>
[<132> Forts.]
nicht erhalten
[<135L> Forts.]
<135L>
<135R>
<135R>
57,9
<4c>
?
4
[<135L> Forts.]
nicht erhalten
<135R>
28,9
3
[<135L> Forts.]
nicht erhalten
<135R>
<135R>
58,3
(130 ± 0,5 cm)
129 cm
2
Kat. 489A
73,4
1
Toichobat in situ
28,6 cm

Dass wir über die Details dieser Grenzstreitigkeiten so genau informiert sind, liegt an einem Schiedsspruch, der über die Besitzungen der Priener und Samier im frühen 2. Jahrhundert v. Chr. getroffen wurde. Beide Konfliktparteien müssen sich im Vorfeld auf eine friedliche Beilegung des Streites geeinigt und grundsätzliche Bedingungen der Schlichtung ausgehandelt haben. Dieses sogenannte *compromissum* hat sich – wie auch in den meisten anderen bekannten Schiedsgerichtsverfahren – nicht im Wortlaut erhalten,[7] doch muss es unweigerlich die wechselseitige Gewährung von Befugnissen an die zu benennenden Richter beinhaltet haben[8] sowie die Festlegung, wo die Richter im Fall der Inspektion der Begebenheiten vor Ort residieren sollten. Als Mediator wurde Rhodos erkoren – eine Polis, die gleicherweise nah genug an den beiden Streitenden lag, um die Bedingungen vor Ort zumindest von Hörensagen zu kennen, und zugleich fern genug, dass nicht davon auszugehen war, dass die Richter die außenpolitische Agenda ihrer Heimatpolis zu offensiv vertreten würden. Die Aufgabe, mit der Priene und Samos die Schiedsrichter betrauten, war alles andere als klein (Zl. 11–13): »[Das Volk der Rhodier wurde von den Samiern und den Prienern ersucht], Männer zu ernennen, die entscheiden und den Grenzverlauf festlegen und ein Urteil verkünden oder eine gütliche Einigung herbeiführen würden.« Wenngleich in diesen Zeilen die grundsätzliche Möglichkeit des Scheiterns der Richter offengelassen wird, ist doch das Bemühen um einen dauerhaften friedlichen Ausgleich greifbar. Sollte ein Urteil unmöglich sein, so müssten die Richter zumindest eine Aussöhnung der Parteien erwirken.

Priene und Samos entsandten daraufhin aus ihrer Mitte Gesandtschaften nach Rhodos. Nur die Namen der prienischen Gesandten haben sich erhalten (Zl. 16–20); es handelte sich um angesehene Mitglieder der städtischen Elite, die ausgewählt worden waren, die Angelegenheit ihrer Stadt zu vertreten. Auch in Rhodos bestimmte man eine Gruppe angesehener Männer als Richter, und alle drei Gruppen kamen zunächst im Heiligtum des Dionysos in Rhodos zusammen. Der sakrale Schutz, unter den die Verhandlungen damit gestellt waren, fand seine rituelle Entsprechung im Opfer, an dem die Konfliktparteien und die Richter vor der eigentlichen Sitzung partizipierten.[9] Hieran schloss sich der Vortrag der Argumente der Streitenden in Redeform an, gestützt durch umfangreiche Dokumentationen, Urkunden und historiografische Schriften. Exzerpte dieser Reden sind im Urteilsspruch der Rhodier wiedergegeben. Soweit sich diese nur fragmentarisch erhaltenen Zeilen rekonstruieren lassen, argumentierten die Samier vor allem mit einem alten Anspruch auf das Gebiet, das ihnen seit dem 7. Jahrhundert v. Chr. zufalle – als Kronzeuge hierfür wird das Geschichtswerk des Maiandrios von Milet angeführt. Die Priener hingegen lieferten einen weitreichenden Abriss der Geschichte der eigenen Polis. Wesentlich für ihre Darlegung ist ein argumentum e silentio: Da in früheren Verfahren und Streitigkeiten das Karion-Kastell nicht gesondert genannt werde, obgleich es sich (rechtmäßig) im Besitz der Priener befand, könnten die Samier auch jetzt keinen Anspruch darauf erheben.

Weitere Sitzungen wurden im Streitgebiet selbst abgehalten und eine letzte im Heiligtum der Artemis in Ephesos. Nachdem die Richter die Argumente gehört, die historiografischen Zeugnisse »quellenkritisch« geprüft und sich über die Aussagekraft der sonstigen vorgebrachten Evidenz verständigt hatten, trafen sie ihren Schiedsspruch: Genauestens wurde festgelegt und vor Ort inschriftlich markiert, welchen Verlauf die Grenze zwischen Samos und Priene nehmen sollte. Das Kastell und die umliegenden Gebiete sollten im prienischen Besitz bleiben und es sollte durch akribische Dokumentation sichergestellt sein, dass weitere Konflikte zwischen den beiden langjährigen Feinden eine Angelegenheit der Vergangenheit seien.

Ganz beendet waren die Streitigkeiten zwischen Priene und Samos mit diesem Urteilsspruch freilich noch nicht: Als gegen Ende des 2. Jahrhunderts v. Chr. Rom auf der Bühne des westlichen Kleinasiens auftrat, suchten die Samier die neue Macht auf und baten – dicht gefolgt von Gesandten aus Priene – den römischen Senat, die Angelegenheit erneut zu überdenken. An der Tragweite des Urteilsspruchs der Rhodier änderte dies jedoch wenig. Der Senat bestätigte das Schiedsgericht[10] und ordnete lediglich an, dass designierte Schiedsrichter das Gebiet erneut begehen und die mittlerweile mutwillig zerstörten Grenzsteine erneuern sollen.[11] Der Schiedsspruch behielt – getragen nun von der stabilen Ordnungsmacht Rom – seine Wirkung.

Die Inschrift aus Priene kann somit als Beispiel dafür dienen, wie in der hellenistischen Welt jahrhundertealte Konflikte beigelegt wurden. Die politische Instabilität dieser Zeit mit ihren zahlreichen Kriegen und Herrscherwechseln erforderte die Verfeinerung eines komplexen Systems aus gegenseitigen Sicherungen und Versicherungen, die möglichst umfassend zukünftigem Missbrauch und Vertragsbruch entgegenwirken sollten. In einer Welt, die keinen internationalen Gerichtshof kannte, kam der sakralen Sphäre und dem Mittel des Eides eine entscheidende Bedeutung in diesen Ausgleichsbemühungen zu – und trotzdem brauchte es verlässliche außenpolitische Partner, die eine Vermittlung in die Wege leiten und auch auf Dauer tragen konnten.[12]

1 Vitr. 4,1,4.
2 Im 6. Jahrhundert v. Chr. tobte offenbar ein Krieg zwischen Samos und Priene (Plut. qu. Gr. 20, Zenob. Prov. 6,12).
3 Vermutlich wurde es von vertriebenen »Demokraten« aus Priene besetzt. So stellten es jedenfalls die Samier dar. Vgl. hierzu auch Walser 2008, S. 84–85. Zur Lage des Karions vgl. nun Lohmann/Kalaitzoglou/Lüdorf 2017, S. 201–220.
4 IG XII 6,1, 155. Übersetzung hier und im Folgenden nach Blümel/Merkelbach.
5 Wenngleich der eigentliche Beschluss des Lysimachos nicht erhalten ist, scheint diese Deutung zwingend. Vgl. die vorhergehende Anm.
6 IK Priene Nr. 132, Zl. 165–167.
7 Vgl. hierzu grundsätzlich Raeder 1912, S. 259–283.
8 Vgl. etwa IG XII 142.
9 Vgl. hierzu Magnetto 2016.
10 IK Priene Nr. 134.
11 IK Priene Nr. 135.
12 Weitere Auswahlliteratur: Scharff 2016; Camia 2009; Chaniotis 2009; Magnetto 2009; Magnetto 2008; Famerie 2007; Ager 2005; Chaniotis 2005; Chaniotis 2004; Ager 1996; Crowther 1996; Ager 1991; Hiller von Gaertringen 1906.

Katalog

1

1

Der älteste Friedensvertrag der Welt

Vier Fragmente einer Abschrift des Vertrags, Tontafel A; 1259 v. Chr.; Ton, VAT 06207: Fragment 1: 6,7 × 4,5 × 2,2 cm; Fragment 2: 4,2 × 4,3 × 1,7 cm Fragment 3: 3,1 × 2,1 × 1 cm; VAT 13572: 3,1 × 2,1 × 1,9 cm Staatliche Museen zu Berlin, Vorderasiatisches Museum, Inv.-Nr. VAT 6207, VAT 13572

Literatur: AK Karlsruhe 2016, S. 400, Nr. 261 (S. Görke); AK Halle 2015, S. 239–340 (M. Schefzik); Klengel 2002; Schmidt 2000, S. 21–56

Bei den Keilschrifttafelfragmenten handelt es sich um Teile einer Abschrift des frühesten erhaltenen Friedensvertrages der Welt. Er datiert in das Jahr 1259 v. Chr. und wurde zwischen Ḫattušili III. (reg. etwa 1265–1240 v. Chr. über das Hethiterreich) und Ramses II. (reg. 1279–1213 v. Chr. über das Reich der Ägypter) nach vielen kriegerischen Auseinandersetzungen zwischen den beiden Herrschaftsgebieten geschlossen. Im Jahr 1275 v. Chr. kam es wegen Gebietsstreitigkeiten zwischen den Hethitern und Ägyptern zu der Schlacht von Qadeš am Orontes (im heutigen Syrien), welche einen Wendepunkt in den Expansionsbestrebungen der Ägypter markiert.

Dass nach der unentschieden ausgegangenen Schlacht im Jahr 1274 v. Chr. über 15 Jahre vergingen, bis ein Friedensvertrag zustande kam, macht deutlich, dass es sich um einen besonderen Vertrag handelt. Dies ist vor allem darin begründet, dass Ḫattušili zum Zeitpunkt der Unterzeichnung seit wenigen Jahren als illegitimer Machthaber herrschte und durch die vertragliche Friedensschließung seine Regentschaft absichern wollte. Für Ramses bot der Vertrag die Möglichkeit, die ägyptische Stärke zu propagieren.

Inhaltlich legt dieser paritätische Vertrag, der an prominenten Stellen in beiden Reichen aufgestellt war, unter anderem die Grenzen der beiden Reiche fest, stellt Bedingungen eines Gefangenenaustauschs und beinhaltet die gegenseitige Zusicherung, sich nicht erneut anzugreifen und sich gegen innere und äußere Feinde beiderseitig zu unterstützen (s. Beitrag Neumann, S. 17–18). Die durch den Vertrag beschlossene Verbundenheit der beiden Reiche wurde zusätzlich durch eine enge persönliche Beziehung der Herrscher untermauert, da Ramses zwei Töchter des Ḫattušili heiratete. *SE*

2

2

Belagerung

Neuassyrisches Rollsiegel; 9. – 7. Jahrhundert v. Chr.
Vulkanit; H 4 cm, Dm 1,2 cm, 14,04 g
Archäologisches Museum der WWU Münster, Inv.-Nr. 3645

Literatur: Neumann 2016, S. 99

Auf diesem altorientalischen Rollsiegel wird eine Belagerungsszene dargestellt, in der auf den Türmen einer Festung vier bewaffnete Verteidiger stehen. Drei von ihnen sind mit einem Bogen ausgestattet, der vierte hält ein Schild und eine nicht näher zu bezeichnende Waffe. Als Angreifer gekennzeichnet ist ein kniender Bogenschütze, der wesentlich größer als die anderen Figuren dargestellt ist und auf die Festung zielt. Seine Größe und Positionierung verweisen darauf, dass der Angriff erfolgreich sein wird. Zwischen Angreifer und Festung befindet sich ein Vogel, der seine Flügel ausgebreitet hat und sich zum Bogenschützen umwendet. In der freien Fläche über der Szene sind ein Stern und eine Mondsichel sowie vier keilförmige Objekte zu sehen.

Dieses Siegel ist ein Beispiel für die vielen Darstellungen des Krieges, wie sie auch die großen assyrischen Paläste zieren. Eine konkrete Identifikation dieser Kampfhandlung mit einem bestimmten historischen Ereignis ist nicht möglich. *SE/SH*

3

Späte Rache? – Herrscherkopf mit Verstümmelungen

Metallnachguss eines Kopfes aus Kupfer
Akkade-Zeit, 24.–22. Jahrhundert v. Chr.
Original: Iraq Museum, Baghdad, Inv.-Nr. IM 11331
H 36,6 cm, B 20 cm, T 30 cm
Archäologisches Museum der WWU Münster,
Inv.-Nr. A 441

Literatur: Reade 2005, S. 358–361 (mit weiterführender Literatur); Goodnick Westenholz 2004, S. 7–18 (mit weiterführender Literatur); Amiet 1974, S. 171–174; Mallowan 1936, S. 104–110; Thompson/Hamilton 1932, S. 55–116

3

Der lebensgroße, im Hohlgussverfahren gearbeitete Kopf eines altakkadischen Herrschers war ursprünglich wohl Teil einer Statue und wurde 1931 bei Ausgrabungen des British Museum in Quyunjik, dem Zitadellenhügel des alten Ninive (im heutigen Irak), im Bereich des Ištar-Tempels entdeckt. Die genauen Fundumstände sind allerdings unklar. Das Objekt wurde wohl in der Verfüllung oberhalb einer Lehmziegelplattform zusammen mit einer kupfernen Speerspitze aus der Zeit des Assurbanipal (687–627 v. Chr.) innerhalb der Tempelmauern ausgegraben.
Ob dieser Kopf mit einem von Maništūšu im 23. Jahrhundert v. Chr. errichteten älteren Tempel in Verbindung gebracht werden kann, bleibt umstritten. Sicher ist aber, dass der Kopf aus altakkadischer Zeit stammt und mit seiner naturalistischen Ausformung zu den bedeutendsten Werken altorientalischen Kunstschaffens gehört.

Wir sehen den Kopf eines Herrschers mit einem geflochtenen Haarkranz, der durch einen flachen Reif gehalten wird und am Hinterkopf zu einem Knoten zusammengebunden ist. Unter dem Haarreif bedecken halbkreisförmig aneinandergereihte Strähnen die Stirn, auf der zwei Mimikfalten eingetieft sind. Die geschwungenen Augenbrauen fließen über den mandelförmigen, ursprünglich mit edlen Steinen eingelegten Augen in hohem Bogen direkt oberhalb der leicht hakenförmigen Nase zusammen. Ein prachtvoller Bart bedeckt weite Teile des Gesichts. Er setzt sich im Wangenbereich aus drei Reihen kurzer stabförmiger Lockenspiralen zusammen, wobei lediglich die untere Reihe auch das Kinn umschließt. Ober- und Unterlippenbart sind jeweils durch eine filigrane, fein ziselierte, glatte Lockenreihe wiedergegeben. Nach unten läuft die Gesichtsbehaarung auf beiden Seiten in je fünf langen, symmetrisch angeordneten Spirallocken aus.

Bei dem Werk handelt es sich nicht um ein Porträt, sondern vielmehr um die Darstellung eines idealisierten Herrschers, ausgearbeitet in einem – wie Pierre Amiet es treffend formuliert – »neuen kraftvollen Realismus [...,] dem die Akkader auf dem Höhepunkt ihrer Macht huldigten« (Amiet 1975, S. 173). Um diese Kraft zu brechen, wurde der Kopf später absichtlich entstellt. Ihm wurden die Ohren und Teile des Bartes abgeschnitten, das linke Auge wurde ausgemeißelt und die Nase eingeschlagen. *GN*

4

Das Recht (Dike) schlägt das Unrecht (Adikia)

Vorratsgefäß (Bandhenkelamphora), attisch-rotfigurig
um 520 v. Chr.; Ton; H 27,4 cm, Dm 14,4 cm
Kunsthistorisches Museum Wien, Antikensammlung,
Inv.-Nr. IV 3277

Literatur: Meyer 2013, S. 18–45; Meyer 2008, S. 69–70; Borg 2002, S. 33, S. 119–122, S. 161–164, S. 213, Abb. 13; Shapiro 1993, S. 39–44, Abb. 6; Shapiro 1986, S. 6–7, Taf. 1, 1; Scheibler 1984, S. 40–42, Abb. 2. 3; CVA Wien (2) Taf. 51

Eines der beiden Bildfelder dieser Amphore zeigt zwei Frauen in kurzer gegürteter Gewandung im Kampf. Eine Frau hält die andere, von ihr wegstrebende Person mit ihrer linken Hand fest und holt mit dem Hammer in ihrer Rechten zum Schlag aus. Die andere Figur ist als unterlegen gekennzeichnet, da sie nach rechts zusammenbricht. Sie wendet sich zu ihrer Gegnerin um und hebt abwehrend den rechten, tätowierten Arm. Beide Frauen sind inschriftlich benannt, sodass die Überlegene als Dike, die Personifikation des Rechts, zu identifizieren ist. Dike ist die Schwester der Friedensgöttin Eirene, und sie personifiziert den moralischen Wert des Rechts.

4

Bereits bei Hesiod, einem griechischen Autor des ausgehenden 8. Jahrhunderts v. Chr., geht Friede mit Recht einher (Hes. erg. 226–229). Bei der unterlegenen Frau mit übergroßem Kopf und ungepflegtem Haar handelt es sich um Adikia, die Personifikation des Unrechts. Diese ist darüber hinaus durch die Tätowierungen als negativ gekennzeichnet, da derartiger Körperschmuck in den Augen der Griechen typisch für die unzivilisierten Barbaren im Norden ist (s. Beitrag Meyer, S. 54–55). *SE/SH*

5

Frieden und Unbeschwertheit als Wunschvorstellungen zu Kriegszeiten

Mischgefäß (Kelchkrater), Dinos-Maler, attisch-rotfigurig
410–400 v. Chr.; Ton; H 38,5 cm, Dm 38,3 cm
Kunsthistorisches Museum Wien, Antikensammlung,
Inv.-Nr. IV 1024

Literatur: Meyer 2008, S. 69–73 mit Anm. 68; Smith 2005, S. 218–219, S. 221, S. 227, Abb. 15, 8; Stafford 2000, S. 188–189, Abb. 25 a, b; Smith 1997, S. 101–107, S. 307–309, Nr. VP 36; Shapiro 1993, S. 45–50, Abb. 9; Simon 1988, S. 60, S. 82, Taf. 3, 2; Scheibler 1984, S. 44, S. 48, Abb. 10; CVA Wien (3), Taf. 105, 2–4; ARV² 1152,8; Beazley, Add² 336

Der Kelchkrater zum Mischen von Wein mit Wasser bildet eine Szene ab, in deren Mittelpunkt der Wein- und Theatergott Dionysos sitzt, umgeben von der typischen Entourage: Satyrn, einem Panther und Mänaden, von denen eine als Personifikation des Erntesegens (Opora) benannt ist. Der Gott selbst wird von dem personifizierten Verlangen (Himeros) bekränzt, welches durch einen inschriftlich benannten geflügelten Knaben verkörpert wird. Über dem linken Henkel sitzt eine weibliche Figur auf felsigem Untergrund mit einer Fackel im linken Arm neben einem Satyrn und bietet diesem Wein aus einem Trinkhorn an. Sie ist durch die Beischrift als personifizierter Friede (Eirene) bezeichnet und der Satyr neben ihr als Süßer Wein (Hedyoinos).

Bilder des Dionysos und seines Gefolges in friedlicher und sorgloser Atmosphäre stehen allgemein für eine unbeschwerte Lebensweise, in der der Friede als menschliche Glücksvorstellung eingegliedert ist. In der Zeit des Peloponnesischen Krieges (431–404 v. Chr.) treten gehäuft derartige Vasenbilder mit Glücksvisionen auf. Vor diesem Hintergrund kann die Bildszene als Wunsch nach Frieden und einem sorgenfreien Leben aufgefasst werden (s. Beitrag Meyer, S. 55–56). *SE/SH*

5 a

5 b

6

6

Schlachtgetümmel

Trinkgefäß (*kylix*), Triptolemos-Maler, attisch-rotfigurig
um 490 v. Chr.; Ton; H 12,5–13 cm, Dm 30,8 cm
Staatliche Museen zu Berlin, Antikensammlung,
Inv.-Nr. F 2295

Literatur: Lissarrague 1990, S. 160–162, S. 283, Kat.-Nr. A 504; Tölle-Kastenbein 1980, S. 106, Taf. 24; CVA Berlin, Antiquarium (2), Taf. 64,3–4; 66,6; CVA Berlin, Antiquarium (3), Taf. 125, 2. 6; ARV[2] 364,45; Beazley, Add[2] 223

Sowohl im Innenbild als auch auf den Außenseiten sind Kampfsituationen von Schwer- und Leichtbewaffneten dargestellt. Wenn auch keiner der Krieger in einer für diese Zeit typischen vollständigen Ausstattung wiedergegeben ist, kann man sie verschiedenen Funktionen im griechischen Militärwesen zuweisen. Im Innenbild sind als Kampfeinheit ein Schwerbewaffneter (*hoplites*) und ein Bogenschütze in ungriechischer Gewandung vereint. Ein weiterer Hoplit steht im Zentrum der einen Außenseite und kämpft – begleitet von einem Leichtbewaffneten, der ein Tierfell als Schildersatz nutzt – gegen einen Berittenen. Die andere Außenseite zeigt einen Schwerbewaffneten, der gegen drei Leichtbewaffnete kämpft – der erste holt mit einem Stein zum Wurf aus, der zweite zieht ein Schwert, der dritte hat seinen Speer zum Wurf erhoben.

Will man diese Darstellung von Kampfsituationen mit historischen Schlachten im frühen 5. Jahrhundert v. Chr. verknüpfen, kann das nicht gelingen, da diese Bilder zu wenig aussagekräftige Bestandteile aufweisen. Dennoch zeigen diese Auseinandersetzungen zwischen griechischen Kriegern, dass auch Mitkämpfer von außerhalb Griechenlands gewonnen worden sind, denn der Bogenschütze im Innenbild ist so gewandet, wie es für Reitervölker – Thraker, Skythen, Perser/Meder – typisch ist. *HN*

7

Kriegerabschied

Miniatur-Wassergefäß (*kalpis*), attisch-rotfigurig
um 420 v. Chr.; Ton; H 17,8 cm, Dm max. 13,6 cm
Archäologisches Museum der WWU Münster, Inv.-Nr. 868

Literatur: Stupperich 1990, S. 61, Kat. 46, Taf. 13, 4. 5. 8; AK Münster 1984, S. 62, Kat. 8, Abb. 8

7

Auf der rotfigurigen Vase ist eine Abschiedsszene abgebildet, in der eine junge Frau im bodenlangen Gewand (*peplos*) einem jungen Mann, welcher lediglich einen kurzen Mantel (*chlamys*) und einen Filzhut (*petasos*) trägt, nacheilt und ihm ein Schwert in seiner Scheide an dessen rot angegebenem Schwertgehänge reicht. Bereits im Aufbruch begriffen, hält der Mann zwei Speere in seiner Linken, wendet sich zu der Frau um und nimmt die Waffe entgegen.

Die Szene bezeichnet den raschen Abschied eines Kriegers, der überstürzt das Haus verlässt. Die fehlende militärische Ausrüstung wie Panzerung oder Helm rückt den Mann in eine heroische Sphäre. Diese Darstellung steht stellvertretend für die Zeit des Peloponnesischen Krieges (431 – 404 v. Chr.), in dem zahllose junge Athener ihre Heimatstadt gegen die angreifenden Spartaner verteidigen mussten. Seit 414/413 v. Chr. war die Situation im Umland von Athen besonders prekär, weil die Spartaner die Festung Dekeleia besetzt hielten und somit eine ständige Bedrohung für die Landbevölkerung darstellten.
SE/SH

RELIEV ME FITO
shek. V p. e. sonë Butrint

8

Siegesgöttin Nike vor Siegesmal (*tropaion*)

Relief; um 400 v. Chr.; Marmor; H 81 cm, B 47,5 cm
Muzeu Historik Kombetar Tirana, Inv.-Nr. 1225

Literatur: Hansen 2007, S. 52 mit Abb. 4.10 und weiterer Literatur, S. 59, Anm. 72–74 (augusteisch); Hodges 2006, S. 107, S. 109 mit Abb. auf S. 111 (julisch-claudisch); LIMC 6, 1992, S. 865, Nr. 161 (mit älterer Literatur) s. v. Nike (A. Gulaki-Voutira) (2. Hälfte 5. Jahrhundert n. Chr.); AK Hildesheim 1988, S. 242 mit Farbtaf., S. 243 (N. Ceka) (2. Hälfte 5. Jahrhundert n. Chr. oder römische Kopie)

Dieses durch Zufall an der albanischen Küste nahe Butrint (Buthroton) gefundene Relief aus parischem Marmor zeigt die geflügelte Siegesgöttin Nike neben einem Tropaion. Das Siegesmal besteht aus einem Brustpanzer auf einer Felserhöhung. Die Göttin greift mit ihrer rechten Hand in ihr Leibgewand und legt ihre Linke auf den Brustpanzer. Oberhalb am Rand des Reliefs sind noch Reste eines Flügels einer weiteren Siegesgöttin auszumachen. Analog zur Nikebalustrade in Athen lässt sich also eine Reihe von Siegesgöttinnen auf einem Monument rekonstruieren, das allerdings anders als das athenische im Grundriss einen Kreisabschnitt oder eine Rundbasis bildete.

Bevorzugt man eine Datierung in klassische Zeit, so wird wohl eine Beziehung dieses Reliefs zum Peloponnesischen Krieg bestehen, da ja gerade der Konflikt um die Buthroton gegenüberliegende Insel Kerkyra ein Ausgangspunkt des innergriechischen Krieges war.

Ist das Relief aber eine römische Kopie nach einem griechischen Original, dürfte es auf die Neugründung der Stadt Nikopolis (»Siegesstadt«) zu beziehen sein, die Kaiser Augustus südlich von Buthroton nach seinem Sieg bei Actium 31 v. Chr. gegründet hat. *HN*

9

9

Hera und Athena im Handschlag

Urkundenrelief; 403/402 v. Chr.; Marmor
H 155 cm, B 95 cm
Akropolismuseum, Athen, Inv.-Nr. 1333

Literatur: Eleftheratou 2015, S. 278–281, Abb. 337; Meyer 1989, S. 87, S. 273, Kat.-Nr. A26, Taf. 10, 1 (mit weiterführender Literatur)

Das Urkundenrelief ist unterteilt in ein Relieffeld und eine Inschriftenzone mit drei Dekreten. Am oberen Ende der Stele befindet sich das architektonisch von Pilastern und einem Architrav gerahmte Relieffeld, auf dem zwei Göttinnen einander zugewandt sind und sich die rechte Hand reichen. Links ist Hera zu sehen, die Stadtgöttin von Samos, die sich auf ein langes Szepter stützt; rechts steht Athena, die Stadtgöttin Athens. In ihrer Linken hält sie gesenkt eine Lanze, ein Schild lehnt hinter ihr an einem Baumstumpf.

Das Reichen der rechten Hand (*dexiosis*) dient der Bekräftigung eines Vertrags – in diesem Fall des Bündnisschlusses zwischen Athen und Samos aus dem Jahr 405/404 v. Chr. Das erste Dekret der Stele verweist auf die Partnerschaft und das Bündnis der beiden Poleis. So werden Versprechungen Athens an Samos genannt, die samische Privilegien, beispielsweise ihre Autonomie und ihre attische Staatsbürgerschaft, bestärken bzw. für eine zukünftige Zusammenarbeit erneut bestätigen. Derartige auf Dauer angelegte Übereinkünfte werden üblicherweise durch einen Handschlag besiegelt und als Urkundenrelief veröffentlicht (s. Beitrag Meyer, S. 41–42).

Die Beschlüsse spiegeln die Dankbarkeit der Athener gegenüber den Samiern am Ende des Peloponnesischen Krieges (431–404 v. Chr.) wider. Während viele der attischen Bündnispartner nach der Niederlage bei Aigospotamoi im Jahr 405/404 v. Chr. von Athen abfielen, verhielten sich die demokratischen Bewohner von Samos Athen gegenüber loyal. Das zweite und dritte Dekret wurden 403/402 v. Chr. erlassen und bekräftigen die früheren Ehrungen und Privilegien. Darüber hinaus werden im dritten Beschluss der Samier Poses und seine Söhne geehrt. *StE*

10

Durch Handschlag verbunden

Grablekythos; nach 405 v. Chr.
pentelischer Marmor; H 95,8 cm, B 41 cm
Staatliche Antikensammlung und Glyptothek München,
Inv.-Nr. Gl 209 WAF

Literatur: Vierneisel-Schlörb 1988, S. 99–113, Kat. 16, Taf. 36–38 (mit älterer Literatur); Stupperich 1977, S. 167–168, S. 179, Kat. 481; Ohly 1981, S. 42, S. 46, Nr. 9; Schefold 1970, S. 111; Schmaltz 1970, S. 39, S. 41–42, S. 66, S. 88, S. 90, S. 107 mit Anm. 190, S. 119, Kat. A 15

Marmorne Lekythoi wie diese haben ihre Ursprünge in kleinformatigen Salbgefäßen aus Ton. Seit klassischer Zeit markieren sie – neben Reliefstelen oder anderen monumentalen Gefäßen – Gräber. Auch dieses Stück wurde in Athen im Bereich einer großen Nekropole gefunden.

Im Zentrum der hier dargestellten Szene befinden sich links eine sitzende Frau und rechts ein stehender Mann, die durch Blick und Handschlag (*dexiosis*) miteinander verbunden sind. Zwischen ihnen ist der gemeinsame Sohn zu sehen, der seiner Mutter den Arm entgegenstreckt. Eine Inschrift benennt die beiden Hauptpersonen als Eukoline und Onesimos. Onesimos wird durch den Pilos-Helm, das kurze Gewand (*chiton*) und das Schwert an seiner Linken sowie einstmals aufgemalte Stiefel als Krieger gekennzeichnet. Neben Eukoline steht ein älterer Mann, der seine Hand tröstend auf ihre Schulter legt und als Chaireas angesprochen wird. Dabei dürfte es sich um den Vater oder Schwiegervater der Verstorbenen handeln. Am rechten Bildrand ist eine in Trauer versunkene junge Frau, wohl ein weiteres Familienmitglied oder eine Dienerin, dargestellt, die einen Säugling in den Armen hält.

Durch den Handschlag wird nicht nur eine tiefe Verbundenheit und Einigkeit zwischen den Verstorbenen und den Hinterbliebenen zum Ausdruck gebracht, sondern auch die familiäre Verbundenheit zwischen Ehepartnern (s. Beitrag Lichtenberger u. a., S. 241–243). *SH/TS*

11 b

11

Schiedsspruch der Rhodier in dem Gebietsstreit zwischen Priene und Samos

mehrere Abklatschblätter, Original: 196–191 v. Chr.
Archiv der Inscriptiones Graecae, Berlin-Brandenburgische Akademie der Wissenschaften

Literatur: IK Priene Nr. 132; Magnetto 2008; Ager 1996, S. 196–210, Nr. 74; siehe den Beitrag Lepke, S. 75–79 mit weiterer Literatur

Die Abklatsche gehen auf den Epigrafiker Friedrich Hiller von Gaertringen zurück, der sie für seine Arbeiten am 1906 abgeschlossenen Corpus der Inschriften der kleinasiatischen Stadt Priene nutzte. Die mittels saugfähigen Papiers hergestellten Reproduktionen der Inschrift wurden zur Überprüfung schwer lesbarer Passagen angefertigt und geben nur einen Ausschnitt der über 190-zeiligen Inschrift vom Athenatempel von Priene (Kat.-Nr. 12) wieder, deren Quader sich heute in Priene selbst und im British Museum in London befinden.

Dokumentiert ist ein Schiedsspruch, den die Rhodier im frühen 2. Jahrhundert v. Chr. über die Grenzen des Territoriums von Priene und Samos im Auftrag der Konfliktparteien erließen (s. Beitrag Lepke, S. 75–79). Laut der literarischen Überlieferung schwelte dieser Gebietsstreit seit dem 7. Jahrhundert v. Chr. und hatte immer wieder zu bewaffneten Auseinandersetzungen zwischen den beiden Städten geführt. Nachdem wiederholte Versuche, den Streit durch die Vermittlung hellenistischer Könige zu einem Ende zu bringen, gescheitert waren, wurde der Fall durch Gesandtschaften einem Richtergremium aus Rhodos vorgelegt.

11 a

Auf Rhodos, im Streitgebiet und in Ephesos hörten sich die rhodischen Richter die Argumente der beiden Parteien an, konsultierten die mitgeschickten Zeugnisse, zu denen auch Geschichtswerke etwa des Maiandrios von Milet gehörten, und legten den Konflikt dadurch bei, dass sie den Grenzverlauf zwischen den Besitzungen beider Poleis festlegten und diese Bestimmungen durch Grenzsteine im umstrittenen Gebiet dokumentierten. Die Inschrift ist somit ein eindrückliches Zeugnis davon, wie zwei griechische Städte einen Konflikt mit friedlichen Mitteln lösten. *ALe*

12

12

Tempel der Athena Polias in Priene

Modell aus bemaltem Holz und Kunststoff von Friedrich Korfsmeyer; 1960er Jahre; 46 × 22,7 cm (Maßstab: 1:100)
Original: Priene (Ionien/Westtürkei), Mitte 4. Jahrhundert v. Chr. begonnen, um die Zeitenwende fertiggestellt und von Kaiser Augustus geweiht
Archäologisches Museum der WWU Münster, Inv.-Nr. AM 10

Literatur: unpubliziert – zum Originalbau: Koenigs 2015; Ferla 2005, S. 86–112; Gruben 2001, S. 416–423; Koenigs 1983, S. 134–175; Schede 1964, S. 25–49

Das Modell zeigt den Athena-Polias-Tempel von Priene am Fluss Mäander in der heutigen Westtürkei. Um 350 v. Chr. erhielt der namhafte Architekt Pytheos aus Ionien den Bauauftrag für den Tempel. Pytheos erneuerte den Tempelbau, indem er Elemente der dorischen und der ionischen Ordnung miteinander vermischte: Er wählte als Grundriss einen von allen Seiten von Säulen umgebenen Bau (*peripteros*) und übernahm die dorische Raumfolge von umlaufendem Säulengang (*pteron*), tiefer Vorhalle (*pronaos*), Hauptraum (*cella*) und Rückhalle (*opisthodom*), führte den Bau aber konsequent in der ionischen Ordnung aus, was an den Säulen und am Gebälk ersichtlich wird. Zudem gab er allen Einzelelementen Maße, die auf dem attischen Einheitsmaß beruhen und einem einheitlichen Grundmodul unterworfen waren, welches ebenfalls der dorischen Bauform zu eigen ist. Der Sakralbau kann mit seinen ausgewogenen Maßen als musterhaft für die kleinasiatisch-ionische Bauordnung gelten.

Mehrere Inschriften an den Wänden des Bauwerks zeugen insbesondere von Baufortschritten, Finanzierungen und der Weihung des Tempels. Weiterhin hat sich auf der Außenseite der südlichen Ante ein Urteilsspruch erhalten, der seit dem 7. Jahrhundert v. Chr. schwelende Streitigkeiten zwischen Priene und Samos beendet (s. Beitrag Lepke, S. 75–79, Kat.-Nr. 11). *SH*

13

13

Frieden bringt Reichtum

Römische Kopie des von Eirene getragenen Ploutosknaben
Mitte 1. Jahrhundert n. Chr.; Marmor; H 68 cm
Skulpturensammlung, Staatliche Kunstsammlungen Dresden, Inv.-Nr. Hm 107

Literatur: Knoll/Vorster/Woelk 2011, S. 818–821, Nr. 195 (mit weiterführender Literatur); La Rocca 1974, S. 113; Hermann 1925, S. 33, Nr. 107

Bei der römischen Marmorkopie eines Ploutosknaben handelt es sich um eine von vier erhaltenen Kopien, welche sämtlich auf die Statuengruppe des Bildhauers Kephisodotos (Kat.-Nr. 15; s. Beitrag Papini, S. 67–72) zurückgehen. Ploutos, der personifizierte Reichtum, sitzt auf dem linken Arm der Göttin des Friedens, Eirene, und ist lediglich in einen Hüftmantel gehüllt, welcher kaum seine Beine und seine rechte Seite bis zur Taille bedeckt. Sein Oberkörper und sein Kopf sind nach rechts oben gewandt. Die lockigen Haare, die durch einen Reif gehalten werden, reichen dem Knaben in den Nacken und bis über die Ohren. Zudem sind sie über der Stirn zu einem Knoten zusammengefasst. Seine Arme sind nicht erhalten, doch ist seine Haltung bekannt: Er wendet sich der Eirene zu und fasst mit seiner rechten Hand an ihr Kinn, während seine Linke ein Füllhorn hält.

Der Ploutosknabe stellt den Reichtum dar, und indem er von der Friedensgöttin Eirene getragen wird, vermittelte diese Statuengruppe auch, dass Reichtum erst durch den Frieden möglich ist. *SE*

14

14

Römische Replik der Eirene des Kephisodot aus Cumae

Gipsabguss einer fragmentierten Marmorstatue
Original: 2. Jahrhundert n. Chr.; Marmor; Castello di Baia e Museo Archeologico dei Campi Flegrei, Baiae, Inv.-Nr. B. n. p. 000197; H 144 cm
Museum für Abgüsse Klassischer Bildwerke, München, Inv.-Nr. 439

Literatur: AK München 2014, S. 48–49, Nr. 8B, Abb. 26; AK Baiae 2006, S. 116; Gasparri 1995, S. 175–176, Anm. 17, Taf. 39, Nr. 4; Katalog Neapel 1989, S. 104–105, Nr. 47; La Rocca 1974, S. 112–115, Abb. 1–3

Der Marmorstatue einer Frau fehlen der Kopf, die Arme sowie die Beine unterhalb der Unterschenkel. Sie trägt ein einfach gegürtetes, stoffreiches Gewand (*peplos*), auf dem im rechten Schulterbereich noch eine Haarsträhne zu sehen ist. Trotz des schlechten Erhaltungszustands der unteren Beinpartien ist zu erkennen, dass die Statue auf dem linken Bein ruht und das rechte leicht nach vorn gesetzt ist. Zudem hielt sie ihren linken Arm nahe des Oberkörpers, während die Bruchkante des rechten Armes darauf hindeutet, dass dieser abgestreckt war.

Insbesondere anhand des Arrangements ihres Peplos und der Drehung des Körpers kann im Vergleich mit weiteren erhaltenen Repliken die Statue eindeutig als Marmorkopie der Eirene des Kephisodot identifiziert werden (s. Beitrag Papini, S. 67–72, Kat.-Nr. 13, 15). Im linken Arm sind Füllhorn und Ploutosknabe zu rekonstruieren, zu dem sie den Kopf neigt, in der rechten Hand hält sie ein Szepter. Die Statue ist ein Beleg für die Popularität der Eirene des Kephisodot in römischer Zeit. *SE*

15

Eirene des Kephisodot

getönter Gipsabguss und Teilrekonstruktion
Original: kurz nach 375 v. Chr., nicht erhalten. Abguss basiert auf der römischen Replik in der Glyptothek München, Inv.-Nr. 219; H 215 cm
Archäologisches Museum der WWU Münster, Inv.-Nr. A 446

Literatur: Zur Statue der Eirene des Kephisodot siehe den Beitrag von M. Papini, S. 67–72

Der attische Bildhauer Kephisodot hat (wohl kurz nach 375 v. Chr.) das großartige Bild der Eirene mit dem Ploutosknaben geschaffen. Die matronale Göttin ist mit ihrer Rechten majestätisch auf ein Standszepter gestützt und trägt in ihrem linken Arm Ploutos – die knabenhafte Personifikation des Reichtums – und ein Füllhorn. Die Statue, die auf der Agora von Athen

15

Wird erst zur Ausstellungseröffnung am 28. 4. 2018 enthüllt: Die Münsteraner Rekonstruktion der Eirene des Kephisodot

aufgestellt war, bestand ursprünglich wohl aus Bronze und wurde in römischer Zeit vielfach in Marmor kopiert. Sie ist uns so in mehreren Repliken überliefert, von denen die am besten erhaltene in der Glyptothek in München steht.

Seit dem 19. Jahrhundert gab es Versuche, anhand der verschiedenen Repliken der Eirene das Urbild des Kephisodot zu rekonstruieren. Stützen konnte man sich dabei auf weitere Gattungen, auf denen das bereits in der Antike berühmte Bildwerk abgebildet war, wie etwa die Panathenäischen Preisamphoren (Kat.-Nr. 17) oder Münzbilder (Kat.-Nr. 16). So sind ausgehend von der Münchner Replik über die Jahre mehrere Rekonstruktionen entstanden, und für die Ausstellung wurde eine eigene Rekonstruktion in Zusammenarbeit mit dem Dresdner Restaurator Hans Effenberger erarbeitet. Strittig bei den bisherigen Rekonstruktionen waren etwa die genaue Haltung des rechten Armes der Eirene, die Ausgestaltung des Füllhorns des Ploutosknaben sowie die Kopfwendung der Eirene. Für die neue Rekonstruktion kam uns ein Neufund einer Eirene aus Palombara Sabina (Italien) zu Hilfe, der zeigt, dass das Standszepter mit dem rechten Arm nah am Körper der Göttin gehalten wurde und nicht so weit abgestreckt wie auf älteren Rekonstruktionen war (s. Beitrag Papini, S. 72, Abb. 6). Für die Kopfwendung der Eirene kann man sich an einem Torso aus dem nordafrikanischen Cherchell (Algerien) orientieren, der nahelegt, dass Eirene und Ploutosknabe im Blickkontakt sind.

Eine besondere Herausforderung der Rekonstruktion war das Füllhorn, das von Eirene und dem Ploutosknaben gehalten wird. Es ist bei keiner Replik hinreichend erhalten und nur über Münzbilder und die Panathenäischen Preisamphoren zu erschließen. Bisherige Rekonstruktionen stellen das Füllhorn überladen mit Früchten dar, doch sind solche überquellenden Varianten erst in hellenistischer und römischer Zeit belegt. In klassischer Zeit sind sie – wie Reliefs und Vasenbilder zeigen – entweder leer oder nur sparsam gefüllt, sodass die Münsteraner Rekonstruktion ein leeres Füllhorn hat, in das oben einige Früchte und Pflanzen eingesetzt werden können.

Auch in der schwierigen Frage nach der Polychromie der Statue galt es sich zu entscheiden. Mit hoher Wahrscheinlichkeit war die Statue des Kephisodot aus Bronze, da in einem römischen Bildhaueratelier in Baiae (Italien) ein Fragment eines antiken Abgusses des Ploutosknaben gefunden worden ist. Die meisten dieser Abgussfragmente konnten mit Bronzebildwerken in Verbindung gebracht werden, sodass davon ausgegangen werden kann, dass auch die Eirene mit Ploutosknabe ursprünglich aus Bronze bestand.

Über die Farbgebung klassischer Bronzen haben wir nur ansatzweise Kenntnis. So ist in Analogie zu anderen Bronzestatuen anzunehmen, dass bestimmte Partien wie Augen, Brustwarzen und Lippen farblich (zum Teil in anderen Materialien) hervorgehoben waren. Auch verschiedene Oberflächen wie Haare, Haut und Gewand konnten unterschiedlich farblich abgesetzt werden, wobei Goldtöne bei Bronzestatuen gern Verwendung fanden. Wir haben uns daher entschieden, die Münsteraner Rekonstruktion nicht einfach weiß als Gips zu belassen, sondern eine farbliche Rekonstruktion in Gold zu wagen, wohl wissend, dass es sich dabei um nur eine Möglichkeit von mehreren polychromen Fassungen handelt; die goldene Farbe ist in jedem Fall einleuchtender als das Weiß des Gipses. So ist die Farbgebung der Münsteraner Rekonstruktion als eine Farbstudie der Statue zu verstehen und gilt als ein Impuls, die Statue anders als bislang zu sehen. *AL/HN*

16

Die Eirene des Kephisodot auf Münzen Athens

Bronzemünze, Münzstätte: Athen; etwa 140–175 n. Chr.
Dm 25 mm, 10,15 g; Vorderseite: Büste der Athena
mit korinthischem Helm nach rechts; Rückseite:
[ΑΘΗ]ΝΑΙΩΝ
Staatliche Museen zu Berlin, Münzkabinett,
Inv.-Nr. 18251130

Literatur: Weisser 2002, S. 667, Abb. 5 (dieses Stück);
von Mosch 1999, S. 15, S. 42–43, S. 75; Kroll 1993, S. 143,
Nr. 267 (etwa 140–175 n. Chr.); RPC IV online, Coin type
(temporary no.) 3443, 3 (dieses Stück in Abb., etwa 140
oder 150–175 n. Chr.)

Eirene steht nach rechts, stützt sich mit ihrem rechten Arm auf ein langes Szepter und trägt in ihrem linken Arm den Ploutosknaben mit Füllhorn. Die Darstellung der Statue des Kephisodot auf Münzen des dritten Viertels des 2. Jahrhunderts verdeutlicht die hohe Wertschätzung, die dieses Bildwerk der Friedensgöttin auch in der Römischen Kaiserzeit genossen hat. *SE/HN*

16

17

17

Die Eirene des Kephisodot auf panathenäischen Preisamphoren

Zwei Fragmente eines Siegespreisgefäßes
(panathenäische Preisamphore), attisch-schwarzfigurig
um 360/359 v. Chr.; Ton; H 7,6 cm
Archäologisches Museum Eleusis, Inv.-Nr. 2670

Literatur: Bentz 1998, S. 53–60; Bemmann 1994, S. 193,
Nr. A; Eschbach 1986, S. 58–60, Nr. A3, Kat. 40, Taf. 17,1;
Kanta 1979, S. 126, Abb. 65

Die Scherben stammen von einer panathenäischen Preisamphore und zeigen die Göttin Eirene mit dem Ploutosknaben und einem Füllhorn im Arm. Panathenäische Preisamphoren wurden, gefüllt mit Olivenöl aus dem heiligen Hain der Athena, als Siegespreise bei dem Fest der Göttin (Panathenäen) in Athen vergeben. Auf ihnen ist auf der einen Seite stets eine

18

Wettkampfszene abgebildet, während auf der anderen Seite die Göttin Athena, eingerahmt von zwei Säulen mit Hähnen, zu sehen ist. Statt der Hähne können auch Statuen auf den Säulen abgebildet werden. Auf diesen Fragmenten steht die Friedensgöttin Eirene auf den Säulen. Es handelt sich dabei um das berühmte Bildwerk des Kephisodot (Kat.-Nr. 13–15), und das Gefäß ist durch die Beamteninschrift des Kallimedes auf das Jahr 360/359 v. Chr. fest datiert.

Die ikonografischen Übereinstimmungen mit der Eirene-Ploutos-Gruppe des Kephisodot erlauben – trotz weniger Abweichungen, wie der differenten Angabe der Frisur der Eirene – diese Identifikation. Das verlorene Bronzeoriginal war wohl kurz nach 375/374 v. Chr. von den Athenern auf der Agora von Athen aufgestellt worden. Insgesamt sind acht panathenäische Preisamphoren bzw. Fragmente erhalten, die diese Gruppe wiedergeben. Diese Darstellungen, die bald nach der Bronzestatue entstanden, unterstreichen die Prominenz des Bildwerks in Athen und sind in der archäologischen Forschung hilfreich für die Rekonstruktion der Gruppe (Kat.-Nr. 15). *KP*

18

Gottheit im Eirene-Typus mit Kleinkind

Form zur Herstellung von Schmuckreliefs aus Ton
etwa 290–310 n. Chr.; Dm 14 cm
Rheinisches Landesmuseum Trier, Inv.-Nr. ST 14725

Literatur: Delbó 2015, S. 95–104; Weidner 2009, S. 55–56, S. 128–129, Abb. 11; Alföldi 1938, S. 312–341; Schoppa 1935, S. 337–338, Abb. 1

Die kreisrunde Werkstattform stammt aus einer Töpferei in Trier. In der Bildmitte steht unter einem über Säulen gespannten Bogen eine Frau, die sich mit ihrem rechten Arm auf ein Szepter stützt und in ihrem linken Arm ein Kind hält. Sie trägt ein gegürtetes Leibgewand und auf dem Kopf eine Mauerkrone. Das Kind greift mit einer Hand nach dem Kinn der Frau. Das rechte Bein der Frau ist leicht zurückgesetzt, neben dem linken Bein hockt ein sich zur Frau hoch wendender Ziegenbock. Im Feld steht der Name des Töpfers POY-ΦOY (»Ware des Rufus«).

Die Darstellung der Frau mit Kind orientiert sich offenbar an der Eirene des Kephisodot mit dem Ploutosknaben (Kat.-Nr. 13–15). Allerdings finden sich bei dieser weder ein Tier noch eine Mauerkrone. Die Mauerkrone ist ein Attribut der Schicksals- und Stadtgöttin Tyche/Fortuna.
Die Kombination der Attribute Szepter, Mauerkrone, Füllhorn sowie das Kind und der Ziegenbock machen eine eindeutige Benennung nicht möglich.

Die Werkstattform besitzt an der Rückseite einen unregelmäßig gestalteten Griff, sodass ihre Funktion zum Stempeln von Tonwaren deutlich wird. Mittels derartiger Werkstattformen mit positivem Relief (Patrizen) werden Tonformen mit negativem Bild (Matrizen) hergestellt, die wiederum zur Produktion von Tonreliefs dienten. Die vielfache Verwendung dieser Patrize wird durch Abnutzungsspuren und Ausbesserungen in Form von Nachritzungen deutlich. Die eingetieften Kreise seitlich des Bogens markieren die zu durchstechenden Stellen, an denen die ausgeformten Schmuckreliefs aufgehängt werden. *MB/SH*

19

19

Die Friedensgöttin thront im Heiligtum

Silbermünze (Nomos) aus Lokroi Epizephyrioi
frühes 4. Jahrhundert v. Chr.; 7,53 g
Museo Nazionale Archeologico Napoli, Inv.-Nr. stg 6628

Literatur: Cornwell 2017, S. 37–38; Rutter 2001, S. 178–179, Nr. 2310; Simon 1986, S. 701–702, Nr. 1 mit Abb.; Scheibler 1984, S. 45, S. 48, Abb. 11; Simon 1988, S. 11, S. 19, S. 31, Taf. 3,1; Kraay 1976, S. 368; Kraay 1972, S. 313, Taf. 101, Nr. 291; Weinstock 1960, S. 44, Taf. 5,1; SNG Oxford Nr. 1540

Die Münze zeigt auf der Vorderseite den Kopf des durch die Beischrift ΖΕΥΣ eindeutig zu identifizierenden Gottes Zeus mit Lorbeerkranz. Auf der Rückseite sitzt die Friedensgöttin Eirene auf einem mit einem Stierschädel (*bukranion*) verzierten Altar und wird als »Frieden der Lokrer« bezeichnet. Sie hält einen Botenstab (*kerykeion*) als Friedenssymbol in der rechten Hand (s. Beitrag Lichtenberger u. a., S. 236).

Die Umstände, die zu dem Bildmotiv der Münze führen, sowie die genaue Datierung der Prägungen aus der unteritalischen Stadt Lokroi Epizephyrioi sind unklar. Bei der Münze handelt es sich um den frühesten numismatischen Beleg mit der Darstellung der Friedensgöttin Eirene. *SH*

Pax Romana

EIN IMPERIUM SCHAFFT FRIEDEN

Das Römische Imperium war das einzige Großreich der Antike, welches alle Küsten des Mittelmeers und darüber hinaus beherrscht und befriedet hat. Die römische Expansion war begleitet von einer expliziten Idee des militärischen Sieges und des daraus resultierenden Friedens. Insbesondere die Kaiser schwangen sich auf, mit Hilfe der Götter den Frieden zu bringen und zu gewähren. So entstand eine Ideologie des Siegfriedens, die mit dem Begriff der Pax Romana gefasst werden kann. Dieses Friedenskonzept, das mit einer ausgesprochenen Wohlstandsverheißung verbunden war, wurde selbstverständlich als ein römisches aufgefasst. Die Völker des Reiches hatten sich zu integrieren und den römischen Frieden zu akzeptieren, wollten sie nicht die militärische Härte Roms spüren. Von Dauer war dieser Friede nicht, und im 3. Jahrhundert nach Christus wurde die Friedensverheißung zu einer leeren Formel, welche die Kaiser immer weniger erfüllen konnten. *AL*

Die unruhige Republik

Kollektive Gewaltausübung und Friedensbereitschaft im republikanischen Rom

BERNHARD LINKE

Die römische Republik gehört mit Sicherheit zu den Gemeinwesen mit der höchsten Dichte an kollektiver Gewalterfahrung in der Weltgeschichte. Von der Mitte des 4. Jahrhunderts v. Chr. bis zur Mitte des 2. Jahrhunderts v. Chr. stieg Rom von einer Regionalmacht zu einer mediterranen Weltmacht auf. Die Grundlage dieses enormen Erfolges war nicht – wie im Fall Dschingis Khans oder Napoleons – ein singuläres militärisches Genie. Vielmehr bildete das schier unerschöpfliche Reservoir an Rekruten, die im Rahmen eines Milizsystems freiwillig dienten, die Basis für die oft schwer erkämpften Siege. Man bekommt den Eindruck, dass die Römer ihre Gegner durch immer neue Wellen gewaltbereiter Bürgersoldaten, die auch durch hohe Verluste von ihrer Kampfbereitschaft nicht abzubringen waren, regelrecht schredderten. So wurden sie ein Gegner, dem keiner gewachsen war. Rom war kein explosives, sondern ein »erarbeitetes Imperium«. Nicht der geniale Moment, sondern die dauerhafte Einsatzbereitschaft der römischen Bürger ermöglichte seinen Aufstieg.[1]

◄ Detail aus Abb. 3

Diese Konstellation erklärt auch die relativ lange zeitliche Streckung der imperialen Genese. Gut 200 Jahre benötigten die Römer in ihrer expansiven Kernphase von 350 bis 150 v. Chr., um ihre Dominanz in der Mittelmeerwelt zu etablieren. In dieser langen Zeit gab es immer wieder Rückschläge. Nicht alle Gegner konnten schnell besiegt werden, und viele wehrten sich erbittert, nicht selten über Jahrzehnte hinweg, wie die Samniten in Mittelitalien (Abb. 1). Vor dem Hintergrund dieser langen Kriege ist oft gesagt worden, dass Frieden für die Römer kein erstrebenswerter Zustand gewesen sei. Eine dauerhafte und durch Verträge geregelte Koexistenz mit anderen Gemeinwesen, die sie als gleich-

Abb. 1
Ein Italiker und ein Römer beschwören die Bundesgenossenschaft gegen Hannibal
Goldmünze (*stater*) aus Rom, etwa 216 v. Chr.

berechtigt angesehen hätten, sei für sie nicht akzeptabel gewesen. Diese strukturelle Aggressivität der Gesellschaft, die nicht auf einem bestimmten Niveau der Machtentfaltung eingefroren werden konnte, habe schließlich zum Aufbau ihres Imperiums geführt, auch wenn die Römer dabei mehr als einmal ihre gesamte Existenz aufs Spiel setzten.

Die Eroberung Süditaliens gegen König Pyrrhos von Epirus

Doch die Wirklichkeit sah differenzierter aus. Dies zeigt schon ein Blick auf die drei großen Konflikte im 3. Jahrhundert v. Chr., die Roms Aufstieg prägten: den Kampf gegen König Pyrrhos von Epirus von 280 bis 272 v. Chr., den die Römer mit der Herrschaft über Süditalien für sich entschieden, und die beiden Kriege gegen die nordafrikanische Stadt Karthago (264–241 und 218–201 v. Chr.), die Roms Dominanz über den westlichen Mittelmeerraum bis nach Spanien begründeten. Betrachten wir das Verhalten in der Epoche dieser Kriege einmal näher:
Nach dem Sieg über die Stämme Mittelitaliens sah sich Rom ab 280 v. Chr. mit einem neuen gefährlichen Gegner konfrontiert: dem König Pyrrhos von Epirus. Pyrrhos war einem Hilfegesuch der süditalienischen Stadt Tarent gefolgt und mit einem großen Heer aus professionellen Söldnern auf der Halbinsel gelandet, das den Römern in schneller Folge zwei empfindliche Niederlagen beibrachte. Durch die Konfrontation mit dem hochmodernen Heer des Pyrrhos waren die Römer durchaus eingeschüchtert, zumal sie zum ersten Mal die Wirkung von Kriegselefanten in der Schlacht erlebt hatten. Da aber auch der König weitere Verluste unter seinen schwer ersetzbaren Söldnern fürchtete, unterbreitete er den Römern ein Verhandlungsangebot: Sie sollten auf ihre Machtansprüche in Süditalien verzichten, dafür würde er ihre Herrschaft in Mittelitalien unangetastet lassen. Das Ganze lief auf einen Zustand hinaus, bei dem Rom auf dem Niveau einer Mittelmacht in Italien eingefroren worden wäre.

Dieses Angebot wurde nicht sofort abgelehnt, denn es war keineswegs so, dass alle Römer darauf brannten, den Krieg fortzusetzen. Auch innerhalb der Oberschicht, die im Senat versammelt war, gab es gewichtige Stimmen, die für eine Annahme plädierten und damit einer weiteren Expansion – zumindest auf absehbare Zeit – eine Absage erteilten. Sie waren bereit, die erst in den letzten Jahren neu gewonnenen Gebiete im Süden Italiens aufzugeben, um so die Gefahr einer vollkommenen Niederlage gegen die Armee von Pyrrhos zu bannen. Darüber hinaus war Pyrrhos ein Gegner, den man auch jenseits des Schlachtfeldes nicht unterschätzen durfte.[2] Er war nicht nur ein genialer Taktiker im Kampf, sondern er besaß auch die Fähigkeit, Bundesgenossen und deren Ressourcen durch sein charismatisches Auftreten in einem bemerkenswerten Umfang zu mobilisieren. Zu Recht fürchtete man ihn in Rom. Unter diesen Umständen konnten sich viele Römer einen Frieden, der ihrem Gemeinwesen klare Grenzen aufzeigte, durchaus vorstellen. Erst als sich der erblindete Elder Statesman Appius Claudius Caecus noch einmal hochbetagt in den Senat tragen ließ und eine flammende Rede gegen einen möglichen Friedensschluss hielt, kippte die Stimmung und man entschloss sich, weiter zu kämpfen (Abb. 2). Natürlich ist bei dieser Schilderung in den antiken Quellen viel Verklärung und Dramatisierung im Spiel. Aber immerhin wurde diese Rede als erste überhaupt schriftlich überliefert und zu einem Symbol früher römischer Rhetorik.[3] Vier Jahre nach der Ablehnung der Offerte erreichten die Römer 275 v. Chr. zumindest ein Unentschieden im Kampf und Pyrrhos brach die Kampagne in Italien ab, um lieber seine Machtbasis in Griechenland zu vergrößern. Zwar hatte Pyrrhos zwei Schlachten gewonnen, aber es waren eben »Pyrrhossiege«, also Siege, bei denen auch der Gewinner so große Verluste erlitt, dass er entscheidend geschwächt aus der Konfrontation hervorging.[4] 272 v. Chr. wurde schließlich Tarent erobert, womit die Römer ihren Herrschaftsanspruch in Süditalien erfolgreich durchgesetzt hatten. Dieser schlussendliche Erfolg sollte aber nicht die Tatsache überdecken, dass die öffentliche Meinung keinesfalls so eindeutig für eine Expansion um jeden Preis ausgefallen war. Auf ihrem Weg zur Großmacht überdachten die Römer immer wieder ihre Situation und zögerten nicht selten angesichts der Risiken. Die Vorstellung einer längeren, wenn nicht dauerhaften Koexistenz mit einer anderen Macht war ihnen gar nicht so fremd, wie oft angenommen wird.[5]

Der Konflikt mit Karthago

Dies zeigt auch das Verhältnis zu der nordafrikanischen Stadt Karthago. Karthago sollte sich im Lauf des 3. Jahrhunderts v. Chr. zum Angstgegner Roms entwickeln, der mit derselben Zähigkeit wie die Römer kämpfte und vor allem unter seinem berühmten Feldherrn Hannibal im zweiten großen Krieg (218–201 v. Chr.) den Römern verheerende Niederlagen beibrachte. Der Konflikt mit Karthago war aber lange Zeit nicht absehbar gewesen. So unterhielten beide Staaten wahrscheinlich schon über Jahrhunderte engere Kontakte, die spätestens 348 v. Chr. in einen Vertrag über die gegenseitigen Beziehungen einmündeten. Dabei wurden Kaufleuten gegenseitig Privilegien eingeräumt, das Verschonen der Küsten vor Plünderungen garantiert und Zonen maritimer Aktivitäten abgegrenzt. Ohne Zweifel war Rom damals noch der Juniorpartner in den Beziehungen, doch änderte sich dies schnell. Im Jahr 278 v. Chr. bekam auch Karthago die Gefahr zu spüren, die von Pyrrhos ausging. Frustriert über die mangelnden Fortschritte in Italien nutzte dieser zwischenzeitlich ein Hilfegesuch der Griechen auf Sizilien und kämpfte dort von 278 bis 276 v. Chr. gegen die Karthager, die seit langem Besitzungen auf der Insel hatten. Vor dem Hintergrund dieser gemeinsamen Bedrohungslage wurde die Abwehr des Pyrrhos von Rom und Karthago auf Augenhöhe organisiert. Als der unruhige König Italien nach der Feldzugsaison 275 v. Chr. endgültig verließ, ahnte wohl kaum ein Römer angesichts dieser erfolgreichen Kooperation, dass gut zehn Jahre später ein militärisches Ringen mit Karthago beginnen würde, das erst nach mehr als 60 Jahren beendet sein sollte. Im Gegenteil, vieles spricht dafür, dass für die meisten Römer die Konsolidierung der Herrschaft in Italien und die Erholung von dem schweren Krieg gegen Pyrrhos in dieser Zeit Priorität hatten.

Die Ursache für den ersten Krieg mit Karthago (264–241 v. Chr.) lag dann auch nicht darin, dass die römische Gesellschaft unbedingt in den Krieg ziehen wollte, sondern darin, dass sie ihren Beamten erstaunliche Spielräume ließ. Wenn diese von einem Konflikt zu profitieren hofften, nutzten sie diese Handlungsfreiheit in erstaunlichem Maße. Eine solche Situation lag auch 264 v. Chr. vor, als der Konsul Appius Claudius Caudex zu einem römischen Eingreifen in die vollkommen unübersichtliche Lage auf Sizilien

Abb. 2
Appius Claudius Caecus wird in den Senat geführt, Gemälde des Cesare Maccari (1881–1888) in Rom, Palazzo Madama

drängte. Dass er damit größere strategische Ziele für Rom verband, ist sehr unwahrscheinlich. Sein Kernanliegen war es, in seiner kurzen Amtszeit als Konsul von nur einem Jahr einen möglichst attraktiven Kriegsschauplatz zu finden, auf dem er sich profilieren konnte.[6] In den führenden Kreisen Roms löste seine Agitation für diesen Kriegseinsatz keineswegs Euphorie aus. Viele Senatoren waren mehr als skeptisch angesichts seines Vorhabens, in der Region zu intervenieren. Das Ganze war so kontrovers, dass der Senat sich auf keine gemeinsame Linie einigen konnte und der Volksversammlung die Entscheidung überließ – ein ungewöhnlicher Verzicht auf die politische Richtungskompetenz.

In der Volksversammlung setzten sich schließlich die Befürworter des Feldzuges durch. Wahrscheinlich hatte Caudex schon viele potenzielle Soldaten nach Rom geholt, die nun die Versammlung beherrschten und sich die Aussicht auf individuelle Beute nicht nehmen lassen wollten. Vielen anderen Römern, die nicht direkt vom Einsatz betroffen waren, war es wohl schlicht egal.[7]

Der einzelne Konflikt, das persönliche Interesse und die kollektive Mobilisierung

Die Grundlage der römischen Aggressivität war nicht so sehr ein gesamtgesellschaftlicher Wille zum Krieg, sondern die Tatsache, dass die Gesellschaft Teilgruppen, die jeweils ein persönliches Interesse am Ausbruch von Konflikten hatten, einen bemerkenswerten Freiraum ließ, auch wenn die Konsequenzen auf lange Sicht alle betrafen und sich oft als schwer beherrschbar herausstellten. Dabei fielen die Motive der Beteiligten ganz unterschiedlich aus. Für die Oberschicht war die militärische Profilierung jenseits aller rationalen Ziele in einem knallharten politischen Wettbewerb viel zu wichtig, als dass man auf sie hätte verzichten können. Das dort zu erlangende Prestige war auf anderem Wege kaum zu kompensieren. Für die Mittel- und Unterschichten war die Aussicht auf Beute und damit auf soziale Dynamik in ihrem Leben, die sich in der Vormoderne so selten ergab, zu verlockend, um dem Werben einzelner Aristokraten nach militärischer Folge in dem nächsten Konflikt nicht nachzugeben. So entstanden oft aus militärischen Mikrokonflikten Gewaltzyklen, die nicht ohne Weiteres aufzuhalten waren und deren Folgen kaum prognostizierbar waren.

Die Kriegsziele der Römer dabei genauer zu definieren und diese als Basis für die Einschätzung von Friedensschlüssen anzusetzen, ist nicht leicht. Selten können wir eine derartige Korrelation klar herstellen Dies ist aus moderner Perspektive betrachtet ungewöhnlich. In der Neuzeit werden Kriege zumeist geführt, weil man Ziele verfolgt, die man erreichen möchte, oder zumindest glaubt, solche zu haben. Diese können sehr unterschiedlich sein. Das Spektrum hierbei reicht von klar definierten Annexionsabsichten in Bezug auf bestimmte Territorien, über die Durchsetzung von Glaubensvorstellungen bis hin zum allgemeinen Willen, seine Ansprüche als Großmacht durchzusetzen. So unrealistisch und unsinnig sie in vielen Fällen auch sein mögen, die ursprünglichen Kriegsziele sind entscheidend für die Beurteilung der Friedensschlüsse. Vielfach kennen wir aber im Fall der Römer die konkreten Kriegsziele gar nicht. In Italien annektierten sie nach ihren Siegen Land von den Unterlegenen und siedelten dort arme Bürger an. Neben der mobilen Beute war dies ein wichtiges Element zur Befriedung innerer Konflikte. Ob sie aber im Vorfeld schon das Ausmaß der Konfiskationen und deren politische Entlastungseffekte mit dem zu erwartenden Aufwand für den Krieg abwogen, ist aus den Quellen selten zu entnehmen. Häufig scheinen diese positiven Effekte erst nachträgliche Begleiterscheinung des Sieges gewesen zu sein.

Diese Bereitschaft zu Konflikten ohne eindeutige Zielorientierung war auch dadurch bedingt, dass die Römer in Italien zusammen mit anderen Gemeinwesen lebten, die keine klare Trennung von Friedens- und Kriegszuständen kannten, wie sie für moderne Gesellschaften grundlegend ist. So unterschiedlich sie alle waren – die etruskischen Stadtstaaten, die Völker in den Bergen des Apennin und die griechischen Poleis – so war ihnen doch die geringe Hemmschwelle beim Eintritt in militärische Konfrontationen gemeinsam.[8] So waren Frieden und Krieg keine klar definierten Aggregatzustände der Gesellschaft, sondern der beständige Rhythmus von Mikro- und Nanokonflikten ließ die Grenze verschwimmen. Der Eintritt in eine gewaltorientierte Situation war nicht unbedingt mit einer grundlegenden Reflexion der Gesamtsituation des Gemeinwesens verbunden, in der Optionen und langfristige Ziele abgewogen wurden. Oft wird die Größenordnung, zu der ein Konflikt sich entwickeln konnte, zu Beginn gar nicht klar gewesen sein, weil die Konfliktparteien jeweils situativ ihre Bereitschaft zur Mobilisierung militärischer Potenziale neu festlegten.[9] Viele Konflikte endeten relativ schnell wieder. Selten wurden dabei die Gemeinwesen in ihrer Existenz bedroht, zumeist bestanden die Konsequenzen neben dem Verlust an Menschen in unerfreulichen materiellen Einbußen. Viele Konflikte, die länger andauerten, wiesen beachtliche Kampfpausen auf, die bei den Zeitgenossen den Eindruck von Friedensphasen aufkommen ließen. Welche Einzelkonflikte den inneren Zusammenhang eines größeren Krieges besaßen, war nicht selten erst mit deutlichem zeitlichem Abstand zu beurteilen.

Was in dieser konfliktintensiven Umgebung bei den Römern besonders auffiel, war also nicht ihre Bereitschaft, auswärtige Gewaltkonstellationen als Teil ihres sozialen Lebensrhythmus zu akzeptieren, sondern die immer wieder gezeigte unerbittliche Bereitschaft, bei eskalierenden Konflikten alle Ressourcen und Kräfte zu mobilisieren, damit das einmal Erreichte nicht verlorenging. Die Fähigkeit der römischen Gesellschaft, alle Bürger gerade in kritischen Situationen auf die Gewaltlösung zu fokussieren, war bemerkenswert. Die Stärke der Römer zeigte sich nicht so sehr bei der Entwicklung strategischer Ziele als vielmehr in der schwierigen Mitte von Konflikten, wenn der auswärtige Druck die Gesellschaft verdichtete und vor weitreichende Alternativen stellte.[10]

Dies hatte Pyrrhos in reichem Maße zu spüren bekommen und war dieser Gefahrenquelle ausgewichen, bevor es zu einem letzten Show-down kommen konnte. Auch die Karthager sollten ähnliche Erfahrungen machen, als ie die Intervention der Römer auf Sizilien 264 v. Chr. als Einmischung in ihre Interessenssphäre bewerteten und es so zum Krieg kam. Warum dieser Krieg aus relativ kleinen Anfängen eine so große Dimension entwickelte, ist angesichts der schwierigen Quellenlage nicht einfach zu klären. Fest steht jedoch, dass der Konflikt endgültig eskalierte, als die Karthager die Küste Latiums von Sardinien aus mit Raubflotten zu plündern begannen. Angesichts dieser neuen Gefährdung entschlossen sich die Römer, die bis dahin keine große Erfahrung im Seekrieg besaßen, ihrerseits große Flottenverbände aufzustellen und ihrem Gegner auf dem Meer entgegenzutreten. Diese grundlegende Kehrtwende in der Kriegsführung vollzogen die Römer so umfassend und radikal, dass sie in wenigen Jahren die Karthager mehrfach zur See schlugen und 256 v. Chr. sogar mit einem großen Heer in Nordafrika landen konnten. Auch hier zeigt sich wieder die Bereitschaft der Römer, in laufenden Kriegen weitreichende Entscheidungen zu fällen, diesmal zugunsten einer enormen Ausweitung der Rüstung zur See.[11]

Die Planung und Durchführung eines so großen amphibischen Unternehmens war unter vormodernen Bedingungen ein gesellschaftlicher Kraftakt und eine logistische Meisterleistung. Der kommandierende Konsul Atilius Regulus kämpfte nach der Landung so erfolgreich gegen die karthagischen Truppen, dass die Ratsherren von Karthago zum Abschluss eines Friedens bereit waren. Nach den Anstrengungen der vergangenen Jahre war der Sieg in greifbarer Nähe. Doch in dieser günstigen Situation überzog Regulus seine Forderungen für einen Frieden so dramatisch, dass die Karthager zu der Überzeugung kamen, dass dieser selbst bei einer kompletten Niederlage nicht ungünstiger hätte ausfallen können. So beschlossen sie, trotz der Rückschläge weiterzukämpfen. Mit viel Geschick gelang es schließlich, das römische Expeditionsheer doch noch zu schlagen und Regulus gefangenzunehmen.

Die Motive von Regulus, die Forderungen an den Gegner so in die Höhe zu schrauben, waren im Prinzip ganz rational, auch wenn sie sich für den Feldzug als fatal erweisen sollten. Für ihn persönlich war es wichtig, dass der Frieden schnell abgeschlossen wurde, da seine Amtszeit als Konsul schon bald abgelaufen war und sein Nachfolger jederzeit eintreffen konnte. Damit der Frieden aber auch zu Hause anerkannt wurde, mussten noch der Senat und das Volk zustimmen. Verzögerte sich deren Zustimmung aber, weil in den politischen Diskussionen noch weitere Forderungen aufkamen, war abzusehen, dass erst der Nachfolger den Krieg beenden würde. In diesem Fall wäre Regulus zwar in der Konkurrenz um die öffentliche Ehre nicht leer ausgegangen, aber das Hauptprestige hätte der Konsul erhalten, der den Krieg beendete und die Truppen dann im Triumph nach Rom zurückführte.

Das Ganze war ziemlich heikel für Regulus, wie auch für sämtliche Konsuln in solchen Situationen. Da sie nur ein Jahr amtierten, mussten zwei unterschiedliche Faktoren bei einem zügigen Friedensschluss abgewogen werden: Während der Gegner durch möglichst milde Bedingungen schnell zum Frieden zu bewegen war, verschlechterte diese Zurückhaltung die Akzeptanz in Rom. Dort war die Stimmung jedoch nicht so leicht einzuschätzen: Natürlich wollte das Volk am liebsten einen überragenden Erfolg. Bei längeren Konflikten war es aber auch bereit, sich mit weniger zufriedenzugeben, damit die militärischen Belastungen nachließen. Nach sehr langen Konflikten stieg aber wiederum das Bedürfnis nach einem triumphalen Abschluss, der die Opfer und materiellen Einbußen rechtfertigte. So kann man gar nicht von der Interessenslage des Volkes sprechen, sondern nur von situativ komplexen Konstellationen, in die viele Faktoren und Stimmungen einflossen. Für Feldherrn, die während des Krieges länger nicht in Rom waren, war die Beurteilung der aktuellen Stimmung des Volkes daher oft sehr schwierig.

Das schwierige Verhältnis der römischen Aristokratie zum Sieg

Zu dieser Vielschichtigkeit der Interessenslagen im Volk kam noch die komplizierte Reaktion der Oberschicht auf große Erfolge hinzu. Selbstverständlich galt, dass ein Sieg das Prestige der Führungsschicht insgesamt erhöhte. Die Leistung des Feldherrn, das Verteilen von Beute, die Durchführung eines Triumphrituals und die Errichtung von Siegesmonumenten im Zentrum strahlten auch auf die anderen Aristokraten ab, die nicht direkt in den Feldzug eingebunden waren. Wenn sich die Zufriedenheit in der Bevölkerung erhöhte, die materiellen Probleme sich verringerten und das Vertrauen in die Leistungsfähigkeit der politischen Führung zunahm, sicherte dies ohne Zweifel den Herrschaftsanspruch der gesamten Aristokratie. Doch ein Sieg verschob auch immer die Kräfteverhältnisse innerhalb der Führungsschicht, deren Angehörige für diese politische Seismografie sehr sensibel waren. Eine Familie wurde durch den Erfolg materiell reicher, erhöhte ihr Prestige besonders und konnte in der Bevölkerung, solange der Ruhm frisch war, einen besonderen Einfluss gewinnen. Dies war für die anderen Aristokraten akzeptabel, solange diese besondere Position nicht zu lange anhielt und vor allem nicht zu stark wurde. Wirklich große Siege waren der Aristokratie gar nicht so willkommen, weil von ihnen eine längerfristige politische Gravitationskraft ausging, deren Auswirkungen auf die inneraristokratischen Kräfteverhältnisse schwer zu kalkulieren waren. Die Vorstellung einer dauerhaften Dominanz eines Einzelnen war der Albtraum der Führungsschicht.

So sehr die Strukturen der römischen Gesellschaft im Eskalationsfall für die Mobilisierung aller Kräfte geeignet waren und die Römer auf dieser Grundlage auch gefährliche Gegner letztlich besiegen konnten, so ungeeignet waren ihre politischen Mechanismen zur Bewältigung eines wirklich großen Sieges. Die vorprogrammierten Zielkonflikte, die während der Eskalation zunächst überlagert wurden, traten nach einem großen Sieg wieder zutage. So akzeptierten die Römer dann häufig erstaunlich kleinteilige Lösungen. Dies sollte sich auch nach dem zweiten großen Krieg gegen Karthago zeigen (218–201 v. Chr.), in dessen Verlauf Rom durch Hannibal an den Rand der Vernichtung gebracht worden war.[12] Selbst nach 15 Jahren Krieg verliefen die Planungen möglicher Friedensabkommen ab 203 v. Chr. ohne wirklich langfristiges Konzept. Schließlich wurde Karthago als eigenständiger Staat – wenn auch mit dramatisch reduziertem Machtpotenzial – bestehen gelassen, weil der Sieger über Hannibal, Publius Cornelius Scipio, wieder befürchtete, eine längere

Belagerung könnte ihn den Glanz des endgültigen Sieges kosten. Die römische Gesellschaft verstand sich eben besser auf den großdimensionierten Krieg als auf den großdimensionierten Frieden.[13]

Zusammenfassend lässt sich feststellen, dass die römische Republik eine unruhige Gesellschaft war. Dies nimmt auch nicht Wunder, befand sie sich doch im antiken Italien in unmittelbarer Nachbarschaft zu einer Vielzahl von Gesellschaften, die eine hohe Gewaltbereitschaft aufwiesen, um ihr Überleben zu sichern bzw. ihren Wohlstand zu vergrößern. Eine Gemeinschaft mit starker Friedensorientierung hätte in dieser Konstellation kaum eine Überlebenschance gehabt. In Jahrhunderten des existenziellen Ringens trafen die Römer dabei immer wieder Entscheidungen, die auf eine umfassende Mobilisierung ihres Gewaltpotenzials hinausliefen, obwohl damit jeweils große Risiken verbunden waren.[14] Dies taten sie aber nicht in einem Zustand blinden Fanatismus, der ihre kollektive Reflexionsfähigkeit außer Kraft gesetzt hätte. Immer wieder gibt es Beispiele dafür, dass viele Römer zögerten und dazu tendierten, lieber das Erreichte durch dauerhafte Friedensregelungen abzusichern als neue unkalkulierbare Wagnisse einzugehen. Doch im Zweifelsfall wurde den Ansprüchen derjenigen Bürger, die sich nicht genügend berücksichtigt sahen und auf einen weiteren Erwerb von Ressourcen drängten, der Vorrang gegeben, auch wenn sie in der Minderheit waren. Diese Logik der aggressiven Priorität führte die römische Gesellschaft schließlich zum Imperium.

Abb. 3
Unterredungen zwischen Römern und Italikern im Zusammenhang mit Kampfhandlungen
Wandmalerei aus dem Grab des Quintus Fabius Maximus in Rom (Esquilin, wohl 3. Jahrhundert v. Chr.), Rom, Centrale Montemartini, Inv.-Nr. 1025

1 Rosenstein 2004.
2 Champion 2009.
3 Plut. Pyrrhos 19; erste in Rom schriftlich überlieferte Rede: Cic. Brut. 61; Sen. epist. 19,5,13; Tac. dial. 18.
4 Plut. Pyrrhos 21.7.9–10.
5 Cornwell 2017.
6 Bleckmann 2002.
7 Einen guten Überblick zur Geschichte der zwei Punischen Kriege bieten die Beiträge in Hoyos 2011.
8 Eckstein 2006.
9 Hoyos 1998.
10 Linke 2014.
11 Linke 2016a.
12 Barcelo 2004.
13 Linke 2016b.
14 Rüpke 1995.

C
CLVSIT

Ausgeprägter Friede?

Eirene/Pax in der antiken Münzprägung

ACHIM LICHTENBERGER | KATHARINA MARTIN
H.-HELGE NIESWANDT | DIETER SALZMANN

Münzen sind nicht nur ein Zahlungsmittel, sondern sie fungieren mit ihren Bildern und Texten auch als Träger von Informationen. Sie werden von staatlichen Autoritäten in großen Stückzahlen ausgegeben, und die Münzherren nutzen die Münzen, um Botschaften über sich oder ihre Gemeinwesen an die Bevölkerung zu bringen. Daher bieten uns die Münzen einen unschätzbaren Einblick in die offizielle Selbstdarstellung, und gerade in der Antike, in der umfassende Kommunikation nur begrenzt möglich war, waren Münzen ein überaus mobiles Medium – das erste Massenmedium der Menschheit.

Da politische Legitimation oftmals davon abhängig ist, dass der Bevölkerung ein Leben in Frieden und Wohlstand ermöglicht wird, überrascht es nicht, dass auch die Propagierung von Frieden in der Münzprägung zu fassen ist. Allerdings ist es bemerkenswert, dass diese Bilder faktisch erst unter römischer Herrschaft eine nennenswerte Rolle spielen und sich vor allem die römischen Kaiser als Gewährsmänner der Pax inszenieren.

◄ Detail aus Abb. 6

Von den Anfängen bis zur Schließung des Janus-Tempels

Der erste bildliche Nachweis des Friedens in der Münzprägung findet sich im frühen 4. Jahrhundert v. Chr. in der unteritalischen Griechenstadt Lokroi Epizephyrioi: Auf Silbermünzen erscheint auf einem mit Stierschädel verzierten Altar eine sitzende Figur mit Kerykeion, dem Heroldsstab, der unter anderem bei Friedensschlüssen die Verhandlungsführenden schützt (s. Beitrag von Lichtenberger u. a., S. 236); die Figur ist benannt mit der griechischen Beischrift EIPHNA (»Frieden«, Abb. 1, Kat.-Nr. 19).[1] Die genaue Datierung dieser Silbermünzen ist nicht sicher, sodass der historische Kontext und damit Anlass und Funktion des Münzbildes unklar bleiben. Auch andere politische Personifikationen erscheinen in Lokroi später im numismatischen Repertoire, so lassen sich hier die ersten Nachweise für die Figuren Roma und Treue (*pistis*) finden. Alle werden durch eine Beischrift explizit benannt, damit sie klar identifizierbar sind.

In vorrömischer Zeit spielt die Darstellung von der Friedensgöttin in der Münzprägung ansonsten keine nennenswerte Rolle. Die griechischen Städte konzentrieren sich in ihren Münzprägungen auf lokale Themen, und die hellenistischen Königreiche propagieren die Dynastie und militärische Erfolge. Das Thema Frieden ist nur indirekt im Kontext von militärischer Sieghaftigkeit zu fassen. Die Thematisierung von Frieden in der römischen Münzprägung beginnt im frühen 1. Jahrhundert v. Chr. und ist gut zu fassen auf einer Münze aus dem Jahr 70 v. Chr., die die inneritalische Eintracht nach dem Bürgerkrieg zeigt, indem die Personifikationen Italia und Roma im Handschlag wiedergegeben sind; links neben ihnen schwebt der Caduceus, das lateinische Pendant zum Kerykeion (Abb. 2).

In spätrepublikanischer Zeit, in den 40er Jahren des ersten vorchristlichen Jahrhunderts, zeigen Silbermünzen (Denare) des Sicinius 49 v. Chr. als Zeichen des Siegfriedens diagonal gekreuzt einen Caduceus und einen Palmzweig mit Stoffband, darüber ist ein mit Stoffband gebundener Kranz wiedergegeben (Abb. 3).

In dieser Zeit wird Pax erstmals in der Legende auch benannt: Caesar inszeniert sich selbst als Friedensfürst, sodass es nicht verwundert, dass kleine Silbermünzen (Quinare) 44 v. Chr. einen weiblichen Kopf ohne Attribute zeigen; die Beischrift »PAXS« identifiziert die Figur als Personifikation des Friedens. Passend dazu ist die Rückseite gestaltet, die einen einträchtigen Handschlag zeigt (Abb. 4). Unter dem Schlagwort der Concordia (Eintracht) kombinieren weitere Denare in den 40er Jahren das Motiv des Handschlags mit dem Caduceus. Gleich mehrere Symbole – das Amtszeichen des Rutenbündels mit dem geflügelten Caduceus gekreuzt – vereint ein Denar Caesars. Weitere Bildbestandteile sind ineinander verschlungene Hände, ein (Himmels-)Globus sowie eine Axt.

In den römischen Triumph-Verzeichnissen (*fasti triumphales*) findet sich aus der Zeit der Bürgerkriege nach Caesars Ermordung der Hinweis auf einen zwischen Octavian (dem späteren Augustus) und Marc Anton geschlossenen Frieden im Jahr 40 v. Chr. Bereits ein Jahr später schlägt sich dies auf deren Münzen nieder, indem Marc Anton sein Bildnis mit den Porträts von Octavian und dessen Tochter Julia kombiniert und Octavian auf einer anderen Münzserie seinen Kopf mit dem des Marc Anton zeigt. Zusätzlich aber lässt er auch noch drei Münztypen prägen, nämlich sein bzw. Marc Antons Porträt mit dem Rückseitenbild des geflügelten Caduceus sowie die beiden auf der Vorderseite und den Caduceus auf der Rückseite. Parallel dazu verbindet eine Prägung einen weiblichen Kopf – wohl der Concordia – mit Caduceus hinter dem Handschlagmotiv.[2]

Die Pax zwischen Octavian und Marc Anton hielt nicht lange. Octavian besiegte seinen Gegenspieler 31 v. Chr. bei der Schlacht von Actium, und in der Folgezeit nahm er das Friedensthema wieder in seiner Münzprägung auf. 29 v. Chr. werden – allerdings unbenannte – Darstellungen der Friedensgöttin auf Parallelemissionen von Denaren geprägt, auf denen Octavian verschiedene Personifikationen gegenübergestellt werden.[3] Neben Venus und Victoria wird auch Pax thematisiert. Im Wechsel erscheint sie in Büstenform mit Friedenszweig und Füllhorn auf den Vorderseiten, als stehende Figur mit Zweig und Füllhorn auf den Rückseiten. Explizit mit PAX benannt wird die Figur auf zeitgleichen Cistophoren aus Ephesos (Kat.-Nr. 138), einer regionalen Silberwährung in Kleinasien; hier hält sie den Caduceus und steht auf einem liegenden Schwert in Scheide (*parazonium*).

Diese Friedensmünzen werden ergänzt durch Prägungen, die indirekt Bezug auf Frieden nehmen, indem sie das Ende von Kriegshandlungen feiern. Dazu gehören Goldmünzen (*aurei*) mit den militärisch gewandeten Drusus und Tiberius, die nach dem Raetienfeldzug 15–12 v. Chr. mit Zweigen vor dem Kaiser erscheinen. Die beiden reichen dem erhöht sitzenden Kaiser,

Abb. 1
Die Friedensgöttin Eirene sitzt auf einem Altar und hält einen Botenstab *(kerykeion).*
Silbermünze aus Lokroi Epizephyrioi,
frühes 4. Jahrhundert v. Chr.

Abb. 2
Die Personifikationen Italia und Roma im Handschlag symbolisieren die inneritalische Eintracht.
Silbermünze (*denarius*) aus Rom, 70 v. Chr.

Abb. 3
Diagonal gekreuzt stehen ein geflügelter Botenstab (*caduceus*) und ein Palmzweig auf der Rückseite für den Siegfrieden.
Silbermünze (*denarius*) aus Rom, 49 v. Chr.

Abb. 4
Weiblicher Kopf mit der Legende PAXS auf der Vorderseite
Handschlagmotiv auf der Rückseite,
Silbermünze (*quinarius*) aus Rom, 44 v. Chr.

der im Gegensatz zu den beiden Feldherren in ziviler Tracht – mit Toga – bekleidet ist, je einen Zweig; dieser ist entweder ein Lorbeerzweig und damit ein Siegeszeichen oder ein Olivenzweig und damit ein Friedenssymbol.[4]

Augustus (reg. 27 v. – 14 n. Chr.) und sein Nachfolger Tiberius (reg. 14 – 37 n. Chr.) lassen erstmals eine thronende Pax auf Münzen abbilden. Sie stützt sich auf ein senkrecht aufgestelltes Szepter und hält in ihrer Linken einen Friedenszweig, sodass sie – auch wenn eine entsprechende Legende fehlt – als Friedensgöttin zu interpretieren ist (Abb. 5, Kat.-Nr. 146), denn spätere Münzen benennen diese Gestalt eindeutig als Pax.

Unter Tiberius werden Sesterzen geprägt, die gekreuzte Füllhörner vor einem geflügelten Caduceus zeigen, aus denen statt der Feldfrüchte Kinder herausragen – Tiberius Gemellus und Germanicus, Söhne des Drusus minor. Dieses symbolkräftige Bild zeigt, dass der Segen des Friedens auch unter den vorgesehenen Nachfolgern des Kaisers gewährt sein wird.

Die Kaiser Caligula (reg. 37 – 41 n. Chr.) und Claudius (reg. 41 – 54 n. Chr.) lassen Münzen prägen, auf denen der Kaiser als Togatus – also bekleidet mit einer Toga, wie es in Friedenszeiten für römische Männer üblich war – auf einem Amtssessel wiedergegeben ist, unter dem ein Waffenhaufen liegt. Der Zweig in der Hand führt wiederum einen Siegfrieden vor Augen. Unter Claudius wird erstmals eine einzigartige Prägung in Auftrag gegeben. Sie zeigt eine geflügelte Göttin nach rechts, die einen Caduceus diagonal nach unten hält; am Boden vor ihr eine Schlange; die Legende lautet PACI AVGVSTAE.[5] Ein ägyptischer Papyrus aus dem Jahr 41 v. Chr. löst das Rätsel dieses ungewöhnlichen Bildes, das eine Mischung aus Friedensgöttin Pax und Rachegöttin Nemesis ist: Die Darstellung auf der Münze zeigt eine alexandrinische Goldstatue, die als Bild der Pax Augusta Claudiana in Rom aufgestellt wurde. Kaiser Claudius hatte zuvor einen inneren Zwist in Alexandria/Ägypten befriedet.

Als Friedenskaiser stellt sich Nero (reg. 54 – 68 n. Chr.) dar,[6] indem er sich als derjenige rühmt, dem es gelingt, die Tore des Janustempels zu schließen. Dies erfolgt traditionell nur dann, wenn im gesamten Römischen Reich Frieden herrscht, was bis zu seiner Zeit nur dreimal zuvor erfolgt ist: unter dem mythischen König Numa, nach dem Ende des ersten Punischen Krieges und unter Augustus. Auf allen gängigen Münzwerten erscheint nun der Bau mit geschlossenen Toren und der Beischrift PACE P R TERRA MARIQVE PARTA IANVM CLVSIT (»nachdem er dem römischen Volk Frieden gebracht hatte, schloss er den Janus[-Schrein]«, Abb. 6, Kat.-Nr. 36). Auch die Ara Pacis, den Friedensaltar, der für Augustus auf dem Marsfeld errichtet worden war, thematisiert Nero auf seinen Münzen. Einzigartig ist die Darstellung des Nero in einer Quadriga, flankiert von Victoria und Pax als Statuengruppe auf einem Triumphbogen: der triumphale Siegfrieden des Nero!

Krieg und Frieden

In den Bürgerkriegswirren des Jahres 68 n. Chr. wird Titus Flavius Vespasianus während des Feldzuges gegen die aufständischen Juden im Juli 69 n. Chr. zum Kaiser ausgerufen (reg. 69 – 79 n. Chr.). Als er nach Rom zurückkehrt, um seine Macht zu festigen, führt sein Sohn Titus den Feldzug erfolgreich zu Ende. 70 n. Chr. wird Jerusalem erobert, geplündert und zerstört, einschließlich des Tempels der Juden, des Jahwe-Tempels. Der letzte Widerstand wird im Jahr 73/74 n. Chr. mit der Eroberung der Bergfeste Masada gebrochen. Offiziell werden durch den

Abb. 5
Weibliche Gestalt (Pax) auf einem Thron
Sie hält ein langes Szepter und einen Friedenszweig. Goldmünze (*aureus*) aus Rom, unter Kaiser Tiberius

Abb. 6
Ansicht der Front- und einer Längsseite des Janus-Geminus-Tempels (Kat.-Nr. 36)
Die zweiflügelige Tür der Frontseite ist geschlossen. Dies verweist auf Frieden im Römischen Reich. Messingmünze (*dupondius*) aus Rom, unter Kaiser Nero

Abb. 7
Trauernde Personifikation Judäa steht neben Palme.
Goldmünze (*aureus*) aus Rom, unter Kaiser Vespasian

Abb. 8
Kaiser Titus in Toga auf einem Amtsstuhl, umgeben von Waffen
Er hält den Friedenszweig. Bronzemünze (*sestertius*) aus Rom, unter Kaiser Domitian

aufwendigen Triumphzug von Vespasian und Titus im Jahr 71 n. Chr. der erfolgreiche Feldzug und die Rückeroberung der Provinz gefeiert. Diese Erfolge werden nun auf Münzen nicht in dem Sinne dargestellt, wie sie historisch einzuschätzen sind. Denn nur eine Münze weist mit der Legende IVDAEA RECEPTA – »Judäa zurückerlangt« – auf die Rückeroberung einer ehemaligen Provinz hin (Abb. 7).

Offensichtlich verspricht nach dem Bürgerkrieg und der Machterlangung der Flavier die Darstellung der Sieghaftigkeit der Römer unter der Führung der neuen Dynastie und vor allem die Betonung der Eroberung eines Feindeslandes eine effektivere Selbstdarstellung – Münzen erhalten die Legende IVDAEA DEVICTA oder IVDAEA CAPTA – »Judäa besiegt/erobert«.[7] Dies geschieht ganz bewusst in der Tradition der vergleichbaren Situation des Kaisers Augustus, der seinen militärischen Erfolg bei Actium 31 v. Chr. als Sieg über die Ägypter und ihre Königin Kleopatra propagierte, obwohl das Ereignis faktisch das Ende des Bürgerkrieges gegen Marc Anton markiert.

Die Reichsprägung verdeutlicht in ihren Bildern und Legenden, wie der Kaiser sowohl die Überwindung des inneren Zwistes des Vier-Kaiser-Jahres als auch die Eroberung Judäas ausnutzt, um ein befriedetes, vereintes Römisches Reich zu präsentieren.[8] Das Reich wird gleichsam mit einer Flut von neuen Münzmotiven – Eintracht im Inneren und Sieghaftigkeit gegen äußere Feinde und der damit verknüpfte Frieden – überschwemmt.

Von den republikanischen und frühkaiserzeitlichen Friedensbildern werden von den Flaviern einige Motive übernommen: der geflügelte Caduceus (Kat.-Nr. 140), das Handschlagmotiv vor dem Caduceus, Doppelfüllhörner vor einem geflügelten Caduceus (Kat.-Nr. 154), der Kaiser als Togatus auf dem Amtssessel (*sella curulis*) (Kat.-Nr. 148; unter Caligula, Claudius, Titus (reg. 79–81 n. Chr.) und Domitian (reg. 81–96 n. Chr.) darunter Waffenhaufen – Abb. 8, Kat.-Nr. 53) und mit Friedenszweig (unter Vespasian werden darüber hinaus hintereinander gestaffelt die beiden Prinzen Titus und Domitian dargestellt – Kat.-Nr. 149; unter Titus der Divus Augustus), Pax-Nemesis mit einem geflügelten Caduceus (Kat.-Nr. 139), die stehende Pax mit Zweig und Füllhorn (Kat.-Nr. 63 und 151) und die thronende Pax mit Zweig und Szepter, dieses wird nur unter Augustus und Tiberius (Kat.-Nr. 146) senkrecht gehalten dargestellt.

Im Bürgerkriegsjahr 68 v. Chr. wird das Handschlagmotiv vor dem geflügelten Caduceus um Kornähren und Mohn erweitert (Kat.-Nr. 131) und in flavischer Zeit weitertradiert. Unter dem Kaiser Galba wird erstmals die Legende PAX AVGVSTI verwendet, welche die Pax unmittelbar auf den Kaiser bezieht. Auch tritt nun die für die flavische Zeit so typische stehende Pax mit einem Zweig bzw. Füllhorn und Caduceus auf. Dieses Motiv weist neben der Legende PAX AVGVSTI unter dem Kaiser Otho auch die Beischrift PAX ORBIS TERRARVM auf.

Zwei weitere neue Motive gibt es unter Galba: die Waffen verbrennende und die mit Füllhorn und Zweig sowie Caduceus am Altar opfernde Friedensgöttin, welche auch von Vespasian weiterverwendet werden (Kat.-Nr. 64 und 128). Nur unter Galba wird sie mit Caduceus und Ähren oder Zweig und Sphaira oder Globus bzw. auf den Schild gestützt sowie mit Zweig oder Caduceus, auf Säule gelehnt und mit Füllhorn wiedergegeben. Lediglich unter Galba und Vespasian wird eine auf einem Amtsstuhl, einer *sella curulis*, sitzende Pax mit Zweig und Caduceus bzw. Szepter abgebildet. Unter Vitellius begegnet uns das Motiv der Roma und eines Togatus im Handschlag verbunden mit der Beischrift PAX AVGVSTI, das in der folgenden Zeit nicht wieder aufgenommen wird.[9]

Unter Vespasian – bisweilen auch von den Söhnen weitertradiert – werden die stehende und thronende Pax variantenreicher abgebildet: Sie kann nun einen Caduceus, einen Zweig, ein Füllhorn sowie Ähren und Mohn oder ein Szepter[10] halten. Nur für diesen Kaiser bezeugt sind das Motiv des kleinen Kindes, das der Friedensgöttin mit Zweig und Füllhorn beigefügt ist,[11] sowie eine ausführlichere Variante der Pax, die Waffen der besiegten Gegner verbrennt: Links eine von der Göttin Minerva bekrönte Säule, an der ein Schild angelehnt ist, in der Mitte steht Pax nach rechts und hält eine gesenkte Fackel gegen einen Waffenhaufen, hinter dem sich ein Altar befindet (Abb. 9, Kat.-Nr. 128).

Abb. 9
Pax hält einen Friedenszweig und entzündet mit einer Fackel einen Waffenhaufen.
Bronzemünze (*sestertius*) aus Rom, unter Kaiser Vespasian

Das schon unter Galba bezeugte Bild der auf einen Pfeiler gestützten Pax mit gesenktem Caduceus wird nur unter Vespasian mit einem dreibeinigen Tisch erweitert, auf dem eine Geldbörse liegt.

Die aufgestützte Göttin mit Caduceus kann unter Vespasian und Titus auch einen Zweig halten. Ein Altar taucht in weiteren Darstellungen der stehenden Friedensgöttin lediglich unter Vespasian auf: Sie ist nach rechts stehend mit eingestützter Rechten und Füllhorn in ihrer Linken dargestellt. Die thronende Pax mit und ohne Zweig in ihrer Linken sowie mit Füllhorn und Zweig begegnet uns nur unter Vespasian. Dies führt zur Frage, ob das Kultbild der thronenden Siegesgöttin im neu gebauten Friedenstempel, dem Templum Pacis, auf einem der Münzbilder gezeigt wird. Im Einweihungsjahr 75 n. Chr.[12] sind als Attribute zum Zweig nur das Szepter und das Füllhorn bezeugt, letzteres nur in diesem Jahr. Achim Lichtenberger hat festgestellt, dass immer dann, wenn es in der nachfolgenden Zeit Aktivitäten im Zusammenhang mit dem Friedenstempel gegeben hat, die Göttin das Füllhorn und den Zweig hält, sodass dieses Bild wohl das Kultbild wiedergibt.[13]

Als Legenden sind folgende unter den Flaviern zu verzeichnen: PAX AVGVSTI bzw. AVGVSTA, PACI AVGVSTI bzw. AVGVSTAE (zahlreiche Abkürzungen gebräuchlich; nur je einmal belegt PAXS bzw. PAXX AVGVSTI), PACIS, PAX P ROMANI, PAX ORBIS TERRARVM, PACI ORB TERR AVG. Diese letzte Legende zum kaiserlichen Frieden für den gesamten Erdkreis, die nur in Ephesos benutzt wird, ist allerdings mit einem Kopf der Göttin Fortuna kombiniert (Kat.-Nr. 62). Eine Prägung des Titus mit Pax in der Legende ist mit der Abbildung der Siegesgöttin Victoria mit Kranz und Palmwedel versehen (Kat.-Nr. 54). Hier ist die Interpretation naheliegend, dass dieses Münzbild den Siegfrieden wiedergeben soll. Da eine in der Legende benannte Fortuna aber auch mit Zweig neben dem üblichen Ruder (oft auf *sphaira*) und Füllhorn auf Münzen abgebildet ist, muss eine Verbindung von Fortuna zu Pax bestehen, die schwierig zu ergründen ist. Anders verhält es sich mit Münzen, die Bonus Eventus zeigen und mit PACIS EVENT/EVENTUM beschriftet sind.

Domitian gibt als einziger flavischer Kaiser eine einmalige Prägung mit dem Bild eines Altares, über dem die Legende PACIS zu lesen ist,[14] in Auftrag, reduziert allerdings die Häufigkeit der Münzen mit Darstellung der Friedensgöttin.

Zusammenfassend kann festgehalten werden, dass unter Vespasian und Titus die Themen »Sieg über Judäa«, »Victoria« und »Pax« in großem Variantenreichtum dargestellt werden und für den aus dem Sieg und dem Triumph resultierenden Frieden unzählige Kombinationen von Bildmotiven in den Prägeserien existieren. Außerdem wird sehr deutlich, dass ein Bezug zur Münzprägung des Kaisers Augustus bewusst gewählt wird, auf den auch in der sonstigen Politik als Vorbild zurückgegriffen wird. In der Münzprägung unter Domitian wird der Friedensgöttin deutlich weniger Aufmerksamkeit gewidmet.

Göttlicher Friede

Unter den Kaisern Nerva (reg. 96–98 n. Chr.) und Trajan (reg. 98–117 n. Chr.) werden die von den Flaviern eingeführten Pax-Typen weitergeführt, doch kommt es auch zu Innovationen. Insbesondere unter Trajan wird die Gestalt der Göttin Pax direkt in militärische Kontexte eingebunden. Gab es schon vorher den Typus der Pax, die Waffen- und Rüstungsteile verbrennt, so ist nun Pax auch in Unterwerfungsszenen zu sehen: Münzen Trajans zeigen in verschiedenen Nominalen die stehende Pax mit Füllhorn und Zweig, die ihren rechten Fuß auf eine am Boden liegende Gestalt gesetzt hat (Abb. 10). Andere Münzen zeigen die thronende Pax mit Szepter und Zweig – und vor ihr kniet eine Gestalt, welche die Arme zu Pax ausstreckt (Abb. 11). Diese Figur und die niedergetretene Gestalt sind Daker. Die Art ihrer Darstellung erklärt den Zustand des Friedens: Frieden basiert auf der Unterwerfung von Feinden.[15] Sie konkretisiert die vorangegangenen Bilder, bei denen etwa die Siegesgöttin Victoria mit der Beischrift Pax kombiniert wurde, und gibt dem Motiv eine neue Qualität. Das Friedensthema spielt bei Trajan auch bei einer weiteren Innovation eine Rolle: Der von Claudius eingeführte Typus des Kaisers in Toga mit Friedenszweig wird auf Goldmünzen nun mit Jupiter kombiniert, der schützend seinen Mantel über den Kaiser hält (Abb. 12).[16] Damit wird deutlich gemacht, dass der friedenbringende Kaiser unter dem besonderen Schutz des obersten Gottes steht.

Die im Kontext der Dakerkriege zu sehenden expliziten Unterwerfungsszenen mit Pax wurden unter Trajans Nachfolger Hadrian (reg. 117–138 n. Chr.) nicht weitergeführt, doch prägte auch er Münzen mit der Darstellung der Pax. Charakteristisch für Trajan, Hadrian und seinen Nachfolger Antoninus Pius (reg. 138–161 n. Chr.) sind die Münzserien mit Provinzpersonifikationen, welche das wohlgeordnete und befriedete Imperium Romanum in Szene setzen.[17]

Unter Antoninus Pius, Marc Aurel (reg. 161–180 n. Chr.) und Commodus (reg. 180–192 n. Chr.) werden die stehenden und sitzenden Pax-Typen, wie wir sie aus dem 1. Jahrhundert n. Chr. kennen, weitergeprägt. Neuerungen finden sich vor allem in den Münzlegenden. So wird unter Marc Aurel die stehende Pax gezeigt, wie sie Waffen verbrennt, und die Legende spezifiziert sie als Pax Aeterna, also als »ewigen Frieden«. Diese Legende wird in der Folgezeit populär und unterstreicht, dass die Münzen weniger einen Zustand beschreiben als eine zukünftige Verheißung beschwören. Auch Commodus, der Sohn des Marc Aurel, nahm diese Legende auf, und diesem Kaiser ist eine weitere wegweisende Neuerung bei den Münzbildern zu verdanken:

Abb. 10
Pax mit Friedenszweig und Füllhorn setzt ihren rechten Fuß auf unterlegenen Daker.
Rückseite einer Silbermünze (*denarius*) aus Rom, unter Kaiser Trajan

Abb. 11
Thronende Pax mit Szepter und Friedenszweig
Vor ihr kniet ein um Gnade bittender Daker, Rückseite einer Silbermünze (*denarius*) aus Rom, unter Kaiser Trajan

Abb. 12
Jupiter hält schützend seinen Mantel über den Kaiser, der als Togatus einen Friedenszweig hält.
Rückseite einer Goldmünze (*aureus*) aus Rom, unter Kaiser Trajan

Abb. 13
Kaiser als Togatus mit Friedenszweig in seiner Rechten als »Gründer des Friedens« bezeichnet
Rückseite einer Goldmünze aus Rom, unter Kaiser Septimius Severus

Seine Münzen zeigen auf den Rückseiten den stehenden Kriegsgott Mars. In seiner vorgestreckten Hand hält er den Friedenszweig, und die Beischrift benennt ihn explizit als Mars Pacator, also als »befriedender Mars«. Auch dieses Münzbild findet dann im 3. Jahrhundert n. Chr. weite Verbreitung und verkörpert einen unzweifelhaften Zusammenhang zwischen der Sieghaftigkeit des römischen Kriegsgottes und der Herstellung von Frieden.

Nach der Zerstörung des flavischen Templum Pacis durch eine Brandkatastrophe unter Commodus baut Septimius Severus (reg. 193–211 n. Chr.) es wieder auf, und in der Folgezeit mehren sich die Darstellungen der Pax in der Münzprägung.[18] Diese Prägungen haben zum einen mit der Restaurierung des Templum Pacis zu tun, zum anderen reflektieren sie Hoffnungen angesichts des brutalen Bürgerkriegs nach der Ermordung des Commodus. Septimius Severus und seine Familie nahmen das Bild des Mars Pacator als Mars Pacifer, also als »Friedensbringer« oder wortwörtlich mit dem Zweig in der

Abb. 14
Die Büste des Sonnengottes Sol ist als »Befrieder des Erdkreises« bezeichnet.
Goldmünze (*aureus*) aus Rom, unter Kaiser Septimius Severus; sekundär in Schmuckanhänger eingefügt

Hand als »Friedensträger« auf. Die Severer variierten das Friedensthema aber noch weiter: So wurde nun der Kaiser in Toga mit Zweig erstmals explizit in der Legende als Fundator Pacis, also als »Gründer des Friedens«, bezeichnet (Abb. 13), und andere Münzen nennen den Kaiser Pacator Orbis, »Befrieder des Erdkreises«. Hier setzt sich eine Entwicklung fort, die beginnend mit der Pax Augusti unter Galba auf eine plakative Personalisierung des Friedens durch den Kaiser abzielt.

In diesem Zusammenhang ist es bemerkenswert, dass nun nicht nur Mars Pacator ist, sondern der Sonnengott Sol zum Pacator Orbis (Abb. 14) ernannt wird, ein Titel, den er sich im Übrigen mit dem Kaiser teilen muss. Unter den Severern kulminiert somit die Pax Aeterna in einer den Erdkreis umspannenden Pax, die auf den Kaiser und den nun immer mehr als unbesiegbar gekennzeichneten Sonnengott übergeht.[19] Doch auch andere Götter können Pacifer sein. Der anfängliche Mitregent des Septimius Severus, Clodius Albinus (reg. 195–197 n. Chr.), prägte auf seine Münzen Minerva mit Zweig als Minerva Pacifera, und der Sohn des Septimius Severus, Caracalla (reg. 211–217 n. Chr.) zeigte auf seinen Münzen den zweigtragenden Hercules.

Inflation des Friedens

Der weitere Verlauf des 3. Jahrhunderts stellt eine Fortführung der unter den Severern vorbereiteten Programmatik dar. Die Zeit ist wenig friedlich, sondern geprägt von militärischen Auseinandersetzungen – an den Reichsgrenzen wie im Innern. Es ist die Zeit der meist kurzlebigen Soldatenkaiser, viele von ihnen sterben eines gewaltsamen Todes. Die zahlreichen Herrscherwechsel und Usurpationen zeugen von einer instabilen politischen Lage. Das Imperium

Abb. 15
Pax mit Friedenszweig und Szepter mit der Legende »Frieden des Augustus«
Silbermünze (Doppeldenar)
aus Ticinum (Pavia) unter Kaiser Tacitus

Abb. 16
Pax mit Friedenszweig und Szepter mit der Legende »Ewiger Frieden«
Bronzemünze (*sestertius*)
aus Rom unter Kaiser Philippus II.

Abb. 17
Pax mit Friedenszweig und Szepter mit der Legende »Der mit Persien begründete Frieden«
Rückseite einer Silbermünze (Doppeldenar)
aus Antiochia in Syrien, unter Kaiser Philippus Arabs

Abb. 18
Pax mit Friedenszweig und Feldzeichen
Rückseite einer Silbermünze (Doppeldenar)
aus Ticinum (Pavia), unter Kaiser Claudius II. Gothicus

Abb. 19
Zwei zu Füßen eines Siegesmals (*tropaeum*) sitzende Gefangene
Rückseite einer Silbermünze (Doppeldenar)
aus Antiochia in Syrien, unter Kaiser Gallienus

Abb. 20
Pax in Zweigespann mit der Legende »Frieden überall«
Rückseite einer Goldmünze (*aureus*) aus Rom,
unter Kaiser Gallienus

scheint in seiner Größe nicht zu halten zu sein, Sonderreiche spalten sich vom Zentralreich ab. All dies bedroht den äußeren und inneren Frieden des Reichs.

Münzbilder und -legenden spiegeln diese politische Lage insofern, als sie einen Idealzustand als vermeintliche Realität suggerieren. Gerade das was den Menschen fehlt, was sie aber erhoffen, wird thematisiert: Je weniger friedvoll die Lage ist, desto präsenter wird Frieden im numismatischen Repertoire. Gerade die Kaiser mit nur kurzer Regierungszeit haben besonders viel Frieden im Programm.[20] Zentrale Botschaften im 3. Jahrhundert sind die militärische Macht und Sieghaftigkeit des Kaisers, einhergehend mit der Stärke des Heeres als Voraussetzungen eines glücklichen (ausgedrückt u. a. durch HILARITAS, LAETITIA, PAX, SALVS, SECVRITAS, TEMPORVM FELICITAS ...) und stabilen Reichs (ROMA AETERNA).

Darstellungen der Pax auf den Münzen des 3. Jahrhunderts sind zwar äußerst zahlreich, aber standardisiert und wenig variabel. In der Regel steht oder geht Pax nach links (Kat.-Nr. 71–121), nur die seltene als Pax Publica (»öffentlicher Frieden«) bezeichnete Figur wird meist sitzend wiedergegeben. Als charakteristische Attribute hält Pax ausschließlich Zweig und Szepter. Den Caduceus hat sie an Felicitas weitergereicht.

Die meisten römischen Münzen zeigen Motive, die durch eine programmatische Beischrift erklärt werden und damit die Intentionen kaiserlicher Propaganda klar vermitteln können. Beinahe alle Kaiser thematisieren PAX AVGVSTI (Abb. 15, Kat.-Nr. 74) und PAX AETERNA (Abb. 16, Kat.-Nr. 71) und signalisieren damit, dass nur der Kaiser Urheber und Garant für dauerhaften Frieden sein kann; Pax Perpetua findet sich später unter den Kaisern Tacitus (reg. 275–276 n. Chr.) und Constantin (reg. 306–337 n. Chr.). Den Kaiser explizit als Fundator Pacis, als »Begründer des Friedens«, zeigen erst wieder die späten Prägungen unter Constantin und Licinius (reg. 308–324 n. Chr.). Nach seinem teuren Friedensabkommen mit dem Sasanidenkönig Shapur I. 244 n. Chr. präsentiert sich Philippus Arabs (reg. 244–249 n. Chr.) als derjenige, der nach Jahrhunderten feindlicher Auseinandersetzungen endlich Frieden mit den Persern (PAX FVNDATA CVM PERSIS) erreicht hat (Abb. 17).

Dass Frieden besonders im 3. Jahrhundert zudem auf der Präsenz eines starken Heeres basiert, suggerieren Beischriften wie PAX EXERCITI (»Heeresfrieden«) unter Claudius II. Gothicus (reg. 268–270 n. Chr.) und Carus (reg. 282–283 n. Chr.) (Abb. 18) sowie PAX EQVITVM (»Frieden der Reiterei«) unter dem Kaiser des Gallischen Sonderreichs Postumus (reg. 260–269 n. Chr.). Die Abbildung eines Waffenhaufens mit Gefangenen mit der Beischrift PAX FVNDATA und dem Friedenszweig darunter unter Gallienus (reg. 253–268 n. Chr.) (Abb. 19) weisen in dieselbe Richtung. Auch die schon unter den Flaviern genutzte Kombination von Victoria und Pax macht dies deutlich. So erhält beispielsweise Gordian III. (reg. 238–244 n. Chr.) von Pax den Friedenszweig überreicht, während er von Victoria bekränzt wird. Und die Maxime VBIQVE PAX, »Frieden überall« unter Gallienus (Abb. 20) und Probus (reg. 276–282 n. Chr.) scheint nur durch militärische Siege erreichbar zu sein, denn es ist die Siegesgöttin, die die programmatische Legende illustriert. Besonders deutlich wird die Bindung beider im Britannischen Sonderreich, wo Carausius (reg. 286–293 n. Chr.) auf seinen Doppeldenaren Victoria zeigt und sie mit PAX AVG erläutert, während Allectus (reg. 293–297 n. Chr.) Pax in einer Biga fahrend zeigt, ein Motiv, das sonst charakteristisch für die Siegesgöttin ist.[21]

Daneben bleibt im weiteren Verlauf des 3. Jahrhunderts der unter den Severern eingeführte friedenbringende Kriegsgott Mars mit Zweig und

Abb. 21
Der Kriegsgott Mars mit Speer und Friedenszweig mit der Legende »Mars Friedensbringer«
Goldmünze (*aureus*) aus Rom, unter
Kaiser Severus Alexander

Abb. 22
Pax mit Zweig und Szepter benannt als »öffentlicher Frieden«
Rückseite einer Bronzemünze (*aes*)
aus Constantinopel, unter Kaiserin Helena

Abb. 23
Der Kaiser als »Befrieder der Völker«
Rückseite einer Goldmünze (*aureus*) aus Trier,
unter Kaiser Maximianus

Abb. 24
Der Kaiser hält das Feldzeichen mit dem Christogramm (*labarum*).
Silbermünze (*siliqua*) aus Rom,
unter Kaiser Constans

Abb. 25
Die Kaiser des Weströmischen und Oströmischen Reiches Anthemius und Leo im Handschlag; darüber mit PAX beschrifteter Schild. Goldmünze (*solidus*) aus Rom, unter Kaiser Anthemius

Abb. 26
Die Friedensgöttin Pax mit einem Zweig in der erhobenen Hand und einem Szepter. Silbermünze (Doppeldenar) aus Köln, unter Kaiser Victorinus (Kat.-Nr. 115)

Speer, dessen Spitze oftmals in nicht-aggressiver Geste nach unten gerichtet ist, gängiges Münzmotiv (Abb. 21, Kat.-Nr. 68–69). Als weitere friedenstiftende (*pacifer*) Gottheit wird in nachseverischer Zeit neben Minerva und besonders Hercules nun auch Mercur instrumentalisiert. Dies zeigt die wirtschaftliche Komponente des Friedens.

Den »öffentlichen Frieden« beschwören mit PAX PVBLICA lediglich Pupienus und Balbinus während ihrer extrem kurzen Regierungszeit im Jahre 238 n. Chr. sowie später Gallienus und Tacitus.

In den westlichen Sonderreichen, sowohl im Gallischen als auch im Britannischen, orientiert man sich an der Programmatik der Münzen aus Rom. Themen und Bilder entsprechen den in Rom und in den Prägestätten des Zentralreichs verwendeten Intentionen und Botschaften; hier wird ein dezentrales kleines Rom geschaffen. Dass Frieden als der zentrale anzustrebende Zustand gilt, zeigt sich darin, dass die Präsenz der Friedensthematik auch auf den Münzen im Gallischen Sonderreich (260–274 n. Chr.) überaus stark ist. PAX AVG findet sich auf den Münzen der Kaiser Postumus, Victorinus (reg. 269–271 n. Chr.) und Tetricus (reg. 271–274 n. Chr.) (Kat.-Nr. 75 und 80–121 »Victorinushort«).

Ähnliches gilt für das Britannische Sonderreich (286–297 n. Chr.): Besonders vielfältig präsentiert Carausius den Frieden in Britannien, indem er Darstellungen und Benennungen von Laetitia, Pax, Salus und Victoria miteinander mischt und damit verdeutlicht, wie sehr die einzelnen Aspekte miteinander verwoben sind.

Pax Perpetua

Die Thematisierung des Friedens bleibt auch im 4. Jahrhundert n. Chr. auf den Münzen der Tetrarchie und unter den Söhnen Constantins geläufig. Aufschriften und Intentionen ähneln dem Befund im 3. Jahrhundert, der enge Bezug zur Person des Kaisers sowie die Abhängigkeit des Friedens von militärischem Erfolg mit Mars als Friedensbringer (»PACIFER« oder »FVNDAT[OR] PACIS«) bleiben bestehen. Die klassische Darstellungsform der Pax mit Zweig und Szepter, die als PAX PVBLICA (»öffentlicher Frieden«, Abb. 22) benannt auf Münzen der Helena erscheint, wird in Details variiert: Als PAX PERPETVA oder PAX AETERNA bezeichnete Figur lehnt sich Pax zudem an eine Säule oder sie hält eine militärische Standarte, was erneut den Charakter des Friedens als Siegfrieden betont. Die tetrarchischen Kaiser selbst erscheinen in einer Quadriga als »Befrieder der Völker« (PACATORES GENTIVM: Abb. 23), Constantin der Große erhält von Pax und Respublica, der Personifikation des Staatswesens, einen Kranz als Zeichen ewigen Friedens (PAX AETERNA); seine Söhne halten die Standarte mit dem Christusmonogramm und beschwören damit den kaiserlichen Frieden unter christlichen Vorzeichen (PAX AVGVSTORVM: Abb. 24).

Noch deutlicher wird die militärische Komponente unter Valentinian (reg. 364–375 n. Chr.) und Valens (reg. 364–378 n. Chr.) in den 360er Jahren: Indem sie dauerhaften Frieden (PAX PERPETVA) suggerieren, zeigen einige ihrer Goldmünzen nicht die Friedensgöttin, sondern stets die Siegesgöttin Victoria. Eine letzte Thematisierung von Frieden in der römischen Münzprägung erfolgt in der Mitte des 5. Jahrhunderts auf Goldmünzen (Solidi), ebenfalls ohne dass die Figur der Pax selbst auftritt. Dargestellt sind Anthemius und Leo in Militärtracht, die Kaiser von Rom und Constantinopel, die einander an der Hand fassen; über dieser Verbindung schwebt ein Schild mit der Aufschrift PAX (Abb. 25). Leo, der oströmische Kaiser (reg. 457–474 n. Chr.), hatte seinen ehemaligen Rivalen Anthemius (reg. 467–472 n. Chr.) zum Kaiser der westlichen Reichshälfte gemacht. Illustriert wird hier die Eintracht der beiden Herrscher – der letzte kurzfristige Versuch, die Einheit beider Reichshälften zu suggerieren. Ähnlich wie zu Beginn auf den ersten spätrepublikanischen Denaren wird nun auch zum Ende der römischen Münzprägung das Thema Frieden mit dem Motiv des einträchtigen Handschlags ins Bild gesetzt.

1 Cornwell 2017, S. 37–38; Stern 2015, S. 2, Abb. 1; Rutter 2001, S. 179, Nr. 2310; Weinstock 1960, S. 44, Taf. 5,1.
2 Zur Münzprägung der 80er Jahre des 1. Jahrhunderts v. Chr. bis zum Ende der Republik 31 v. Chr. Cornwell 2017, S. 36–41, S. 44, S. 53–55, S. 65, S. 78; Stern 2015, S. 5–7; Weinstock 1960, S. 45–47, Taf. 5,2–12.
3 Stern 2015, S. 10; Trillmich 1988, S. 483–485.
4 Siehe hierzu den Beitrag Lichtenberger u. a. in diesem Band, S. 237–238.
5 Cornwell 2017, S. 187–190, Abb. C.1; Weinstock 1960, S. 50, Taf. 6,1.
6 Martin 2016, S. 183–186; Weinstock 1960, S. 51, Taf. 6,3–5; 6. Dazu passt, dass unter Nero die kaiserliche Prägestätte von Alexandria Münzen mit dem Bild der Friedensgöttin Eirene zu prägen beginnt (RPC I Nr. 5207. 5217. 5227. 5237. 5246. 5257): Eine weibliche Figur (benannt als »IPHNH«) steht frontal und hält einen Helm und den Caduceus. Die Kombination von militärischem Attribut (Helm) mit dem Friedenszeichen (Caduceus) weist auf den Charakter des Siegfriedens. In der Folge wechseln hier in Alexandria wiederholt ihre Attribute, aber bis ins 3. Jahrhundert bleibt die Figur der Eirene ein gängiges Motiv, unter Trajan oder Lucius Verus (reg. 161–169 n. Chr.) beispielsweise erscheint sie gemeinsam mit den Personifikationen OMONOIA (»Eintracht«: RPC III Nr. 4715.1–7, 4792.1–5) oder EYOENIA (»Wohlstand«: RPC III Nr. 4379.1–2, 4380,1–2 sowie RPC IV Temp. Nr. 16538 (Euthenia).
7 Da Domitian am Feldzug gegen Judäa nicht teilnahm, lässt er keine IVDAEA-CAPTA-Münzen prägen und kompensiert dies mit Emissionen, die ab 85 n. Chr. seinen Sieg über die Germanen feiern mit der Legende »GERMANIA CAPTA« und dem Bild eines gefesselten Germanen rechts neben Tropaeum und hockender Germania links, umgeben von Waffen. Siehe zu den IUDAEA-CAPTA-Münzen den Beitrag von D. Hendin in diesem Band, S. 173–175.
8 Zur Münzprägung der Flavier sind die beiden Corpora RIC II 1^2 und RPC II grundlegend. Vgl. darüber hinaus Hurlet 2016, S. 29–33; Stevenson 2010, S. 189, S. 194–195, S. 198–199, S. 203–204; Winkler-Horaček 2010, S. 447–481; Cody 2003, S. 103–123.
9 Zu den Münzen des Vier-Kaiser-Jahres Martin 1974 sowie RIC I^2, S. 216–277.
10 Schmidt-Dick 2003, S. 82–86, Taf. 33–35.
11 Schmidt-Dick 2003, S. 84, Kat.-Nr. PAX fIA/13, Taf. 34.
12 Siehe hierzu den Beitrag von R. Meneghini in diesem Band, S. 163; 165.
13 Lichtenberger 2011, S. 296.
14 Dies steht möglicherweise im Zusammenhang mit seinen Bautätigkeiten auf dem Marsfeld: Baubeginn für das Forum Transitorium und den Tempel für Minerva sowie für die Weihung eines Altares zwischen dem Tempel für Janus Quadrifrons und dem Templum Pacis; vgl. Packer 2003, S. 174–176; Darwall-Smith 1996, S. 115–124.
15 Vgl. dazu auch die ungewöhnlichen Prägungen der Germania mit Zweig, welche von Trajan auf Aurei ausgegeben wurden, Seelentag 2004, S. 131–132.
16 Zu dem Typus vgl. Lichtenberger 2011, S. 192.
17 Vgl. dazu den Beitrag von M. Vitale in diesem Band, S. 178.
18 Lichtenberger 2011, S. 293–301.
19 Vgl. dazu Berrens 2004.
20 Vgl. Martin 2016, S. 200–202; Manders 2012, S. 199–205.
21 RIC V Allectus, Nr. 8.

Altar des Friedens

Friedensideologie unter Kaiser Augustus

STEPHAN FAUST

Ein Monument für Pax

Zweifellos kann man die lange Herrschaft des Augustus (reg. 27 v. Chr. – 14 n. Chr.) insofern als eine Friedenszeit bezeichnen, als der erste römische Kaiser den Jahrzehnte dauernden blutigen inneren Auseinandersetzungen im Römischen Reich ein Ende bereitete.[1] Nichtsdestoweniger war der Erbe Caesars selbst in einen grausamen Bürgerkrieg verstrickt, der zahllosen Menschen das Leben kostete. Der Anspruch des Augustus, nach dem Sieg über Marc Anton (31/30 v. Chr.) die Republik wiederhergestellt zu haben, dürfte schon die Zeitgenossen kaum darüber hinweggetäuscht haben, dass mit der Etablierung des Prinzipats (27 v. Chr.) in Wirklichkeit eine neue monarchische Staatsform entstanden war, die zwar innenpolitisch Frieden gewährleistete, jedoch das Volk entmachtete und den Handlungsspielraum der traditionellen Führungsämter und -gremien deutlich eingeschränkt hat. Die Erneuerung von Sitten und Religion sowie die Konsolidierung der Gesellschaft beruhten zugleich auf breiter Zustimmung – dem *consensus universorum* in der offiziellen Lesart – wie auf der Unterdrückung, ja Ausschaltung jeglicher Opposition. Ebenso offenkundig ist, dass die Sicherung der Grenzen des Imperiums nur teilweise mit friedlichen diplomatischen Mitteln erreicht werden konnte. Vor allem im Norden wurde unter Augustus fortwährend Krieg geführt und, wie die Varuskatastrophe (9 n. Chr.) zeigt, nicht immer mit dem gewünschten Erfolg.

◄ Detail aus Abb. 2

Dass dem Konzept des Friedens (*pax*) eine programmatische Rolle unter Augustus zukam, steht indes außer Frage.[2] So wurde das Bild der Friedensgöttin damals auf Münzen geprägt,[3] und am 4. Juli 13 v. Chr. beschloss der Senat sogar, der Pax aus Anlass der siegreichen Rückkehr des Augustus aus Spanien und Gallien einen Altar auf dem Marsfeld in Rom zu errichten – und zwar direkt neben der Via Flaminia, der von Norden in die Stadt führenden Einfallstraße.[4] Etwa dreieinhalb Jahre später, am 30. Januar 9 v. Chr., dem Geburtstag der Kaisergattin Livia, wurde das Monument eingeweiht. Als Zeugnisse für die betreffenden Daten dienen offizielle Amts- und Festkalender sowie Ovid,[5] und Augustus selbst vermerkt den Anlass und den Zeitpunkt des Beschlusses zur Errichtung in

Abb. 1
Ara Pacis, Rom
Museumsaufstellung (Westseite)

seinem politischen Testament.[6] Münzen aus der Zeit der Kaiser Nero und Domitian zeigen die Ost- bzw. die Westseite des Denkmals mit entsprechender Beischrift »(ARA) PACIS«. Archäologisch nachgewiesen ist dieses Gebäude durch reliefverzierte Marmorblöcke, die erstmals im 16. Jahrhundert unterhalb eines Palazzos in der Nähe der Piazza Montecitorio zutage traten; nach weiteren Funden in der zweiten Hälfte des 19. Jahrhunderts gelang dem Archäologen Friedrich von Duhn die Zuweisung zur Ara Pacis Augustae. Systematische Grabungen unter schwierigen Bedingungen fanden in der Folge 1903 und dann vor allem unter Mussolini im Kontext der Feier des zweitausendsten Geburtstags des Augustus (1937/38) statt. Damals wurden die an unterschiedlichen Orten aufbewahrten Blöcke mit Ausnahme einiger Fragmente zusammengeführt und das Monument an einer anderen Stelle wiedererrichtet, und zwar am Tiber unweit des Mausoleum des Augustus. Den Pavillon, der den Altar schützte, hat man in jüngerer Zeit durch einen Museumsbau ersetzt.

Die antike Architektur (Abb. 1) besteht aus dem eigentlichen Altar, der auf einem Stufenunterbau steht und von Wangen eingefasst wird, sowie einer im Grundriss quadratischen Umfassungsmauer mit zentralen Türen im Osten und Westen. Diese öffnen sich zur Via Flaminia bzw. zum Marsfeld, wobei die westliche Tür (mit vorgelagerter Treppe) als Haupteingang diente.

Der Altar und die Einfassung sind mit reichem, ursprünglich farblich gefasstem Reliefschmuck versehen. Außen verzieren große Reliefs mit gleichmäßig verteiltem ornamentalem Blatt- und Pflanzenwerk, namentlich Akanthusranken, die untere Hälfte der Wände (Kat.-Nr. 24). Darüber,

Abb. 2
Ara Pacis, Rom
Tellus-Relief (Ostseite)

oberhalb eines Mäanderbands, befinden sich weitere Reliefs. Dazu gehören insgesamt vier große Bilder mit mythologischen bzw. allegorischen Figuren. Sie rahmen paarweise die Eingänge: Die westlichen zwei Reliefs zeigen links die Römische Wölfin mit den Zwillingen, flankiert von Mars und dem Hirten Faustulus, bzw. rechts Aeneas beim Opfer der Lavinischen Sau, während im Osten links die Personifikation Tellus (Abb. 2) und rechts die Göttin Roma dargestellt sind. Im Süden und Norden dekorieren hingegen lange und figurenreiche Prozessionsfriese die obere Wandhälfte (Abb. 3). Soweit identifizierbar, handelt es sich bei den Teilnehmern um Priester und kultisches Personal, Liktoren sowie um Angehörige des römischen Kaiserhauses, darunter Augustus selbst (auf dem Südfries).

Pilaster mit weiterem Akanthusschmuck markieren die Ecken und flankieren die Türen.
Die Innenseite der Umfassung wird im unteren Bereich durch senkrechte Leisten strukturiert, die gemeinhin als steinerne Wiedergabe eines Lattenzauns gedeutet werden, wie man sich ihn wohl als Begrenzung eines einfachen ländlichen Kultbezirks vorstellen mag (Abb. 4). Darüber folgen ein Lotusblüten-Palmetten-Band sowie Reliefs mit Girlanden aus Blattwerk, Früchten und Blumen, aufgehängt zwischen Stierschädeln und versehen mit langen Binden. Über den Girlanden sind zudem Opferschalen (*paterae*) wiedergegeben, die wie die Girlanden und die Schädel mit rituellen Handlungen assoziiert werden können. Der Altar selbst weist oben zwei seitliche Wangen oder Brüstungen auf.
Sie sind mit Voluten, Ranken und Blattwerk verziert und werden an den Schmalseiten von geflügelten Löwen getragen. Den oberen Rand des Altars umgibt ferner ein abschnittweise erhaltener Opferfries.

Abb. 3
Ara Pacis, Rom
Prozessionsfries mit Agrippa und römischen Priestern (Südseite)

Der Altar und sein Podium waren vermutlich mit zwei weiteren, allerdings nur sehr bruchstückhaft erhaltenen Friesen geschmückt. Auf den betreffenden Fragmenten sind weibliche Figuren zu erkennen; das Geschlecht und die amazonenhafte Tracht mehrerer Figuren könnten auf Darstellungen von personifizierten Provinzen bzw. nichtrömischen Völkerschaften hinweisen. Somit ergibt sich ein umfängliches Bildprogramm, das in der modernen Forschung zu vielfältigen Interpretationen geführt hat. Im Zusammenhang mit dem Thema »Frieden« stellen sich mehrere Fragen: Wo ist die Göttin Pax, der dieser Bezirk doch eigentlich geweiht ist? In welcher Weise verhandeln die Bilder überhaupt Konzepte eines spezifisch augusteischen Friedens? Und warum wurde Pax ausgerechnet auf dem Marsfeld ein Altar errichtet?

Ein Altar für den Frieden auf dem Feld des Mars

Der Standort der Ara Pacis, das Marsfeld (*Campus Martius*), war, wie schon der Name besagt, traditionell mit der Sphäre des Kriegsgotts Mars verbunden; insbesondere nahmen von hier die Triumphzüge römischer Feldherrn ihren Ausgang. Gerade der Gedanke der siegreichen Rückkehr, wie er prominent im Triumph zum Ausdruck kommt, könnte auch ein Faktor bei der Errichtung des Friedensaltars im nördlichen Marsfeld gewesen sein – zusätzlich zu seiner Bedeutung innerhalb eines Bezugssystems, das weitere unter Augustus' Herrschaft errichtete Monumente in diesem Areal einschloss.[7] Was den zuerst genannten Aspekt betrifft, so hatte der Senat bereits anlässlich der Rückkehr des Kaisers aus Syrien 19 v. Chr. die Errichtung eines anderen, archäologisch nicht mehr fassbaren Altars im Umfeld der Porta Capena beschlossen, und zwar für Fortuna Redux, die Göttin der glücklichen Heimkehr.[8] Augustus selbst erwähnt dieses Denkmal kaum zufällig in den »Res Gestae« unmittelbar vor der Ara Pacis.[9]

Gleich im Anschluss führt der Kaiser in seinem Tatenbericht übrigens mit dem Heiligtum des Janus Quirinus im Umfeld des Senatsgebäudes auf dem Forum Romanum ein drittes Friedensdenkmal an, dessen Tore er zu drei Gelegenheiten habe schließen lassen, um anzuzeigen, dass im römischen Imperium zu Lande und zu Wasser allgemeiner, auf militärischen Siegen beruhender Frieden herrsche.[10] Obgleich dieses altehrwürdige Heiligtum bisher noch nicht genau lokalisiert werden konnte, lässt sich aus einer spätantiken Beschreibung des Prokop[11] und aus Münzbildern doch ein Eindruck seiner architektonischen Gestalt gewinnen (Kat.-Nr. 36). Interessanterweise glich dieses Gebäude zumindest im Hinblick auf seinen quadratischen Grundriss und seine zwei Türen, die an entgegengesetzten Seiten lagen, der Ara Pacis. Sesterzen des Jahres 66 n. Chr. zeigen sogar innerhalb einer Serie abwechselnd Ansichten der beiden Gebäude.

Was ihre topografische Einbindung betrifft, so befand sich die Ara Pacis am östlichen, durch die Via Flaminia definierten Rand einer weiten Fläche auf dem Marsfeld, die im Westen durch den Tiber und im Norden durch das Mausoleum des Augustus, einen riesigen tumulusartigen Grabbau, den der spätere Princeps bereits 29 v. Chr. für sich und seine Familie hatte bauen lassen (Kat.-Nr. 21). Unmittelbar bezogen auf die Ara Pacis ist das westlich von ihr gelegene Horologium, eine große gepflasterte Fläche mit einem eingelassenen Liniennetz und einem laut Inschrift 10 v. Chr. aufgestellten ägyptischen Obelisken, der als Schattenwerfer (*gnomon*) fungierte. Die Anlage wurde als überdimensionierte Sonnenuhr bzw. als astronomisches Messinstrument gedeutet, und möglicherweise wies der Schatten des Obelisken am 23. September, dem Geburtstag des Augustus, auf den Haupteingang des Friedensaltars. Im Süden wurde das gesamte Areal durch mehrere Gebäude begrenzt, für deren Errichtung Agrippa verantwortlich zeichnete, der langjährige Gefolgsmann und Schwiegersohn des Augustus, der auch als Nachfolger vorgesehen war, allerdings bereits 12 v. Chr. verstarb.

Zu dem Komplex gehörte das Pantheon, ein den Göttern in ihrer Gesamtheit geweihter Kultbau (25 v. Chr.). Seine nach Norden ausgerichtete Front bildete ein breiter Pronaos mit acht oder zehn Säulen und einem Giebel.[12] Dahinter schloss sich ein Rundbau an, der – im Gegensatz zu seinem erhaltenen trajanisch-hadrianischen Nachfolger – nicht überdacht war. Die Architektur knüpfte offenbar an altitalische Vorbilder an (siehe unten).

Wenn nun der Bildschmuck der Ara Pacis im Verhältnis zu seinem urbanen Zusammenhang betrachtet wird, so lässt sich feststellen, dass sowohl der Kontext als auch das Monument drei Ebenen augusteischen Friedens vermitteln, die bereits Ovid[13] erfasste. Erstens wird ein unmittelbarer Zusammenhang zwischen militärischen Erfolgen und Frieden hergestellt. Zweitens wird Frieden als Erneuerung traditioneller religiöser Werte begriffen. Und drittens werden politisch-sozialer Frieden und familiäre Eintracht im Kaiserhaus konzeptionell miteinander verbunden. Während der Kriegsbezug die Sicherheit des Reiches suggeriert und damit insbesondere die Außenpolitik betrifft, werden Kulturpolitik und Innenpolitik auf den beiden anderen Ebenen verhandelt, äußerer und innerer Frieden ergänzen einander. Durch diese Strategien wird ein gleichermaßen im Althergebrachten fundiertes wie neuartiges Friedenszeitalter propagiert.

Sieg und Frieden

Die Vorstellung, dass militärischer Sieg und Frieden unmittelbar zusammengehören, kommt übrigens nicht nur in dem erwähnten Abschnitt der »Res Gestae« zum Ausdruck, sondern auch in Vergils »Aeneis«,[14] in der zivilisatorische Leistungen als Bestimmung der Römer herausgestellt werden, sowie auf der Ara Pacis selbst.[15] Das betrifft vor allem die Gegenüberstellung der Roma und der sogenannten Tellus (Abb. 2) in den Reliefbildern, die den östlichen Eingang flankieren. Rechts war die auf einem Haufen erbeuteter Waffen thronende und in Richtung der Tür blickende Stadtgöttin dargestellt, wie aus wenigen vorhandenen Bruchstücken geschlossen werden kann (vergleiche das Altarrelief in Tunis: Kat.-Nr. 34). Wie Tellus dürfte die Gestalt einst von zwei Figuren, möglicherweise den Genien des Senats und des Volkes, gerahmt gewesen sein. Das militärische Erscheinungsbild der Hauptfigur verweist auf den sieghaften Charakter Roms und verhält sich zugleich komplementär zur Ikonografie der Tellus im Zentrum des sehr gut erhaltenen Reliefs links der Tür. Die betreffende Gestalt ist auch kompositorisch als Pendant zu Roma gestaltet, indem sie nach rechts gewandt auf einem Felsensitz thront. Die in Chiton und einen über das Haupt gezogenen Mantel gekleidete Göttin oder Personifikation hält zwei nackte Knaben. Die Kinder, die Früchte in ihrem Schoß, ein gelagertes Rind und ein grasendes Schaf vor dem Sitz sowie Pflanzenwerk im Hintergrund weisen auf Fruchtbarkeit und Fülle hin. Die zwei Begleiterinnen sitzen auf Tierwesen: einem Schwan, der sich über einer sumpfigen Landschaft in die Lüfte erhebt (links), bzw. einem Meeresungeheuer, das aus Wellen emporsteigt (rechts). Im Verein mit der zentralen Erdgöttin stehen sie allgemein für Luft und Wasser (oder Himmel und Meer) sowie – angesichts ihrer aufgeblähten Manteltücher – vielleicht speziell für fruchtbare Winde.

Die vielschichtige Bildsprache des Tellus-Reliefs sollte offenbar schon beim Betrachter alle möglichen Assoziationen hervorrufen. Dementsprechend lässt sich die zentrale Gestalt mit unterschiedlichen Gottheiten und Personifikationen wie Tellus, Terra Mater, Italia, Venus oder Ceres verbinden, die für die fruchtbare Erde oder allgemein Fruchtbarkeit stehen. Wesentlich ist zudem der Gedanke der positiven Wirkungen des allgemeinen Friedens, weshalb auch Pax in der Hauptfigur steckt. Wenn man so will, kann man hier eine ikonografische Tradition erkennen: Schon die im 4. Jahrhundert v. Chr. entstandene Statue der Eirene des Kephisodot zeigt durch ihr Füllhorn und den Knaben Ploutos im Arm Fülle und Wohlstand an, wie sie der Frieden hervorbringt (Kat.-Nr. 13–17).[16]

Durch die beiden Reliefs auf der Ostseite der Ara Pacis werden also die Hauptstadt und das fruchtbare Land ebenso wie Aspekte von Sieg und Frieden nebeneinandergestellt. Die segensreichen Konsequenzen militärischer Erfolge evoziert auch das Relief auf dem Muskelpanzer der berühmten Statue des Augustus aus der Villa der Kaiserin Livia in Primaporta bei Rom (Kat.-Nr. 20). Im Zentrum des Bildes steht die Rückgabe der in der Schlacht bei Carrhae (53 v. Chr.) von den Parthern geraubten römischen Feldzeichen, die 20 v. Chr. zwar eigentlich »nur« auf diplomatischem Wege erreicht worden war, aber wie ein militärischer Sieg gefeiert wurde – etwa durch die Errichtung eines Ehrenbogens für Augustus auf dem Forum Romanum. Die Szene ist umgeben von Göttern und Personifikationen, die das neue Goldene Zeitalter versinnbildlichen.[17]

Abb. 4
Ara Pacis, Rom
Blick ins Innere (Ostseite)

Dazu gehört, am unteren Rand, wiederum Tellus mit zwei Kindern, hier allerdings gelagert und von Ähren bekränzt. Das Tympanon zu ihren Füßen ist ein Attribut der Kybele – Mater Magna, einer kleinasiatischen und auch in Rom verehrten Muttergottheit, auf die hier zusätzlich angespielt wird.

Ein weiteres Mal erscheint Tellus, erneut mit Füllhorn und zwei Kindern, auf der Gemma Augustea (Kat.-Nr. 125), und zwar im oberen Register

gemeinsam mit zwei weiteren Gottheiten (Kronos und Oikumene?) neben dem Thron der Roma und des Augustus (der als Weltenherrscher im Kostüm des Jupiter dargestellt ist).
In dem Bildschmuck des Halbedelsteins werden Qualitäten und Segnungen der kaiserlichen Herrschaft erneut miteinander verbunden: Innenpolitischer Frieden wird durch die *corona civica*, den Bürgerkranz, zum Ausdruck gebracht, der Augustus für die Rettung des Staates aus den Bürgerkriegen und die »Wiederherstellung« der Republik verliehen worden war und den im Bild die Göttin Oikumene über das kaiserliche Haupt hält. Neben die allegorische Verkündung einer glücklichen Ära treten – gleichsam als eine historische Voraussetzung – die Kriegserfolge des Tiberius und des Germanicus in Pannonien und Illyrien. So entsteigt der Stiefsohn des Augustus, der zum Zeitpunkt der Herstellung des Kameos (um 10 n. Chr.) bereits per Adoption zum Nachfolger bestimmt war, in der linken Hälfte der Szene dem Wagen einer von Victoria gelenkten Triumphalquadriga, vor der sein eigener Adoptivsohn (und Neffe) Germanicus in militärischer Rüstung erscheint. Im unteren Register der Gemma Augustea wird das Thema des römischen Sieges durch die Errichtung eines Siegesmals (*tropaeum*) und die Vorführung unterlegener Barbaren ausgeführt.

Solch eine Betonung militärischer Erfolge der Nachfolgegeneration begegnet uns ebenso im Bildschmuck zweier Silberbecher aus Boscoreale[18] sowie im südlichen Fries der Ara Pacis. Darin erscheint ein Mitglied des Kaiserhauses nämlich in militärischer Kleidung. Wahrscheinlich handelt es sich um den älteren Drusus, den Sohn der Livia und Bruder des Tiberius, der gemeinsam mit seiner vor ihm stehenden Gattin Antonia Minor und seinem Sohn Germanicus dargestellt ist. Seine innerhalb der Prozessionsfriese einmalige Tracht spielt möglicherweise darauf an, dass er in den Jahren 13 bis 12 v. Chr., als die Errichtung der Ara Pacis beschlossen und ihr Bildschmuck wohl konzipiert wurde, tatsächlich in Gallien und am Rhein im Einsatz war.
Im Vergleich mit der Gemma Augustea und den Silberbechern könnte hier zusätzlich auf die militärische Bewährung des Drusus und seinen Beitrag zu dem Augusteischen Frieden angespielt werden, dem das Monument geweiht ist. Das Betätigungsfeld der männlichen Angehörigen des Kaiserhauses, die Provinzen und die Reichsgrenzen, könnten am Altar selbst durch die erwähnten bruchstückhaft erhaltenen Friese mit weiblichen Gestalten vorgeführt worden sein, sofern die Deutung als Personifikationen solcher Gebiete zutrifft.

Das militärische Erscheinungsbild des Drusus und der Standort des Altars an der Via Flaminia, auf der siegreiche Feldherren von Norden kommend in die Stadt einzogen, erinnerten zudem daran, dass die Ara Pacis vom Senat aus Anlass der siegreichen Rückkehr des Augustus 13 v. Chr. gestiftet worden war. Entsprechend lässt sich die im Norden und Süden gezeigte Prozession der Priesterschaften und der kaiserlichen Familie am ehesten mit der Dankfeier (*supplicatio*) assoziieren, die damals gewiss abgehalten wurde, zumal Agrippa (gest. 12 v. Chr.) daran teilnimmt (Kat.-Nr. 22). Darüber hinaus ergänzt die Ara Pacis durch ihren Bezug auf Aktivitäten in Spanien und Gallien insofern den zum benachbarten Horologium gehörenden Obelisken, als dieser laut Inschrift an den Sieg über Ägypten (30 v. Chr.) erinnert.[19]

Frieden und Religion

Die Idee der Ankunft des siegreichen Kaisers in Rom, die den Beginn einer segensreichen Zeit markiert, sollte zu einer langen Tradition von Triumph- bzw. *adventus*-Szenen im Bildprogramm von Staatsdenkmälern führen. Auf der Ara Pacis erhält sie durch das sakrale Thema der

Prozessionsfriese eine zusätzliche Ebene, auf der die Bedeutung der Religion im Frieden verhandelt wird (Abb. 3, Kat.-Nr. 22). Zunächst suggerieren diese Friese dem Betrachter durch das Erscheinen realer Persönlichkeiten ein einmaliges, konkretes historisches Ereignis. Sollte hier tatsächlich das Dankopfer nach der Rückkehr des Augustus gemeint sein, so würde die dargestellte Handlung auch auf den zur gleichen Zeit getroffenen Senatsbeschluss, einen Friedensaltar zu errichten, hinweisen. In diesem Falle dürfte der »kleine« Opferfries, der den Altar selbst schmückte, demgegenüber eine eher generelle Aussage machen und die überlieferte Vorschrift, wonach die römischen Magistrate, Priester und Vestalischen Jungfrauen der Pax alljährlich ein Opfer darzubringen hatten, visualisieren.[20]

Natürlich liegen auch den langen Friesen auf den Außenwänden allgemeine Aussagen zugrunde. Das ließe sich bis ins kleinste Detail aufzeigen: So spiegeln die Kränze der Teilnehmer und andere Realien nur bedingt wirkliche Kultpraktiken, denn sie werden offenbar gezielt zur Hierarchisierung der Figuren eingesetzt und unterstützen auf diese Weise die Bildkomposition.[21] Die Prozessionen sind außerdem gleich aufgebaut und weisen jeweils zwei Hauptgruppen auf: die wichtigsten römischen Priesterkollegien an der Spitze und Angehörige des Kaiserhauses dahinter. Der römische Staatskult, so scheint es, beruht gleichermaßen auf seinen Funktionsträgern, die sich aus der sozialen Elite (einschließlich des Kaiserhauses) rekrutierten, und auf der persönlichen Frömmigkeit der führenden Familie. Auf dem wichtigeren Südfries erscheint die bruchstückhafte Gestalt des Augustus selbst mit verhülltem Haupte an prominenter Stelle unter den Priestern (links der Bildmitte); eindeutig an ihren eigentümlichen Kappen zu erkennen sind die *flamines*, die ihm folgen. Es bleibt unsicher, ob der Princeps hier bereits als Pontifex Maximus (Oberpriester) oder zumindest als dessen Vertreter gezeigt ist, da er dieses Amt erst im März 12 v. Chr. antrat, nachdem der bisherige, seit langem politisch kaltgestellte Inhaber gestorben war. Jedenfalls gleicht die Haltung des Augustus, soweit erschließbar, derjenigen des Aeneas in der Opferszene auf der Ostmauer. Die ikonografische und thematische Übereinstimmung signalisiert, dass der Kaiser seinem mythischen Vorfahren in Sachen religiöser Pflichterfüllung gleichkommt; auch er kann auf die Unterstützung der Götter setzen.

Traditionelle Religion und aktueller Frieden werden auf dem nördlichen Marsfeld nicht nur an der Ara Pacis verknüpft. Wie gesagt erinnert der Altarbezirk, insbesondere was den Schmuck der Innenseite der Umfassungsmauer betrifft, an ein altrömisches Heiligtum (Abb. 4). In vergleichbarer Weise lassen sich die ringförmige Umfriedung des Pantheon des Agrippa sowie der Grabhügel des Augustus als architekturgeschichtliche Reminiszenzen deuten. Sie weisen in dieselbe Richtung wie die Restaurierung dutzender alter Heiligtümer, die der Kaiser nach eigener Aussage vornahm:[22] Beide Strategien – wie natürlich auch die Errichtung zahlreicher neuer Heiligtümer – fügen sich in die Politik der umfassenden Wiederherstellung des Staatswesens einschließlich der Religion ein.

Als Sakralbezirk kommuniziert die Ara Pacis zudem mit dem Altar des Kriegsgottes, der ebenfalls auf dem nördlichen Marsfeld gestanden haben muss und an dem regelmäßig der Staatsakt des censorischen Lustrum durchgeführt wurde, bei dem Mars um Schutz für das Gemeinwesen gebeten wurde.[23] Kaum zufällig nimmt Mars als Vater des Romulus und des Remus im Bildschmuck der Ara Pacis eine prominente Stellung ein. Durch das Sujet und die Position des Reliefs im Nordwesten besteht ein Bezug zum Bild des Aeneas, einem anderen Stammvater der Römer (wie des julischen Geschlechts), im Südwesten sowie zur kriegerischen Gestalt der Stadtgöttin im Nordosten.

Sollte die Gestalt der Tellus im Südosten (Abb. 2) wie vermutet mit Pax zu assoziieren sein, wäre innerhalb des Bildprogramms zusätzlich ein diagonaler Bezug zwischen dem Kriegsgott und der Friedensgöttin gegeben.

Frieden in der Familie und in der Gesellschaft – Das Goldene Zeitalter des Augustus

Die Ara Pacis muss natürlich auch vor dem Hintergrund der Bürgerkriege verstanden werden, die das Römische Reich bis 30 v. Chr. erschüttert haben und die zur offiziellen Wiederherstellung des Gemeinwesens sowie zur Begründung der neuen Staatsform des Prinzipats geführt haben. Dementsprechend konnten die Zeitgenossen die Ara Pacis auch als Monument des inzwischen hergestellten inneren Friedens und des gesellschaftlichen Konsens verstehen. So veranschaulicht das Bildprogramm vor allem die Wirkungen der neuen politischen Verhältnisse, die seit etwa 15 Jahren in Kraft waren, als das Denkmal konzipiert wurde. Die langen Prozessionsfriese spiegeln das System des Prinzipats, indem Augustus im Süden zwar nicht im Zentrum, aber doch deutlich hervorgehoben in der linken Szenenhälfte als »erster Mann im Staat« – Princeps – erscheint (Abb. 3). Im Hinblick auf seine Stelle in der Bildkomposition ist allein Agrippa in der rechten Szenenhälfte vergleichbar. In der Prozession führt dieser die drei Generationen umfassende julisch-claudische Familie an, während Augustus unter den Priestern der Staatskulte hervorragt. Das Gemeinwesen und die Herrscherfamilie werden auf diese Weise aufs Engste miteinander verknüpft.

Dass Agrippa vor seinem Tod 12 v. Chr. als zweitmächtigste Persönlichkeit Roms anzusehen war, spiegelt sich wiederum nicht nur im Bilddekor der Ara Pacis selbst, sondern wie dargelegt auch in ihrem urbanen Kontext, da der betreffende Teil des Marsfeldes damals von Bauprojekten des Augustus (im Norden) und des Agrippa (im Süden) eingefasst wurde. Der Senat inszenierte sich mit der Stiftung des Friedensaltars (im Osten) als ein weiterer politischer Faktor. Des Weiteren könnte die umfangreiche Familie des Augustus über reine Herrschaftsrepräsentation hinaus das Gedeihen der römischen Gesellschaft im augusteischen Friedenszeitalter auch im Hinblick auf ihre Kernzellen versinnbildlichen, zumal Augustus selbst eine entsprechende Wirkung durch eine konservative Ehegesetzgebung zu erzielen versuchte. Auch sein nahegelegenes Mausoleum war ja ein Familienmonument.

Wirtschaftliche Blüte und allgemeiner Wohlstand jenes Goldenen Zeitalters, das bereits 17 v. Chr. im Rahmen der Säkularspiele auf dem Marsfeld (!) gefeiert und von Horaz (»Carmen Saeculare«) besungen worden war, wird an der Ara Pacis vor allem durch Bilder einer reichen Natur, namentlich auf dem Tellus-Relief und den kunstvollen, von allerlei Getier bevölkerten Rankenfriesen (Kat.-Nr. 23–24), angezeigt.[24] Insgesamt lassen die allegorischen, historisch-mythologischen wie gegenwartsbezogenen Darstellungen des Denkmals das *saeculum Augustum*, wie die Regierungszeit des Kaisers bald nach dessen Tod genannt wurde,[25] als die beste aller möglichen Welten erscheinen. Das liegt nicht zuletzt an den klassizistischen Stilformen, die in dieser Zeit etwa auch das Bildnis des Kaisers charakterisieren. Ihre Akzeptanz äußert sich nicht zuletzt darin, dass sie in ganz unterschiedlichen Medien adaptiert wurden; so lassen sich die kunstvollen Ranken der Umfassung mit dem Dekor von Objekten wie dem Hildesheimer Silberkrater vergleichen (Kat.-Nr. 25). Selbst das Konzept der *pax Augusta*, das die Ara Pacis vermittelt, wurde andernorts adaptiert, wie Altarweihungen aus den Provinzen belegen (Kat.-Nr. 33).[26] Dass für die Römer Frieden zugleich Weltherrschaft bedeutete, zeigen ferner Statuetten der Victoria auf dem Globus, die auf ein berühmtes Vorbild im Senatsgebäude am Forum Romanum rekurrieren (Kat.-Nr. 123–124).

Indes ist der tendenziöse Charakter des Bildprogramms der Ara Pacis unverkennbar: Die blutigen Konsequenzen von Bürgerkrieg und expansiver Außenpolitik, der allgemeine Verlust politischer Rechte und der stets prekäre Charakter monarchischer Herrschaft haben auf einem römischen Staatsmonument für den Frieden selbstverständlich keinen Platz.

1 Zum Zeitalter des Augustus vgl. Zanker 2009; von den Hoff/Stroh/Zimmermann 2014; Flecker/Krmnicek/Lipps/Posamentir 2017; zur Biografie des Kaisers vgl. Kienast 2009.
2 Vgl. Cornwell 2017.
3 Siehe den Beitrag Lichtenberger u. a. in diesem Band, S. 118.
4 Zur Architektur und besonders zum Bildschmuck der Ara Pacis vgl. (mit umfänglichen Literaturangaben): Cornwell 2017, S. 155–186; Rossini 2006; Pollini 2012, S. 204–247, S. 271–308; Torelli 1992, S. 27–61; Koeppel 1988; Settis 1988; Koeppel 1987.
5 Fasti 1, 709–723.
6 R. Gest. div. Aug. 12.
7 Vgl. Grüner 2009.
8 Vgl. Torelli 1992, S. 27–29.
9 R. Gest. div. Aug. 11.
10 R. Gest. div. Aug. 13; vgl. Torelli 1992, S. 31–35.
11 Prok. BG 5.25.
12 Vgl. Grüner 2004.
13 Ov. Fast. 1.709–724.
14 Verg. Aen. 6.851–853.
15 Zum Verhältnis von Sieg und Frieden in augusteischer Zeit vgl. Zanker 2009, S. 188–196.
16 Siehe den Beitrag von M. Papini in diesem Band, S. 67–72.
17 Siehe den Beitrag von S. Whybrew in diesem Band, S. 143–147.
18 Vgl. Hildebrandt 2017, S. 372–375.
19 CIL 6, Nr. 702.
20 R. Gest. div. Aug. 12.
21 Vgl. Bergmann 2010, S. 18–33.
22 R. Gest. div. Aug. 21.
23 Vgl. Grüner 2009, S. 59–62.
24 Vgl. Pollini 2012, S. 271–308; Zanker 2009, S. 184–188.
25 Suet. Aug. 100.3.
26 Vgl. Cornwell 2017, S. 183–186.

»Friede liegt über dem Land und nährt die Jugend«

Das goldene Zeitalter

SEBASTIAN DANIEL WHYBREW

Das goldene Zeitalter

Vorstellungen einer zeitlich oder räumlich fernen paradiesartigen Welt des Friedens und des Wohlstands finden sich in der antiken Literatur viele. Ein zentrales unter diesen Motiven ist die Idee eines goldenen Menschengeschlechts oder Zeitalters, welches unter der Herrschaft des Gottes Kronos/Saturn gestanden haben soll und somit in die Zeit vor der Regentschaft des Zeus/Jupiter gehört. Erstmals in der griechischen Literatur findet sich dieses sich wohl aus älteren östlichen Vorstellungen speisende Konzept in den »Werken und Tagen« des Hesiod.[1] Dort beschreibt der Dichter eine Aufeinanderfolge von fünf von den Göttern geschaffenen Menschengeschlechtern (*gene*), von denen vier mit einem Metall verbunden werden. Auf das erste (goldene) Genos folgen in absteigender Wertigkeit der mit ihnen assoziierten Metalle das silberne, das eherne und das eiserne Geschlecht. Letzteres verbindet Hesiod mit seiner eigenen Zeit. Diese Reihenfolge der Metallgeschlechter wird dabei durch die Einfügung des Heroen-Genos, welches an vorletzter Stelle genannt wird, unterbrochen. In seiner Beschreibung des Lebens des goldenen Geschlechts klingen bereits zentrale Elemente an, welche sich auch in späteren Schilderungen finden:

»Und sie lebten wie die Götter und hatten das Herz ohne Kummer, ohne Plagen und Jammer. Sogar das klägliche Alter nahte nicht, immer an Händen und Füßen sich gleichend, freuten sie sich am üppigen Mahl und kannten kein Unheil.

◄ Detail aus Abb. 1

Wie vom Schlaf überwältigt, starben sie;
alles Erwünschte war ihnen eigen. Und Frucht trug der nahrungsspendende Acker unbestellt in neidloser Fülle; sie aber willig walteten still ihrer Arbeit, versehen mit Gütern in Fülle, reich an Herden und Vieh, befreundet den seligen Göttern.«[2]

In seinen Ausführungen setzt Hesiod das ursprüngliche und sorgenlose Glück des goldenen Geschlechtes in scharfen Kontrast zu seiner eigenen Zeit, wobei das Fehlverhalten der silbernen, ehernen und eisernen Menschen mit einem leidvollen Leben einhergeht. Den hier implizierten Zusammenhang zwischen Moral und Wohlergehen bringt Hesiod an anderer Stelle deutlicher zum Ausdruck.[3] Dort wird das Verhalten der Menschen in einer Polis explizit mit dem Schicksal dieser Gemeinschaft in Verbindung gebracht:

»Die aber jedem sein Recht, dem Fremden und Heimischen, geben [...] und sich nirgends vom Pfad des Rechtes entfernen, denen gedeiht die Stadt. Friede liegt über dem Land und nährt die Jugend, und niemals drückenden Krieg verhängt über sie der Weitblick Kronions [...] Schaden bleibt ihnen fern, nur Glück erblüht ihren Werken. Reiche Nahrung trägt ihnen die Erde [...] Unter der Last ihrer flockigen Wolle schwanken die Schafe. Und die Frauen gebären den Vätern ähnliche Kinder. Dauernd blühen und gedeihen sie im Glück, und niemals auf Schiffen fahren sie fort, und Frucht trägt üppig der spendende Acker.«[4]

Frevelhaftes Verhalten führe hingegen zu einer Bestrafung durch Zeus, welche von Hungersnöten über Seuchen bis zur Zerstörung der Mauern, Heere und Schiffe reichen kann. Zudem wird der Fruchtbarkeit des Landes und der Menschen in der gerechten Polis die Unfruchtbarkeit in der Stadt der Frevler entgegengestellt. Das Verhalten der Menschen wird dabei durch dreißigtausend unsterbliche Wächter und von der das Recht verkörpernden Zeustochter Dike selbst überwacht. Die Charakterisierung der gerechten Polis als Ort des Friedens, der Fruchtbarkeit und des Glücks weist Parallelen zur Beschreibung des goldenen Geschlechts auf, welche in späterer Zeit zur Vermengung beider Vorstellungen führten. Michael Erler weist auf die Verwandtschaft des Passus mit bereits bei Homer anzutreffenden, ursprünglich orientalischen Vorstellungen des sakralen Königtums hin, welche die Tugendhaftigkeit des in göttlichem Einvernehmen regierenden Herrschers in ursächlichen Zusammenhang mit der Fruchtbarkeit des Landes und dem Wohlergehen der Beherrschten bringen. Bei Hesiod ist es dabei jedoch die Gesamtheit der Bewohner der Polis, welche durch ihr Verhalten und ihre moralischen Qualitäten die Geschicke der Stadt determinieren.[5]

Die hesiodeischen Vorstellungen wurden von einer ganzen Reihe von griechischen und römischen Autoren rezipiert, wobei das heroische Geschlecht in späteren Quellen nicht mehr in Erscheinung tritt.[6]

Einen besonderen Stellenwert für die weitere Entwicklung des Motivs nimmt dabei Aratos ein. Der hellenistische Dichter zieht in seinen »Phaenomena« die hesiodeische Passage zu den Metallgeschlechtern für die Erklärung der Entstehung des Sternbildes Jungfrau heran.[7] Mit der Jungfrau wird dabei die bei Hesiod im Passus zur gerechten Polis erscheinende Dike identifiziert. In drei Versen wird die Beziehung der Menschen des goldenen, des silbernen und des ehernen Geschlechts zu Dike charakterisiert. Jene habe immer bei den goldenen Menschen verweilt, sei lediglich abends aus den Bergen zum Silbergeschlecht hinabgestiegen und habe die Menschen des ehernen Geschlechts schließlich ganz verlassen, indem sie ihren Platz am Sternenhimmel eingenommen habe. Die Zeit des goldenen Geschlechts wird dabei als Friedenszeit

Abb. 1
Fruchtbarkeit und Segen als Resultat des römischen Siegfriedens
Detail der sogenannten Panzerstatue von Cherchel, augusteisch/claudisch (?), Cherchel, Museum, Inv.-Nr. S 72

ohne Zwietracht beschrieben. Im Unterschied zur Charakterisierung des Genos bei Hesiod basierte die Ernährung dieser Menschen jedoch auf Landwirtschaft.[8]

Die spätere Rezeption des Motivs des goldenen Geschlechts ist stark durch Hesiod und Aratos geprägt und weist die gleiche Verquickung von Frieden, Glück, Fruchtbarkeit und moralischem Verhalten auf. Dabei erfahren die paradiesischen Züge dieser Zeit insbesondere in der vierten Ekloge des Vergil eine deutliche Steigerung, welche Elemente der Geschlechterlehre aus diesen beiden Werken mit dem italisch-etruskischen Konzept der menschlichen Zeitalter (*saecula*) verbindet[9] und den Anbruch eines neuen goldenen Zeitalters unter der Herrschaft des Gottes Apollo verkündet. In Analogie zu Hesiod erfolgt die Versorgung durch die Natur in der dort heraufbeschworenen Glückszeit ohne die Notwendigkeit von Landwirtschaft.[10]

Das goldene Zeitalter des Augustus

Die vierte Ekloge des Vergil entstand zur Zeit des Friedens von Brundisium zwischen den Triumviren Marc Anton und Octavian im Jahr 40 v. Chr. und spiegelt die Hoffnung auf ein Ende der Bürgerkriegszeit wider. Während Vergil den Beginn des goldenen Zeitalters in diesem Werk mit dem Konsulat des Asinius Pollio in Verbindung bringt, stellt er in der Aeneis im Zuge einer Prophezeiung des Anchises in der Unterwelt einen unmittelbaren Zusammenhang mit der Person des ersten römischen Kaisers Augustus her:

»Dies hier, dies ist der Mann, den oft du dir hörtest verheißen, Caesar Augustus, des Göttlichen Sohn, der die goldenen Zeiten wieder nach Latium bringt, zu der Flur, die früher Saturnus' Zepter beherrscht.«[11]

Dieses Zeugnis ist die erste uns erhaltene antike Quelle, welche die Idee des goldenen Zeitalters fest an die Person des regierenden Herrschers[12] knüpft. Es ist zwar wiederholt vermutet worden, dass sich auch hellenistische Könige (und insbesondere die Ptolemäer) derartiger Vorstellungen bedienten,[13] doch liegen uns dafür keine zwingenden Belege vor.[14]

Im Jahr 17 v. Chr. wurde in einem dreitägigen Fest, den *ludi saeculares*, der Anbruch eines neuen Zeitalters gefeiert.[15] Die überzeichnet utopischen Züge der vierten Ekloge des Vergil finden sich im »Carmen Saeculare« des Horaz, welches bei den Feierlichkeiten vorgetragen wurde, nicht wieder. Vielmehr wird dort ein Zeitalter des Friedens und der Fruchtbarkeit von Mensch und Natur gleichsam als Resultat der Sittengesetze und der militärischen (und diplomatischen) Erfolge des Augustus entworfen. Durch die Verquickung von Frieden und Fruchtbarkeit mit moralischem Verhalten greift der Dichter dabei zentrale Elemente des goldenen

Geschlecht-/Zeitalter-Konzeptes auf, wobei er jedoch in auffälliger Weise auf die Verwendung des Attributs »golden« verzichtet, das aufgrund seiner älteren literarischen Tradition eine nicht einzulösende Verheißung transportiert. Der Segen des anbrechenden Zeitalters bewegt sich hier im Rahmen des tatsächlich politisch Erreichbaren.[16]

Die Frage, inwieweit sich die Vorstellungen dieses anbrechenden Zeitalters in der augusteischen Bildkunst niederschlagen, ist in der archäologischen Forschung unterschiedlich bewertet worden.[17] Ein zentrales Problem ist dabei, dass die augusteische, wie auch die julisch-claudische Kunst insgesamt (Abb. 1), zwar voll von Symbolen für Fruchtbarkeit und Wohlstand ist und diese Bildzeichen zum Teil im Kontext von Darstellungen, die den durch militärische Erfolge erstrittenen Frieden zelebrieren, erscheinen. Doch lässt sich in diesen Fällen meist nicht mit Gewissheit entscheiden, ob lediglich die positiven Auswirkungen des vom Kaiser erwirkten Friedens oder aber tatsächlich der Beginn des goldenen Zeitalters evoziert werden sollte.[18] Zumindest im Fall des vom Senat in Auftrag gegebenen und 9 v. Chr. geweihten augusteischen Friedensaltars (*ara pacis Augustae*)[19] scheinen jedoch die auffälligen inhaltlichen Entsprechungen des Bildschmucks mit dem die offizielle Konzeption des neuen Zeitalters des Regimes widerspiegelnden Säkularlied des Horaz dafür zu sprechen, dass hier tatsächlich das neue *saeculum* beschworen werden sollte. Von entscheidender Bedeutung ist in diesem Kontext das sogenannte Tellusrelief (Kat.-Nr. 23). Dort finden sich mit dem Kindersegen und der Fruchtbarkeit des Landes und der Tiere zentrale im Lied des Horaz besungene Aspekte[20] in einer Darstellung vereint wieder.[21] Gemeinsam ist beiden Werken aber auch der Verweis auf die von Rom unterworfenen Völkerschaften,[22] welche auf der Ara Pacis vor allem durch die auf dem Waffenhaufen sitzende Roma versinnbild-

Abb. 2
Der Genius Aion im Tierkreis trägt den Wundervogel Phönix
Rückseite einer Goldmünze aus Rom, unter Kaiser Hadrian

licht wird,[23] sowie der Hinweis auf die Abkunft der Römer von Aeneas und Romulus.[24] Der mit verschleiertem Kopf (*capite velato*) dargestellte opfernde Aeneas entspricht dabei dem frommen (*castus*) Aeneas des »Carmen Saeculare«.

Das goldene Zeitalter in der nachaugusteischen Kaiserzeit

Auch im weiteren Verlauf der römischen Kaiserzeit spielte die Ideologie des goldenen Zeitalters eine Rolle. Dies spiegelt sich unter anderem in der Prominenz des Motivs in der neronischen Literatur.[25] Ein interessantes Beispiel für den bildlichen Niederschlag dieses Aspektes kaiserlicher Selbstdarstellung in nachaugusteischer Zeit stellen hadrianische Goldmünzen[26] dar (Abb. 2), welche den Genius Aion im Tierkreis als Träger des ewige Dauer (*aeternitas*) verheißenden Wundervogels Phoenix zeigen und in der Münzlegende explizit auf das goldene Zeitalter verweisen. Die Aussage: Die Glückszeit endet nie.[27]

1 Hes. erg., Zl. 108–201.
2 Hes. erg., Zl. 112–120 (Übersetzung: A. von Schirnding).
3 Hes. erg., Zl. 218–254.
4 Hes. erg., Zl. 224–237 (Übersetzung: A. von Schirnding).
5 Erler 1987.
6 Vgl. umfassend Wilhelm 1990/92; Kubusch 1986; Gatz 1967.
7 Arat. Phaenomena, Zl. 97–136.
8 Zur Rezeption und Umdeutung Hesiods in der Dike-Erzählung des Aratos vgl. ausführlich Fakas 2001, S. 151–175.
9 Zu den Quellen der vierten Ekloge besonders Nisbet 1978; Du Quesnay 1977.
10 Ein derartiges Goldzeit-Konzept findet sich jedoch nicht in allen Werken Vergils. Vgl. zur ambivalenten und sich wandelnden Gestalt des Motivs in den Werken Vergils Zanker 2010, S. 501–504, mit Literaturhinweisen.
11 Verg. Aen. Zl. 791–794 (Übersetzung R. Seelisch/ W. Hertzberg).
12 Als Parabel für die vorbildliche Herrschaft in der Vergangenheit findet sich das Leben unter Kronos hingegen bereits bei Aristoteles, der bei seiner Charakterisierung der Tyrannei des Peisistratos (Aristot. pol. 16,7) auf Hesiods Schilderungen des goldenen Geschlechts rekurriert, indem er dessen Herrschaft – im Gegensatz der seiner Söhne – mit dem Leben unter Kronos vergleicht und sie als sorglose Zeit des Friedens beschreibt.
13 Vgl. u. a. Strootman 2014; Castriota 1995, S. 124–133; La Rocca 1984, S. 91–100; Tarn 1932. Fuchs 1998 führt die Idee eines das goldene Zeitalter neubegründenden Herrschers auf die Herrscherpanegyrik für Alexander den Großen zurück.
14 So ist ohne expliziten Bezug auf das hier besprochene Konzept nicht zu entscheiden, ob der Herrscher tatsächlich als Initiator eines goldenen Zeitalters gefeiert wird oder ob lediglich die ihm in der hellenistischen Königsideologie zukommende Rolle als Friedens-, Fruchtbarkeits- und Wohlstandsbringer betont werden soll (s. den Beitrag von T. Schreiber in diesem Band, S. 149–151).
15 Zu den augusteischen Säkularspielen vgl. bes. Schnegg-Köhler 2002. Zu unter den Kaisern Claudius, Domitian, Antoninus Pius, Septimius Severus und Philippus Arabs nach augusteischem Vorbild abgehaltenen Säkularfeiern vgl. u. a. Rantala 2017, S. 112; Grunow Sobocinski 2006, S. 583–586.
16 Vgl. Zanker 2010; Barker 1996; Galinsky 1996, S. 90–121.
17 Vgl. z. B. die gegensätzlichen Positionen von Galinsky 1996, S. 106–121 und Zanker 2009, S. 177–196.
18 So Galinsky 1996, S. 106–119.
19 Siehe hierzu auch den Beitrag von S. Faust in diesem Band, S. 131–141.
20 Hor. carm. saec., Zl. 17–20, 29–32.
21 Vgl. dazu treffend: Zanker 2009, S. 177–180.
22 Hor. carm. saec., Zl. 53–56.
23 Zudem verwiesen wohl auch weibliche Personifikationen (befriedete Provinzen bzw. besiegte Völkerschaften) auf diesen Themenkreis: Rehak 2006, S. 101; Koeppel 1987, S. 148–151, Nr. 13 mit weiterer Literatur. Siehe hierzu die Beiträge von S. Faust und M. Vitale in diesem Band, S. 136 und S. 177–185.
24 Hor. carm. saec., Zl. 41–48.
25 Vgl. zuletzt Cordes 2017, S. 24–30, S. 255–271.
26 RIC II Hadrian 136.
27 Schmidt-Dick 2011, S. 196. Vgl. ferner u. a. LIMC 1, 1981, S. 404, Nr. 22 s. v. Aion (M. de Glay); Castritius 1964.

LUDWIG
ERHARD
Wohlstand
ERHARD
Wohlstand für Alle
ECON
ECON

Die fetten Jahre enden nie

»Friedensfürsten« in der hellenistischen und römischen Kunst

TORBEN SCHREIBER

»Wohlstand für alle«, so lautet der Titel seines Buches, mit dem sich Ludwig Erhard 1957 ablichten ließ (Abb. 1).[1] Die Zigarre in der Hand des damaligen Wirtschaftsministers in der Kombination mit seiner Leibesfülle lassen keinen Zweifel daran aufkommen, wer der »Vater des deutschen Wirtschaftswunders« ist. Zu diesem Zeitpunkt liegt die Kapitulation des nationalsozialistischen Deutschland zwölf Jahre zurück, und aus den Trümmern des Zweiten Weltkriegs ist eine wirtschaftlich starke Bundesrepublik Deutschland erwachsen. Ludwig Erhard wird um die Wirkung dieser Bilder gewusst haben. Allzu gern präsentierte er sich mit der dampfenden Zigarre, die so zur Bildchiffre des Wirtschaftswunders wurde.

◄ Abb. 1
Ludwig Erhard 1957
Dieser Politiker galt als Sinnbild des sogenannten Wirtschaftswunders der BRD

»Politiker« – im weitesten Sinne – präsentierten sich schon in der Antike gern als Urheber von Prosperität und stellten diese zur Schau. Als eines der prominentesten Beispiele darf wohl Nero (reg. 54–68 n. Chr.) gelten (Abb. 2, Kat.-Nr. 35).[2] Die ersten fünf Jahre seiner Herrschaft (*Neronis quinquennio*) galten in der Antike als vorbildhaft. In zeitgenössischen Quellen wurde sein Regierungsantritt gar als Beginn »goldener Zeiten« gefeiert. Spätere Quellen prägten allerdings das Bild des Nero als Brandstifter, Christenverfolger und Tyrann – ein Image, welches den Kaiser bis heute verfolgt.[3] Auf den Münzen erscheint der Kaiser von Beginn an als wohlgenährt. Sein Gesicht ist füllig und zeigt ihn als Anhänger des genussreichen Lebens. Nach 64 n. Chr. ist er sogar auffällig dick: Das fette Untergesicht sitzt auf einem breiten, wuchtigen Hals. Seit dieser Zeit werden über die Münzen auch konkrete politische Nachrichten verbreitet. So ist auf mehreren Münzserien immer wieder der geschlossene Janustempel zu sehen

Abb. 2
Porträtkopf des Kaisers Nero
Gipsabguss eines Marmorbildnisses in München, Glyptothek, Inv.-Nr. GL 321

(Abb. 3, Kat.-Nr. 36). Die zugehörige Umschrift nennt als Ursache für die Tempelschließung den Frieden im Römischen Reich zu Wasser und zu Land. Insgesamt verweisen die Rückseitenbilder der unter Nero geprägten Münzen immer wieder auf das Wohl Volkes. Und auch sein Münzporträt sagt nichts anderes aus: Der Herrscher lebt – wie sämtliche Untertanen – im Überfluss. Zudem hat der Kaiser die Zeit und die Muße, sich stundenlang frisieren zu lassen, denn die Frisur, die er trägt, wurde mit der Brennschere angelegt. Ein Luxus, den man sich nur gönnen kann, wenn politisch Ruhe herrscht. Die Münzbilder – ob nun vom Kaiser oder seinen Magistraten bestimmt – verweisen auf die Sieghaftigkeit und den daraus resultierenden Frieden und Wohlstand. Klar wird an dieser Stelle aber auch: Der Sieg bleibt die unabdingbare Voraussetzung für den Frieden.[4]

Inwiefern die Porträts des Nero, die eindeutig Luxus zur Schau stellen, auf hellenistische Herrscherbildnisse rekurrieren, ist in der Forschung umstritten. Fest steht allerdings, dass gerade die ptolemäischen Herrscher – die in der Nachfolge Alexanders über Ägypten regierten – die sogenannte *tryphe* zu einer Art Leitbild ihrer Selbstdarstellung und somit zum Herrschaftsideal erhoben haben.[5] Der griechische Terminus lässt sich nicht wörtlich übersetzen, ist aber weitgehend positiv konnotiert. So lässt sich *tryphe* etwa mit Wohlstand, Prunk, Glanz, Luxus und Reichtum assoziieren. Sie steht in engem Zusammenhang mit dem Kult des Dionysos, der in der griechischen Welt als Gott des Weines, des Rausches und des Festes und von den Ptolemäern als einer ihrer Stammväter verehrt wurde. Einige der ptolemäischen Herrscher trugen als Beinamen die Bezeichnung *Tryphon* – so beispielsweise Ptolemaios III., der auf seinen Münzen besonders stark beleibt erscheint (Abb. 4). Es verwundert nicht, dass die fülligen Gesichter der Herrschenden auf den Münzen mit Reichtum und Überfluss propagierenden Füllhörnern kombiniert wurden, denn schließlich sind es die Herrschenden, die für den Wohlstand des Volkes erfolgreich Sorge tragen und sich so der Dankbarkeit der Untertanen gewiss sein können.

In republikanischer Zeit führte ein Aufeinandertreffen einer römischen Delegation mit Ptolemaios VIII. (reg. 145–116 v. Chr.) wohl zu einem grundsätzlichen Missverständnis: Der ägyptische Herrscher wollte den Abgesandten des römischen Senats – allen voran dem hochgeehrten Feldherrn Scipio Africanus – den Wohlstand Ägyptens präsentieren. Die Römer nahmen den in einem durchsichtigen Gewand auftretenden

Pharao als prahlerisch, verdorben, verweichlicht, träge und lächerlich war. Denn das Auftreten des Ptolemaios stand im krassen Gegensatz zu den republikanischen Idealen, welche überbordenden Luxus als verwerflich ansahen. Römische Autoren machten die »Prunksucht« der Ptolemäer gar für den Untergang deren Reiches verantwortlich. Für die Untertanen der Ptolemäer wird jedoch klar gewesen sein, dass der fettleibige Herrscher als Repräsentant und Urheber des Wohlstands zugleich anzusehen war. Auch die rundplastischen Bildnisse zeigen den Herrscher stets wohlgenährt (Abb. 5).

Und ein Jahrhundert später wird im Konflikt zwischen Octavian und Marc Anton letzterer als *Neos Dionysos* zum Exponenten des durch die dionysische *tryphe* geprägten Herrscherideals von Prunksucht – und so zum Konterpart der apollinisch-republikanischen Haltung des später siegreichen Octavian.

Die negative Sichtweise der Römer scheint sich bis in die neronische Zeit grundlegend gewandelt zu haben, sonst wäre die beschriebene Darstellungsweise des gut genährten Herrschers kaum denkbar. Nero erscheint als siegreicher »Friedensfürst« und somit als Garant für den Wohlstand des gesamten Römischen Reiches.

1 Erhard 1957.
2 Zur Selbstdarstellung Neros: Boschung 2016; Witschel 2016; Wolters 2016.
3 Siehe hierzu: Ackenheil 2016.
4 Zu den Münzen Neros: Wolters 2016.
5 Zur *tryphe*: Heinen 1983.

Abb. 3
Porträt des Nero auf der Vorderseite, geschlossener Janustempel auf der Rückseite
Bronzemünze (*sestertius*), 66 n. Chr. (Kat.-Nr. 36)

Abb. 4
Porträt des Königs Ptolemaios III.
Goldmünze (*oktadrachmon*)

Abb. 5
Ptolemaios III.
Tonabformung eines Miniaturporträts

Victoriis Pax

Der römische Triumph und die Inszenierung des Friedens

SOPHIA NOMICOS

»Der Tempel des Janus Quirinus, der nach dem Willen unserer Vorväter geschlossen werden sollte, wenn im gesamten Herrschaftsgebiets des römischen Volkes, zu Wasser und zu Lande ein durch Siege gefestigter Friede [*victoriis pax*] eingekehrt sei – was nach der Überlieferung vor meiner Geburt, seit der Gründung der Stadt, überhaupt nur zweimal der Fall gewesen sein soll – diesen Tempel hat nun der Senat unter meiner Regierung dreimal zu schließen angeordnet.«[1]

Herausragende militärische Erfolge feierten die römischen Feldherren seit der römischen Frühzeit mit einem festlichen Umzug, dem *triumphus*. Im Triumph verschmolzen die Elemente Krieg, Sieg und Frieden zu einer untrennbaren Einheit, wobei die tief in der römischen Kultur verwurzelte Vorstellung von Frieden durch Sieg mit allen Sinnen erfahrbar wurde.

◄ Abb. 2
Rekonstruktion des Templum Pacis in Rom
Detail, nach R. Meneghini, siehe Beitrag Meneghini S. 162, Abb. 5

Der römische Triumph geht wahrscheinlich auf einen alten latinischen Brauch zurück, die Kriegsbeendigung mit einer kultischen Feier zu begehen. Zur Gewährung eines Triumphes mussten bestimmte Voraussetzungen erfüllt sein, darunter der entscheidende Sieg in einem »gerechten Krieg« (*bellum iustum*) und mindestens 5000 getötete Feinde.[2] In der Republik konnte jeder Feldherr, der die Voraussetzungen erfüllte, einen oder mehrere Triumphe für sich beanspruchen, in der Kaiserzeit hingegen war dieses Privileg dem Kaiser allein vorbehalten.

Über den Ablauf der bisweilen mehrtägigen Feier, den Prozessionsweg und das Erscheinungsbild des Triumphzuges sind wir dank der guten Schrift- und Bildquellenlage hinreichend informiert, obschon nicht jeder Triumph gleich ablief und Details häufig unbekannt sind.
Die Feierlichkeiten begannen außerhalb der Stadtmauern Roms auf dem Marsfeld, wo der Triumphator sich mit seinem Gefolge, bestehend aus Musikanten, Magistraten, Gefangenen und dem Heer, versammelte. Von dort aus zog er über die Porta Triumphalis in die Stadt ein.
Zu diesem Anlass waren die Tempel und öffentlichen Bauten reich geschmückt; Schaulustige säumten die Plätze und Wege entlang der Pro-

zessionsroute und warfen Blumen. Den Mittelpunkt des Zuges bildete der Triumphator, der hinter einer Gruppe von mit Paludamentum bekleideten Liktoren auf einem kostbar verzierten Wagen stand. Der Triumphierende trug goldbestickte Prachtgewänder aus Purpur (*tunica palmata* und *toga picta/palmata*), und sein Gesicht war mit Mennige rot gefärbt. Zum Triumphalornat gehörten außerdem ein Lorbeerzweig in der rechten und ein Adlerszepter in der linken Hand sowie ein Lorbeerkranz auf dem Haupt. Auf dem Triumphwagen hinter dem siegreichen Feldherrn stand der Überlieferung nach ein Staatssklave (in der Bildkunst befindet sich an dessen Stelle mitunter eine Victoria, so auf Abb. 1, Kat.-Nr. 55), der dem Triumphator eine Goldkrone (*corona etrusca*) über den Kopf hielt. Seine Aufgabe bestand ferner darin, dem Triumphator die Worte »respice post te, hominem te esse memento« (»Blicke zurück und bedenke, dass du ein Mensch bist«) zu sagen, womit nach allgemeiner Auffassung eine apotropäische Absicht verbunden war.[3] Den Abschluss des Zuges bildeten die Truppen des siegreichen Feldherrn, die ihn abwechselnd durch den Zuruf »io triump(h)e« mit Beifall bedachten und Spottlieder (*versus ludicri*) auf ihn sangen.

Mit sich führte der Zug Kriegsbeute und Requisiten, die den Krieg und seinen Verlauf auf spektakuläre Weise zur Schau stellten. Über das Forum Boarium, den Circus Maximus und das Forum Romanum zog die Prozession in Richtung Capitol. Hier fand mit der Opferung der mitgeführten weißen Rinder an den höchsten Gott Iuppiter Optimus Maximus der Höhepunkt der Triumphfeierlichkeiten statt.[4] Kurz zuvor konnte eine grausame Zurschaustellung des durch Sieg über den Feind erreichten Friedenszustands stattfinden: Nachdem die mitgeführten Gefangenen aus den besiegten Gebieten als Teil des Triumphzuges der römischen Öffentlichkeit vorgeführt wurden, kam es zur Hinrichtung von ausgewählten und besonders spektakulären Gefangenen.[5]

Abb. 1
Triumphzug des Kaisers Marc Anton auf einer Kuchenform aus Ton, aus Aquincum, Budapest, Kat.-Nr. 55

Eine Verknüpfung von Triumph und Frieden lässt sich anhand von erhaltenen Monumenten verschiedentlich feststellen. Das diesbezüglich augenscheinlichste Monument ist das flavische Templum Pacis (Abb. 2). Traditionell weihten viele der Triumphatoren Tempel entlang der Prozessionsroute, so stiftete beispielsweise im 1. Jahrhundert v. Chr. der nach der Eroberung Achaias triumphierende Feldherr L. Mummius einen inschriftlich überlieferten Tempel des Hercules Victor.[6] Das Templum Pacis,[7] ein Kultbau für die seit augusteischer Zeit für die römische Herrschaftsideologie bedeutsame Friedenspersonifikation Pax, ließen die Flavier zwischen 71 und 75 n. Chr. nach Beendigung des Jüdischen Krieges errichten. Obgleich das monumentale Bauensemble nicht unmittelbar am Prozessionsweg lag, sondern etwas davon zurückgesetzt, evozierte es doch deutlich den flavischen Triumph über Judaea 71 n. Chr. Denn die Kosten für die Errichtung des Templum Pacis wurden nicht nur aus der Beutekasse dieses Feldzuges getragen, sondern der Komplex beherbergte auch dauerhaft die Beute aus dem Jerusalemer Tempel.[8]

Eine enge Verknüpfung von Frieden und Triumph lässt sich auch bereits für die unter Augustus errichtete Ara Pacis feststellen: Als dem Kaiser 13 v. Chr. nach siegreicher Rückkehr aus Gallien und Germanien ein Triumph zugestanden hätte – er in den Jahren zuvor allerdings mehrere ihm angetragene Triumphe zurückgewiesen hatte – ließ der Senat ihm zu Ehren stattdessen die Ara Pacis auf dem Marsfeld (Kat.-Nr. 21) errichten. Dieser Bau für die Friedensgöttin Pax führte einerseits mit seiner Position auf dem Marsfeld auch symbolisch vor Augen, dass Frieden (Pax) auf Krieg (Mars) beruhte, und symbolisierte andererseits mit seiner reichen Bildsprache wie kein anderes Monument das von Augustus durch zahlreiche Siege herbeigebrachte friedvolle goldene Zeitalter, das *aurea aetas*. Möglicherweise galt es hier zu zeigen, dass angesichts des langfristig angedachten augusteischen Zeitalters des Friedens der Triumph seine Bedeutung verloren hatte.[9]

Wichtige Triumphaldenkmäler waren die Ehrenbögen in Rom und in den Provinzstädten, die in der Republik die Feldherren selbst und später der Senat und das Volk von Rom den siegreichen Kaisern als besondere Form der Ehrung stifteten, unter anderem wegen militärischer Erfolge.

Der von Tactitus[10] für das Capitol bezeugte Ehrenbogen für Kaiser Nero anlässlich des Triumphes eines Sieges in Armenien ist zwar nicht erhalten, allerdings gibt seine Darstellung auf Sesterzen des Nero eine Vorstellung von dem Monument (Abb. 3): Auf der Attika des Bogens steht der Kaiser in einer Triumphalquadriga und ist von den Göttinnen Pax und Victoria flankiert. Girlanden und Statuen, darunter der Kriegsgott Mars, schmücken den Durchgang und die Pfeiler des Bogens.[11] Dieses Bildprogramm mit Krieg (Mars), Sieg (Victoria) und Frieden (Pax) transportiert überdeutlich die Botschaft von der friedenbringenden Sieghaftigkeit des Kaisers, die dieser in seinem Triumphwagen zelebriert.

Abb. 3
Triumphbogen mit Kaiser in Quadriga flankiert von Pax und Victoria (Kat.-Nr. 37)
Ausschnitt von der Rückseite einer Bronzemünze (*sestertius*) des Kaisers Nero

Die Verbindung von Pax und Victoria findet sich auch auf dem Galeriusbogen in Thessaloniki aus dem 3. Jahrhundert n. Chr. Auf einem der Reliefs sind Diokletian und Galerius beim Opfer zu sehen, anwesend sind außerdem Eirene (Pax) und zwei Niken (Victoria).

Diese wenigen Beispiele zeugen von der im Triumph zur Schau gestellten Vorstellung, dass Frieden nur durch Krieg sowohl zu erreichen als auch zu sichern sei, eine Aufgabe, die dem römischen Feldherrn oblag. Ihm bot der *triumphus* die einzigartige Möglichkeit, den durch Sieghaftigkeit erreichten Friedenszustand auf unterschiedliche Weise zu inszenieren und diesen mit Rom zu feiern.

1 R. Gest. div. Aug 13,1 (Übersetzung E. Weber).
2 Siehe z. B. Hölkeskamp 2006, S. 261–262.
3 Künzl 1988, S. 88; Ehlers 1939.
4 Zur Route siehe zuletzt Schipporeit 2017.
5 Siehe Beard 2007, S. 107–142.
6 Siehe Ziolkowski 1988.
7 Siehe hierzu den Beitrag von R. Meneghini in diesem Band, S. 157–171.
8 Popkin 2016, S. 103.
9 Vgl. Lowrie 2009, S. 321–322.
10 Tac. ann. 15,18,1.
11 Zur Rekonstruktion des Bogens siehe Kleiner 1985, S. 78–93.

II
I
XII
XIII
V
III
AMPHITHEATRVM
CIRCVS MAXIMVS
IV
X
XI
AEMILIA
TIBERIS
VIII
VI
INSVLA
SAEPTA IVLIA
VII
FLVMEN
IX
MAVSOLEVM HADRIANI
XIV

Die Welt zu Gast bei Pax

Das *templum pacis* in Rom

ROBERTO MENEGHINI

Das *templum pacis*

Im Jahr 70 n. Chr., als der Bürgerkrieg beendet, der Aufstand der Juden blutig niedergeschlagen und der Osten befriedet ist, beschließt der neue Kaiser Vespasian (reg. 69–79 n. Chr.), ein der Göttin des Friedens gewidmetes Heiligtum errichten zu lassen. Dieses wird 75 n. Chr. fertiggestellt und eingeweiht. Im Jahr 192 n. Chr. – während der Herrschaft des Commodus (reg. 180–192 n. Chr.) – wird das *templum pacis* durch einen Brand schwer beschädigt und wenige Jahre später unter Septimius Severus (reg. 193–211 n. Chr.) wieder aufgebaut. Die amtlichen und die literarischen antiken Quellen nennen den Gebäudekomplex mit Hofanlage *templum pacis*, eine Bezeichnung, die sich auf den gesamten von Augustus eingerichteten IV. Bezirk Roms bezog, während man nur gelegentlich *aedes* (also Wohnung der Gottheit) oder – in spätantiker Zeit – *forum pacis* sagt. Die in der Antike für das Monument verwendete Bezeichnung weicht also von derjenigen der anderen vier Kaiserforen ab und zeigt so den grundsätzlichen Unterschied in Nutzung und Funktion, der zwischen jenen und dem *templum pacis* besteht. Während die von Caesar, Augustus, Nerva und Trajan errichteten Anlagen offiziell als »Foren« (*fora*) bezeichnet und tatsächlich mehr oder weniger intensiv für Verwaltung und Rechtspflege genutzt und dadurch charakterisiert werden (Abb. 1–2), wird der »Friedenstempel«, der sich schon durch seinen auf die Religion und nicht auf die öffentliche Verwaltung bezogenen Namen unterscheidet, in den antiken Quellen nirgends als Sitz eines Gerichtes zitiert. Im Gegenteil: Wenn der Tempel von Geschichtsschreibern oder Dichtern erwähnt wird, betonen sie stets seinen Charakter als ein »Kulturzentrum«, das – wie wir noch sehen werden – eine reiche Bibliothek und eine berühmte Sammlung von Hauptwerken der griechischen Bildhauerkunst beherbergt.

◄ Detail aus Abb. 11 b

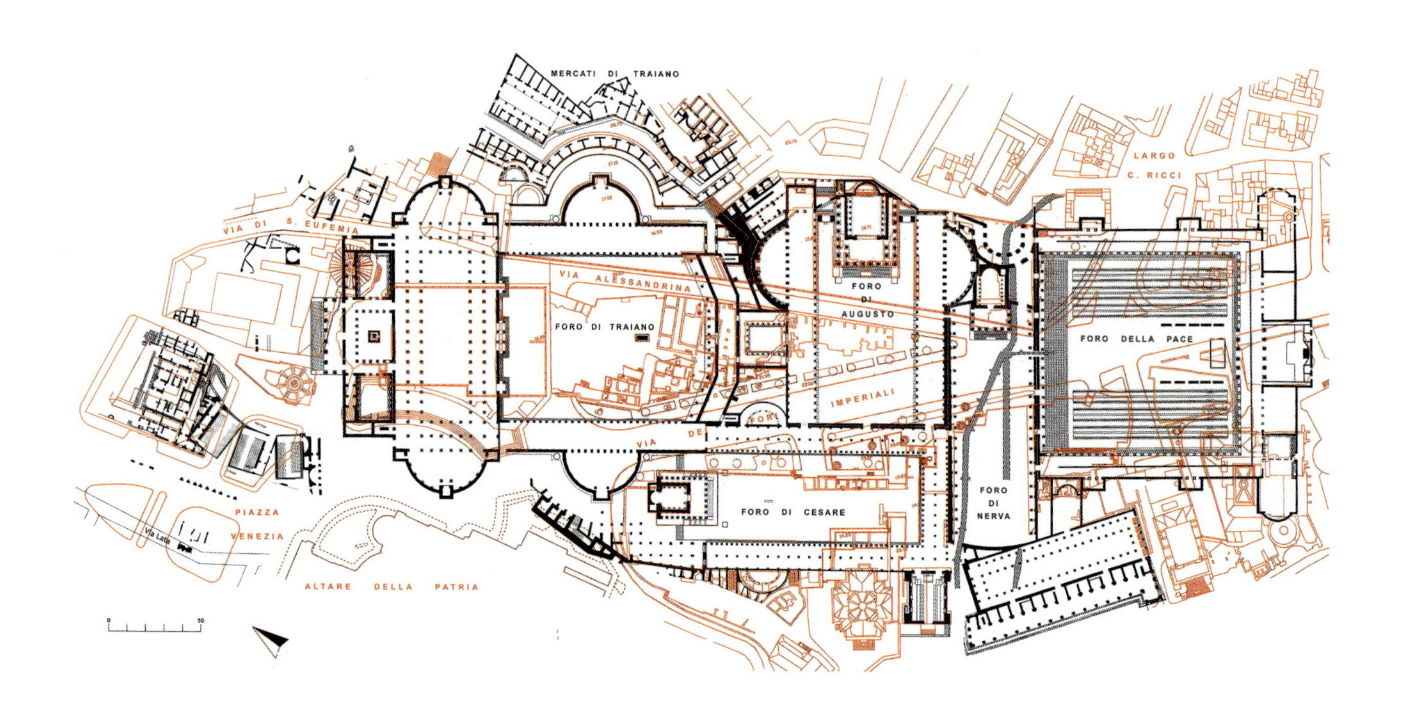

Abb. 1
Rekonstruktionsplan der kaiserlichen Fora
(in schwarz) auf dem Plan des modernen Roms, Bereich der Via dei Fori Imperiali (in rot)

Bis zu den neuen Grabungen von 1998, die derzeit noch andauern, waren von dem Monument nur diejenigen Teile zu sehen, die in das Kloster der Heiligen Cosmas und Damian (unter anderem die Wand der *forma urbis* und der dazugehörende Saal) sowie in die Torre dei Conti einbezogen waren. Den Grundriss des Areals kennt man in etwa dank der Darstellung auf vier erhaltenen Fragmenten der Platten 15 und 16 der *forma urbis* (Kat.-Nr. 57, Abb. 8). Diesen marmornen Stadtplan von Rom hat Septimius Severus in Auftrag gegeben und auf dem Forum auf der Seite anbringen lassen, die heute die Hauptfassade des Klosters der Heiligen Cosmas und Damian bildet.

Der Platz und die Säulenhallen

Der Platz des *templum pacis* bildet eine ungefähr quadratische Fläche von 110 × 105 Metern (Abb. 3). Die erhaltenen Fragmente der *forma urbis* zeigen, dass der Platz nach dem Wiederaufbau unter Severus auf drei Seiten von Säulenhallen (Portiken) umgeben ist, während die nach Norden gelegene vierte Seite durch eine Wand mit einer vorgeblendeten Säulenstellung gebildet wird (Abb. 4). Einzelfunde und die neuen Grabungen belegen, dass die Säulen dieser Portiken aus glatten Trommeln aus ägyptischem Rosengranit bestehen und eine Höhe von 8,48 Metern aufweisen, während für die Basen, die korinthischen Kapitelle und das Gebälk weißer Marmor verwendet wurde. Die Höhe der vorgeblendeten Säulenordnung an der Nordseite beträgt 15,40 Meter; die einzelnen Säulen mit glatten Trommeln aus afrikanischem Marmor haben eine Höhe von 11,70 Metern. Die Portiken liegen etwa 1,50 Meter über dem Niveau des Platzes. Über fünf Stufen steigt man hinauf in den überdachten Bereich, dessen Fußboden nach den

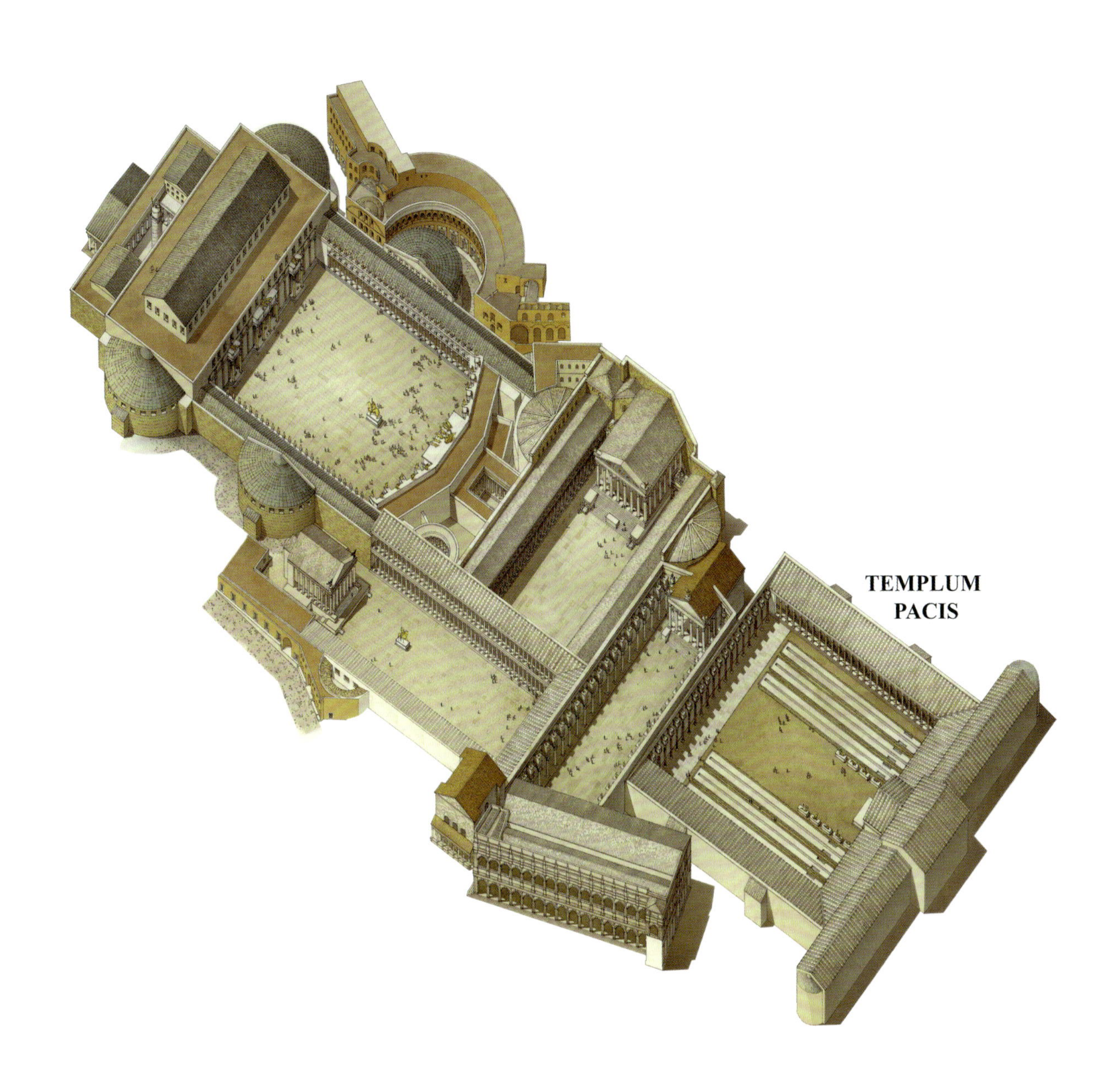

Abb. 2
Rekonstruktion der Kaiserfora in der Zeit des Kaisers Trajan

neuen Grabungen in späterer Zeit einen durchgängigen dicken Belag aus Cocciopesto (Ziegel-Zement-Gemisch) erhielt, nachdem man wahrscheinlich den Boden aus severischer Zeit entfernt hatte. Außerdem haben die Grabungen gezeigt, dass in den drei Flügeln der Portiken genau in der Mitte der Längsrichtung eine zusammenhängende Schranke verläuft, die aus Platten aus Cipollino-Marmor bestand, die tief in den Boden eingelassen waren. Dadurch entstehen zwei deutlich voneinander getrennte Wegführungen. An der Außenwand des östlichen und westlichen Flügels der Portikus müssen sich jeweils zwei viereckige Exedren geöffnet haben. Eine davon hat man aus den Gebäuderesten erschlossen, die noch heute unter der mittelalterlichen Torre dei Conti zu sehen sind. 1998 bis 2000 und 2011 wurde dann die nördliche Exedra der westlichen Portikus freigelegt, während die beiden anderen noch nicht ergraben sind. Die Portiken haben ein Dach, das nur zu einer Seite hin abfällt und unmittelbar auf dem Gebälk der Säulenreihe aufliegt. Von den Dachpfannen aus weißem lunensischem Marmor sind zahlreiche Exemplare überliefert – teils vollstän-

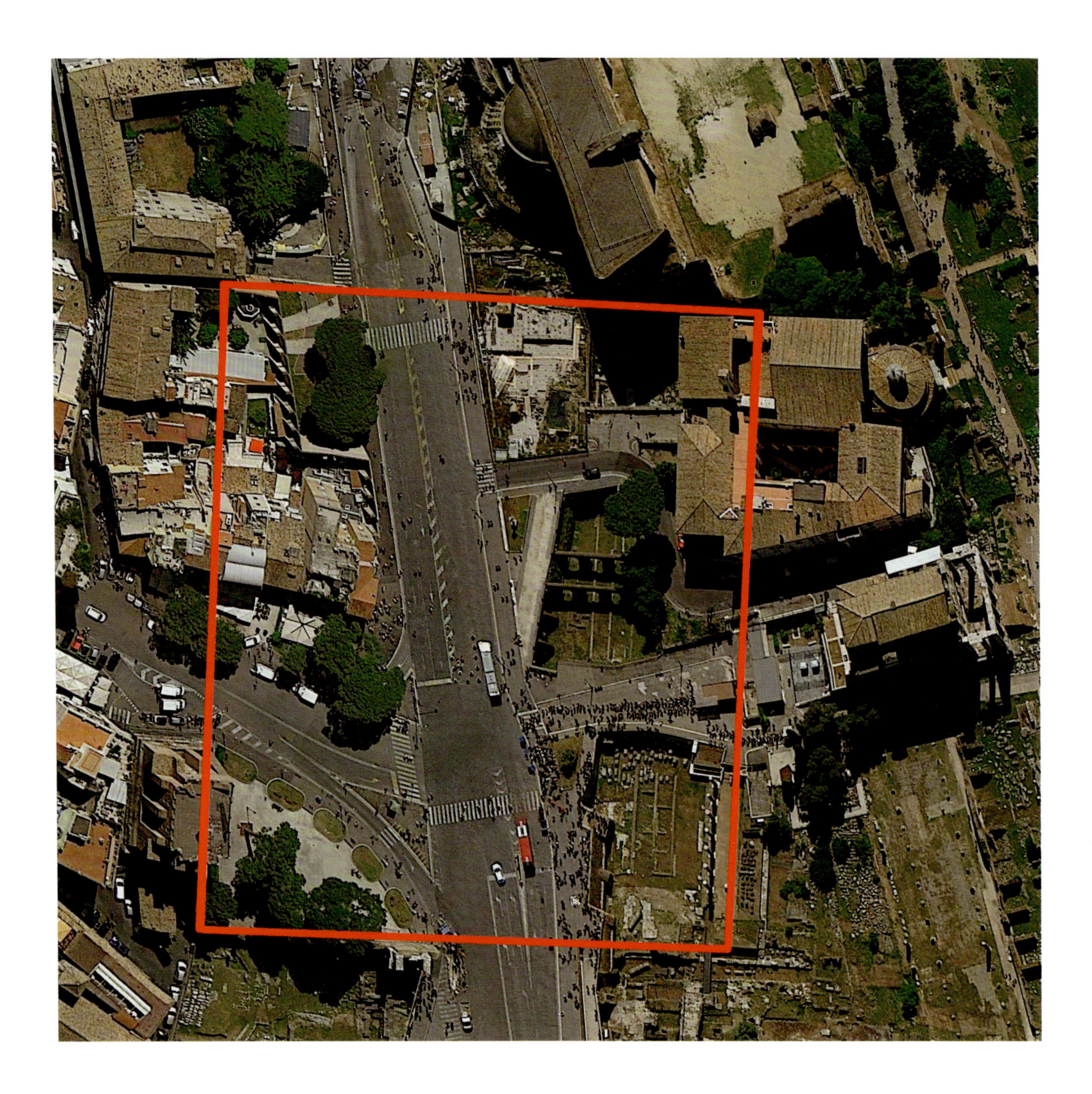

Abb. 3
Blick auf den zentralen Abschnitt der heutigen Via dei Fori Imperiali mit der Ausdehnung des *templum pacis* (in rot)

dig, teils zerbrochen. Hinter der westlichen Portikus, und zwar zwischen ihr und der Basilika Emilia, wurden die Reste eines Nymphäums mit einer Apsis aus domitianischer Zeit entdeckt, dessen Innenraum möglicherweise nur von der Seite der Basilika aus zu sehen und zu betreten war. Unsicher bleibt der vorgeschlagene Zusammenhang zwischen dem Nymphäum und einem großen runden Becken (*labrum*) aus rotem Porphyr von 3,50 Metern Durchmesser aus severischer Zeit; es war am Rand mit einem ionischen Kyma verziert und hatte Henkel aus ineinander verschlungenen Schlangen (Abb. 5). Zahlreiche Fragmente davon wurden gefunden; sie waren über das ganze Grabungsgebiet verteilt. Tatsächlich könnte das Becken ein Teil der Ausstattung des *templum pacis* gewesen sein, das sich – wie wir noch sehen werden – durch einen engen Bezug zum Wasser auszeichnet. Es scheint mit dem Wiederaufbau in severischer Zeit nach der weitgehenden Zerstörung der Anlage durch den Brand im Jahr 192 n. Chr. zusammenzuhängen und wäre in diese Zeit zu datieren.

Der Aufbau des zentralen Bereichs des Platzes ist in Teilen bekannt, dank der Darstellungen auf einigen Fragmenten der *forma urbis*. Hier erkennt man sechs längliche, parallel angeordnete Gebilde mit zunächst einmal unklarer Funktion. Im nordwestlichen Abschnitt des Platzes haben die Grabungen einige Spuren dieser Strukturen ans Licht gebracht, die 1998 bis 2000 untersucht wurden und nun eine sichere Interpretation ermöglichen. Es handelt sich um drei lange Sockel, die aus kleinen Ziegelmauern bestehen. Diese dienen dazu, eine Erdauffüllung zusammenzuhalten. In der Höhe blieben nur wenige Ziegellagen erhalten; die an der Basis sind von einer Marmorrinne eingefasst, von der sich einige Abschnitte noch in der ursprünglichen Lage befinden. Das auffallend einfache Mauerwerk wird nicht mehr als 1–1,5 Meter Höhe erreicht haben. Abdrücke von Bleirohren, die während der Grabungen ans Tageslicht kamen, erlauben es im Zusammenhang mit den Rinnen am Boden, die länglichen Strukturen als Brunnenanlage (*euripi*) zu interpretieren, die mit Wasserspielen ausgestattet und ursprünglich komplett mit Marmor verkleidet waren (Abb. 6).

Das Wasser dürfte von den oberen Flächen der *euripi* übergeflossen und in die untenliegende äußere Rinne gefallen sein, um dann ins Abwassersystem eingeleitet zu werden. Entlang der Rinnen sind Reihen von in die Erde eingegrabenen Halbamphoren gefunden worden, die verkohlten Reste von Gallica-Rosen (»Essigrosen«) enthielten, was durch paläobotanische Analysen abgesichert werden konnte.

Die wichtigste Entdeckung, die den neuen Grabungen zu verdanken ist, betrifft jedoch die Oberfläche des Platzes insgesamt: Offensichtlich war er nicht gepflastert. Dieser Befund veranlasst uns in Anbetracht der *euripi* und der Rosenhecken zu der Annahme, dass es sich bei dem von den Portiken umgebenen Platz um einen regelrechten Garten gehandelt haben muss, der mit einer Fläche von mehr als einem Hektar geradezu monumentale Ausmaße hatte. Wahrscheinlich waren die Rosen nicht die einzigen hier wachsenden Pflanzen, denn die Römer

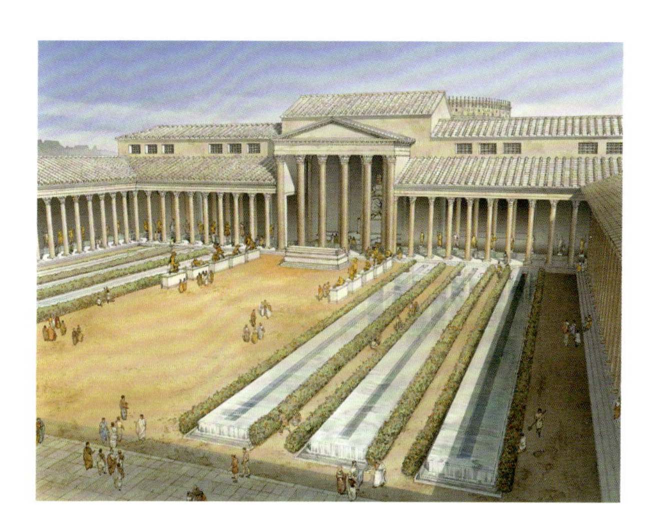

Abb. 4
Rekonstruktionszeichnung des südlichen Sektors des *templum pacis*

Abb. 5
Becken (*labrum*) oder Wanne aus rotem Porphyr vom *templum pacis* aus severischer Zeit

Abb. 6
Überreste der Kanäle mit Wasserspielen oder *euripi* auf dem Platz des *templum pacis* während der Ausgrabungen 1998 bis 2000

hatten offenbar eine besondere Vorliebe für Baumreihen und Hecken, die sie sogar mehr schätzten als die Blumen selbst. Leider haben die Grabungen bisher noch keine Spuren von anderen Pflanzen erbracht, von denen man annehmen darf, dass sie den Charakter des Platzes ganz wesentlich mitgeprägt haben. Einstweilen muss dies allerdings noch eine Hypothese bleiben. Eine Pflasterung des Platzes mit Marmor ist bisher nur auf der Nordseite entdeckt worden, die, wie schon erwähnt, von einer vorgelagerten Säulenreihe aus afrikanischem Marmor geschmückt war. Davor erstreckte sich ein etwa 15 Meter breiter Streifen, der mit rechteckigen Platten aus weißem lunensischem Marmor bedeckt war.

Auf den erhaltenen Fragmenten der *forma urbis* sieht man direkt vor der Kulthalle die Ränder einer großen rechteckigen Struktur, die ein Ausmaß von 8 × 16 Metern gehabt haben muss. Vielleicht darf man sie als einen monumentalen Brunnen interpretieren.

Die Kulthalle der Pax und die in das Kloster der Heiligen Cosmas und Damian eingebauten Architekturteile

Die Südseite der Anlage wurde von einer großen zentralen Halle mit einer Apsis gebildet, die als die Kulthalle der Göttin Pax zu identifizieren ist. An jeder der beiden kürzeren Seitenwände war ein Paar von rechtwinkligen Räumen angefügt. Die Position der Halle wurde dadurch hervorgehoben, dass man in die Portikus eine monumentale Säulenstellung einfügte. Ihre sechs monolithischen Säulen aus ägyptischem Rosen-

Abb. 7
Das Marmorpaviment der Aula für den Kult der Pax am Ende der Ausgrabung

granit waren 50 römische Fuß (14,78 Meter) hoch und wurden von einem Tympanon oder einer hohen Attika bekrönt. Die neuen Grabungen haben von diesen Säulen zahlreiche Bruchstücke ans Licht gebracht, außerdem ungefähr zwei Drittel der Kulthalle freigelegt, deren Mauerwerk deutlich das Ausmaß der Eingriffe nach dem Brand von 192 n. Chr. zeigt; eigentlich handelt es sich in diesem Bereich um einen Neubau. Das Einfügen der gigantischen Säulenschäfte aus Rosengranit muss daher als severisch angesehen werden, auch wenn wir durch die erhaltenen Fragmente der *forma urbis* wissen, dass es entlang der Flucht der Hallenfassade eine zweite Reihe von Säulen dieses Umfangs gab, von denen man Fundamente aus vespasianischer Zeit gefunden hat; sie weisen keine Anzeichen für spätere Veränderungen auf. Schon der ursprüngliche Plan des *templum Pacis* sah also diese doppelte Reihe von Säulen mit Schäften von 50 Fuß vor (sie wurden unter Vespasian aus Säulentrommeln aus weißem Marmor wie am Mars-Ultor-Tempel errichtet). Folglich hatte die Restaurierung unter Septimius Severus das Aussehen des Monumentes nicht wesentlich geändert, auch nicht dort, wo das Monument recht massig gewirkt hatte. Aus severischer Zeit stammt auch der prachtvolle Fußboden aus farbigem Marmor, von dem sich große Abschnitte erhalten haben (Abb. 7).

Im Zentrum der Südwand der Halle, also im Innern der Apsis, die auf den Fragmenten der *forma urbis* zu sehen ist und von der heute nur noch der Fundamentgraben existiert, ist ein 4 Meter hoher rechteckiger Sockel aus Ziegeln gefunden worden, der mit Marmorplatten verkleidet war. Darauf muss sich die Kultstatue der

Abb. 8

Die erhaltenen Fragmente der *forma urbis* vom Bereich des *templum pacis*

Pax befunden haben, personifiziert als sitzende weibliche Figur mit einem Zweig in der rechten und einem Füllhorn in der linken Hand, so wie sie auf den zeitgleichen Münzprägungen Vespasians dargestellt ist. Der Sockel ruht seinerseits auf einem Podium, das sich 1,5 Meter über den Boden der Halle erhebt und mit einem zentralen Vorbau und acht kleinen Reinigungsbecken versehen war. Die Halle ist angesichts ihrer Dimensionen (28 × 38 Meter) mit Dachbalken von 100 Fuß (29,57 Meter) eingedeckt worden, die in Nord-Süd-Richtung, also entsprechend der Hauptachse des Monumentes, angeordnet waren. An den Seiten der Kulthalle gibt es je ein Paar großer rechteckiger Räume, von denen die auf der Westseite gelegenen in das Kloster und die Kirche der Heiligen Cosmas und Damian einbezogen wurden, als diese zwischen 526 und 530 n. Chr. von Papst Felix IV. errichtet wurden (Abb. 9–10).

Dagegen wissen wir über die beiden Räume auf der Ostseite, die noch immer unter der Via dei Fori Imperiali liegen, nichts. Der im Südwesten an die Kulthalle unmittelbar angrenzende Raum misst etwa 18 × 24 Meter; er wurde in mehreren Kampagnen zwischen 1867 und 1955/56 vollständig ausgegraben. In der Antike betrat man ihn von der vorgelagerten Portikus aus durch eine Säulenreihe, die zugleich deren Abschluss nach Norden gebildet hat. An der Westseite der Halle, die noch heute perfekt erhalten und in die Fassade der Kirche integriert ist, war seit dem severischen Wiederaufbau die *forma urbis romae* angebracht, der in Marmor gemeißelte Plan der Stadt (Abb. 11). Möglicherweise gab es auf der gegenüberliegenden Seite der Halle einen weiteren Plan, vielleicht die auf Marmorplatten gemalte Landkarte von Italien, von der während der Grabungen 1955/56 Fragmente gefunden worden sind.

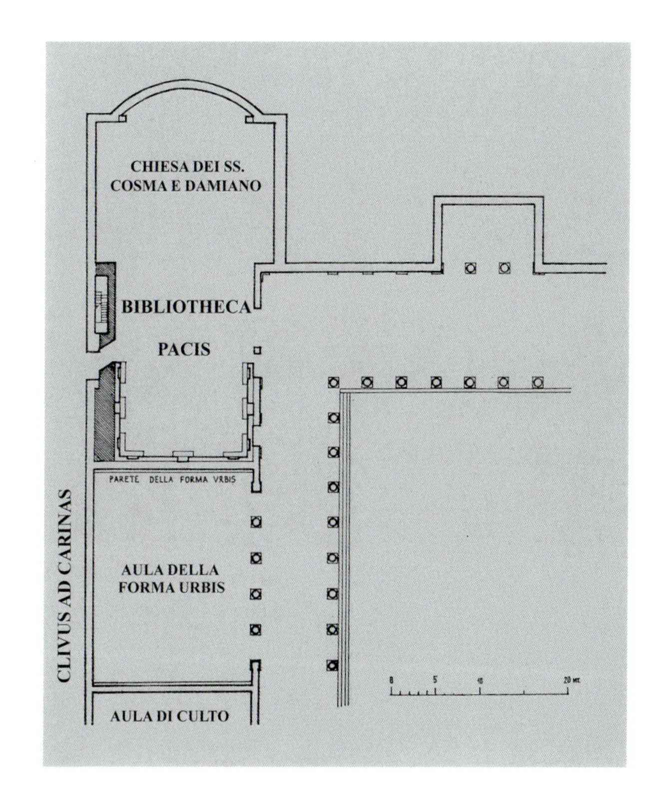

Abb. 9
Plan der südlichen Ecke des *templum pacis* mit der Positionierung der Bibliotheca Pacis und der sichtbaren Räume im Keller der Kirche der Heiligen Cosmas und Damian

Abb. 10
Überreste des *templum pacis* in der Eingangshalle des Klosters der Heiligen Cosmas und Damian
Insbesondere ist die Rückwand der südlichen Portikus mit den Aussparungen für die Pilasterkapitelle sichtbar

Abb. 11 a
Blick auf die Fassade des Klosters der Heiligen Cosmas und Damian mit den Löchern für die Dübel, die die Platten der *forma urbis* trugen

Der hintere, ursprünglich mit einer Apsis ausgestattete Teil der Halle ist dagegen komplett in das Innere des Klosters eingegliedert worden, wo man die Tuff- und Travertinblöcke des *opus quadratum* der Außenmauer bis zu einer Höhe von mehr als 17 Metern sehen kann. In den am weitesten im Westen gelegenen Abschnitt ist schließlich die Kirche der Heiligen Cosmas und Damian eingefügt worden. Diesen riesigen Raum (Länge: 37 Meter, Breite: 15,8 bis 20,7 Meter) betrat man durch die Portikus des Forums und den dahinterliegenden »Clivo delle Carine«. Vielleicht wurde er durch eine Quermauer, von der man noch die Fundamente festgestellt hat, in zwei Bereiche geteilt. Der sich durch diese Aufteilung ergebende kleinere Flügel lehnte sich direkt an die Wand mit der Forma Urbis an; er wurde nach dem Brand im Jahr 192 n. Chr. restauriert, indem man eine Ziegelmauer mit Nischen (vielleicht für Bücher) an das Außenmauerwerk aus Steinblöcken anfügte. In diesem und dem sich daneben anschließenden Raum mit der Apsis wird üblicherweise die berühmte Bibliotheca Pacis lokalisiert.

Die severische *forma urbis*

Dem Wiederaufbau des *templum pacis* unter Septimius Severus verdanken wir die Anfertigung der *forma urbis romae*. Dieser große Stadtplan wurde in 150 Platten aus prokonnesischem Marmor eingemeißelt und bildete ein Rechteck von 18 × 13 Metern. Angebracht wurde er an der Westmauer des großen Baus, der an die Westseite der Kulthalle angrenzt. Der Plan ersetzt wahrscheinlich einen Vorläufer, der auf Vespasian zurückgeht, aber im Brand von 192 n. Chr. zerstört oder beschädigt worden ist. Er gibt in Marmor das (auf Bronzeplatten gravierte) Kataster der Stadt wieder, das unter der Leitung des Fabius Cilo, Stadtpräfekt (*praefectus urbi*) von 203 bis 211 n. Chr., vermessen worden ist. Für die Wiedergabe Roms wählte man den Maßstab 1 : 240, der für Pläne und Gebäudemodelle in der römischen Welt offenbar allgemein üblich ist, wenn er auch manchmal mit großen Abweichungen und manchmal als ein Vielfaches oder als eine Teilung im Duodezimalsystem verwendet wird. Die *forma urbis* gibt die Stadt nahezu vollständig wieder, wie sie am Anfang des 3. Jahrhunderts n. Chr. aussah – noch ohne die Aurelianische Mauer und ohne einige der großen späteren Monumente (Diokletians- und Konstantinsthermen, Maxentiusbasilica usw.). Der Plan ist so ausgerichtet, dass der Nordpfeil in die untere linke Ecke weist. Von ihm sind bis heute ungefähr 1 200 Fragmente bekannt, was in etwa 10 Prozent der ursprünglichen Fläche entspricht. Neben den Fragmenten aus dem *templum pacis* sind in jüngerer Zeit Belege von fünf weiteren Marmorplänen gefunden worden, unter anderem auf dem Augustusforum. Sie alle gehören nicht zur *forma urbis*, denn sie sind mit sehr viel genaueren Linien ausgeführt, zeigen die Namen der Gebäudeeigentümer und Zahlen, die die Ausdehnung der Gebäudefassaden in römischen Fuß angeben und den Beamten dazu dienen, die Anlieger-

Abb. 11 b
Rekonstruktionszeichnung vom Aussehen der gleichen Wand in der Antike

beiträge festzusetzen. Wahrscheinlich handelt es sich um genaue Kopien der Bronzetafeln des städtischen Katasters, während die *forma urbis* eine Art Gesamtbild ist, das von der Dokumentation des Katasters alle Detailangaben weglässt und mit gröberen und tiefer gemeißelten Strichen ausgeführt ist, die dafür aber von Weitem gelesen werden können.

Den Gesamtkomplex zeichnet eine einzigartige Konzentration von Funden aus dem Bereich der Kartografie aus, aus denen ersichtlich wird, dass in severischer Zeit darin ein öffentliches Amt untergebracht ist, welches für die Dokumentation der Liegenschaften verantwortlich und wahrscheinlich dem für die Verwaltung der Stadt zuständigen *praefectus urbi* unterstellt ist.

Die Bibliotheca Pacis und die Kunstsammlung des Forums

Die erste öffentliche Bibliothek in Rom wird Julius Caesar verdankt. Sie befindet sich im Atrium Libertatis, dem alten Sitz der Zensoren, der hinter dem Tempel der Venus Genetrix liegt. Zu dem Komplex gehört das Archiv (*tabularium*) der Zensoren, in dem das Verzeichnis (*tabulae*) der freien und freigelassenen Bürger (woher sich der Name Atrium Libertatis ableitet), aber auch die Landkarten auf Bronze vom *ager publicus* aufbewahrt werden. Nach Caesars Tod wird das Projekt der Wiederherstellung des Atriums von Asinius Pollio, einem Waffengefährten Caesars, im Jahr 39 v. Chr. mit Unterstützung des bekannten Intellektuellen Terentius Varro zu Ende geführt. Pollio stattet das neue Gebäude und die Bibliothek, die eine griechische und eine lateinische Abteilung besitzt, mit einem Skulpturenmuseum aus, das sicherlich den Geschmack und die enzyklopädische Gelehrsamkeit Varros widerspiegelt. Zum ersten Mal werden Kultureinrichtungen wie eine Bibliothek und ein

Abb. 12
Bronzenes Miniaturporträt des stoischen Philosophen Chrysipp aus den Ausgrabungen des *templum pacis*

Museum für alle zugänglich gemacht, während sie bis dahin exklusiv der römischen Aristokratie vorbehalten waren. Die Maßnahmen des Asinius Pollio und der Wunsch Caesars, aus dem Tempel der Venus Genetrix ein Museum zu machen, zeigen, dass die großen Sammlungen in privaten Händen von einer Verbreitung der Kunst abgelöst und zu einem Gut werden, an dem das gesamte Gemeinwesen Anteil hat. Dank der neuen Funde und dank der erneuten Überprüfung der verfügbaren antiken Quellen liegen zahlreiche Indizien vor, die darauf hindeuten, dass ähnliche Intentionen mit der Errichtung des *templum pacis* verfolgt werden. Durch Aulus Gellius und Trebellius Pollio wissen wir, dass es im *templum pacis* die Bibliotheca Pacis gibt. Gellius zitiert einige der in der Sammlung auf dem Forum verwahrten Bücher, während Trebellius Pollio berichtet, dass ihn die Gemeinschaft der Literaten, die die Bibliotheca Pacis regelmäßig besuche, verhöhnt habe, weil er in die Biografien der »Dreißig Tyrannen« zwei Damen (oder »Tyranninnen«) eingefügt habe. Außerdem deuten zahlreiche literarische Hinweise darauf hin, dass es auf dem Forum eine *schola medicorum,* eine Schule für Ärzte gab, an der am Ende des 2. Jahrhunderts n. Chr. der berühmte Arzt Galenus aus Pergamon unterrichtet hat; sie war mit einer entsprechenden Fachbibliothek ausgestattet.

Während der Grabungen im Jahre 1999 wurde eine kleine, 14 Zentimeter hohe Porträtbüste aus Bronze gefunden. Sie zeigt den Stoiker Chrysipp (Abb. 12). Die Skulptur weist Übereinstimmungen mit ähnlichen kleinen Bronzebüsten von Philosophen auf, die in der Bibliothek der Villa dei Papiri in Herculaneum zutage kamen und die als bildliche Hinweise auf die Werke eben dieser Autoren interpretiert werden. Das Miniaturporträt des Chrysipps, ursprünglich mit einer Basis versehen, könnte also den Abschnitt der Bibliothek mit seinen Schriften markiert haben. Eine ähnliche Entdeckung, die in der Kulthalle 2005 gemacht wurde, betrifft die 25 Zentimeter hohe obere Hälfte einer kleinen Porträtstatue aus Elfenbein, die den Kaiser Septimius Severus mit erhobener rechter Hand im belehrenden Redegestus zeigt (Abb. 13). Diese Art der Darstellung im Habitus eines Weisen sowie seiner großen Zuneigung für die Kultur verdankt der Herrscher wahrscheinlich seinem Ruf, ein gelehrter Philosoph und ein Vertreter der Beredsamkeit zu sein. Es ist daher gut möglich, dass sein Bild im Innern der Bibliotheca Pacis aufgestellt war, um den Standort der von ihm verfassten Autobiografie anzuzeigen, die von den Gelehrten in der Antike sehr geschätzt und oft zitiert wurde.

Abb. 13
Elfenbeinstatuette des Kaisers Septimius Severus in der Haltung eines Redners aus den Ausgrabungen des *templum pacis*

Aus den Erwähnungen in den Schriften der zeitgenössischen Autoren wissen wir, dass im *templum pacis* zahlreiche Kunstwerke verwahrt wurden. Der Historiker Flavius Josephus berichtet, wie Vespasian die Anlage errichtete und schmückte »[…] *mit älteren Meisterwerken der Malerei und Bildhauerkunst. In diesem Heiligtum sollte ja alles gesammelt und niedergelegt werden, zu dessen Besichtigung im Einzelnen man sonst die ganze Welt hätte durchreisen müssen. Hierin ließ er auch die goldenen Prachtstücke aus dem Tempel zu Jerusalem bringen* […]«.[1] Wir wissen nicht, wo genau auf dem Forum diese Kostbarkeiten aufgestellt waren, die in dem Triumphzug mitgeführt wurden, der auf den Innenseiten des Durchgangs des Titusbogens dargestellt ist. Sie wurden zum Teil von den Goten unter Alarich im Jahr 410 n. Chr. geraubt und dann noch

Abb. 14
Römische Marmorkopie der Statue des Ganymedes des griechischen Bildhauers Leochares

einmal von den Vandalen unter Geiserich im »Sacco di Roma« von 455 n. Chr. Der Historiker Prokop aus Caesarea berichtet uns, dass der Schatz aus Jerusalem in den Schatz der Westgoten eingeflossen und im Jahr 508 n. Chr. in Carcassonne aufbewahrt worden sei.

Dank anderer Notizen ebenfalls von Prokop und von Plinius dem Älteren können wir viele der »antiken Hauptwerke der Malerei und Bildhauerei« identifizieren, die im *templum pacis* ausgestellt waren und auf die sich Flavius Josephus bezieht. Vor allem Plinius spricht davon, dass sich drei Werke der »antiken« griechischen Malerei auf dem Forum befanden: je ein Bild von Timanthes, Protogenes und Nikomachos, alle drei berühmte Künstler des frühen Hellenismus. Sie stellten dar: Palamedes, einen der Helden aus dem trojanischen Sagenkreis, den Halbgott Ialysos und Skylla, die Tochter des Niso, des Königs von Megara.

Plinius beschreibt in seinem Buch auch Hauptwerke der Skulptur, die im *templum pacis* aufbewahrt wurden, aber aus der Domus Aurea stammten. Diese hatte Vespasian symbolisch der Öffentlichkeit zurückerstattet, nachdem sie von Nero »privatisiert« worden waren. Darunter befanden sich: der Raub des Ganymed durch den Adler von Leochares (Abb. 14), die Bronzegruppe der Galater aus Pergamon (Kat.-Nr. 59) und vielleicht der Junge mit der Gans von Boethos, eine Venus-Darstellung von außergewöhnlicher Schönheit und eine Kolossalstatue des Nil aus ägyptischem Basanit, die Personifikation des Flusses, umgeben von 16 Putten, die die Ellen der Hochwasserstände repräsentierten. Von Prokop aus Caesarea wissen wir, dass auf dem Platz noch am Anfang des 6. Jahrhunderts n. Chr. die Bronzestatuen eines Stieres von Phidias oder Lysipp sowie die berühmte Kuh des Myron standen, während Pausanias die Statue des Olympiasiegers Keimon von Naukydes erwähnt.

Während der Grabungen sind außerdem einige Marmorfragmente von Statuensockeln gefunden worden, auf denen in griechischen Buchstaben die Namen der Künstler eingraviert waren, darunter Praxiteles, Kephisodot (Kat.-Nr. 58) und Parthenokles. Aus den verfügbaren Daten lässt sich mit ziemlicher Sicherheit eine Vorstellung vom Aussehen der Bibliotheca Pacis gewinnen: Sie bestand aus vier Abteilungen für Philosophie, Geschichte, Medizin und Literatur, außerdem aus einem reichen öffentlichen Archiv wie im Atrium Libertatis (diesmal allerdings der Stadtpräfektur statt den Zensoren zugeordnet) und aus einer kostbaren Kunstsammlung, die der Literatur das ästhetische Vergnügen, gleichsam als ein weiteres Beispiel menschlicher Schaffenskraft, an die Seite stellte.

Das *templum pacis* war also Sitz einer wichtigen Behörde, verantwortlich für die Verwaltung von Grund und Boden und außerdem ein Heiligtum, dem nach langer Zeit endlich erreichten Frieden geweiht, sowie ein Zentrum, das für die Sammlung und Erschließung der kulturellen Errungenschaften der Zeit zuständig war.[2]

1 Ios. bell. Iud. 7,5,160–162 (Übersetzung O. Güthling).
2 Weiterführende Literatur: Meneghini/Rea 2014, S. 242–341; Tucci 2013; Ambrosio/Meneghini/Rea 2011; AK Rom 2009; Meneghini 2009, S. 79–97; Meneghini/Santangeli Valenzani 2006; Mocchegiani Carpano 2006; Fogagnolo 2005–2006; Celant 2005; Papini 2005; Ambrogi 1998; Carettoni/Colini/Cozza/Gatti 1960; Castagnoli/Cozza 1956–1958; Colini 1937.

Judaea Capta

Die Flavier und der Jüdische Krieg – Triumph und Propaganda

DAVID HENDIN

Die vielen Gold-, Silber- und Bronzemünzen, welche die flavischen Kaiser im Andenken an die römische Zerstörung Jerusalems (70 n. Chr.) und Masadas (73 n. Chr.) prägen ließen, gehören zu den wichtigsten Beispielen politischer Propaganda römischer Zeit. Kaiser Vespasian und seine Söhne wollten die Nachricht vom Sieg über die Juden im gesamten Imperium verbreiten, damit, wie es H. St. J. Hart formulierte, die ganze Welt von der Zerschlagung der rebellischen Judäer und vom Ende des langen und schwierigen jüdischen Krieges erfahre (Abb. 1).[1]

Diese Strategie bediente sich dreier Kommunikationswege, um die offizielle Selbstdarstellung des Kaisers und seiner Taten den Menschen zu präsentieren: öffentlicher Anlässe wie dem Triumphzug,[2] öffentlicher Bauten und Denkmäler – sowie Münzen. Hart merkt an, dass die Münzen im gesamten römischen Reich zirkulierten und somit einen größeren Adressatenkreis ansprachen als die räumlich limitierten öffentliche Anlässe und (Bau-)Denkmäler. Die mit Worten und leicht verständlichen Symbolen verzierten Münzen gelangten in die Hände der Ober- und Unterschicht, in die Schatullen und Truhen der Reichen und der Bauern und fanden in der kaiserlichen Metropole selbst wie auch in ländlichen Gebieten und in entfernten Regionen des Reiches Verbreitung.[3]

◄ Detail aus Abb. 2

Die römischen Prägeautoritäten unter Vespasian und Titus – sowie in einigen Fällen auch unter Domitian[4] – verfolgten durch die reichhaltige Propaganda auch die Etablierung einer neuen, der flavischen Dynastie.

Bevor die flavischen JUDAEA-CAPTA-Münzen genauer betrachtet werden, ist zu erwähnen, dass – während Vespasian im Osten des Reiches tätig war – bereits Vitellius Münzen geprägt hatte, die sich auf den Feldzug gegen die Juden unter Kaiser Nero bezogen. Nachdem Nero am 9. Juni 68 n. Chr. einen gewaltsamen Tod gefunden hatte, stand unmittelbar am Ende des Vier-Kaiser-Jahres – es folgten auf Nero die Kaiser Galba, Otho, Vitellius und schließlich Vespasian – der Triumph über die Judäer. Auf den Vitellius-Münzen steht zwar nicht JUDAEA CAPTA, sie beziehen sich aber dennoch auf die militärischen Erfolge nach drei Jahren Krieg. Eine Münze zeigt die Siegesgöttin Victoria, die auf einen an eine Palme gelehnten Schild schreibt. Die Legende lautet VICTORIA AUGUSTI S C. Eine weitere

Abb. 1
Auf der Rückseite ist der Kaiser auf einem von vier Pferden gezogenen Triumphgespann dargestellt, der einen Lorbeerzweig und ein mit Adlerkopf geziertes Szepter trägt. Er wird von Victoria bekränzt und von einem Trompeter begleitet. Vor den Pferden ein Soldat, der einen jüdischen Gefangenen eskortiert.
Goldmünze (*aureus*) des Kaisers Vespasian, geprägt 71 n. Chr. in Lyon

Abb. 2
Die Rückseite zeigt das Colosseum, das aus der Kriegsbeute des Jüdischen Krieges (66–70 n. Chr.) errichtet wurde.
Messingmünze (*sestertius*) des Titus

Münze zeigt die Göttin, wie sie einen Schild an einem *tropaeum* neben einem Gefangenen platziert. Die zugehörige Legende VICTOR AUGUSTI S C verweist ebenfalls auf die Sieghaftigkeit des Kaisers. Beide Motive finden sich auch in der Münzprägung unter Vespasian und Titus.

Die dann unter den Flaviern einsetzende Propagierung von JUDAEA CAPTA zielte auf die Beeinflussung der öffentlichen Meinung. Die Münzen wurden hauptsächlich in Rom geprägt, aber auch in weiteren Prägestätten, inklusive solchen direkt in Judäa. Sie können in vier Kategorien unterteilt werden:

1. Münzen mit eindeutig auf den jüdischen Krieg bezogenen Legenden und Bildtypen. Hierunter fallen die Legenden IVDAEA RECEPTA, IVDAEA CAPTA, IVDAEA, DEVICTA IVDAEA, DE IVDAEIS und ΙΟΥΔΑΙΑΣ ΕΑΛΩΚΥΙΑΣ und die entsprechenden Münztypen, die Palme, Victoria, Kaiser, männliche und weibliche jüdische Gefangene, *tropaea* und Triumphzüge in verschiedenen Kombinationen zeigen.

2. Münzen mit Bildern der Victoria mit Gefangenem oder *tropaeum*, des Kaisers mit Gefangenem, mit Palme oder Triumphzug. Bei diesen Prägungen fehlen die auf Judäa bezogenen Münzlegenden.

3. Münzen, die den oben besprochenen Bildtypen ähneln und vermutlich in diesen Jahren ausgegeben wurden. Diese Gruppe beinhaltet *asses* und *dupondii* mit der Legende VICTORIA AVGVSTI und VICTORIA NAVALIS.

4. Münzen mit einer eher allgemeinen Victoria-Ikonografie, der Darstellung anderer Personifikationen und unspezifischen Victoria-Legenden.

In die letzte Kategorie gehören auch unter Titus geprägte Münzen, die das Colosseum abbilden (Abb. 2). In seltenen Fällen zeigt die Fassade vier Ebenen von Bögen; die zweite Ebene umfasst sechs mit Skulpturen geschmückte Bögen, darunter mittig eine triumphale Quadriga. Auf der dritten Ebene sind sieben Bögen wiedergegeben und zentral eine Palme, gerahmt von zwei Figuren – möglicherweise Vespasian und Titus oder der Kaiser und ein Judäer (Abb. 3). Die Colosseum-*sestertii* wurden 80/81 n. Chr. geprägt, anlässlich des zehnten Jubiläums der Zerstörung

Jerusalems und des Tempels; dass das Colosseum aus den Erträgen dieses Krieges finanziert wurde, war eine allgemein bekannte Tatsache, und entsprechend inszenieren die *sestertii* den Kaiser als triumphalen Herrscher inmitten seiner Kriegsbeute.[5]

Ein einmaliger *aureus* Vespasians trägt die Legende IVDAEA RECEPTA. Auf der Grundlage der Legende, des Designs und des Porträtstils haben sich Numismatiker dafür ausgesprochen, diese Prägung vor den Beginn der regulären IVDAEA-CAPTA-Münzserie zu setzen. Die RECEPTA-Legende stehe dabei in einem gewissen Spannungsverhältnis zur kriegerischen Triumphzeremonie und zur Weihung der Triumphbögen an Titus für seinen Sieg über die Judäer.[6] IVDAEA RECEPTA, also das »wiedergewonnene Judäa«, war vielleicht für kurze Zeit die offizielle Lesart des Kaiserhauses, bevor man sich entschied, mit IVDAEA CAPTA eine kraftvolle militärische Aktion der neuen Dynastie zu propagieren. IVDAEA RECEPTA wäre somit Ausdruck einer frühen, kurzlebigen Strategie, konträr zu derjenigen, die schließlich von den Flaviern umgesetzt wurde. Möglicherweise war es Titus selbst, der impulsiv das Bild eines wieder zur Ordnung gebrachten Judäas propagiert hatte, aber von seinem Vater zur Ordnung gerufen werden musste.

Die flavische IVDAEA-CAPTA-Münzprägung war eingebunden in eine kaiserliche Selbstdarstellung, welche die Mitglieder der neuen Dynastie als allmächtige Männer des Schicksals inszenieren sollte. Während die ersten Prägungen durch die Brutalität der Bilder und Legenden der obigen Kategorien 1 und 2 charakterisiert sind, wurde im Folgenden ihre Botschaft beibehalten, aber eine zunehmend allgemeinere Darstellung gewählt. Den Zeitgenossen mussten die flavischen Kaiser damit ganz logisch als beste Herrscher Roms erscheinen, denen man vertrauen, folgen und gehorchen sollte.

Abb. 3
Architekturbogen mit skulptierter Quadriga des Kaisers, darüber weiterer Bogen mit einer Skulpturengruppe: von zwei Figuren flankierte Palme. Detail aus der Darstellung des Colosseum von Abb. 2

1 Hart 1952, S. 172–198.
2 Zum römischen Triumph siehe den Beitrag von S. Nomicos in diesem Band, S. 153–155.
3 Charlesworth 1937.
4 Hendin 2007.
5 Vgl. Elkins 2006, S. 211–221, und Alföldy 1955, S. 195–225.
6 Gambash/Gitler/Cotton 2013, S. 89–104.

Ein befriedetes Imperium

Römische Provinzdarstellungen und die Perspektive der Provinzen

MARCO VITALE

Die mediale Vermittlung imperialer Herrschaft steht wieder verstärkt im Fokus der Geschichtswissenschaft. Besonders interessant sind die uns aus der römischen Zeit überkommenen Herrschaftsrepräsentationen, weil sie zahlreiche spätere Imperien inspirierten. Gebietsgewinne formten die Römer in der Regel zu verwaltungsmäßigen, für die Steuererhebung überschaubaren Territorien, zu »Provinzen«, die von hohen Amtsträgern, Provinzgouverneuren, verwaltet wurden. In dem in Provinzen untergliederten Imperium herrschte Frieden, Pax Romana – so zumindest in der offiziellen Version der römischen Eroberer.

◄ Detail aus Abb. 5

In welchen bildlichen und textlichen Formen stellten die Römer die territoriale Ausdehnung ihrer Macht, namentlich ihre Provinzen, dar? Wie lassen sich militärische Unterwerfung und das Konzept des Friedens aus damaliger Sicht vereinbaren? Auch die Perspektive der Beherrschten bzw. ihre Selbstdarstellungen interessiert uns: Verstanden sich die Provinzialen als »Provinz«?

Die Logik, nach der römische Herrschaftsgebiete dargestellt wurden, konnte verschieden ausfallen: ethnografisch (zum Beispiel Stämme, Völkerschaften), geografisch (zum Beispiel Inseln, Länder) und vornehmlich juristisch-administrativ (Provinzen, Gerichtsbezirke, Koloniegründungen). Die relevanten Quellen setzen sich auf der Ebene der Bildersprache aus Monumenten, Statuen, Steinreliefs, Münzabbildungen und Gegenständen der Kleinkunst zusammen. Auf der sprachlichen Ebene sind Münzlegenden und amtliche Dokumente in Steininschriften sowie Zeugnisse der antiken Literatur aufschlussreich.[1]

Abb. 1
Unter einem *tropaeum* sind eine Barbarin und ein Barbar angekettet
Relief vom Siegesdenkmal des Kaisers Augustus (Tropaeum Alpium) aus Südfrankreich

Römische Provinzdarstellungen

Bei »Provinzdarstellungen« denken wir in erster Linie an Personifikationen. Unterschiedliche Darstellungsformen und die sie präsentierenden Medien sind uns in Bruchstücken nach über zwei Jahrtausenden erhalten geblieben. In vorzüglicher Weise bot sich das Medium der Münze an, die nicht nur als Zahlungsmittel diente, sondern durch ihre variantenreichen Abbildungen auf der Vorder- und Rückseite auch interessante Einblicke in die bedeutenden politischen Ereignisse gewährt. Die meisten zentral geprägten römischen Münzen, die sogenannten »Reichsmünzen«, zirkulierten sowohl in der Hauptstadt als auch in den Provinzen und darüber hinaus auf den Wegen des Fernhandels bis nach China und Indien.[2] Auf Münzen sind besiegte Völker in verschiedenen, standardisierten Weisen abgebildet: Gängig sind Abbildungen von weiblich-männlichen, gefesselten Kriegsgefangenenpaaren, die im Sitzen oder Stehen trauern. Aber auch Tiere und Objekte versinnbildlichen Völker und Provinzen, zum Beispiel steht ein Krokodil für Ägypten oder eine tierköpfige Kriegstrompete für die keltischen Hispanier und Gallier. Seltener erscheinen Götterdarstellungen wie etwa die Flussgötter Tigris und Euphrat für Mesopotamien. Besonders während der Republik (3.–1. Jahrhundert

Abb. 2
Triumphbogen mit Inschrift DE BRITTANN (von Britannien)
Auf dem Bogen eine Skulpturengruppe des Kaisers als Reiter flankiert von zwei *tropaea*. Silbermünze (*denar*) des Kaisers Claudius (reg. 46–47 n. Chr.)

v. Chr.) war die Darstellung »prominenter« Kriegsgefangener üblich: Die Abbildung besiegter Fürsten (zum Beispiel König Perseus von Makedonien mit seinen Kindern) signalisierte den Übergang von einer lokalen Herrschaft zur römischen Provinzialverwaltung.

Das lateinische Ursprungswort *provincia* ist weiblich. Die am häufigsten bezeugte Form von »Provinzdarstellung« ist die einer weiblichen Figur, die Personifikation.[3] Diese Darstellungsform geht auf ältere Traditionen zurück. Bereits die antiken Griechen bildeten auf Münzen ihre jeweilige Stadt, *polis* (im Altgriechischen auch weiblich), als Frau ab. Damit ließ sich jede Polis durch eine eigene Stadtpersonifikation verkörpern. Daneben waren auch andere Formen städtischer Selbstdarstellung beliebt, etwa stadteigene historisch-mythologische Figuren und Heroen. Üblicherweise wurden die Personifikationen mit charakteristischen Objekten oder Tieren versehen, um die einzelnen Provinzen voneinander unterscheiden zu können: Die Personifikation Ägyptens war oftmals von der Abbildung eines Ibis oder einer Sphinx begleitet. Wenn aber der Abbildung eine erklärende Inschrift (*vocabulum/titulum*) fehlte, war sogar der antike Betrachter nicht ohne Weiteres imstande, eine Provinzdarstellung eindeutig zu erkennen. Auf diese Schwierigkeit verweist der römische Dichter Ovid in einer amüsanten Passage seiner »Liebeskunst« (»*ars amatoria*«): Um die Fragen seiner Begleiterin während eines Triumphzugs zu beantworten und sie damit zu beeindrucken, soll der verliebte Mann – auch wenn er die vorgeführten Provinzdarstellungen nicht alle kennt – wenigstens so tun, als wären sie ihm bekannt!

Die meisten Provinzpersonifikationen in Münzprägungen entstanden während der Regierung von Kaiser Trajan (reg. 98–117 n. Chr.). Unter ihm erlebte das Imperium die größte Ausdehnung.[4] Er selbst war kein gebürtiger Stadtrömer, sondern stammte aus Hispanien. Er war nicht der einzige Kaiser, der von außerhalb Roms kam. Interessanterweise wurden seit der Dynastie der Severer im 3. Jahrhundert n. Chr. – die Kaiserfamilie der Severer war ursprünglich in Nordafrika und Syrien beheimatet – anstatt Neueroberungen und verwalteter Reichsteile die Heimatprovinzen der Kaiser (*origo Augusti*) auf Reichsmünzen personifiziert.[5] Das könnte mit dem Umstand zusammenhängen, dass im Jahr 212 n. Chr. aufgrund der sogenannten Constitutio Antoniniana das römische Bürgerrecht auf alle Reichsbewohner ausgeweitet wurde.

Auf der sprachlichen Ebene wurde die Eroberung und Organisation neuer Provinzen durch standardisierte Münzlegenden wiedergegeben: Münzaufschriften wie »GERMANIA CAPTA« (»nachdem Germanien erobert wurde«), »VICTORIA DE BRITANNIS« (»Sieg über die Briten«) (Abb. 2) oder bloße Provinznamen (»GALLIA«, »AFRICA«, »NORICUM« usw.) sind in Kombination mit Provinzdarstellungen am häufigsten bezeugt. Die Niederlage der Aufständischen in der Provinz Judäa (69/71 v. Chr.) wurde anfänglich auf einem seltenen Münztyp mit der Aufschrift »IVDAEA RECEPTA« (»nachdem Judäa wiedergewonnen wurde«) quittiert; wenig später hieß es sogar »IVDAEA DEVICTA« (»nachdem Judäa besiegt wurde«; Kat.-Nr. 44).[6]

Ganze Bildszenen können uns zusätzliche Details über die historischen Ereignisse verraten, die mit der Prägung solcher Münzen verknüpft waren.[7] Die von der Münzlegende »SICILIA« begleitete symbolische Darstellung eines römischen Offiziers, der einer knienden Frau auf die Beine hilft, deutet auf das mehrmalige Niederschlagen von Sklavenaufständen auf der Insel hin: Die Provinz war offenbar wieder »aufgerichtet« worden. Ähnlich liefert der Reliefschmuck des berühmten Brustpanzers der sogenannten Augustusstatue von Prima Porta (Kat.-Nr. 20) eine Zusammenfassung aktueller Geschehnisse: Die Bildmitte nimmt die Darstellung eines Persers ein, der einem römischen Offizier den infolge der römischen Niederlage bei Carrhae 53 v. Chr. verlorenen Legionsadler zurückerstattet. Beidseitig flankiert wird die Szene von zwei männlichen Figuren, die jeweils die neu eroberten bzw. befriedeten Provinzen im Osten sowie im Westen repräsentieren.

Provinzdarstellungen finden sich auch in Form von Statuen und Steinreliefs: Die *porticus ad nationes*, der »Säulengang der Völkerschaften« in Rom stellt das älteste Bildprogramm der Kaiserzeit dar. Dieses Siegesmonument zu Ehren des ersten Kaisers Augustus (reg. 27 v. Chr. – 14 n. Chr.) ist jedoch archäologisch nicht mehr erhalten und nur in der antiken Literatur beschrieben. Zwischen den Säulenbögen des Monuments sollen Standbilder der von Augustus unterworfenen Völker aufgestellt gewesen sein. Ein weiterer Ort solcher Darstellungen war das unter Augustus zwischen 6 und 2 v. Chr. errichtete Forum Augusti. An beiden Längsseiten des Augustusforums waren Galerien mit den Standbildern der unterworfenen Völker bzw. eingerichteten Provinzen sowie der verstorbenen siegreichen Feldherren angebracht. Auch das Tropaeum Alpium (Abb. 1) aus demselben Zeitraum im heutigen La Turbie an der südfranzösischen Küste dürfte außer einer in 170 Fragmenten erhaltenen Inschrift mit der Auflistung von 46 »besiegten Alpen-Völkern« (»*gentes alpinae devictae*«) entsprechende Abbildungen gezeigt haben, die sich jedoch bislang nicht auffinden lassen. Der Rundbau mit einer von Säulen getragenen Kuppel war als kolossales Siegesdenkmal auf 486 Metern Höhe erbaut worden und von allen Richtungen sichtbar.[8]

Die Medienwirksamkeit von Provinzdarstellungen wurde also besonders durch den massenhaften überregionalen Umlauf (im Falle der Reichsmünzen), die Größe der Abbildungen und Inschriften sowie herausragende Aufstellungsorte optimiert. Sowohl Denkmäler als auch Münzen spielten als Massenkommunikationsmittel die Rolle von offiziellen staatlichen Informationsorganen. Dabei sollten wohl nicht nur ausgewählte Zielgruppen wie etwa Senatoren oder Heeresoffiziere angesprochen werden. Siegesdenkmäler und deren Inschriften – ob in Rom oder in Provinzstädten aufgestellt – waren allen Bevölkerungsschichten zugänglich. Dasselbe gilt für Triumphprozessionen, denen die gesamte römische Stadtbevölkerung beiwohnen konnte.[9] Indes ist im Fall der Münzen je nach Wert (Gold, Silber, Kupfer) und Umlaufradius (regional, überregional) eine gewollte Unterscheidung nach

Abb. 3

Kaiser Claudius besiegt Britannien, das als weibliche Personifikation wiedergegeben ist

Relief aus dem Kaiserkultgebäude von Aphrodisias (Türkei)

Abb. 4
Personifikation einer Provinz des Römischen Reiches
Relief aus dem Tempel des vergöttlichten Kaisers Hadrian in Rom

Zielgruppen denkbar. Provinzpersonifikationen treten uns auch in der Privatsphäre entgegen: in Mosaiken (zum Beispiel dem sogenannten Mosaico delle Province in Ostia), auf Trinkbechern (dem sogenannten Becher aus Puteoli) oder Schwertscheiden (das im British Museum aufbewahrte sogenannte Schwert des Tiberius aus Mogantiacum, dem heutigen Mainz).[10]

Neben den bildlichen Provinzdarstellungen gab es auch textliche Repräsentationsformen, die im öffentlichen Raum sichtbar waren: So war der berühmte Tatenbericht aus dem 76. Lebensjahr des Augustus (»Res Gestae Divi Augusti«) über seine Eroberungen, diplomatischen Siege und Städtegründungen ursprünglich auf zwei nunmehr verlorenen Bronzetafeln im Marsfeld in Rom angebracht. Der Text ist uns dank Kopien erhalten, die an verschiedenen Provinzorten auf Stein gemeißelt wurden und noch heute etwa an den Seitenwänden des monumentalen Tempels zu Ehren von Augustus (*sebasteion*) in Ankara sowohl in griechischer als auch lateinischer Sprache zu lesen sind.[11] Aus fast allen Ecken des Imperiums sind uns zudem detaillierte Laufbahninschriften hoher Provinzfunktionäre (zum Beispiel Gouverneure und Finanzprokuratoren) überkommen, welche die während ihrer Amtskarriere verwalteten Provinzen aufzählen. Eine weitere Form amtlicher Provinzdarstellungen findet sich in den Werken von Geschichtsschreibern und Geografen wie Strabon, Plinius und Claudius Ptolemaios, wo Provinzen auch in Gestalt von amtlichen Ortsregistern (*formula provinciae*) und Listen von Gerichtsbezirken (*conventus*) erscheinen.[12]

Friedensideologie

Was die Römer unter Einsatz enormer militärischer und logistischer Ressourcen eroberten, wurde der erwartungsvollen, oft kritischen stadtrömischen Bevölkerung sowie den Eroberten selbst nicht durch eine buchhalterische Bilanz aller finanziellen und personellen Aufwendungen präsentiert. Vielmehr erscheint die römische Expansionspolitik häufig eingehüllt in den dezenten Schleier des »Römischen Friedens«.[13] Mit Pax Romana war der innere Frieden gemeint: Stabilität, Sicherheit, Wohlstand und die Hochblüte der Wissenschaften und Künste.

Abb. 5
Ein siegreicher Kaiser wird von einer Personifikation (Senat oder römisches Volk) bekränzt
links ein *tropaeum* mit hockender Personifikation des unterlegenen Volkes. Relief aus dem Kaiserkultgebäude von Aphrodisias (Türkei)

Die Idee der Pax Romana entstand maßgeblich unter dem ersten Kaiser Augustus (auch Pax Augusta) und wurde von renommierten zeitgenössischen Dichtern wie Vergil, Horaz und Properz als Markenzeichen ihrer Epoche, des »goldenen Zeitalters« ausdrücklich gepriesen.[14] Nicht zufällig erscheinen im Tatenbericht des Augustus (»Res Gestae Divi Augusti«) die von ihm eroberten Regionen nicht nur als Resultat von »*veni, vidi vici*«, (»ich kam, ich sah und siegte«), wie noch bei Caesar, sondern unter dem beschönigenden Schlagwort »*pacavi*«, »ich habe befriedet« (Abb. 3).

Die römische Ideologie befriedeter und vollumfänglich in den Reichsverband integrierter Provinzen zeigt sich bildsprachlich am besten in den sogenannten »Reiseerinnerungsmünzen« des Kaisers Hadrian (reg. 117–138 n. Chr.). Darunter sind über 25 der vom Kaiser persönlich inspizierten Provinzen dargestellt: Die Abbildung von gleich gekleideten, weiblichen Provinzpersonifikationen suggeriert reichsweite Harmonie und Uniformität.[15] Diese Sichtweise zeigt sich auch in den Provinzdarstellungen von Hadrians Nachfolger, Antoninus Pius (reg. 138–161 n. Chr.), sowohl auf den Münzen als auch in Steinreliefs (16 Provinzreliefs im Hof des stadtrömischen Palazzo dei Conservatori) (Abb. 4). Ein kritischer Blick auf die antiken Quellen zeigt jedoch, wie relativ der »römische Frieden« war: Unter Hadrian und Antoninus Pius ging man im Norden der Provinz Britannien (wo der Hadrians- und der Antoninuswall errichtet wurden), im nordwestafrikanischen Mauretanien und im Nahen Osten gewaltsam gegen die aufständische Provinzbevölkerung vor. Derartige Ereignisse wurden in vielen Fällen bewusst nicht in den römischen Bildprogrammen wiedergegeben, sondern nach Möglichkeit verschwiegen. Dementsprechend berichtet der römische Senator und griechische Geschichtsschreiber Cassius Dio in Bezug auf die mühevolle und unsagbar teure Unterdrückung eines Provinzaufstands in Judäa der Jahre 132 bis 135 n. Chr.: »Es mussten aber auch viele Römer in diesem Kriege sterben. Deshalb verwendete Hadrian in seinem Schreiben an den Senat nicht die bei den Kaisern übliche Einleitungsformel: ›Wenn Ihr und Eure Kinder gesund seid, dann ist es wohl recht; ich und die Legionen fühlen uns gesund.‹«[16] Denn sowohl das römische Heeresaufgebot als auch die aufständischen Bevölkerungsteile waren sichtlich dezimiert worden.

Trotz der Verkündung von »Frieden im Erdkreis« (*pax per orbem terrarum*) waren friedfertige Kaiser wie Hadrian paradoxerweise unpopulär in den Reihen des Senats und Militärs, weil sie die Reichsgrenzen nicht erweiterten. Dennoch findet die römische Friedensideologie auch in Bauwerken und der Ikonografie wichtige Ausdrucksformen: Der unter Kaiser Vespasian (70/75 n. Chr.) errichtete »Friedenstempel« (*templum pacis*) in Rom wurde nach der siegreichen Beendigung des sogenannten »ersten Jüdischen Kriegs« eingeweiht und mit Beutestücken aus dem Jerusalemer Tempel ausgestattet.[17] Weibliche Personifikationen der Pax Augusti (»Frieden des Kaisers«) tauchen zum ersten Mal auf den Reichsmünzen von Kaiser Galba (reg. 68/69 n. Chr.) auf und lassen sich noch bis in die Zeit der christianisierten Dynastie Konstantins des Großen nachweisen.[18]

Perspektive der Provinzen

Wie stellte sich die in den Provinzen lebende Bevölkerung als Teil und Teilhaberin des römischen Imperiums dar? Gingen die Provinzialen überhaupt auf die Mitteilung der römischen Massenmedien von reichsweitem Frieden und Integration ein? Tatsächlich eigneten sich auch die Beherrschten, etwa von Rom abhängige Fürsten (»Klientelherrscher«) und Provinzstädte, römische Provinzdarstellungen an und interpretierten sie aus ihrer Perspektive neu: Der aus den Evangelien bekannte Herodes der Große soll nach Angaben des römisch-jüdischen Autors Flavius Josephus bei seinem hölzernen Theater in Jerusalem Abbildungen der »Völker, die Augustus besiegt hatte« zu Ehren des Kaisers aufgestellt haben;[19] die Standbilder wurden jedoch aus Rücksicht auf thoraobservante Empfindsamkeiten entfernt und sind archäologisch nicht erhalten. Ein ähnliches Bildprogramm von mindestens 50 Steinreliefs weiblicher Provinzdarstellungen mit entsprechenden Beischriften schmückte die Säulengänge eines Baukomplexes im westanatolischen Aphrodisias, den die Stadtbevölkerung für die kultische Verehrung der Kaiser errichtet hatte. Vollständig erhalten sind die Reliefs von Inselprovinzen (Kreta, Sizilien, Zypern), Völkern (zum Beispiel Ägypter und Daker) sowie weitgehend unbekannten Alpenstämmen wie den Trumpilini.[20]

Hie und da wurden römische Provinzdarstellungen auch auf lokalen Münzen nachgeahmt. Zahlreiche griechische Städte prägten noch bis weit ins 3. Jahrhundert n. Chr. sogenannte »semi-autonome« Münzen, die aber – abgesehen von Abbildungen der Mitglieder der jeweiligen Kaiserfamilie – zu einem Großteil mythologische Figuren aus der eigenen, lokalen Tradition zeigten. Nur in wenigen Fällen, insbesondere auf städtischen Münzen aus der Provinz Kilikien im Südosten der heutigen Türkei und der Provinz Syrien, stellte sich die Bevölkerung nach den Maßgaben der römischen Verwaltungsgeografie in Form von Provinzpersonifikationen dar.

Diese Münzen reichen allesamt aus dem Zeitraum von Septimius Severus (reg. 193–211 n. Chr.) bis zur Mitte des 3. Jahrhunderts. Den Anlass zu ihrer Prägung bot die provinzweite kultische Kaiserverehrung. Diese wurde von Städtebünden bzw. provinzialen Landtagen organisiert (*koinon/concilium*), welche die gesamte Provinz gegenüber römischen Amtsträgern rechtlich und politisch vertraten. Ob sich in den Provinzen so etwas wie eine kollektive »Provinz-Identität« herausbildete, lässt sich für viele Reichsgebiete nicht überprüfen. Zumindest in Entlassungsdiplomen für ausgediente Soldaten der römischen Armee oder in einigen Grabinschriften fällt auf, dass als Herkunft der Personen außer dem Bürgerort auch die Zugehörigkeitsprovinz vermerkt wurde (zum Beispiel »der Kaufmann Thaimos aus der Stadt Septimia Kanatha in Syrien«).[21]

Für das bemerkenswert lange Bestehen des römischen Imperiums spielten nicht nur ein schlagkräftiges Heer und ein durchstrukturierter Beamtenapparat in den Provinzen eine wichtige Rolle. Vielmehr galt es auch, die Provinzbevölkerung in das Reich zu integrieren und an einer gemeinsamen Idee teilhaben zu lassen, nämlich der Pax Romana. Diese Idee wurde sowohl von den Herrschenden als auch von den Beherrschten vorzugsweise in Form von »Provinzdarstellungen« kommuniziert (Abb. 5).

1 Vitale 2017.
2 Wolters 1999.
3 Meyer 2006; Messerschmidt 2003; Ostrowski 1990; Bienkowski 1908; Jatta 1900.
4 Woytek 2010.
5 Lichtenberger 2011.
6 Vitale 2014, S. 243–255; Gambash/Gitler/Cotton 2013, S. 89–104. Siehe hierzu den Beitrag D. Hendin in diesem Band, S. 173–175.
7 Schmidt-Dick 2003.
8 Zanier 1999, S. 99–132; Zanker 2009; Šašel 1972, S. 135–144.
9 Siehe hierzu den Beitrag von S. Nomicos in diesem Band, S. 153–155.
10 Kuttner 1995.
11 Botteri 2003, S. 240–249; Mommsen 1865.
12 Nicolet 1988; Cuntz 1888.
13 Löffl 2011; Schmitt 1997.
14 Siehe hierzu den Beitrag von S. Whybrew in diesem Band, S. 143–147.
15 Toynbee 1934.
16 Cass. Dio 14,1–3 (Übersetzung O. Veh).
17 Siehe hierzu den Beitrag von R. Meneghini in diesem Band, S. 157–171.
18 Siehe hierzu den Beitrag von Lichtenberger u. a. in diesem Band, S. 157–171.
19 Ios. ant. Iud. 15,8,1.
20 Smith 2013.
21 Vitale 2013.

Katalog

20

Augustusstatue von Prima Porta

Gipsabguss; Original: nach 17 v. Chr.; Marmor
Musei Vaticani, Rom, Inv.-Nr. 2290; H 204 cm
Archäologisches Museum der Universität Münster,
Inv.-Nr. A 445

Literatur: Zanker 2009, S. 192–196; AK München 2004, S. 186–197 (P. Liverani; U. Santamaria/F. Morresi); Schäfer 2001, S. 37–58; AK München 1993, S. 45–46; Hölscher 1988, S. 386–387; Simon 1986b, S. 52–57; Simon 1979, S. 263–272; Jucker 1977, S. 16–37; Kähler 1959; Simon 1957, S. 46–68

Die Statue des Augustus zeigt ihn als erfolgreichen Heerführer im reliefverzierten Brustpanzer. Im Zentrum des Panzerreliefs steht die Rückgabe der Feldzeichen (*signis recepta*), vermutlich durch die Parther. Crassus hatte 53 v. Chr. diese an die Parther verloren, und erst Augustus sollte es gelingen, die Rückgabe auf diplomatischem Weg zu erwirken. Die Darstellung zeigt, wie der Gegner mit einem unterwürfigen Gestus das Feldzeichen an einen Vertreter der römischen Militärmacht übergibt. Diese friedliche Einigung wird in Rom zum militärischen Erfolg über die Feinde stilisiert. Auf dem Brustpanzer fügt sich diese Übergabe in diese Narration, denn die Szene wird von zwei Personifikationen unterlegener Völker flankiert, die so den militärischen Erfolg Roms zur Schau stellen. Ebenfalls sind Schutzgottheiten des Augustus abgebildet, nämlich der Sonnengott Apollo und die Mondgöttin Diana. Hierin wird auch das Goldene Zeitalter (*saeculum aureum*, s. Beitrag Whybrew, S. 143–147) versinnbildlicht, welches 17 v. Chr. mit den Säkularspielen zu Ehren des Apollo und der Diana durch Augustus eingeleitet wurde. Unterhalb der Szene sind eine Göttin mit Ähren und Füllhorn sowie zwei spielenden Kindern als Symbole der Fruchtbarkeit dargestellt. Oberhalb der Rückgabeszene sind Himmelsgötter zu erkennen, unter anderem Venus, die Ahnherrin des julischen Geschlechts, dem Augustus als Adoptivsohn des Gaius Julius Caesar entstammt,

20

worauf auch der zu Augustus Füßen befindliche Amor verweist.

Auf der Rückseite der Statue ist der Flügel einer Viktoria oberhalb eines Siegesmals (*tropaeum*) zu erkennen (s. Beitrag Lichtenberger u. a., S. 234). Hierin ist – wie bereits beim Brustpanzer – ein Hinweis auf die Sieghaftigkeit des Feldherrn Augustus zu sehen, dessen kriegerische Erfolge Voraussetzung für den Frieden bleiben. Womöglich handelt es sich um eine postume Statue, da der Kaiser zum einen barfüßig wiedergegeben wird statt mit der üblichen Angabe von Feldherrenstiefeln und zum anderen mit einem Hüftmantel, welcher üblicherweise mit dem Gott Jupiter assoziiert wird. Die Botschaft ist eindeutig: Aus der Übergabe der Feldzeichen und den sonstigen militärischen Erfolgen erwächst ein Goldenes Zeitalter voller Fruchtbarkeit und im gleißenden, göttlichen Licht. In der erhobenen Rechten des Augustus ist ein nicht erhaltener Gegenstand zu rekonstruieren – möglicherweise ein Botenstab (*caduceus*) oder ein Zweig – der Augustus als Friedensbringer auszeichnen würde (s. Beitrag Lichtenberger u. a., S. 236–238). *SH/TS*

21

Modell des Marsfeldes mit Friedensaltar, sog. Sonnenuhr und Mausoleum des Augustus

Modell aus 3 Teilen; 300 × 600 cm
Archäologisches Museum der WWU Münster,
Inv.-Nr. L AM 1 (Leihgabe Flash-Filmproduktion
Armin Maiwald)

Literatur: Haselberger 2014 (insb. M. Schütz gegen E. Buchner); Albers 2013, S. 109–116; Mlasowsky 2010; Lohmann 2002, S. 43–60

Das Marsfeld (*campus Martius*) war ein mehr als 250 Hektar großer Bereich außerhalb der Stadtgrenze Roms, das dem Kriegsgott Mars geweiht war. Es wurde als Ort der Heeresversammlungen, Verwaltungsaktivitäten, Wahlen und Siegesfeiern genutzt. Seit dem Ende der Römischen Republik und insbesondere in der frühen Kaiserzeit wurden verstärkt große Gebäude wie Tempel, Thermen, Theater und Stadien auf dem Campus Martius errichtet. Unter Octavian/Augustus wurde in einer Parkanlage ein aufeinander abgestimmtes Ensemble, bestehend aus dem Grabmal (*mausoleum Augusti*), dem Friedensaltar (*ara pacis Augustae*) und der sogenannten Sonnenuhr des Augustus (*horologium Augusti*), erbaut.

Am nördlichen Rand des Marsfeldes steht noch heute das Augustusmausoleum, ein Grabhügel von 87 Metern Durchmesser und 44 Metern Höhe aus Ziegelmauerwerk mit Marmorverkleidung und einer goldenen Statue des Augustus. In diesem Mausoleum wurden die

21

Ascheurnen des Kaisers, seiner Verwandten und engsten Freunde aufbewahrt. Den Auftrag für dieses Bauprojekt hatte Octavian, der spätere Augustus, bereits im Jahr 29 v. Chr. nach seinem Sieg über Marc Anton und der Eroberung Ägyptens erteilt. Am Eingang des Grabmals stehen die zwei Obelisken, an denen Bronzetafeln mit dem im gesamten Imperium verbreiteten Tatenbericht des Augustus (»*res gestae divi augusti*«) angebracht sind.

Südlich des Mausoleums befindet sich der Friedensaltar (*ara pacis*), der heute in einem Museum in unmittelbarer Nähe untergebracht ist. Die knapp 21 × 11 Meter große Anlage besteht aus einem Podium, zu dem eine Treppe hinaufführt. Der eigentliche Altar steht im Inneren auf einem dreistufigen Podest. Im Osten und im Westen öffnen sich zwei 3,60 Meter breite Eingänge in den Längsseiten. Die Umfassungsmauer ist innen und außen mit ursprünglich farblich gefassten Reliefs verziert. Die Außenwände des Altars sind in zwei Zonen unterteilt: In der unteren befinden sich Streifen mit Pflanzenornamenten und Tieren (Kat.-Nr. 24), während die obere Hälfte ein Fries mit Reliefbildern eines Prozessionszuges des Augustus mit seiner Familie, Priestern, Konsuln, Opferdienern und Liktoren ziert (Kat.-Nr. 22). Den Friedensaltar ließ der römische Senat im Jahr 13 n. Chr. für Kaiser

Augustus anlässlich seiner Rückkehr aus Gallien und Spanien errichten (Augustus, Res Gestae 12). Der Princeps hatte die Bürgerkriege, die jahrzehntelang die späte Republik erschütterten, beendet und somit für Frieden und Ordnung im Inneren des Reiches gesorgt. Der Altar samt der dargestellten Friedensprozession steht symbolträchtig für den von Augustus erwirkten Frieden, die Pax Augusta (s. Beitrag Faust, S. 131–141).

90 Meter entfernt von der Ara Pacis befindet sich im Westen die sogenannte Sonnenuhr des Augustus (*horologium* oder *solarium Augusti*). Ein fast 22 Meter hoher Obelisk, der aus der Regierungszeit des Pharaos Psammetich II. (reg. 595–589 v. Chr.) stammt und den Augustus 10/9 v. Chr. aus Heliopolis in Ägypten nach Rom schaffen ließ, bildet zusammen mit einer Kugel als Nodus ihren knapp 30 Meter hohen Zeiger (*gnomon*). Nach Plinius (nat. 36,72) fällt der Schatten der Sonne auf eine exakt den längsten und kürzesten Tagen angepasste Pflasterung, die mit Bronzemarkierungen zur Zeitmessung versehen ist. Dabei handelt es sich um eine skalierte Meridianlinie mit Tierkreiszeichen, wovon ein Abschnitt freigelegt werden konnte. Das Horologium wird somit nicht mehr als Sonnenuhr (dieses Modell aus dem Jahr 1995 zeigt eine Rekonstruktion mit nicht verifiziertem Liniennetz von E. Buchner), sondern als komplexes Meridianinstrument (Jahreskalendarium) zur Bestimmung der Länge des Sonnenjahres aufgefasst. Es diente dazu, auf wissenschaftlicher Grundlage eine Kalenderkorrektur vorzunehmen, da Augustus seit 12 v. Chr. das Amt des obersten Priesters (*pontifex maximus*) innehatte und in dieser Funktion auch für den seit Caesar durcheinandergeratenen Kalender verantwortlich war. Das Modell gibt einen älteren Rekonstruktionsvorschlag wieder, bei dem das astrologische Messinstrument ein Ensemble mit der Ara Pacis bildet: Am Tag von Augustus' Staatsgeburtstag, dem 23. September, soll der Schatten des in einer Linie mit der Ara Pacis ausgerichteten Obelisken durch das Westportal auf den Friedensaltar gewandert sein, um damit die hintergründige Botschaft zu vermitteln, dass der Kaiser zum Frieden geboren sei (»*natus ad pacem*«). Allerdings wird heute bezweifelt, dass der Schatten den Altar überhaupt erreicht haben kann. *SH*

22

Prozessionszug von der Ara Pacis

Gipsabgussauszug – Reliefplatte 7 von der Südseite der Ara Pacis; Original: augusteisch, 13–9 v. Chr.; lunensischer Marmor, Museo dell'Ara Pacis, Rom; H 162 cm, B 195 cm
Abguss-Sammlung Antiker Plastik der Freien Universität Berlin, Inv.-Nr. 81/7

Literatur: Cornwell 2017, S. 159–168; Mlasowsky 2010; Rossini 2006, S. 48–79; AK Berlin 1988, S. 421, S. 425, Kat.-Nr. 229 (dieses Stück), Koeppel 1987, S. 124–126, Abb. 14–15; Pollini 1986, S. 453–460; Simon 1986, S. 36–38, S. 42–46

Die Errichtung des Friedensaltars, der Ara Pacis, wurde 13 v. Chr. vom Senat für Kaiser Augustus beschlossen, der dem Imperium Romanum zuvor den römischen Frieden, die Pax Romana, gebracht hat (Kat.-Nr. 21). Reliefplatten mit einem Prozessionsfries schmücken die Außenseiten des Altars. Abgebildet sind Inhaber hoher Priesterämter und Angehörige des julisch-claudischen Kaiserhauses, die nach links streben. Auf der Reliefplatte sind fünf verschleierte oder mit Lorbeer bekränzte Frauen in Leibgewand (*tunica*), Obergewand und Mantel abgebildet sowie drei jüngere Männer und ein gebückter Greis mit Lorbeerkränzen. Während links ein Mann in ein Leibgewand und einen Feldherrenmantel (*paludamentum*) gekleidet ist, tragen sowohl der Greis als auch der junge Mann am rechten Bildrand eine Toga zur Hervorhebung ihres Status als römische Bürger. Drei Kinder unterschiedlichen Alters befinden sich im Vordergrund, wobei sich der jüngste Knabe an die Hand einer Frau klammert. In der Mitte hält sich ein kleiner Junge mit Lorbeerkranz am Mantelsaum des Militärs fest und wendet sich zu einem jungen

Mädchen um, welches hinter ihm geht. Die Kinder tragen ebenfalls eine Toga (*toga praetexta*), die sie als Abkömmlinge freier römischer Bürger besonderer sozialer Stellung kennzeichnet und die bis zur Volljährigkeit getragen wurde. Die Jungen tragen ein Amulett (*bulla*) um den Hals, welches gleichermaßen ihren freigeborenen Status markiert, und das Mädchen eine Halskette mit Mondsichel (*lunula*).

Die Szene wird häufig mit der Prozession anlässlich der Grundsteinlegung des Altars oder dem Einzug des Augustus in Rom in Verbindung gebracht, doch überzeugen sämtliche Interpretationen nicht, die die Reliefdarstellungen mit einem genau bestimmbaren historischen Ereignis verknüpfen wollen. Die auf dem Altar dargestellte Friedensprozession steht allgemein für den von Augustus erwirkten Frieden (s. Beitrag Faust, S. 138–139) und dokumentiert die Einrichtung des Pax-Kultes in Rom. *SH*

23

Pax auf der Ara Pacis

Gipsabgussauszug von Reliefplatten der Ostseite der Ara Pacis; Original: augusteisch, 13–9 v. Chr.; lunensischer Marmor, Museo dell'Ara Pacis, Rom; H 161 cm, B 252 cm
Museum für Abgüsse Klassischer Bildwerke München, Inv.-Nr. 875 a, b, c

Literatur: Cornwell 2017, S. 163–168; AK Haltern am See 2009, S. 297, Kat.-Nr. 4.11 (D. Graepler); Zanker 2009, S. 172–180; Castriota 1995, S. 124–144, Abb. 43–44; Koeppel 1987, S. 112–113 mit Abb. 3; Simon 1986, S. 36, S. 39–41, Abb. 37–39; Simon 1967, S. 25–29

22

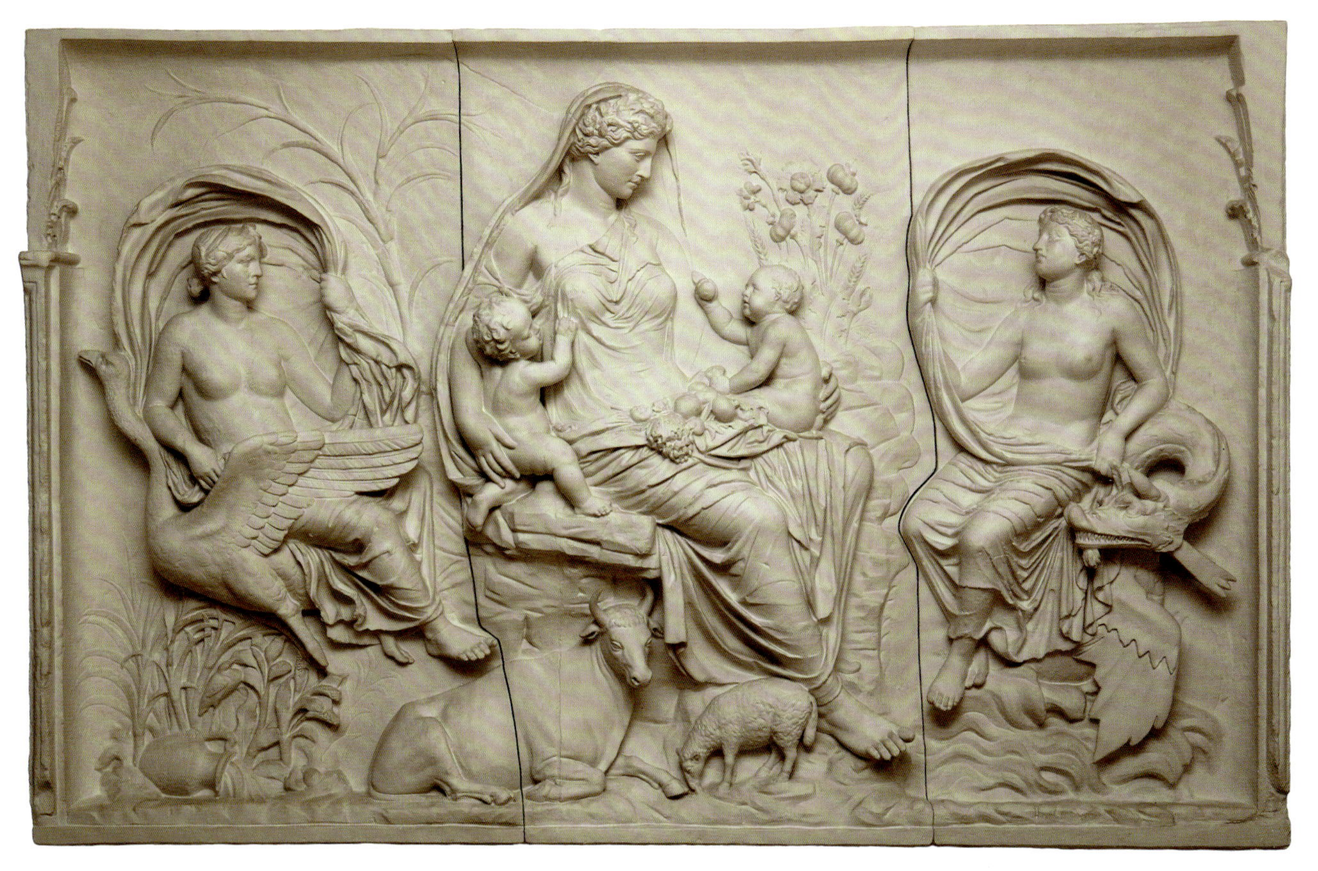

23

Bei dem Original des Abgusses handelt es sich um eines von vier Reliefbildern von der Umfassungsmauer des 9. n. Chr. geweihten Friedensaltars (*ara pacis*). In der Bildmitte sitzt eine reich gewandete junge Frau – mütterlich zwei Kleinkinder haltend und mit Früchten in ihrem Schoß – inmitten der Natur auf einem Felsen. Im Vordergrund sind ein friedlich grasendes Schaf und ein lagerndes Rind angegeben. Im Hintergrund wachsen Getreide, Mohn und Blumen. Die Frau wird flankiert von zwei Personifikationen mit geblähten Manteltüchern auf Tierwesen, die sich ihr zuwenden und die die fruchtbaren und feuchten Winde (*aurae*) symbolisieren: Die eine erhebt sich links auf einem Schwan über einem schilfbewachsenen Wasserlauf in die Lüfte, während die andere rechts auf einem Meeresungeheuer (*ketos*) aus dem Wasser emporsteigt.

Die Mittelfigur wird aufgrund der vielfältigen Fruchtbarkeitsassoziationen mit unterschiedlichen Personifikationen und Göttinnen in Verbindung gebracht und als Tellus, Ceres, Venus Genetrix, Terra Mater oder Italia angesprochen. Sie kann ebenso als Friedensgöttin Pax aufgefasst werden, welche von üppiger Natur als Zeichen des Wohlstands umgeben ist, der in kriegslosen Zeiten blüht und auf diese Weise die positiven Resultate des Friedens betont. In seiner Gesamtheit verdeutlicht das Bild das augusteische Friedenskonzept selbst und symbolisiert die Segnungen des durch Augustus gebrachten Goldenen Zeitalters (*saeculum aureum*) (s. Beitrag Whybrew, S. 143–147), dessen Grundlage der umfassende Friede ist. *SH*

24

24

Rankenrelief von der Ara Pacis

Gipsabgussauszug von dem Rankenfries unterhalb der Prozessionsreliefs; Original: augusteisch, 13–9 v. Chr. lunensischer Marmor, Museo dell'Ara Pacis, Rom
H 183 cm, B 118 cm
Abguss-Sammlung Antiker Plastik der Freien Universität Berlin, Inv.-Nr. 88/9

Literatur: Caneva 2010; Mlasowsky 2010, S. 63–65; AK Berlin 1988, S. 425, Nr. 227 (S. Settis); Kraus 1953

Das Rankenrelief, von dem nur die rechte Hälfte abgebildet ist, zeigt vier streng symmetrisch angeordneten Akanthusranken (Bärenklau), die am profilierten Fuß großen Blattkelchen entwachsen, weit austreiben und das ganze Bildfeld ausfüllen. Dabei wachsen die Triebe in stets zwei gegenläufigen Schwüngen heraus, aus denen wiederum sich einrollende Verzweigungen hervorbrechen. Diese enden in Blattwerk, einem Blattwedel oder einer Blüte. In der Mitte ragt ein gerader Stängel mit übereinander angeordneten Blätterkränzen und Blüten heraus. Die Akanthusranken werden von kleinen Blättern, Blüten und Früchten begleitet, die zu verschiedenen Pflanzenarten gehören und scheinbar natürlich voneinander austreiben. Zu den mehr als 90 erkannten Arten, die zusammengenommen auf allen Friesen des Altars identifiziert werden können, gehören Efeu, Lorbeer, Weinblätter und Weintrauben, Lilien- und Irisgewächse sowie Orchideen. Dabei handelt es sich um Pflanzen, die eng mit der Erde verbunden sind und aus Zwiebeln oder Knollen statt aus Samen entstehen. Auf zwei seitlichen Ranken am oberen Bildrand sitzt jeweils ein Schwan mit ausgebreiteten Flügeln und zur Mitte gewandtem Hals. Die Vögel fügen sich in das Gesamtbild ein, indem die Flügel sich ausbreiten wie die Blattwedel und die Hälse sich wie die Ranken einrollen. Bei näherem Hinsehen lassen sich weitere Tiere – Insekten und kleinere Tiere wie Schnecken, Frösche, Skorpione, Eidechsen, Heuschrecken, Vögel und eine Schlange – zwischen den Ranken entdecken (s. Beitrag Winkler-Horaček, S. 258).

Die spiralförmigen Ranken des Akanthus, einer weit verbreiteten Heckenpflanze in griechischen Heiligtümern, stehen für das Leben, das Vergehen und die Regeneration bzw. die Wiedergeburt, die unter anderem mit den Göttern Apollo und Bacchus verbunden werden können. Die Schwäne sind Apollo zugeordnet. Begünstigt durch das Wirken der Götter, lässt Augustus das Goldene Zeitalter anbrechen (s. Beitrag Faust, S. 140 und Beitrag Whybrew, S. 143–147), verdeutlicht durch das üppige Wachsen der Pflanzen und der damit zusammenwirkenden Tierwelt im Zyklus des Lebens. *SH*

25

25

Mischgefäß (*krater*) mit Rankendekor

Galvanoplastische Kopie eines inzwischen verlorenen Originals aus Silber; Original: 1. Viertel 1. Jahrhundert n. Chr.; Staatliche Museen zu Berlin, Antikensammlung, Inv.-Nr. Misc. 3779,62 (Original des Mantels im Zweiten Weltkrieg zerstört); Mantel H 36 cm, Dm 35,3 cm Einsatz H 33,1 cm, Dm 38,1 cm
Felix-Nussbaum-Haus und Kulturgeschichtliches Museum, Osnabrück, Inv.-Nr. 3746/5

Literatur: AK Rom 2013, S. 235, S. 245, Kat. VI, 4, 2 (C. P. Presicce/E. Ghisellini); AK Berlin 2002, S. 651–652, Kat. 514; Gregarek 1997, S. 91–98; AK Hildesheim 1997, S. 75–76, Kat. 62 (K. Hitzl); AK Berlin 1988, S. 577, Kat. 403 (E. Künzl)

Der Silberschatz aus Hildesheim beinhaltet rund 70 Stücke römischen Ess- und Trinkgeschirrs sowie weitere Gegenstände des Ausstattungsluxus. Er gehört in die Zeit, als Kaiser Augustus und Tiberius versuchten, die Germanen von der Lippe-Linie aus zu bezwingen. Von außergewöhnlicher Qualität ist das glockenförmige Mischgefäß (*krater*) mit einem gegossenen äußeren Reliefmantel und einem getriebenen Einsatz. Verziert ist es mit einem symmetrischen Rankendekor. Je Bildseite entwachsen die Akanthusranken einem Blütenstängel am Meeresboden, der von zwei Adlergreifen flankiert wird, sowie Stängeln in den Henkelzonen, die von je einem Löwengreifen ausgehen. Zwischen den Ranken, Blättern und Blüten schweben drei kleine Eroten, die verschiedene Meerestiere wie Raubfische, Garnelen, Tintenfische, einen Hummer und einen Delfin mit Dreizacken jagen. Drei weitere Eroten spielen mit den Tieren. Harmonisch fügen sich die Ranken in die Unterwasserwelt ein, die von den Eroten als Begleiter der Göttin Venus bevölkert und von den Greifen des Apollo umgeben werden. Der vegetabile Dekor mit den eingestellten Tieren weist enge

26

Parallelen zu den Akanthusrankenplatten der Ara Pacis (Kat.-Nr. 24) auf (s. Beitrag Faust S. 140), bei der die artenreiche Tier- und Pflanzenwelt ebenfalls mit Göttern in Verbindung gebracht werden und die auf das unter Augustus anbrechende Goldene Zeitalter verweisen (zum Tieridyll s. Beitrag Winkler-Horaček, S. 247–259; zum Goldenen Zeitalter s. Beitrag Whybrew, S. 143–147). *SH*

26

Säugende Wildsau

Gipsabguss eines Marmorreliefs; Original: spätaugusteisch Marmor, Museo Archeologico Nazionale di Palestrina, Inv.-Nr. 114273; H 95,5 cm, B 82 cm, T 15 cm
Kunsthistorisches Museum Wien, Antikensammlung, Inv.-Nr. XIV Z 294

Literatur: AK Haltern am See 2009, S. 238–239, Nr. 2.1 (S. Gatti); Zanker 2009, S. 181–182; Agnoli 2002, S. 207–217, Nr. III.3

Das Relief zeigt eine Wildsau beim Säugen ihrer sechs Frischlinge. Das massige Muttertier hat sich auf einem felsigen Untergrund niedergelassen und bietet dem hungrigen Nachwuchs seine Zitzen dar. Links von der Gruppe erhebt sich ein mit einer kleinen Eiche bewachsenes Felsmassiv, welches die Tiere wie eine Höhle umgibt. Rechts und im Hintergrund sind Schilfhalme zu erkennen.

Das Relief ist in einem spätantiken Gebäude im östlich von Rom gelegenen Praeneste wiederverwendet worden. Ursprünglich hat es jedoch einen Brunnen verkleidet. Zwei weitere Reliefs im Kunsthistorischen Museum Wien gehören gleichfalls zu diesem Prunkbrunnen. Sie sind ebenso groß wie jenes in Palestrina und zeigen auch säugende Tiere: ein Schaf und eine Löwin. Darüber hinaus sind alle Reliefs konkav geformt und durchbrochen, wodurch die Funktion des Monuments als Brunnen gesichert ist. Die Bilder friedlich säugender Tiere symbolisieren die Fruchtbarkeit der Natur (zum Tieridyll s. Beitrag Winkler-Horaček, S. 247–259). Sie gehören zu einer Reihe weiterer bukolischer Darstellungen, die in der frühen Kaiserzeit zunehmend beliebt werden.

Das Relief ist von herausragender künstlerischer Qualität. Es wird vermutet, dass es mit der Werkstatt der Reliefs der Ara Pacis in Rom in Verbindung zu bringen ist (s. Kat.-Nr. 22–24). Außerdem wird angenommen, dass es sich bei dem Brunnen um eine Stiftung des aus Praeneste stammenden bedeutenden Gelehrten M. Verrius Flaccus handelt, des Erziehers der Adoptivsöhne des Augustus. *MJB*

27

Widderträger

Gipsabguss einer Bronzestatuette, Original: Anfang 5. Jahrhundert v. Chr.; Staatliche Museen zu Berlin, Antikensammlung, Inv.-Nr. Fr 1823; H 17 cm, B 6,8 cm, T 3,4 cm
Archäologisches Museum der WWU Münster, Inv.-Nr. A 150

Literatur: AK Berlin 2006 a, S. 78–79, Kat.-Nr. 23 (J. Dittebrand); Heilmeyer 1988, S. 213; Himmelmann 1980, S. 71–75, S. 138–144

27

Die Bronzestatuette stellt einen unbekleideten, jungen Mann dar, der einen Widder auf den Schultern trägt und das linke Bein vor das rechte setzt. Der Mann winkelt die Arme auf Brusthöhe an, um das Tier an seinen Vorder- bzw. Hinterbeinen festzuhalten. Seine Augen sind mandelförmig gestaltet, der Mund zeigt das sogenannte archaische Lächeln, und die Haare sind in Form einer Kappe mit radial verlaufenden Strähnen angegeben. Der Kopf des Tieres befindet sich über der linken Schulter des Mannes. Das Fell ist spiralförmig verziert. Die auf Vorderansicht gearbeitete Statuette diente womöglich

28

als Aufsatz eines etruskischen Urnendeckels oder als Weihgeschenk an eine Gottheit.

Das Motiv des Widderträgers (*kriophoros*), der ein Opfertier in ein Heiligtum trägt, existiert seit dem 6. Jahrhundert v. Chr. in Griechenland, wobei es sich bei den Tieren um Schafe oder Kälber handeln kann. Das Darstellungsschema setzt sich in der römischen Kunst fort und wird insbesondere in der frühchristlichen Kunst als »guter Hirte« verstanden. Bei dem frühchristlichen Bild dominiert nun der friedfertige Charakter des sorgenden Hirten, und die ursprüngliche Bedeutung des Motivs als Herbeitragen eines Opfertiers tritt in den Hintergrund. *SH*

28

Orpheus als Widderträger mit Herde

Schale (Terra Sigillata Chiara), nordafrikanische Werkstatt, Herkunft unbekannt; 4. Jahrhundert n. Chr.; Ton; Dm 18 cm
Römisch-Germanisches Zentralmuseum Mainz, Inv.-Nr. O.39447

Literatur: Löwenstein 2015, S. 397–823, besonders S. 497–505; AK Karlsruhe 2013, S. 405, Kat.-Nr. 287 (M. Horn); Weidemann 1990, Nr. 24; Himmelmann 1980, S. 150–151, S. 171–172, Taf. 77; AK New York 1979, S. 520–521, Nr. 465 (J. N. Carder)

Die Tonschale aus Mainz weist einen Dekor mit figürlichen Reliefauflagen auf. Dabei zeigt die Applike im zentralen Bildfeld einen Widderträger, der von je einem Widder flankiert wird. Er trägt über einer Hose eine kurze Tunika mit breitem, verziertem Gürtel, darüber einen mit einer Fibel zusammengehaltenen Mantel (*paludamentum*), eine phrygische Mütze und geschnürte Schuhe. Mit beiden Armen hält er den auf seiner Schulter sitzenden Widder. Ihm gegenüber sitzt auf felsigem Untergrund ein unbekleideter Mann, gedankenversunken das Kinn auf den linken Arm gestützt.

Diese Elemente sind typisch für Szenen in einer idyllischen Umgebung, die vor allem in römischer Zeit ein beliebtes Bildmotiv darstellen. Bei dem Widderträger handelt es sich um Orpheus, einen bekannten mythischen Sänger und Dichter, der durch seinen Gesang sämtliche Tiere friedlich vereinigen kann. Bei der sitzenden Person mag es sich um einen Philosophen handeln. Die Szene auf der Schale ist der Kategorie des Tieridylls (s. Beitrag Winkler-Horaček, S. 247–259) zuzuschreiben. *MB*

29

29

Taube mit Olivenzweig fliegt zur Arche Noah

Buntmetall; Münzstätte Apameia (Phrygien/Türkei)
Dm 34 mm, 19,60 g
geprägt unter Kaiser Philippus Arabs (reg. 244–249 n. Chr.)
Vorderseite: AVT K IOVΛ ΦΙΛΙΠΠΟϹ AVΓ; Panzerbüste des Philippus Arabs mit Lorbeerkranz nach rechts
Rückseite: EΠ M AVP AΛEXANΔP; im Abschnitt: OV B APXI AΠAMEΩN
Staatliche Museen zu Berlin, Münzkabinett, Inv.-Nr. 18262389

Literatur: Zwingmann 2011; BMC Phrygia, S. 101, Nr. 182; Friedländer/von Sallet 1877, S. 255–256, Nr. 885, Taf. 9

Die Stadt Apameia in Phrygien (heutige Türkei) hat ebenso wie viele andere Städte im Imperium Romanum in der römischen Kaiserzeit eigene Bronzemünzen geprägt. Auf den Vorderseiten zeigen diese Münzen in der Regel den Kaiser, während auf den Rückseiten lokale Bauwerke, Mythen oder Gottheiten abgebildet werden. Viele dieser Lokalmythen sind nur durch die Münzprägung überliefert, und oft sind sie schwer verständlich. Auf den Münzen werden ausschließlich pagane (heidnische) Mythen dargestellt, und es gibt nur eine einzige Ausnahme davon: Die Stadt Apameia zeigt auf ihren Münzen eine biblische Geschichte. Dabei bleibt es unbekannt, ob die Geschichte von den paganen Bewohnern adaptiert wurde oder ob der Mythos auf eine selbstbewusste jüdische oder christliche Gemeinde in der Stadt verweist.

Apameia trug den Spitznamen *kibotos* (Kiste), und daher wurde hier ein Teil der alttestamentlichen Sintflutgeschichte lokalisiert, denn der Stadtname *kibotos* wurde auf die so in der griechischen Bibelübersetzung bezeichnete Arche Noah bezogen. Die Münze zeigt auf der Rückseite eine Handlungsabfolge in einem Bild. Rechts sieht man die Arche mit Noah und seiner Frau über das Wasser fahren; auf der Arche steht NΩE (Noah) und auf ihr sitzt ein Vogel. Links haben Noah und seine Frau die Arche bereits verlassen, denn über ihnen fliegt die Taube mit einem Olivenzweig, das Zeichen für den Rückgang des Wassers (Gen. 8,8–12). Es ist das Bild der Taube mit Zweig, welches in der Antike kein ausgeprägtes Friedenssymbol ist, das aber Picasso später zu seinen berühmten Friedenstauben inspiriert. *AL*

30

30

Taube auf einer Münze der Stadt Sikyon

Silber (*stater*); Peloponnes, Sikyon; 400–330 v. Chr.
Dm 18,5 mm, 2,84 g
Vorderseite: Chimaira steht nach links, die rechte Vorderpranke erhoben; im Feld darunter ΣΕ, rechts oben Beizeichen Kranz
Rückseite: Taube fliegt nach links, im Feld davor N. Das Ganze in rechts gebundenem Olivenkranz
Archäologisches Museum der WWU Münster, Inv.-Nr. M 864

Literatur: SNG Kopenhagen 48; BMC Peloponnes 57; Lacroix 1964, S. 6–12, S. 29–50; Welz 1959, S. 33–37

Ab der Mitte des 5. Jahrhunderts v. Chr. sind in der Münzprägung Sikyons auf der Vorderseite das Ungeheuer Chimäre und auf der Rückseite eine Taube im Olivenkranz gern abgebildet worden. Die Chimäre beschreibt Homer (Il. 6, 181) als ein mythisches Mischwesen, welches vorn einem Löwen, in der Mitte einer Ziege und hinten einer Schlange gleiche. Die Stadt Sikyon ist in der Antike für ihre Oliven bekannt, weswegen sich dieses Merkmal auch auf den Münzen wiederfindet. Die Taube stellt in der griechisch-römischen Antike noch kein Friedenssymbol dar und ist vielmehr mit der Liebesgöttin Aphrodite zu verbinden. Diese Göttin ist eine der Hauptgottheiten Sikyons. Ihr ist dort ein wichtiger Tempel mit einer Kultstatue in Goldelfenbeintechnik, geschaffen vom Bildhauer Kanachos, geweiht. *SH*

31

Aphrodite mit Taubenbecken

Terrakotte; 1. Jahrhundert v. Chr.; Ton; H 21 cm
Martin von Wagner-Museum der Universität Würzburg, Inv.-Nr. H 5359

Literatur: Schmidt 1994, S. 114, Kat. 168 (mit weiterführender Literatur), Taf. 33 a

Die Tonfigur (Terrakotte) zeigt die unbekleidete Göttin Aphrodite, die gerade dem Meer entstiegen ist. Sie hat die Arme erhoben und wringt sich mit beiden Händen die Haare aus. Zu ihrer

31

33

Linken stützt sie sich mit dem Ellenbogen auf einen Pfeiler, auf dem sich ein liegendes Wassergefäß (*hydria*) befindet. Ihr anderer Unterarm ruht auf einer Herme ihres Sohnes Priapos, des Gottes der Fruchtbarkeit, auf einem niedrigen Pfeiler. Die Göttin steht auf einer Basis, die an der Vorderseite mit einem vorkragenden Rahmen gefasst ist, welche mit einem Relief eines Wasserbeckens (*louterion*) mit zwei antithetisch angeordneten Tauben auf dem Beckenrand verziert ist.

Aphrodite wird nach einem späthellenistischen Statuentypus als Anadyomene (»die Entsteigende«) wiedergegeben. Tauben sind eindeutig mit der Liebesgöttin Aphrodite (Venus) verbunden und treten vielfach als ihre Attributtiere auf. Das Bildmotiv der Tieridylle mit friedlichen Tauben am Wasserbecken geht auf ein hellenistisches Vorbild des Mosaizisten Sosos zurück (s. Beitrag Lichtenberger u. a., S. 238–240, Abb. 12). *SH*

32

Taubenpaar

Tonfiguren aus Unteritalien (canosinisch polychrom)
frühes 3. Jahrhundert v. Chr.; L 7,3 cm, B 5,3 cm
Archäologisches Museum der WWU Münster,
Inv.-Nr. 1002–1003

Literatur: Stähler 1985, S. 120, Kat.-Nr. 131, Taf. 60d; ein weiteres Stück im Archäologischen Museum der WWU, Inv.-Nr. 805, Stähler 1983, S. 264 mit älterer Literatur; zur Taube als Grabbeigabe: Graepler 1997, S. 174, Anm. 192; Stähler 1985, S. 120; Stähler 1983, S. 264

Tonfiguren von bunt bemalten Tauben sind als Bestandteile von Grabgefäßen gut bezeugt. Ihre Herkunft aus unteritalischen Kammergräbern erklärt auch den hervorragenden Erhaltungszustand der Bemalung. Insbesondere das um die Brust gelegte, in roter Farbe angegebene Stoffband, das auf dem Rücken mittels einer Schleife zusammengebunden ist, belegt, dass solche Tauben im Hause gehalten worden sind. Ob sie Kindern als Haustier dienten oder als Liebesgeschenk dem weiblich-hochzeitlichen Bereich zuzuordnen sind, diese Frage kann nicht eindeutig beantwortet werden. *HN*

33

Altar der Pax Augusti/Augusta

Augusteisch; Marmor; H 114 cm, B 60 cm, T 55 cm
Musée Narbo Via, Narbonne, Inv.-Nr. 869.1.1/388

Literatur: Cornwell 2017, S. 183–185 mit Anm. 82 zur Diskussion der Lesart; AK Paris 2014, S. 278–279, Kat. 256 mit Abb. (D. Roger); Gayraud 1981, S. 355–358, S. 365–369, Abb. 55; Weinstock 1960, S. 48, S. 54, S. 65, Abb. 1

Auf der Vorderseite des Altars ist ein Eichenkranz abgebildet. Er schließt die Inschrift PACI AVG ein, die sowohl als PACI AVG(usti) – »dem Frieden des Augustus« – oder als PACI AVG(ustae) – »dem erhabenen Frieden« – übersetzt werden kann. Unter dem Kranz befindet sich eine weitere Inschrift: T DOMITIVS ROMVLVS VOTVM POSVIT QUOD FIDECOMMISSVM PHOEBVM LIBERV(M) RECEPIT (CIL XII 4335).

33

Die Rückseite des Altars zieren zwei Rinderschädel (*bukrania)*, die durch eine Girlande miteinander verbunden sind. Auf den Seiten ist je ein Lorbeerbaum abgebildet.

Die Inschrift zeugt davon, dass der Altar von einem Mann mit römischer Staatsbürgerschaft, Titus Domitius Romulus, gestiftet wurde. Er widmete den Altar in Erfüllung eines Gelübdes (*votum posuit*) dem Frieden. Wahrscheinlich handelt es sich bei dem Stifter um einen Freigelassenen, der das römische Bürgerrecht erlangte und der zu Ehren seines ebenfalls freigelassenen Sohnes diesen Altar in Auftrag gab und auf dem Forum in Gallia Narbonensis (Narbonne) aufstellte.

Die private Stiftung des Altars mag im Anschluss an die Ernennung des Octavian zum Augustus (27 v. Chr.) erfolgt sein. Die Bildmotive des Eichenkranzes und der Lorbeerbäume sind Reminiszenzen an die Ehrungen, die Augustus in diesem Zusammenhang vom Senat erhielt. Dabei handelt es sich vermutlich um eines der frühesten Zeugnisse von privater kaiserlicher Verehrung im öffentlichen Raum einer Provinz, was womöglich mit der Einrichtung eines entsprechenden Kultes der Pax Augusta oder der Pax Augusti einhergeht. Indem die Bildsprache der imperialen Ideologie nachgeahmt wird und der Altar dem augusteischen oder erhabenen Frieden geweiht ist, demonstriert der Stifter seine Akzeptanz des durch Augustus erwirkten Friedens im Reich (*pax Augusta*). *SE/SH*

34

Der römische Siegfrieden

Abguss einer Seite des Marmoraltars der Gens Augusta
Original: spätes 1. Jahrhundert v. Chr. / frühes 1. Jahrhundert n. Chr.; Tunis, Bardo-Museum, Inv.-Nr. 2125
L 7,3 cm, B 5,3 cm
Archäologisches Museum der WWU Münster, Inv.-Nr. A 448 (Geschenk des Museumsdirektors Prof. Ghalia des Bardo-Museums, Tunis)

Literatur: Zanker 2009, S. 311–312, Abb. 247; Le Bohec 2005, S. 56–57; Yacoub 1993, S. 111, S. 193, Abb. 63

Der Marmoraltar ist beim Forum in unmittelbarer Nähe zum Tempel der Gens Augusta in Karthago gefunden worden. Er ist dem Kaiserkult gewidmet und von P. Perelius Hedulus gestiftet worden.

34

Die vier Reliefs des Altars zeigen Roma, Apollo, Aeneas auf der Flucht und eine Opferszene. Die Seite mit Roma ist dem römischen Siegfrieden gewidmet. Rechts sitzt die behelmte Göttin Roma nach links ausgerichtet auf einem von Waffen umgebenen Kubus. Sie hält in ihrer linken Armbeuge ein Schwert in Schwertscheide (*parazonium*) und auf ihrer Rechten einen Pfeiler, der von der von rechts heranfliegenden Siegesgöttin Victoria mit einem Schild geschmückt wird. Ihr gegenüber befindet sich ein Podest, auf dem drei Elemente der Friedenssymbolik niedergelegt sind: ein prall gefülltes Füllhorn (*cornucopiae*), der bei Friedensverhandlungen genutzte Botenstab (*caduceus*) und ein Himmelsglobus (*sphaira*). Der römische Siegfrieden ist hier in Szene gesetzt, indem die siegreiche Roma die Erlangung und den Segen des Friedens bis in den Kosmos präsentiert. *HN*

35

Porträtkopf des Kaisers Nero (reg. 54–68 n. Chr.)

Gipsabguss eines Marmorkopfs; Original: um 65 n. Chr. Marmor, Staatliche Antikensammlung und Glyptothek, München, Inv.-Nr. GL 321; H 43 cm
Archäologisches Museum der WWU Münster, Inv.-Nr. A 307

Literatur: AK München 2017, S. 172–177, Kat. 56; Wünsche 2005, S. 134–135 mit Abb.; Schneider 2003, S. 65–66, Abb. 4; Post 1998; Bergmann 1998, S. 148, S. 172–173, Taf. 28, 2; Hiesinger 1975, S. 120–121, Taf. 18

Der Abguss zeigt den überlebensgroßen Kopf des jungen, beleibten L. Domitius Ahenobarbus, genannt Nero. Das Gesicht ist verfettet und gekennzeichnet von kleinen Augen, einer breiten Nase, einem schmalen Mund und einem Doppelkinn auf einem wuchtigen Hals. Die Ohren stehen leicht ab. Das Stirn- und Schläfenhaar ist streng parallel und sichelförmig zur Seite gestrichen.

35

Dieser Porträttypus des Kaisers Nero wurde vermutlich zu seinem zehnjährigen Amtsjubiläum im Jahre 64 n. Chr. geschaffen. Nero distanzierte sich damit bewusst von den vorangegangenen julisch-claudischen Kaisern, die sich durch idealisierte und einander angeglichene Gesichtszüge und schlichte Frisurmotive auszeichnen. Neros Frisur ist als »*coma in gradis formata*« (»Haar in abgestufter Form«) durch den Kaiserbiografen Sueton (Nero 51) literarisch überliefert und musste aufwändig mit einer Brennschere hergerichtet werden. Sie zeugt von Reichtum und Muße, wie sie in Friedenszeiten vorherrschen. Auf gleiche Weise charakterisiert die Beleibtheit Nero als Friedensfürst und Anhänger eines genussvollen Lebensstils, der während seiner Herrschaft den mit dem Frieden einhergehenden Wohlstand schuf (s. Beitrag Schreiber, S. 149–151, Kat.-Nr. 36). *SH*

36

Der geschlossene Janustempel als Zeichen des Friedens

Buntmetall (*sestertius*); Münzstätte: Rom
Dm 31,3 mm, 26,61 g
geprägt 66 n. Chr. unter dem Kaiser Nero
(reg. 54–68 n. Chr.)
Archäologisches Museum der WWU Münster,
Inv.-Nr. M 2840

Literatur: Giard 1988, S. 165, Nr. 416, Taf. 54;
Münzstätte: Rom

36

Während auf der Vorderseite des Sesterzes der Kopf des Nero mit Lorbeerkranz abgebildet ist, zeigt die Rückseite die Dreiviertelansicht des Janustempels. Die zweiflügelige Tür der Frontseite ist geschlossen, darüber befindet sich eine Girlande. Die Längsseite stellt sich als Quadermauerwerk mit darüberliegender Gitteröffnung und abschließendem, unverziertem Doppelgebälk dar.

Die Legende erläutert das Bildmotiv: PACE P(opuli) R(omani) TERRA MARIQ(ue) PARTA NVM CLVSIT S(enatus) C(onsultum) bedeutet übersetzt: Nachdem der Friede des römischen Volks zu Lande und zu Wasser hergestellt wurde, schließt er (Nero) den Janustempel auf Beschluss des Senats.

Beim Janustempel handelt es sich um einen bronzenen Kultschrein aus augusteischer Zeit mit einer überlebensgroßen Statue des doppelköpfigen Gottes Janus. Der Tempel hat eine besondere Bedeutung, da er mit dem Brauch verbunden ist, die Türen des Heiligtums zu Friedenszeiten zu schließen, und zwar ausschließlich, wenn im gesamten Imperium Romanum Frieden herrscht. Zu Kriegszeiten sind die Tore dagegen weit geöffnet.

Wahrscheinlich bezieht sich diese Prägung des Kaisers Nero auf das Ende der Auseinandersetzungen Roms mit den Parthern im Jahre 63 n. Chr. Die römische Streitmacht unterliegt zwar den Parthern, doch wird dem Volk ein Sieg vor Augen geführt, indem die Türen des Heiligtums geschlossen werden. Nero propagierte sich selbst als friedenschaffender Herrscher (s. Kat.-Nr. 35 und 37; Beitrag Schreiber, S. 149–151), indem er den geschlossenen Janustempel auf seinen Münzen abbilden und verbreiten ließ.
SE/SH

37

37

Triumphaler Siegfrieden des Kaisers Nero

Buntmetall (*sestertius*); Münzstätte: Rom
Dm 37 mm, 28,28 g
geprägt 64 n. Chr. unter dem Kaiser Nero
(reg. 54–68 n. Chr.)
Vorderseite: NERO CLAVD CAESAR AVG GERM P M TR P
IMP P P. Büste des Nero mit Lorbeerkranz nach links
Rückseite: beiderseits S C.
Staatliche Museen zu Berlin, Münzkabinett,
Inv.-Nr. 18204476

Literatur: RIC I^2, Nr. 146; Drees 2009, S. 61–63, Taf. 16, 1–2; Fähndrich 2005, S. 26–28, S. 183, Taf. 7, 1 a–b; Roehmer 1997, S. 198–209, Taf. 7, 2; 8, 1–2; Kleiner 1985, besonders S. 78–79, Taf. 24–31

Auf der Rückseite der Bronzemünze ist ein Triumphbogen in Schrägansicht abgebildet. Auf ihm sind auf einem Sockel Skulpturen wiedergegeben: eine Quadriga mit Kaiser Nero im Wagenkasten, rechts daneben Victoria mit Kranz und Palmzweig und links Pax mit Botenstab (*caduceus*) und Füllhorn. An den Ecken des Sockels befinden sich jeweils Darstellungen eines Legionärs oder Parthers mit Feldzeichen. Die linke Schmalseite des Bogens ist mit einer Statue des bis auf einen Schultermantel nackten Kriegsgottes Mars in einer Nische geschmückt. Neben den Säulen des Bogens sind weitere Reliefs angegeben, die allerdings nicht genau zu bestimmen sind. Im Bogenscheitel hängt eine Girlande.

Nero lässt auf dieser Prägung seinen Sieg über die Parther (58 n. Chr.) feiern, aufgrund dessen er vier Jahre später einen Triumphbogen erhält. Die Darstellung des Triumphwagens zwischen Pax und Victoria deutet auf das römische Verständnis von Sieg und Frieden hin – sie gehen gemeinsam einher und bezeugen den Siegfrieden, der vom Kaiser gebracht wird. *SE*

38

38

Dachziegel der 10. Legion »Fretensis«

Dachtziegelfragment; 70 – etwa 135 n. Chr.
Ton; L 14,6 cm, T 2,3 cm
Archäologisches Museum der Westfälischen Wilhelms-Universität Münster, Inv.-Nr. 3248

Literatur: unpubliziert – zu Dachziegeln der Legio 10 mit identischem Bildmotiv: AK Jerusalem 2010, S. 134 – 135, Abb. 7; AK Haltern am See 2009, S. 345, Kat.-Nr. 6.32 (T. Esch); Dabrowa 2000, S. 317 – 325; Arubas/Goldfus 1995, S. 95 – 107, Abb. 10; AK Stuttgart 1994, S. 150, Abb. 48; Barag 1967, S. 244 – 267

Der tönerne Dachziegel (*tegula*) ist an allen Seiten gebrochen. Auf der Oberseite ist ein noch zur Hälfte erhaltener kreisrunder Stempel. Über der Darstellung eines Keilers ist das Ende einer einzeiligen Inschrift zu lesen: [...] G·X·F. Dies kann zu LEG[IO]·X·F[RETENSIS] ergänzt werden. Wie von besser erhaltenen Abdrücken bekannt, befand sich darüber die Darstellung eines Schiffes (ein verschwindend geringer Teil des Bugs ist noch über dem »G« der Inschrift erhalten).

Der Dachziegel ist durch den Stempel als Produkt der zehnten Legion »Fretensis« ausgezeichnet. Die *legio X fretensis* wird von Augustus erhoben und schmückt sich seit dem Seesieg bei Actium (30 v. Chr.) mit maritimen Symbolen. Häufiger ist jedoch der Keiler als Symboltier belegt. Diese Legion wurde gegen die Aufständischen im Jüdischen Krieg vom späteren Kaiser Titus eingesetzt, in Jerusalem angesiedelt und war 70 n. Chr. an der Zerstörung des Jahwe-Tempels in Jerusalem beteiligt. Sie wahrte mit ihrer Präsenz einen brüchigen Frieden in einer politisch instabilen Region. *PE*

39–47

Dynastischer Siegfriede

Schon vor dem Ende des Jüdischen Krieges und insbesondere nach der Zerstörung Jerusalems (70 n. Chr.) und Masadas (73 n. Chr.) wird die Sieghaftigkeit des Römischen Reiches unter der Führung der neuen flavischen Dynastie demonstriert. Inszeniert wird der Sieg über die Juden als Eroberung von Feindesland mit großem Motivreichtum auf Gold-, Silber- und Bronzemünzen. Ab dem Jahr 69 n. Chr. äußert sich dies im Bild der Personifikation Judäa trauernd an Siegesmal (*tropaeum*) (Kat.-Nr. 39) oder an Palme gefesselt sitzend (Kat.-Nr. 40). Ab 71 n. Chr. liegen Waffen neben der trauernd auf einem Brustpanzer sitzenden Personifikation (Kat.-Nr. 41). Seitlich der Palme, die wohl allgemein auf den und darüber hinaus auf die Provinz Judäa bzw. auch allgemein auf Sieghaftigkeit verweist, können nun auch ein gefesselter Gefangener (Kat.-Nr. 42) oder der gerüstete Kaiser (Kat.-Nr. 43) abgebildet sein. Im gleichen Jahr ist die gefesselte Judäa nun links neben der Palme stehend wiedergegeben (Kat.-Nr. 44). Die Eroberung Judäas wird nicht nur in der Reichsprägung, sondern auch in den Städteprägungen in den römischen Provinzen thematisiert – IVDAEA CAPTA/ ΙΟΥΔΑΙΑΣ ΕΑΛΩΚΥΙΑΣ (Kat.-Nr. 45) (»Judäa erobert«). Das *tropaeum* mit gefesseltem Gefangenen (Kat.-Nr. 46) oder mit trauernder Personifikation (Kat.-Nr. 47) bleibt eine dauerhaft beliebte Darstellung der römischen Sieghaftigkeit. *HN*

39

Trauernde Judäa an einem *tropaeum*

Gold (*aureus*); Münzstätte: Tarragona? Hispania
Dm 19 mm, 7,29 g
geprägt 70 n. Chr. unter dem Kaiser Vespasian
(reg. 69–79 n. Chr.)
Vorderseite: IMP CAESAR VESPASIANVS AVG
Büste des Vespasian mit Lorbeerkranz nach rechts
Rückseite: IVDAEA
Staatliche Museen zu Berlin, Münzkabinett
Inv.-Nr. 18219102

Literatur: RIC II-1², Nr. 1315

Die Personifikation Judäa sitzt neben einem *tropaeum* nach rechts. Sie ist trauernd gezeigt und stützt mit ihrer linken Hand den Kopf. *SE*

40

Gefesselte Judäa

Silber (*denarius*); Münzstätte: Lyon
Dm 18 mm, 3,43 g
geprägt 71 n. Chr. unter dem Kaiser Vespasian
(reg. 69–79 n. Chr.)
Vorderseite: IMP CAESAR VESPASIANVS AVG TR P
Büste des Vespasian mit Lorbeerkranz nach rechts
Rückseite: IVDAEA
Staatliche Museen zu Berlin, Münzkabinett,
Inv.-Nr. 18221451

Literatur: RIC II-1², Nr. 1118; Giard 2000, S. 136, Nr. 13

Die Personifikation Judäa sitzt mit hinter den Rücken gefesselten Händen unter einer Palme. Die Palme steht in der antiken Ikonografie sowohl für die Provinz Judäa als auch allgemein für Sieg. *SE*

39

40

41

42

41

Trauernde Personifikation Judäa auf einem Waffenhaufen

Buntmetall (*as*); Münzstätte: Rom
Dm 27 mm, 12,55 g
geprägt 71 n. Chr. unter dem Kaiser Vespasian
(reg. 69–79 n. Chr.)
Vorderseite: IMP CAES VESPASIAN AVG COS III
Büste des Vespasian mit Lorbeerkranz nach rechts
Rückseite: IVDEA CAPTA. Im Abschnitt: S C
Staatliche Museen zu Berlin, Münzkabinett,
Inv.-Nr. 18202403

Literatur: RIC II-1^2, Nr. 305

Die trauernde Personifikation Judäa stützt ihren Kopf mit der linken Hand und sitzt auf einem Waffenhaufen an eine Palme gelehnt nach rechts ausgerichtet. Weitere niedergelegte Waffen liegen um sie herum. *SE*

42

Gefangener und trauernde Personifikation Judäa

Buntmetall (*sestertius*); Münzstätte: Rom
Dm 34 mm, 25,37 g
geprägt 71 n. Chr. unter dem Kaiser Vespasian
(reg. 69–79 n. Chr.)
Vorderseite: IMP CAES VESPAS AVG P M TR P P P COS III
Büste des bekränzten Vespasian nach rechts
Rückseite: IVDAEA CAPTA, im Abschnitt: S C
Staatliche Museen zu Berlin, Münzkabinett,
Inv.-Nr. 18206704

Literatur: RIC II-1^2, Nr. 233; Friedländer/von Sallet 1877, S. 247, Nr. 999

Die trauernde Personifikation Judäa sitzt auf einer Rüstung rechts neben einer Palme. Links neben der Palme steht ein Gefangener im Schultermantel mit auf dem Rücken gefesselten Händen. Hinter ihm liegt ein Waffenhaufen. *SE*

43

Siegreicher Kaiser und trauernde Personifikation Judäa

Buntmetall (*sestertius*); Münzstätte: Rom
Dm 34 mm, 27,17 g
geprägt 71 n. Chr. unter dem Kaiser Vespasian
(reg. 69–79 n. Chr.)
Vorderseite: IMP CAES VESPASIAN AVG
P M TR P P P COS III
Büste des Vespasian mit Lorbeerkranz nach rechts
Rückseite: IVDAEA CAPTA, im Abschnitt: S C
Staatliche Museen zu Berlin, Münzkabinett,
Inv.-Nr. 18224877

Literatur: RIC II-1², Nr. 167

Der gerüstete Kaiser steht nach rechts gewandt, den linken Fuß auf einen Helm gesetzt, links neben einer Palme. Er hält ein Schwert (*parazonium*) in seiner linken Armbeuge und stützt sich mit seiner Rechten auf eine Lanze. Neben der Palme hockt die nach rechts gerichtete, trauernde Personifikation Judäa auf Waffen. *SE*

44

Gefesselte Personifikation Judäa

Silber (*denarius*); Münzstätte: Lyon
Dm 18 mm, 3,13 g
geprägt 71 n. Chr. unter Kaiser Vespasian
(reg. 69–79 n. Chr.)
Vorderseite: [IMP CAESAR] VESPASIANVS AVG [TR P]
Büste des Vespasian mit Lorbeerkranz nach rechts
Rückseite: IVDAEA DEVICTA
Staatliche Museen zu Berlin, Münzkabinett,
Inv.-Nr. 18221455

Literatur: RIC II-1², Nr. 1120; Giard 2000, S. 136, Nr. 12

Die Personifikation Judäa steht links neben einer Palme nach links ausgerichtet und hält ihre gefesselten Hände vor sich. *SE*

43

44

45

46

47

45

Siegesgöttin Victoria beschriftet Schild

Buntmetall; Münzstätte: Caesarea Maritima (Palästina)
Dm 21 mm, 7,1 g
geprägt 71–73/74 n. Chr. unter dem Kaiser Vespasian
(reg. 69–79 n. Chr.)
Vorderseite: AYTOKP [ΤΙΤΟΣ] ΚΑΙΣΑΡ
Büste des Titus mit Lorbeerkranz nach rechts
Rückseite: ΙΟΥΔΑΙΑΣ ΕΑΛΩΚΥΙΑΣ
Staatliche Museen zu Berlin, Münzkabinett,
Inv.-Nr. 18206712

Literatur: RPC II, Nr. 2312

Victoria steht nach rechts ausgerichtet und schreibt auf einen Schild, rechts daneben Palme. *SE*

46

Gefangener am *tropaeum*

Gold (*aureus*); Münzstätte: Rom
Dm 19 mm, 7,28 g
geprägt 79 n. Chr. unter dem Kaiser Titus
(reg. 79–81 n. Chr.)
Vorderseite: IMP TITVS CAES VESPASIAN AVG P M
Büste des Titus nach rechts
Rückseite: TR P VIIII IMP XV COS VII P P
Staatliche Museen zu Berlin, Münzkabinett,
Inv.-Nr. 18229495

Literatur: RIC II-I^2, Nr. 48

Siegeszeichen (*tropaeum*) und davor ein kniender, gefesselter Gefangener nach rechts ausgerichtet. *SE*

47

Victoria an Siegesmal mit trauernder Gefangenen

Silber (*denarius*); Münzstätte: Rom
Dm 19 mm, 3,25 g
geprägt 79 n. Chr. unter Kaiser Vespasian
(reg. 69–79 n. Chr.)
Vorderseite: IMP CAESAR VESPASIANVS AVG
Büste des Vespasian mit Lorbeerkranz nach rechts
Rückseite: TR POT X COS VIIII
Staatliche Museen zu Berlin, Münzkabinett,
Inv.-Nr. 18219687

Literatur: RIC II-1^2, Nr. 1068; Giard 1998, S. 109, Kat.-Nr. 214–215, Taf. 34

Die nach links schreitende Siegesgöttin Victoria befestigt einen Schild an einem Siegesmal (*tropaeum*), an dessen Fuß eine trauernde Gefangene (die Personifikation der Judäa?) sitzt. *SE*

48

Porträtkopf des Kaisers Vespasianus (reg. 69–79 n. Chr.)

Gipsabguss eines Marmorkopfs; Original: um 70 n. Chr.
Marmor, Ny Carlsberg Glyptotek, Kopenhagen,
Inv.-Nr. 2585; H 40 cm
Archäologisches Museum der WWU Münster, Inv.-Nr. A 22

Literatur: Dahmen 1998 a; Johansen 1995, S. 28–29, Kat.-Nr. 3; Daltrop/Hausmann/Wegner 1966, S. 10, S. 13, S. 15–16, S. 75, Taf. 3

Der Einsatzkopf zeigt einen betagten Mann mit einer kantigen Schädelform, Halbglatze, dünnen Haarsträhnen und veristischen Gesichtszügen in einem faltenreichen Gesicht. Markant sind die Augen mit hängenden Lidern und kontrahierten Augenbrauen, die leicht abstehenden Ohren und die zusammengepressten Lippen mit ausgeprägten Nasolabialfalten, die den Anschein erwecken, als verschlössen sie einen zahnlosen Mund. Die fehlende Feinausführung des Hinterkopfes sowie

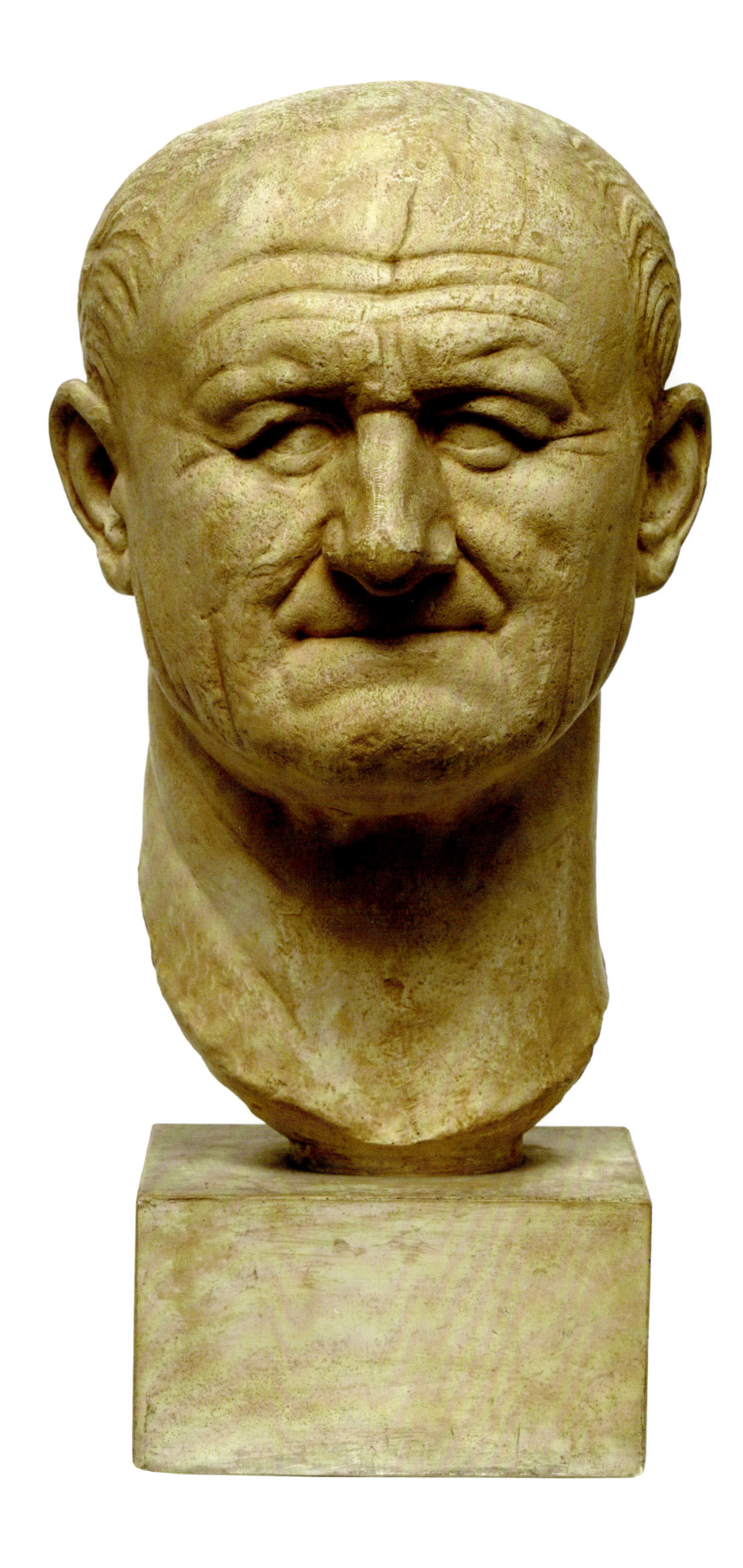

zwei Stiftlöcher weisen darauf hin, dass das Bildnis ursprünglich wohl bekränzt war.

Das Porträt des Kaisers Vespasian zeigt zwar eine gewisse Fülligkeit und verweist auf den Wohlstand, der unter seiner Regentschaft herrschte, doch unterscheidet sich sein Bildnis deutlich von dem seines Vorgängers Nero. Als erster Kaiser ließ sich Vespasian mit deutlich ausgeprägten Altersmerkmalen darstellen, wodurch er sich auf die Ideale der römischen Republik zurückbezog, nämlich *dignitas* (»Strenge«) und *gravitas* (»ernsthafte Würde«), und sich so von dem ausschweifenden Lebenswandel seines Vorgängers Nero distanzierte. Er ließ Neros »goldenes Haus« (*domus aurea*) abreißen und gab den Ort den Römern zurück, indem er dort das Kolosseum (das *amphitheatrum Flavium*) errichten ließ. Vespasian konzentrierte sich zudem darauf, das römische Imperium nach innen und außen zu festigen. Nach Beendigung des Bürgerkriegs, der Niederschlagung des jüdischen Aufstands sowie der Herstellung des Friedens im Osten des Reiches errichtete Vespasian in den Jahren 70–75 n. Chr. das *templum pacis* (s. Beitrag Meneghini, S. 151–171, Kat.-Nr. 57), in dem nicht nur die Kunstwerke aus der *domus aurea* ihren Platz fanden und der Öffentlichkeit erneut zugänglich waren, sondern auch zahlreiche Beutestücke und Kunstwerke aus dem ganzen Imperium Romanum versammelt waren. *SH*

49

Porträtkopf des Kaisers Titus (reg. 79–81 n. Chr.)

Gipsabguss eines Marmorkopfs; Original: zwischen 69 und 80 n. Chr.; Gräfliche Sammlungen, Schloss Erbach, Inv.-Nr. 3.2.6018; H 39,5 cm
Archäologisches Museum der WWU Münster, Inv.-Nr. A 318

Literatur: AK München 2017, S. 180–181, Abb. 4.54 (Knauß/Gliwitzky); Pfeiffer 2009; Daltrop/Hausmann/Wegner 1966, S. 23–24, S. 29, S. 85–86, Taf. 13

49

Titus, der Sohn und Nachfolger des Kaisers Vespasian, ließ sich mit kurzem Haar darstellen, welches im Bereich des Vorderkopfes gelockt und im hinteren Kopfbereich glatt geordnet ist. Sein breites, fülliges Gesicht wird von großen Augen, einer breiten, krummen Nase und einem kleinen Mund dominiert. Über die Stirn ziehen sich breite Falten. Eine Angleichung an seinen Vater Vespasian wird bewusst gesucht.

Um den judäischen Aufstand zu beenden, der sich gegen die römische Oberhoheit richtete, führte zunächst Kaiser Vespasian zusammen mit seinem Sohn Titus und dann dieser allein Krieg gegen Judäa. Die Stadt Jerusalem fiel im Jahr 70 n. Chr., wobei der Jahwe-Tempel zerstört wurde. Der Feldzug diente den Römern dazu, die römische Ordnung wieder herzustellen und die Provinz Judäa zu bezwingen. Der militärische Erfolg half, die Herrschaft des Vespasian und des Titus sowie seines Bruders Domitian in Rom zu festigen. *SH*

50

50

Porträtkopf des Kaisers Domitian (reg. 81–96 n. Chr.)

Gipsabguss eines Kopfes aus magmatischem Gestein
Original: um 81 n. Chr.; Antiquarium der Residenz München, Inv.-Nr. P I 157; H 35,5 cm
Archäologisches Museum der WWU Münster, Inv.-Nr. A 315

Literatur: AK Berlin 2006 b, S. 129, Nr. 333 (F. Schön); Dahmen 1998 b; Frosien-Leinz/Weski 1987, S. 229–230, Kat.-Nr. 110, Taf. 150

Den nach links gewandten Kopf einer Statue oder Büste des Kaisers T. Flavius Domitianus (genannt Domitian) kennzeichnet ein feistes Gesicht mit Doppelkinn, kleinem Mund und großer Nase. Die kleinen Augen besitzen Bohrungen zur Angabe von Pupillen und werden von wulstigen Augenbrauen überfangen. Die Stirn ist gewölbt und von einer vertieften Querfalte durchzogen. Die Haare setzen hoch auf der Stirn an, sind mittels einer Brennschere (s. Kat.-Nr. 35) zu Sichellocken geformt und wellenförmig bis zum Hinterkopf gelegt.

Die Gesichtszüge lassen eine Anlehnung an die Porträts von Domitians Vater, Kaiser Vespasian (reg. 69–79 n. Chr., Kat.-Nr. 48), sowie seines Bruders Titus erkennen (reg. 79–81 n. Chr., Kat.-Nr. 49), was wohl der Legitimation der Herrschaft diente. Domitian wurde durch den plötzlichen Tod des Titus zum Kaiser erhoben. Unter seiner Regentschaft wurden zu Ehren seines Vorgängers der sogenannte Titusbogen (Kat.-Nr. 51–52) auf dem Forum Romanum errichtet und das flavische Amphitheater (Colosseum) (Kat.-Nr. 54) fertiggestellt. Außenpolitisch war seine Herrschaft durch militärische Engagements geprägt, doch innenpolitisch wendete er sich von der stabilisierenden Politik seines Vaters und Bruders ab, ließ sich zum Gott erheben und verfolgte seit 81 n. Chr. einen autokratischen Herrschaftsanspruch. Mit der Ermordung des Domitian und der über ihn verhängten *damnatio memoriae* (»Ächtung des Andenkens«), endete die durch Vespasian begründete flavische Dynastie. Während sein Bruder und sein Vater sich insbesondere als Eroberer Judäas feiern ließen, stellte sich Domitian, der an diesen Feldzügen nicht beteiligt war, später als Eroberer Germaniens dar. *SE/SH*

51

51

Titusbogen

Modell aus Kork (architektonische Grundformen) und Gips (Kapitelle, Friese und Reliefs) der Chichi-Werkstatt
19. Jahrhundert; H 61,5 cm, B 50,5 cm, T 30 cm (Maßstab etwa 1:28); Original: pentelischer und lunensischer Marmor; *opus caementitium*, Via Sacra, Forum Romanum
H 14,44 m, B 14,04 m, T 6,17 m
Museo della Civiltà Romana, Rom, Inv.-Nr. MCR 363

Literatur: AK Rom 2009, S. 437, Nr. 27; Yarden 1991; Pfanner 1983

Der eintorige Titusbogen steht noch heute am Eingang zum Forum Romanum. Er wurde nach 81 n. Chr. zu Ehren des Kaisers Titus anlässlich dessen Vergöttlichung (*consecratio*) errichtet. Im Scheitelrelief ist Titus auf einem Adler zu den Göttern aufsteigend abgebildet, und die beiden Durchgangsreliefs illustrieren den Triumphzug in Rom nach der Unterwerfung Judäas im Jahr 71 n. Chr. Das nördliche Relief zeigt den Höhepunkt des Umzuges: Kaiser Titus steht von der Siegesgöttin Victoria bekrönt im Wagenkasten seiner Quadriga und wird von den Personifikationen Virtus (Tugend) und Honos (Ehre) begleitet. Im südlichen Bildfeld wird ein anderer Teil des Prozessionszuges wiedergegeben, bei dem Kriegsbeute aus dem Jerusalemer Tempel mitgeführt wird. Von Römern werden Relieftafeln (*tabulae*) und Beutestücke getragen: ein siebenarmiger Leuchter (*menora*), dessen Fuß mit Seetieren verziert ist, ein goldener Tisch (jüdischer Ritualgegenstand, sogenannter Schaubrottisch) und silberne Trompeten, die sämtlich literarisch durch Flavius Josephus (Ios., bell. Jud. 7, 5, 4–7) überliefert sind. Ihm zufolge wird der Tempelschatz nach 75 n. Chr. im Templum Pacis aufbewahrt. Im Korkmodell sind die Durchgangsreliefs gut zu erkennen, die Antonio Chichi nach Stichen von Giovanni Battista Piranesi angefertigt hat. *SH*

52

52

Die Kriegsbeute aus Jerusalem

Fotodruck der farbigen Rekonstruktion des südlichen Durchgangsreliefs des Titusbogens; H 147 cm, B 260 cm

Literatur: Fine/Schertz/Sanders (im Druck); Fine 2017, S. 17–37; Fine/Piening 2012, S. 5; Piening 2012, S. 28–32; Yarden 1991

Zwischen dem 5. und 7. Juni 2012 stellte sich ein internationales Forscherteam unter Leitung des Yeshiva University Center for Israel Studies und der Soprintendenza Speciale per i Beni Archeologici di Roma in einem Pilotprojekt der Aufgabe, Hinweise auf die ursprüngliche farbliche Ausgestaltung des Beutereliefs des Titusbogens zu sammeln. Unocad, eine Scanning-Firma aus Mailand, fertigte mit Hilfe eines Breuckmann GmbH 3D-Scanners einen vollständigen 3D-Scan der gesamten Reliefplatte an. Der erste Farbscan wurde durchgeführt von Heinrich und Rose Piening. Sie wählten die Oberfläche der Menora für eine UV-VIS-Spektrometrie, in der Hoffnung, dass sich in den dort besonders tiefen Reliefausarbeitungen Rückstände der ursprünglichen Farbe erhalten hätten. Die Resultate waren vielversprechend: »Die Ergebnisse der UV-VIS-Spektrometrie der Menora zeigen Ockergelb als Farbschicht direkt auf der Oberfläche eines Arms der Menora und auf der Vorderseite der Basis. Der Umstand, dass der Farbstoff auf einigen weiteren Details der Menora gefunden wurde und direkt auf den Stein aufgetragen wurde, lässt den Schluss zu, dass er Bestandteil der ersten Färbung war. In diesem Fall war die Menora gelb bemalt.«

Die zweite Phase des Projekts begann 2015 und war der Identifikation weiterer Elemente der ursprünglichen Colorierung des Reliefs sowie der Rekonstruktion einzelner fragmentarisch erhaltener Reliefbestandteile gewidmet. Ein erstes vorläufiges Ergebnis konnte 2017 präsentiert werden. Die hohe Qualität des Scans erlaubt es, fehlende Gliedmaßen – Beine, Arme und Köpfe – durch erhaltene Körperteile anderer Figuren zu ersetzen. Ein rundplastischer Kopf unmittelbar vor der Menora war Grundlage für die Modellierung aller anderen Köpfe. Dabei wurde darauf geachtet, eine Individualisierung der »Klone« etwa durch Gesichtszüge zu vermeiden. Der hervorragende Erhaltungszustand der Menora machte nur an den Halterungen der Öllampen, bei denen wir uns an römischen Lampenständern aus Bronze orientierten, und an einigen Details auf den Armen und am Schaft Rekonstruktionen erforderlich.

Die Intensität der Farbstoffe wurde auf Basis der ockergelben Farbe der Menora rekonstruiert, wobei gewisse Nuancen, die bei der Fertigstellung der ursprünglichen Bemalung unzweifelhaft eingearbeitet waren oder sich bei der Einwirkung der Sonne ergaben, nicht berücksichtigt werden konnten. In Anlehnung an die Wandgemälde in Pompeji und Herculaneum haben wir den Himmel blau gemalt und uns am grauen Boden an Steinplatten aus Basalt orientiert.
Da Militärtuniken sowohl aus Wolle als auch aus Leinen gefertigt sein konnten, entschieden wir uns für einen grauweißen Ton. Die Oberbekleidung erhielt den purpurroten Farbton, der Männer von hohem gesellschaftlichem Rang auszeichnete. Die Kränze der Feiernden, Symbole des Sieges, sind grün – die Farbe der Lorbeerblätter, aus denen sie gefertigt wurden – mit lilafarbenen Lorbeeren.

Unser Team färbte die Haut und das Haar in mediterranen Tönen, das Leder sowie das Holz in Brauntönen. Die dargestellten Kissen, die die schwere Menora und den Tisch stützen, wurden in leicht dunkleren Farben als das Leinentuch gefärbt. Die *tabulae ansatae* sind bronzefarbig umrahmt, um einen Kontrast zu dem Goldton der heiligen Gefäße zu schaffen. In Anlehnung an die Terminologie des Flavius Josephus (in einer späteren lateinischen Übersetzung) haben wir sie mit Schrift versehen. Auf dem ersten steht »Sacra Iudaeorum« (»Heilige Objekte der Judäer«), auf dem zweiten »Candelabrum Iudaeorum« (»Kerzenständer der Judäer«) und auf dem dritten »Leges Iudaeorum« (»Gesetze der Judäer« – bezeichnet ist eine Rolle der Torah). Die Torah-Rolle, die laut Josephus auf die Kerzenleuchter in der Prozession folgte, ist nicht dargestellt. Alle drei Schilder sind aber Mutmaßungen, die Schrifttype ist der Weihinschrift auf der Fassade des Bogens entlehnt. Die Trompeten, die am Tisch befestigt wurden, sind grau gemalt, um der Beschreibung des Josephus zu entsprechen, der von zwei silbernen Hörnern spricht, die Moses für das Offenbarungszelt in der Wüste fertigte (Num. 10,1). Der rechts wiedergegebene Bogen, durch den die Sieger ziehen, ist in Anlehnung an den nahe gelegenen Apollo-Tempel auf dem Palatin gefärbt, dessen ursprüngliche Farbgebung ermittelt werden konnte. *SF*

53

Kaiser Vespasian in Triumphal-Quadriga

Gold (*aureus*); Münzstätte: Rom
Dm 19 mm, 7,33 g
geprägt 72–73 n. Chr. unter dem Kaiser Vespasian
(reg. 69–79 n. Chr.)
Vorderseite: IMP CAES VESP AVG P M COS IIII
Büste des Vespasian mit Lorbeerkranz nach rechts
Rückseite: Kaiser im Triumphwagen
Staatliche Museen zu Berlin, Münzkabinett,
Inv.-Nr. 18219180

Literatur: RIC II-1², Nr. 364; Giard 1998, S. 93,
Kat.-Nr. 61–62, Taf. 29

Kaiser Vespasian fährt mit dem Friedenszweig in der rechten Hand und einem Szepter in der linken Hand in einem Triumphal-Viergespann (*quadriga triumphalis*) nach rechts. Er lässt sich als siegreicher Herrscher darstellen. Sieg, Triumph und Frieden bilden eine Einheit. *SE*

53

54

54

Kaiserlicher Triumph

Buntmetall (*sestertius*); Münzstätte: Rom
Dm 35 mm, 24,22 g
geprägt 80–81 n. Chr. unter dem Kaiser Titus
(reg. 79–81 n. Chr.)
Vorderseite: IMP T CAES VESP AVG PM TR P PP COS VIII, links und rechts im Feld S C. Der Kaiser Titus sitzt in Toga gewandet nach links ausgerichtet auf einem Amtsstuhl (*sella curulis*) inmitten eines Waffenhaufen.
In seiner rechten Hand hält er einen Friedenszweig.
Rückseite: Ansicht des aus der Beute des jüdischen Krieges errichteten sogenannten Colosseums mit gefüllten Zuschauerrängen.
Staatliche Museen zu Berlin, Münzkabinett,
Inv.-Nr. 18212634

Literatur: RIC II-1^{2}, Nr. 184; Elkins 2009, S. 203, Appendix A Nr. 7, Stempel A5/P6 I. (dieses Stück); Elkins 2006, S. 211–215, Taf. 31–32; Elkins 2004, S. 152–153, Taf. 3–4; Giard 1998, S. 223, Nr. 189–190, Taf. 81

In dem mittleren Bogen in der zweiten Ebene ist der Kaiser in frontal dargestelltem Triumphal-Viergespann wiedergegeben, im Bogen darüber eine von zwei Figuren flankierte Palme – wohl eine Statuengruppe von Kaiser, Palme und Personifikation Judäa oder Gefangenem, so wie sie uns motivisch auch auf den IVDAEA-CAPTA-Münzen begegnet (vergl. Kat.-Nr. 43, allerdings mit hockender Figur rechts neben der Palme). Links des Amphitheaters die sogenannte Meta Sudans (eine Brunnenanlage), rechts eine zweistöckige Architekturwiedergabe (die Titusthermen). *SE*

55

Victoria mit Palmzweig und Kranz

Silber (*denarius*); Münzstätte: Ephesos
Dm 18 mm, 2,81 g
geprägt 74 n. Chr. unter dem Kaiser Vespasian
(reg. 69–79 n. Chr.) für seinen Sohn Titus
Vorderseite: IMP T CAESAR COS III
Kopf des bekränzten Titus nach rechts
Rückseite: PACI AVGVSTAE. Victoria nach rechts gewandt hält in ihrer rechten Hand einen Kranz und im linken Arm einen Palmzweig. Zu ihren Füßen ist ein Stern abgebildet.
Staatliche Museen zu Berlin, Münzkabinett,
Inv.-Nr. 18229500

Literatur: RIC II-1^{2}, Nr. 1461; RPC II 857,3

Bei dieser Silbermünze ist die Friedensthematik mit dem Sieg verbunden. Die Siegesgöttin Victoria, gekennzeichnet durch Flügel, Kranz und Palmzweig, wird durch die Umschrift »augusteischer Frieden« mit dem Frieden in Verbindung gebracht. *SE*

56

Triumphzug des Kaisers Marc Aurel (reg. 161–180 n. Chr.)

Kuchenform; 2. Jahrhundert n. Chr.; Ton; Dm 23,2 cm
Aquincumi Múzeum, Budapest, Inv.-Nr. 51.595

Literatur: Aßkamp/Jansen 2017, S. 55, Abb. 1; Delbó 2015, S. 95–104; Hárshegyi 2009, S. 131, Nr. 568; Polenz 1986, S. 170, Nr. 128, Abb. 64; Kuzsinszky 1934, S. 134, Abb. 94

Die runde tönerne Kuchenform zeigt sowohl die Sieghaftigkeit als auch den Triumphzug des Kaisers Marc Aurel (reg. 161–180 n. Chr.).
Im linken Bildfeld steht der Kaiser in Panzer und wehendem Schultermantel (*paludamentum*) auf einem Zweigespann (*biga*), wendet sich zu einem fliehenden Feind um und richtet eine Lanze gegen diesen. Der Kaiser wird zugleich von der geflügelten Victoria bekränzt. Die Siegesgöttin hält in ihrer linken Hand überdies einen Palmwedel. Das Zweigespann fährt durch einen

55

56

mit Siegesmalen (*tropaea*) geschmückten Triumphbogen. Davor steht am rechten Bildrand ein römischer Soldat mit erhobenem rechtem Arm und hält einen nicht näher identifizierbaren Gegenstand. Im unteren Abschnitt sind Waffen der Besiegten abgebildet.

Das Präsentieren der erbeuteten Waffen in Form eines Tropaeum (Kat.-Nr. 126) sowie der Waffenhaufen versinnbildlichen nicht nur den Sieg selbst, sondern auch das Ende der kriegerischen Handlungen (s. Beitrag Lichtenberger u. a., S. 233–235).

Kuchen und Brote werden nicht nur für den Privatgebrauch, sondern auch für den Kult oder für Feste hergestellt. Kuchenformen mit Kaisersymbolik werden vermutlich an Festtagen genutzt, um Opfer- oder Festkuchen als Weihobjekte oder als Geschenke herzustellen. Überdies sind sie ein politisches Propagandamittel und weisen auf die Sieghaftigkeit des Kaisers hin. *MB*

57

Fragmente des Stadtplans von Rom mit *templum pacis*

3D-Druck der marmornen Fragmente 15 ab, 15 c, 16 a der Platten 15 und 16 von der Forma Urbis Romae im Maßstab 1: 240; Original: 208–211 n. Chr.; Marmor
Museo della Civiltà Romana, Rom
3D-Druck nach Daten des Stanford Digital Forma Urbis Romae Project, Tina Najbjerg:
15 ab: https://formaurbis.stanford.edu/fragment.php? record=1&field0=all&search0=+pacis&op0=and&field1=all (16. 1. 2018);
15 c: https://formaurbis.stanford.edu/fragment.php?record=2&field0=all&search0=+pacis&op0=and&field1=all (16. 1. 2018);
16 a: https://formaurbis.stanford.edu/fragment.php?record=3&field0=all&search0=+pacis&op0=and&field1=all (16. 1. 2018)
Kunststoff; 15 ab: 48,8 × 28,7 cm, 15 c: 35,7 × 33,1 cm, 16 a: 23,8 × 20,9 cm
Archäologisches Museum der WWU Münster, Inv.-Nr. 447

Literatur: Meneghini 2015, S. 49–60; Fogagnolo 2006, S. 61–74; Coarelli 1999, S. 67–70; Almeida 1980, S. 65, S. 89, S. 92, S. 95, Taf. 12; Carettoni u. a. 1960, S. 73, S. 110, S. 190, S. 213, S. 216–217, Taf. 20

Die vier Fragmente des unter Septimius Severus (reg. 193–211 n. Chr.) entstandenen marmornen Stadtplans von Rom (*forma urbis*) zeigen den Grundriss des etwa 110 × 105 Meter großen Friedenstempels (*templum pacis*) im nordöstlichen Bereich des Forum Romanum. Dieser Gebäudekomplex wurde 70 bis 75 n. Chr. von Kaiser Vespasian (reg. 69–79 n. Chr.) und seinem Sohn Titus anlässlich der Beendigung des Bürgerkriegs, der Niederschlagung des jüdischen Aufstands und der Etablierung des Friedens im Osten des Reiches errichtet. Nach einem Brand im Jahr 192 n. Chr. wurde das Gebäude zwischen 208 und 211 n. Chr. unter Kaiser Septimius Severus erneuert. Der an drei Seiten von Portiken gerahmte Bau besaß neben einem Kultsaal und einem Altar für die Friedensgöttin Pax auch einen Garten mit Wasserspielen sowie eine umfassende Bibliothek und eine Kunstsammlung. Auch die Forma Urbis selbst stammt

aus einem der Räume des Templum Pacis (s. Beitrag Meneghini, S. 157–171).

Das Fragment 15 a zeigt den von einer Straße und identisch gestalteten Läden (*tabernae*) abgetrennten südöstlichen Teil des Templum Pacis mit einem rechteckigen Raum mit Apsis und einer Basis. Es handelt sich hierbei um den Kultsaal der Pax, deren Kultstatue auf der Basis in der Nische zu lokalisieren ist (zu einem Reflex des Kultbildes auf Münzen s. Beitrag Lichtenberger u. a., S.121). Neben dem Kultraum befanden sich jeweils zwei Räume, von denen jedoch nur einer – allerdings auch nur rudimentär – auf den erhaltenen Stadtplanfragmenten überliefert ist. Dabei handelt es sich um den westlichen Bereich, in dem seit severischer Zeit an der nicht abgebildeten Westseite der Halle eben jene Forma Urbis, ein 18 × 13 Meter großer Stadtplan Roms, von dem unsere Fragmente stammen, angebracht war (s. Beitrag Meneghini, S. 166–168, Abb. 8). In zwei weiteren Räumen sind literarisch überlieferte Bibliotheken zu vermuten. An den Kultsaal schließen sich auf Fragment 15 b eine Säulenfront und eine von Säulen gerahmte Portikus an, die über eine Treppe in die offene Freifläche des Templum Pacis überleitet. Das Bruchstück 15 c zeigt das große Areal im Nordosten, das links von einem gedeckten Säulengang abgegrenzt ist. An der rechten oberen Ecke der Bruchkante ist eine rechtwinklige Linie zu erkennen, bei der es sich um eine Ecke des Altars der Pax handelt. Überdies ist der Inschriftenrest [---] CIS lesbar, der zu »*templum pacis*« ergänzt werden kann und den Bau eindeutig benennt. Parallel zur Kolonnade verlaufend befinden sich drei Reihen von je vier rechteckigen, miteinander verbundenen Elementen, die symmetrisch auch für die Südostseite zu rekonstruieren sind.

Die Freifläche war in der Antike ein ungepflastertes Gartenareal mit sechs parallel verlaufenden Reihen marmorverkleideter Wasserkanäle einer Brunnenanlage (*euripi*), an deren Abflussrinnen Hecken gallischer Rosen und weiterer Pflanzen angelegt wurden (s. Beitrag Meneghini, S. 158–163). Bei dem Bruchstück 16 a handelt es sich um eine Plattenkante, die einen Teil der Nordwestfassade des Templum Pacis mit vorgeblendeten Säulen und einem schmalen Durchgang abbildet. Dahinter schließt sich der Minervatempel des Kaisers Domitian und eine apsidiale Porticus an. *SH*

58

58

Fragment einer Basis für eine Statue des athenischen Bildhauers Kephisodot

Ende 2. – Anfang 3. Jahrhundert n. Chr. (nach 192 n. Chr.)
prokonnesischer Marmor; H 49 cm, B 22,5 cm, T 39 cm
Mercati di Traiano Museo dei Fori Imperiali, Rom,
Inv.-Nr. FP 123

Literatur: AK Rom 2014, S. 317–326 (A. Corsaro);
Bravi 2010, S. 535–552; Moro 2007, S. 170–177

Das unscheinbare Fragment mit den Resten einer Inschrift gehört zu einem Statuensockel. Die Inschrift ist zwar nicht vollständig erhalten, lässt sich jedoch zu ΚΕΦΙ[ΣΟΔΟΤΟΥ] ΑΘ[ΗΝΑΙΟΥ] ergänzen und nennt somit einen Bildhauer sowie dessen Herkunft, wie in der

59

Antike üblich, im Genitiv. Die Übersetzung lautet »(Statue) des Atheners Kephisodotos«. Da überliefert ist, dass der griechische Bildhauer die bekannte Statue der Eirene, der griechischen Göttin des Friedens, geschaffen hat (Kat.-Nr. 13–17), liegt es nahe, die Existenz einer solchen Statue im Templum Pacis anzunehmen.

Bei den Ausgrabungen des Templum Pacis wurden Fragmente zweier weiterer Statuenbasen aufgefunden, die die Existenz von Skulpturen der Athener Bildhauer Praxiteles (Statue des Hermes) und Parthenokles (unbekannte Statue) belegen. Weitere griechische Werke wie der sogenannte sterbende Gallier (Kat.-Nr. 59) sind literarisch überliefert. Durch die Zurschaustellung dieser »Kunstwerke«, wie die Römer sie auffassten, wurden eroberte Regionen des römischen Imperiums den Betrachtern vor Augen geführt und der Pax Romana untergeordnet. *SH*

59

Sog. Sterbender Gallier

Bronzegussreplik (spätes 19. Jahrhundert) nach einer römischen Marmorstatue; Original: 1. Jahrhundert n. Chr. nach hochhellenistischem Vorbild um 230/220 v. Chr. Marmor; H 93 cm, L 185 cm; Kapitolinische Museen, Rom (Inv.-Nr. 747); H 24,5 cm, B 47 cm
Der Nachguss weist auf der Plinthe einen Stempel auf: Aktien-Ges. vorm. H. Gladenbeck & Sohn, Friedrichshagen
Privatsammlung

Literatur zum Original: AK Freiburg 2017, S. 155–159 (J. Ruf); AK Berlin 2011, S. 516, Kat.-Nr. 5.39; Bravi 2010, S. 535–552; AK Rom 2009, S. 190–199 (Meneghini/Corsaro/Caboni); Andreae 2001, S. 92–93, Taf. 47

Ein bis auf einen Halsring (Torques) unbekleideter Krieger ist schwer verwundet zu Boden gesunken. In seinem Brustkorb klafft eine blutende Wunde. Das linke Bein ist ausgestreckt, das rechte dagegen stark angewinkelt, um eine möglichst stabile Position zu wahren. Mit dem rechten Arm versucht er sich aufzustützen, die linke Hand ruht auf dem rechten Oberschenkel.

Der Kopf mit dem strähnigen, kurzen Haar und dem Schnurrbart ist gesenkt, die Stirn in Falten gelegt und die Augenbrauen sind in Anstrengung zusammengezogen. Die Aussichtslosigkeit der Situation des Kämpfers wird dadurch verdeutlicht, dass sein Schild unter ihm liegt und nicht mehr als Schutzwaffe dienen kann. Ebenfalls befinden sich sein Schwert, die Schwertscheide und sein Signalhorn nutzlos am Boden.

Das Bronzeoriginal gehörte mit weiteren Statuen zu einem Siegesmonument für König Attalos I. von Pergamon, das um 220 v. Chr. nach seinem Sieg über die Gallier errichtet wurde. Der Abguss gibt die in Marmor gefertigte römische Kopie einer Bronzestatue wieder, wie sie im Park von Neros Domus Aurea und später im Templum Pacis öffentlich zugänglich aufgestellt war.

Die Statuen besiegter Gallier im Templum Pacis, bei dem sie den Altar der Pax im Garten flankieren, zeugen von dem gesteigerten Selbstbild der Römer als siegreiche Herrscher und ihrer Andersartigkeit gegenüber »unzivilisierten« Feinden. Die Statuen mögen die imperialen Siege über die besiegten »Barbaren« und die Idee des siegreichen, von den Römern geschaffenen Friedens veranschaulichen. Diese beherrschende Assoziation wurde unterstützt durch gallische Rosen, die aus Gallien nach Rom eingeführt und hinter den Galatern im Templum Pacis angepflanzt wurden. *SH*

60

60

Chrysipp von Soloi (281/276–208/204 v. Chr.)

Bronzegussreplik (19. Jahrhundert); H 27 cm, B 18 cm
Original: zwischen 281 und 205 v. Chr.; Marmor; H 29 cm
Musée du Louvre, Paris Inventaire MR 529 (Ma 326)
Der Bronzeguss ist signiert: F. Barbedienne Fondeur und weist einen Stempel auf: Reduction mecanique A. Collas
Privatsammlung

Literatur zum Original: von den Hoff 1994, S. 98, Nr. 12; Richter 1965, S. 192, Nr. 11, Abb. 1131–1132; zur Statuette des Chrysipp und zur Bibliothek im Templum Pacis: Tucci 2018, S. 183–189 mit Abb. 61; Meneghini 2015, S. 62–63, S. 65 mit Abb. 69; AK Rom 2009, S. 158–167 (P. L. Tucci)

Die Büste zeigt einen gealterten Mann, der lediglich einen Mantel (*himation*) über die Schultern gelegt hat und dessen Brust unbekleidet ist. Das eingefallene und faltige Gesicht wird gekennzeichnet von einem Vollbart, einem schmalen Mund, einer große Nase und tiefliegenden Augen zwischen kontrahierten Brauen. Die Stirn ist von tiefen Falten durchzogen. Die Halbglatze zeugt ebenfalls von dem hohen Alter des Mannes.

Bei dem Dargestellten handelt es sich um den griechischen Philosophen Chrysipp von Soloi (Kilikien/Türkei), der in Athen Philosophie studierte und dort ab 231 v. Chr. der Stoa, einer philosophischen Schule, als Oberhaupt vorstand. Die stoische Lehre beruft sich auf Ethik, Physik und Logik und plädiert dafür, frei von Empfindungen im Einklang mit den natürlichen, zweckmäßigen Weltgesetzen zu leben. Chrysipp verfasste über 700 Schriften, die in der griechisch-römischen Welt tradiert wurden.

Die Bibliothek im Templum Pacis (s. Beitrag Meneghini, S. 168–169), deren Existenz durch antike Schriftsteller überliefert ist, beherbergte nach Aulus Gellius Schriften zahlreicher Philosophen und namentlich auch Werke des Chrysipp. Überdies konnte eine 14 Zentimeter hohe Porträtbüste dieses Philosophen geborgen werden (s. Beitrag Meneghini, Abb. 12). *SE/SH*

61–65

Pax auf Münzen des Kaisers Vespasian

Nach der Ermordung Neros 68 n. Chr. versinkt das Römische Reich in einem brutalen Bürgerkrieg, aus dem schließlich Vespasian als Kaiser siegreich hervorgeht. Seit dieser Zeit werden erstmals dem Thema »Frieden« eine Vielzahl von unterschiedlichen Bildern auf Münzen gewidmet. Diese exemplarische Auswahl schlägt einen Bogen vom Kleingeld bis zu den Goldmünzen. Während die Legende PACI ORB TERR AVG auf den kaiserlichen Frieden im gesamten Reich hinweist und eine Büste eine Göttin mit Mauerkrone (wohl Fortuna) zeigt (Kat.-Nr. 61), ist die Göttin Pax in ihren wichtigsten Darstellungsformen aufgereiht: thronend mit Friedenszweig und Botenstab (*caduceus*) (Kat.-Nr. 62). Auch die stehende Göttin beim Trankopfer an einem Altar (Kat.-Nr. 63) oder angelehnt an eine Säule (Kat.-Nr. 64) trägt diese beiden Friedenssymbole. Neben dem Zweig hält die Friedensgöttin gern auch ein Füllhorn als Zeichen des Wohlstands, der aus dem Frieden resultiert (Kat.-Nr. 65) oder weist mit einem geflügelten Caduceus auf eine Geldbörse, die auf einem Tisch liegt (Kat.-Nr. 66) (zu den Attributen der Friedensgöttin s. Beitrag Lichtenberger u. a., S. 118, S. 120–121). *HN*

61

Büste der Göttin Fortuna

Silber (*denarius*); Münzstätte Ephesos
Dm 18 mm, 2,72 g
geprägt 69–70 n. Chr. unter dem Kaiser Vespasian
(reg. 69–79 n. Chr.)
Vorderseite: IMP CAES VESPAS AVG
Büste des Vespasian mit Lorbeerkranz nach rechts
Rückseite: PACI ORB TERR AVG
Staatliche Museen zu Berlin, Münzkabinett,
Inv.-Nr. 18221525

Literatur: RIC II-1^{2}, Nr. 1397; RPC II, Nr. 807,3

61

62

63

Büste der Fortuna mit Zinnenkrone nach rechts ausgerichtet. Die Legende »augusteischer Weltfrieden« in Kombination mit der Schicksalsgöttin Fortuna verweist auf den Segen, der durch den kaiserlichen Frieden hervorgerufen wird. *SE*

62

Sitzende Pax mit Zweig und *caduceus*

Gold (*aureus*); Münzstätte: Rom
Dm 18 mm, 6,99 g
geprägt 70 n. Chr. unter dem Kaiser Vespasian
(reg. 69–79 n. Chr.)
Vorderseite: IMP CAESAR VESPASIANVS AVG
Büste des Vespasian mit Lorbeerkranz nach rechts
Rückseite: COS ITER TR POT
Staatliche Museen zu Berlin, Münzkabinett,
Inv.-Nr. 18219093

Literatur: RIC II-1^{2}, Nr. 28; Giard 1998, S. 89,
Kat.-Nr. 17, Taf. 27

Die Friedensgöttin Pax sitzt nach links ausgerichtet und hält in ihrer rechten Hand den Friedenszweig und im linken Arm einen Botenstab (*caduceus*). *SE*

63

Friedensgöttin Pax beim Trankopfer

Buntmetall (*dupondius*); Münzstätte: Lyon
Dm 29 mm, 12,22 g
geprägt 71 n. Chr. unter dem Kaiser Vespasian
(reg. 69–79 n. Chr.)
Vorderseite: IMP CAES VESPASIANVS AVG COS III
Büste des Vespasian mit Strahlenkrone nach rechts
auf Himmelsglobus (*sphaira*)
Rückseite: PAX AVG, im Feld S – C
Staatliche Museen zu Berlin, Münzkabinett,
Inv.-Nr. 18228051

Literatur: RIC II-1^{2}, Nr. 1142; Giard 2000,
S. 141, Nr. 36,1 a, Taf. 42

Pax steht mit Friedenszweig und Botenstab (*caduceus*) im linken Arm nach links ausgerichtet und hält in der rechten Hand eine Opferschale (*patera*), die sie zum Trankopfer über einen Altar ausgießt. *SE*

64

An Säule gelehnte Friedensgöttin Pax

Buntmetall (*as*); Münzstätte: Rom
Dm 27 mm, 11,22 g
geprägt 73 n. Chr. unter dem Kaiser Vespasian
(reg. 69–79 n. Chr.)
Vorderseite: IMP CAES VESP AVG P M T P COS IIII CENS
Büste des Vespasian mit Lorbeerkranz nach rechts
Rückseite: PAX AVGVST, im Feld S – C
Staatliche Museen zu Berlin, Münzkabinett,
Inv.-Nr. 18228526

Literatur: RIC II-1², Nr. 589; Giard 1998, S. 164,
Kat.-Nr. 655, Taf. 56

Pax steht an eine von Mantelstoff umhüllte Säule gelehnt nach links ausgerichtet, sie hält in ihrer rechten Hand einen Botenstab (*caduceus*) und im linken Arm einen Friedenszweig. *SE*

64

65

Pax mit Zweig und Füllhorn

Buntmetall (*sestertius*); Münzstätte: Rom
Dm 32 mm, 25,56 g
Geprägt 71 n. Chr. unter dem Kaiser Vespasian
(reg. 69–79 n. Chr.)
Vorderseite: IMP CAES VESPAS AVG P M TR P P P COS III
Büste des Vespasian mit Lorbeerkranz nach rechts
Rückseite: PAX AVGVSTI, im Feld SC
Staatliche Museen zu Berlin, Münzkabinett,
Inv.-Nr. 18225080

Literatur: RIC II-1², Nr. 243

Nach links stehende Pax mit Füllhorn im linken Arm und Friedenszweig in der rechten Hand. *SE*

65

66

66

Pax

Gold (*aureus*); Münzstätte: Rom
Dm 20 mm, 7,23 g
geprägt 73 n. Chr. unter dem Kaiser Vespasian
(reg. 69–79 n. Chr.)
Vorderseite: IMP CAES VESP AVG CEN
Büste des Kaisers Vespasian mit Lorbeerkranz nach rechts
Rückseite: PAX AVG
Staatliche Museen zu Berlin, Münzkabinett,
Inv.-Nr. 18219184

Literatur: RIC II-1^2, Nr. 512; Giard 1998,
S. 96, Kat.-Nr. 80, Taf. 29

Die Friedensgöttin Pax steht nach links gewandt an eine niedrige Säule gelehnt. In ihrer gesenkten rechten Hand hält sie einen geflügelten Botenstab (*caduceus*), in ihrer linken Armbeuge einen langen Zweig. Unterhalb des Caduceus steht ein dreibeiniger Tisch, auf dem eine Geldbörse liegt.
Das Friedenssymbol, der geflügelte Caduceus, deutet auf den Geldbeutel und somit auf den Wohlstand, der in Friedenszeiten erlangt werden kann. *HN*

67

Statue der Pax oder Felicitas

2. Jahrhundert n. Chr.; Marmor; H 94 cm
Rijksmuseum van Oudheden, Leiden, Inv.-Nr. 1822: H*1

Literatur: Weinstock 1960, S. 46, Anm. 27 a, Taf. IX.2;
Bastet/Brunsting 1982, S. 35, Nr. 69, Taf. 20

67

Die unterlebensgroße Frauenfigur steht frontal dem Betrachter zugewandt. Sie trägt ein faltenreiches, an den Ärmeln geknotetes Leibgewand, welches unter den Brüsten gegürtet ist. Ein Mantel fällt über ihre linke Schulter, läuft über den Rücken und ist an ihrer rechten Seite nach vorne geführt, wo er sich dreieckig auffächert. Die Frau steht auf ihrem linken Bein, das rechte ist leicht vorgesetzt. In der gesenkten rechten Hand hält die Frau eine Opferschale (*patera*), und in ihrem angelegten linken Arm liegt ein Botenstab (*caduceus*). Das ebenmäßig idealisierte Gesicht wird von streng nach hinten genommenen Haaren gerahmt und steht in seiner qualitätvollen Ausführung in einem gewissen Gegensatz zu dem eher plump proportionierten rechten Arm.

Die Attribute der idealisierten Frauenfigur deuten darauf hin, dass es sich um eine römische Göttin oder Personifikation handelt.
Die Attributkombination ist belegt für die

Glücksgöttin Felicitas wie für die Friedensgöttin Pax. Die Göttin wird als vorbildlich Opfernde gezeigt und trägt den Botenstab als Friedenssymbol bei sich. Die Statue wurde in der römischen Stadt Thysdrus in Nordafrika gefunden und soll aus dem dortigen Amphitheater stammen. *AL*

68

Mars, der Gott des Krieges, bringt den Frieden

Gold (*aureus*); Münzstätte: Rom
Dm 20 mm, 6,92 g
geprägt 222–228 n. Chr. unter dem Kaiser Severus Alexander (reg. 222–235 n. Chr.)
Vorderseite: IMP C M AVR SEV ALEXAND AVG
Büste des Kaisers Severus Alexander mit Lorbeerkranz nach rechts
Rückseite: MARTI PACIFERO
Staatliche Museen zu Berlin, Münzkabinett, Inv.-Nr. 18237617

Literatur: RIC IV-2, Nr. 159 d

Der gerüstete Mars steht nach links ausgerichtet, hält einen Friedenszweig in seiner rechten Hand und stützt sich mit seiner Linken auf einen nach unten gerichteten Speer. Gemäß der Legende präsentiert sich der Kriegsgott als »Friedensbringer«. *SE*

69

Mars, der Gott des Krieges, bringt den Frieden

Silber (Doppeldenar); Münzstätte: Rom
Dm 22,65 mm, 3,73 g
geprägt 260–268 n. Chr. unter dem Kaiser Gallienus (reg. 253–268 n. Chr.)
Vorderseite: GALLIENVS AVG
Panzerbüste des Kaisers Gallienus mit Strahlenkranz nach rechts
Rückseite: MARTI PACIFERO; links im Feld A
Archäologisches Museum der WWU Münster, Inv.-Nr. M 2522

Literatur: RIC V-1, Nr. 236

Der gerüstete Mars steht nach links ausgerichtet, hält einen Friedenszweig in seiner erhobenen rechten Hand und stützt sich mit seiner gesenkten Linken auf einen Schild, in der Armbeuge ein Speer. Gemäß der Legende präsentiert sich der Kriegsgott als »Friedensbringer«. *HN*

70

Der friedensbringende Hercules

Gold (*aureus*); Münzstätte: Rom
Dm 19 mm, 5,25 g
geprägt unter dem Kaiser Maximianus Herculius (reg. 286–305; 307–308 n. Chr.)
Vorderseite: MAXIMIANVS P F AVG
Büste des Maximianus mit Lorbeerkranz nach rechts
Rückseite: HERCVLI PACIFERO, im Abschnitt P R
Staatliche Museen zu Berlin, Münzkabinett, Inv.-Nr. 18227516

Literatur: Pink 1931, S. 20

Der frontal dargestellte, nackte Hercules steht nach links blickend mit einem Friedenszweig in seiner rechten Hand und Löwenfell und Keule im linken Arm. Er ist als » Friedensbringer« bezeichnet. *SE*

68

69

70

71

72

71

Ewiger Frieden

Buntmetall (*sestertius*); Münzstätte: Rom
Dm 30,66 mm, 14,61 g
geprägt unter dem Kaiser Philippus II.
(reg. 246–249 n. Chr.)
Vorderseite: IMP PHILIPPVS AVG
Panzerbüste des Kaisers Philippus II. mit
Lorbeerkranz nach rechts
Rückseite: PAX AETERNA, im Feld S–C
Archäologisches Museum der WWU Münster,
Inv.-Nr. M 2431

Literatur: RIC IV-3, Nr. 268 c

Die Friedensgöttin Pax steht nach links ausgerichtet und hält einen Friedenszweig in ihrer erhobenen rechten Hand und in ihrer linken Armbeuge ein Szepter. Gemäß der Legende präsentiert sich Pax als ewig andauernd – in der Zeit der sogenannten Soldatenkaiser im 3. Jahrhundert n. Chr. eher Wunsch als Wirklichkeit. *HN*

72

Pax

Gold (*aureus*); Münzstätte: Lyon
Dm 21 mm, 4,74 g
geprägt 275 n. Chr. unter dem Kaiser Tacitus
(reg. 275–276 n. Chr.)
Vorderseite: IMP C M CL TACITUS AVG
Panzerbüste des Tacitus mit Lorbeerkranz nach rechts
Rückseite: PAX PVBLICA
Staatliche Museen zu Berlin, Münzkabinett,
Inv.-Nr. 18260329

Literatur: RIC V-1, Nr. 3; Estiot 1999, S. 406, Nr. 10 a
(dieses Stück)

Pax steht nach links ausgerichtet und hält ein Szepter in ihrem linken Arm und in ihrer rechten Hand einen Friedenszweig. *SE*

73

Staatlicher Frieden

Silber (*denarius*); Münzstätte: Rom
Dm 20,73 mm, 3,20 g
geprägt unter dem Kaiser Pupienus
(reg. April – Juni 238 n. Chr.)
Vorderseite: IMP C M CLOD PVPIENVS AVG
Panzerbüste des Kaisers Pupienus mit
Lorbeerkranz nach rechts
Rückseite: PAX PVBLICA
Archäologisches Museum der WWU Münster,
Inv.-Nr. M 2385

Literatur: RIC IV-2, Nr. 4

Die Friedensgöttin Pax thront nach links ausgerichtet und hält einen Friedenszweig in ihrer erhobenen rechten Hand und in ihrer linken Armbeuge ein Szepter. Gemäß der Legende präsentiert sich Pax als staatlicher Frieden, den die Kaiser allerdings in den unruhigen Zeiten des 3. Jahrhunderts n. Chr. – dieser Kaiser war gerade einmal drei Monate im Amt – nicht garantieren konnten. *HN*

73

74

75

74

Frieden des Kaisers

Silber (Doppeldenar); Münzstätte: Rom
Dm 25,17 mm, 4,20 g
geprägt 238 – 239 n. Chr. unter dem Kaiser Gordianus III.
(reg. 238 – 244 n. Chr.)
Vorderseite: IMP CAES M ANT GORDIANVS AVG
Panzerbüste des Kaisers Gordianus III. mit Strahlenkranz
nach rechts
Rückseite: PAX AVGVSTI
Archäologisches Museum der WWU Münster, Inv.-Nr. M 2411

Literatur: RIC V-3, Nr. 3

Die Friedensgöttin Pax steht nach links ausgerichtet und hält einen Friedenszweig in ihrer erhobenen rechten Hand und in ihrer linken Armbeuge ein Szepter. *HN*

75

Pax

Silber (Doppeldenar); Münzstätte: Köln oder Trier
Dm 19 mm, 2,5 g
geprägt 272 n. Chr. unter den Kaisern Tetricus I.
(reg. 271 – 274 n. Chr.) und Tetricus II. (reg. 273 – 274 n. Chr.)
Vorderseite: [IMP]P TETRICIS AVG G
Drapierte Panzerbüsten des Tetricus I. mit Strahlenkrone
(im Vordergrund) und Tetricus II. nach rechts
Rückseite: [P]AX AV[G]
Staatliche Museen zu Berlin, Münzkabinett,
Inv.-Nr. 18212792

Literatur: RIC V-2, Nr. 212

Pax steht nach links ausgerichtet, hält ein Szepter in ihrem linken Arm und in ihrer rechten Hand einen Zweig. *SE*

76

Pax

Silber (Doppeldenar); Münzstätte: Britannien
Dm 24 mm, 3,78 g
geprägt unter Carausius im Namen des Kaisers Maximianus Herculius (reg. 286–305; 307–308 n. Chr.)
Vorderseite: IMP C MAXIMIANVS P F AVG
Panzerbüste des Kaisers Maximianus Herculius mit Strahlenkrone nach rechts
Rückseite: [P]AX AVGGG, im Abschnitt MLXXI, links und rechts im Feld S P
Staatliche Museen zu Berlin, Münzkabinett, Inv.-Nr. 18239954

Literatur: RIC V-2, Nr. 34

Pax steht nach links ausgerichtet und hält ein Szepter in ihrer linken Hand sowie einen Zweig in ihrer erhobenen rechten Hand. *SE*

77

Pax

Silber (Doppeldenar); Münzstätte: London
Dm 24 mm, 4,59 g
geprägt 286–293 n. Chr. unter Carausius (reg. 286 oder 287–293 n. Chr.)
Vorderseite: IMP C CARAVSIVS P F AVG
Panzerbüste des Kaisers Carausius mit Strahlenkrone nach rechts
Rückseite: PAX AVGGG, im Abschnitt MLXXI, im Feld S – P
Staatliche Museen zu Berlin, Münzkabinett, Inv.-Nr. 18239909

Literatur: RIC V-2, Nr. 143

Pax steht nach links ausgerichtet, hält ein Szepter in ihrem linken Arm und in ihrer rechten Hand einen Friedenszweig. *SE*

76

77

78

79

78

Pax

Silber (Doppeldenar); Münzstätte: Britannien
Dm 22 mm, 4,89 g
geprägt unter Kaiser Carausius
(reg. 286 oder 287–293 n. Chr.)
Vorderseite: IMP CARAVSIVS P F AVG
Büste des Kaisers Carausius mit Strahlenkrone nach rechts
Rückseite: PAX AVG
Staatliche Museen zu Berlin, Münzkabinett,
Inv.-Nr. 18239905

Literatur: RIC V-2, Nr. 880

Pax steht nach links ausgerichtet. Sie ist mit ihrer Linken auf ein Szepter gestützt und hält einen Friedenszweig in ihrer rechten Hand. *SE*

79

Pax

Silber (Doppeldenar); Münzstätte: London
Dm 23 mm, 3,7 g
geprägt unter Allectus (reg. 293–296 n. Chr.)
Vorderseite: IMP C ALLECTVS P F AVG
Panzerbüste des Kaisers Allectus mit Strahlenkrone nach rechts
Rückseite: PAX AVG, im Abschnitt ML, im Feld [S A]
Staatliche Museen zu Berlin, Münzkabinett,
Inv.-Nr. 18239931

Literatur: RIC V-2, Nr. 33

Pax steht nach links ausgerichtet und hält ein Szepter in ihrem linken Arm sowie in ihrer rechten Hand einen Friedenszweig. *SE*

80–121

Doppeldenare des Kaisers Victorinus

Silber (Doppeldenar); Münzstätte: Köln
geprägt unter dem Kaiser Victorinus (reg. 269–271 n. Chr.,
Nachprägungen etwa 274–284 n. Chr.)
Archäologisches Museum der WWU Münster,
Inv.-Nr. M 5603, M 5605, M 5696–5730, M 5765

Literatur: Sear 2005, S. 279–386; Schulzki 1996, S. 5–13, S. 76–87; Elmer 1941, S. 60–74

Auf der Vorderseite sämtlicher Münzen ist der Kaiser Victorinus als Büste oder Panzerbüste mit Strahlenkrone abgebildet und in der Beischrift benannt. Die Münzrückseite zeigt die Friedensgöttin Pax. Diese hält in der rechten Hand einen Friedenszweig (s. Beitrag Lichtenberger u. a., S. 237–238) und in der Linken ein langes Szepter.

Victorinus (M. Piavvonius Victorinus) stammt vermutlich aus einer vornehmen gallischen Familie aus Trier und ist von 269 bis 271 n. Chr. Kaiser des sogenannten Gallischen Sonderreichs, das sich von Rom abgespalten hat und Nieder- und Obergermanien, Rätien, Gallien, Hispanien sowie Britannien umfasst. Seine Residenzstadt ist die Colonia Claudia Ara Agrippinensium, das heutige Köln. In seiner kurzen Amtszeit lässt er insbesondere sogenannte Antoniniane (Doppeldenare) prägen. Obwohl sämtliche Kaiser des Gallischen Sonderreichs nur kurze Zeit an der Macht sind und kaum friedlich agieren, ist ein häufig auftretendes Bildmotiv auf den Münzrückseiten die Pax als Personifikation des Friedens. Die Verwendung von Pax als Münzmotiv erreicht im 3. Jahrhundert n. Chr. ein derartiges Ausmaß, dass von einer Inflation des Friedens gesprochen werden kann (s. Beitrag Lichtenberger u. a., S. 124–128). Die Propaganda des Friedens gelangt durch das Massenmedium Münze in alle Bereiche des Reiches. *SH*

80–121

Friedenssymbolik

ANTIKE GRUNDLAGEN EINER ABENDLÄNDISCHEN IKONOGRAFIE

In der Antike hat sich eine vielschichtige Symbolik des Friedens herausgebildet. Die griechische und die römische Ikonografie sind dadurch charakterisiert, dass bestimmte Vorstellungen und Ideen prägnant durch Bilder und Gegenstände gefasst werden können. Zusätzlich zu der als Personifikation des Friedens aufgefassten Göttin Eirene oder Pax gibt es auch Symbole und Attribute wie den Botenstab oder den Friedenszweig, welche für den Frieden stehen. Auch komplexe Darstellungen, zum Beispiel Tieridyllen oder bestimmte Gesten des Friedens, können solche Ideen in anschauliche Bilder fassen. Oftmals werden diese nachantik rezipiert und entfalten eine Wirkmächtigkeit bis in die Gegenwart. Dabei kommt es neben geradlinigen Entwicklungen durchaus auch zu Umdeutungen und Transformationen der Bilder, wie das Beispiel der heute als Friedenssymbol aufgefassten Taube zeigt. *AL*

Schlangenstab und Friedenstaube

Symbole und Gesten des Friedens

ACHIM LICHTENBERGER | H.-HELGE NIESWANDT | DIETER SALZMANN

In der antiken Ikonografie haben sich verschiedene Darstellungsformen herausgebildet, welche den Frieden prägnant symbolisch in ein Bild fassen. Diese Bilder gibt es sowohl in der griechischen als auch in der römischen Antike – und oftmals leben sie in der nachantiken Ikonografie fort und sind bis heute wirkmächtig. Einige der heutigen Friedenssymbole finden sich zwar bereits in der Antike, doch war ihre Verbindung zum Frieden noch nicht bzw. noch nicht stark ausgeprägt.

Krieg, Sieg und Frieden

Die Antithese des Friedens ist der Krieg. Das Ende des Krieges kann Frieden bedeuten. Daher können Bilder des siegreich beendeten Krieges

◄ Abb. 1
Das einzige im Original erhaltene Siegesmal – *tropaion* – der Antike
4. Jahrhundert v. Chr., München, Staatliche Antikensammlungen und Glyptothek, Inv.-Nr. 15032

Abb. 2
Römisches Siegesmal – *tropaeum* –
1. Jahrhundert n. Chr. (Kat.-Nr. 126)

Abb. 3
Die Göttin Roma auf Waffenhaufen thronend
Detail vom sogenannten Altar der Gens Augusta, Bardo-Museum, Tunis, Inv.-Nr. 2125

auch als Bilder des Friedens verstanden werden. Aus der Antike sind solche Bilder vielfach überliefert, und sie setzen einerseits die machtvollen militärischen Fähigkeiten der Sieger ins Bild, andererseits können sie aber in der Antithese auch als Bilder des Friedens gelesen werden.

Mit militärischen Siegen sind Rituale verbunden. Noch auf dem Schlachtfeld wurde an der Stelle, an der sich der Feind zur Flucht gewandt hat, ein Siegesmal/Tropaion/Tropaeum aufgestellt.[1] Das Wort leitet sich von griechisch *trepein*, drehen, ab und lebt auch im deutschen Wort Trophäe fort. Tropaia (Abb. 1 und 2, Kat.-Nr. 126) bestanden aus erbeuteten Rüstungs- und Waffenteilen, die auf einen aufgerichteten Baumstamm gesetzt wurden und anthropomorphe Form annehmen konnten. Sie sind die unmittelbarsten Siegesmonumente, fanden als solche auch jenseits des Schlachtfelds Verwendung und konnten in unterschiedlichen Zusammenhängen als Symbole des militärischen Erfolges eingesetzt werden. So entwickelte sich das Tropaion zu einem Symbol des militärischen Erfolges und des Sieges. Tropaia begegnen uns sowohl in der griechischen als auch in der römischen Antike.

Eine verwandte Form des Tropaions waren Ansammlungen von Beutewaffen, die auf Haufen geworfen oder in einem Fries drapiert wurden (Kat.-Nr. 34, 41–42, 53, 55, 125, 131, 152). Auch diese Bilder verweisen auf einen Sieg und auf die Vernichtung von Feinden. Die Feinde können die erbeuteten Waffen nicht mehr gegen die Sieger wenden, und auf diese Weise werden die Waffen zu Symbolen des Friedens. Insbesondere im klassischen und hellenistischen

Abb. 4
Hermes als Seelenbegleiter in der Unterwelt
apulisch-rotfiguriger Volutenkrater, um 310 v. Chr., Archäologisches Museum der WWU Münster, Inv.-Nr. 817

Griechenland begegnen uns solche Waffenfriese in unterschiedlichen Verwendungszusammenhängen. So waren sie beispielsweise in Heiligtümern oder an Siegesmonumenten präsent. Auch in Rom finden sich solche Darstellungen, die allerdings auch in komplexere Bilder gefasst werden können. So thront manchmal die Personifikation der Stadt Rom, die Roma, auf Waffenhaufen.[2] Wie sehr dieses Bild mit der Verheißung von Frieden verbunden ist, zeigt der sogenannte Gens Augusta Altar aus Karthago, auf dessen einer Reliefseite Roma auf Waffen sitzt, die Siegesgöttin Victoria in der Hand hält und auf ein Podest mit verschiedenen Friedenssymbolen blickt (Abb. 3, Kat.-Nr. 34).[3] Waffenhaufen begegnen uns auch mit der Friedensgöttin Pax, die auf dem Boden liegende Waffen mit einer Fackel in Brand setzt. Diese angezündeten Waffenhaufen sind allerdings nicht als »Frieden schaffen ohne Waffen« – wie es aus der heutigen Friedensbewegung bekannt ist – zu lesen, sondern als Zerstörung feindlicher Waffen.

Gerade in Rom hat sich eine komplexe Ikonografie des militärischen Sieges und des Beendens von Krieg herausgebildet.[4] Wichtige militärische Erfolge Roms kulminierten im römischen Triumph, bei dem der Triumphator in eine gottgleiche Rolle schlüpfte und Attribute wie das Adlerszepter, eine purpurne Toga, einen Lorbeerzweig und einen Lorbeerkranz annahm (siehe Beitrag S. Nomicos, S. 153–155). Einige dieser Attribute konnten sich vor allem in der römischen Kaiserzeit zu eigenständigen Symbolen der militärischen Potenz entwickeln und hatten daher auch latent eine Bedeutung als Friedenssymbole.

Abb. 5
Der Flussgott Acheloos
attisch-rotfigurige Amphore, um 470 v. Chr., München, Staatliche Antikensammlungen und Glyptothek, Inv.-Nr. 2327

Symbole des Friedens: Botenstab, Füllhorn, Zweig und Taube

Der Heroldsstab (*kerykeion*, *caduceus*) kennzeichnet seinen Träger (*keryx*), einen Amtsinhaber der griechischen Städte, der mit vielfältigen Aufgaben – unter anderem als Bote und Ausrufer – betraut ist. Seit dem 6. Jahrhundert v. Chr. ist das Kerykeion mit einem verschlungenen Schlangenpaar verziert, das in Form einer oben offenen Acht gestaltet ist. Solche Stäbe sind nicht nur in Abbildungen überliefert, sondern auch in zahlreichen zumeist bronzenen Exemplaren als Grabbeigabe und Weihgeschenk (Kat.-Nr. 136) erhalten. Das göttliche Pendant zu den weltlichen Boten ist in der griechischen Mythologie der Hirtengott und Götterbote Hermes (*Mercurius*), dessen zentrales Attribut ebenfalls das Kerykeion ist. Dieser allmächtige »Zauberstab« erlaubt Hermes auch, Träume zu vermitteln und die Augen zu schließen, wie die Erzählung in der Ilias bezeugt: Er geleitet Priamos sicher durch das Lager der Griechen, damit dieser von Achilleus den toten Körper seines Sohnes Hektor erlangen kann.[5] Als Wandler zwischen den Welten vermittelt er als Hermes Psychopompos (Seelenbegleiter) zwischen Unter- und Oberwelt (Abb. 4).

In den griechischen und römischen Schriftquellen spielt das Kerykeion eine wichtige symbolische Rolle bei Friedensverhandlungen.
So erklärt Diodor: »Dem Hermes schreibt man die Einführung von Friedensgesandtschaften zu, wie sie in Kriegszeiten stattfinden, ferner von Unterhandlungen sowie Verträgen und als Abzeichen hierfür schuf er den Heroldsstab; ihn tragen gewöhnlich jene, die in derartigen Angelegenheiten Gespräche führen und dank dem Stabe bei den Feinden Sicherheit genießen. Darum hat man die Bezeichnung ›Koinos Hermes‹ gegeben, weil der Nutzen beiden Parteien zugutekommt, wenn sie in Kriegszeiten Frieden erlangen wollen.«[6]

Wegen dieser Qualität des Kerykeions trägt auch die Friedensgöttin Eirene (*Pax*) als Botin des Friedens das Kerykeion als eines ihrer Attribute.
Das früheste erhaltene Beispiel für dieses Attribut der Eirene ist eine aus der unteritalischen Stadt Lokroi aus dem 4. Jahrhundert v. Chr. stammende Silbermünze, welche die auf einem Altar thronende Göttin zeigt (Kat.-Nr. 19). Dasselbe Attribut findet sich auf einer römischen Silbermünze mit der auf einem Schwert stehenden Pax aus Ephesos in der heutigen Türkei aus augusteischer Zeit (Kat.-Nr. 138). Auch auf späteren kaiserlichen Münzen ist der Caduceus ein reguläres Attribut der Pax.[7]

Ein weiteres Attribut der Friedensgöttin ist das Füllhorn, welches Reichtum und Überfluss symbolisiert. In der griechischen Mythologie gibt es zwei Varianten von seiner Herkunft: Zum einen wird die Geschichte von Zeus – dem späteren Göttervater – als Säugling erzählt, in der er von der Nymphe bzw. Ziege Amaltheia gesäugt wird. Nach einer Erzählung des Ovid[8] brach eines der Hörner der Ziege ab, und Nymphen füllten es mit Nahrung für Zeus. Das Horn kann aber auch dem stierköpfigen Flussgott Acheloos zugeschrieben werden. Ihm soll Herakles dieses im Kampfe abgebrochen haben (Abb. 5).

Hat der Botenstab den Friedensabschluss durch Verhandlungen zum Thema, symbolisiert das Füllhorn den Segen, der aus dem abgeschlossenen Frieden erwächst. Denn in kriegslosen Zeiten gedeiht die Landwirtschaft und der Reichtum wächst.[9]

Bei dem nur in der römischen Bilderwelt als Attribut der Göttin Pax bezeugten Zweig als Friedenssymbol (Kat.-Nr. 61, 63–65, 71–121, 129, 146–147, 151) kann mangels literarischer oder anderer Quellen keine eindeutige Herleitung gelingen. Allerdings sind der Zweig in den Händen sowie der Kranz auf dem Haupt des Triumphators sehr gut in Text- und Bildzeugnissen belegt (Abb. 6).

Der Schriftsteller Plinius überliefert in seiner »Naturgeschichte«[10] die unter Augustus erstmals aufkommende Legende, nach der der Adler des Jupiter eine weiße Henne mit Lorbeerzweig im Schnabel in den Schoß der Livia, der Gemahlin des Augustus, legte.
Die Kaiserin pflanzte diesen Zweig im Garten ihrer Villa – fortan genannt »Ad Gallinas Albas« / »Bei den Weißen Hennen« – ein, und es entwickelte sich aus ihm ein prächtiger Lorbeerhain. Seit Augustus wurde für den siegreichen Triumphator der Lorbeer für den Kranz und den in der Hand gehaltenen Zweig in diesem Hain geschnitten. In der römischen Münzprägung werden immer wieder Götter gezeigt, die »Pacifer«, also »Friedensträger« genannt werden, und bezeichnenderweise tragen sie buchstäblich einen Zweig, der somit unzweifelhaftes Symbol des Friedens wird.

Abb. 6
Triumph des Kaisers Tiberius
silberner Trinkbecher aus Boscoreale,
wohl zwischen 14 und 37 n. Chr.,
Paris, Louvre, Inv.-Nr. Bj 2367

Abb. 7
Der Kaiser als Begründer des Friedens – ***fundator pacis***
Silbermünze des Kaisers Septimius Severus,
201 n. Chr., CGB Numismatique Paris

Ein weiterer eindeutiger Beleg für die Friedenssymbolik des Zweiges sind Münzen des römischen Kaisers Septimius Severus, die den stehenden Imperator in Toga mit einem Zweig in der rechten Hand wiedergeben, denn die Münzlegende präsentiert ihn als »Fundator Pacis«, das heißt als »Friedensstifter« (Abb. 7).

Abb. 8
Detail des Südfrieses der Ara Pacis: Priester mit Zweig

Der Lorbeerzweig ist darüber hinaus auch im Zusammenhang mit Reinigungsritualen während religiöser Feste überliefert. So werden gern die Zweigträger in der Prozession auf dem Friedensaltar des Augustus als Kultteilnehmer interpretiert. Wenn der Zweig als Friedenszweig also allgemein der Friedenssymbolik zuzurechnen ist, ist er in diesem Sinne auch als Attribut der Teilnehmer der Prozession der Ara Pacis (Abb. 8) zu sehen.

Die Taube, das zeitgenössische Friedenssymbol schlechthin (Abb. 9), ist in der klassischen Antike das Attributtier der Göttin Aphrodite (Venus) und hat wenig mit Vorstellungen von Frieden zu tun. Diese Verbindung von Taube und Liebesgöttin belegen Münzen von Städten, in denen Aphroditeheiligtümer bezeugt sind (Kat.-Nr. 30).

Ein besonders sprechendes Beispiel zeigen die Silbermünzen der Stadt Eryx in Sizilien, auf denen die thronende Liebesgöttin mit einer Taube auf ihrer rechten Hand dargestellt ist (Abb. 10). Ein anderes ikonografisches Schema sind Tauben auf dem Rand eines Beckens. Dieses Bild kann ebenfalls in einem konkreten Bezug mit Aphroditeheiligtümern bzw. Aphrodite selbst stehen. So stammen tönerne Weihetäfelchen mit dem Taubenbecken aus dem Aphroditeheiligtum von Lokroi,[11] und Münzen aus Seleukeia am Kalykadnos (Anatolien) bilden die Göttin neben einem Taubenbecken ab (Abb. 11).
In besonders prächtiger Weise hat dieses Motiv der Künstler Sosos in Pergamon als Mosaik gestaltet, wie Plinius berichtet.[12] Von diesem Meisterwerk existieren variierende Wiederholungen aus hellenistischer und römischer Zeit (Abb. 12), die das friedvolle Beisammensein der Vögel betonen.

Solche Tieridyllen haben zu der intensiven Rezeption des Taubenmotivs in der frühchristlichen Kunst geführt, denn in der jüdisch-christlichen Tradition war das Motiv der Taube vielfältig anschlussfähig. Am bekanntesten ist die Geschichte von Noah während der Sintflut, als er verschiedene Vögel fliegen ließ, um zu prüfen, ob das Wasser noch das ganze Land bedeckt. Eine Taube mit einem Ölzweig im Schnabel kündet schließlich das Ende der Sintflut an.[13] Die Darstellung dieser Geschichte findet sich auch im 2./3. Jahrhundert n. Chr. auf Münzen der Stadt Apameia in der heutigen Türkei (Kat.-Nr. 29). Man sieht den Vogel mit dem Zweig zu Noah und seiner Frau zurück-

Abb. 9
Friedenstaube, Motiv der Friedensbewegung in den Jahren 1980 bis 1984

Abb. 10
Sitzende Liebesgöttin Aphrodite mit Taube auf ihrer Hand, daneben Eros
Silbermünze aus der sizilischen Stadt Eryx, etwa 410 bis 400 v. Chr., Berlin, Staatliche Museen zu Berlin, Münzkabinett, Inv.-Nr. 18200381

Abb. 11
Aphrodite neben einem Taubenbecken
Bronzemünze aus Seleukeia am Kalykadnos (Türkei)

Abb. 12
Mit Wasser gefülltes Bronzebecken mit friedvollen Tauben
Mosaik in Neapel, Nationalmuseum, Inv.-Nr. 114281, 110–100 v. Chr.

kehren. Die Taube an sich ist hier kein Symbol des Friedens, doch markiert sie nach der Sintflut den Bund Gottes mit den Menschen und eine sich daraus ergebende Wohlstandsverheißung. Es ist diese Taube mit Ölzweig im Schnabel, die dann von Picasso zur Friedenstaube umgedeutet wird.

Gesten des Friedens: Handschlag, Umarmung und Kuss sowie Gelage

Wie auch heutzutage noch bestimmten Gesten, die zunächst im persönlichen Umgang von Menschen im privaten Raum ausgeführt werden, im Altertum das Miteinander von Akteuren im zwischenstaatlichen Handeln, um zum Frieden zu gelangen oder ihn zu schließen.

Der Handschlag (*dexiosis / dextrarium iunctio*) erfolgte bei der Begrüßung und beim Abschied, wie es in antiken Texten bezeugt ist. In der griechischen Bilderwelt begegnet uns dieses Motiv im 7. Jahrhundert v. Chr. Während es bis zum 5. Jahrhundert v. Chr. vereinzelt in der Vasenmalerei festzustellen ist, wird es auf attischen Grabreliefs dann zum Hauptthema (Kat.-Nr. 10). Inhaltlich sind nun über die momentane Situation des Grußes hinausreichende Aspekte von Bedeutung. Das Zeichen der Zusammengehörigkeit drückt jetzt bleibende Verbundenheit aus, der Handschlag wird intensiver und dauerhafter. Diese Verbundenheit besteht nicht nur zwischen den auf dem Relief dargestellten Familienmitgliedern, sondern auch zwischen den Verstorbenen und den Hinterbliebenen.

Zwischenstaatliche Abmachungen können ebenfalls durch den Handschlag begleitet werden. Bereits im Alten Orient ist er ein – allerdings selten belegtes – Motiv, wie das Relief auf der Frontseite eines Thronsockels aus Kalhu mit dem neuassyrischen König Salmanassar III. in Verbundenheit mit Marduk-zākir-šumi bezeugt (Abb. 13). In Athen wiederum ist die *dexiosis* eine wichtige Geste auf den sogenannten Urkundenreliefs. Sie zeigen die Göttin Athena im Handschlag mit der jeweiligen Schutzgottheit der vertraglich verbundenen Städte. So steht auf dem Urkundenrelief aus dem Jahr 403/402 v. Chr. (S. 26, S. 37, Abb. 6, Kat.-Nr. 9) die Göttin Hera für die Samier, deren Eintracht gegenüber den Athenern sich in der Vergangenheit bewährt hat, die diese weiterhin praktizieren und in die Zukunft auszudehnen gedenken. Die Gleichrangigkeit der beiden Vertragsparteien äußert sich im ausgewogenen Gegenüber der

Abb. 13
Der neuassyrische König Salmanassar III. in Verbundenheit mit dem babylonischen Herrscher Marduk-zākir-šumi
Relief eines Thronsockels aus Kalhu, 858–842 v. Chr., Bagdad, Irak Museum

Abb. 14
Amazonen, die mythischen Vertreterinnen der Städte Smyrna und Ephesos, im Handschlagmotiv als Zeichen der Eintracht
Bronzemünze aus Ephesos, 92/93 oder 93/94 n. Chr., Berlin, Staatliche Museen zu Berlin, Münzkabinett, Inv.-Nr. 18203596

Abb. 15
Vier sich umarmende römische Herrscher als Zeichen der brüderlichen Eintracht
um 300 n. Chr., Venedig, Basilica di San Marco

beiden stehenden Göttinnen. Der Handschlag als Ausdruck eines Vertrages kann aber auch zwischen zwei im Rang unterschiedlichen Partnern im Bild deutlich gemacht werden, indem die hochrangigere Gottheit sitzt und ihr Gegenüber steht.[14]

Ein weiteres zwischenstaatliches Handeln drückt sich im Begriff Eintracht (*homonoia/concordia*) aus, der zunächst diesen Zustand in der Polis selbst meint, aber bereits im 4. Jahrhundert v. Chr. auch als Einigung zwischen zwei Staaten bezeugt ist. In der römischen Kaiserzeit ist häufig in den Münzprägungen des östlichen Mittelmeergebiets ein Götterpaar im Handschlagmotiv wiedergegeben (Kat.-Nr. 129), um politische Übereinkünfte oder andere Beziehungen zwischen den Städten darzustellen. So zeigt eine Münze aus Ephesos aus der Zeit des Kaisers Domitian Amazonen als Vertreterinnen der Städte Smyrna und Ephesos im Handschlag vereinigt (Abb. 14).[15]

In der römischen Bilderwelt findet das Handschlagmotiv insbesondere in Darstellungen der Eintracht (*concordia*) zwischen Ehepartnern Ausdruck. Dieses positive Miteinander ist zudem vertraglich abgesichert, wie eine Schriftrolle in der linken Hand des Ehemannes verdeutlichen kann. Diese *concordia* kann auch zwischen Vertragspartnern des wirtschaftlichen Miteinanders wirken, wie eine Bleiplombe mit dem Symbol des Handschlags bezeugt, die als Verschluss einer Warenlieferung gedient hat (Kat.-Nr. 130).[16] Doch auch im staatlichen Bereich findet sich das Motiv des Handschlags, so neben der Münzprägung seit republikanischer Zeit etwa auf einem Wandgemälde aus der Nekropole auf dem Esquilin in Rom, wo im frühen 3. Jahrhundert v. Chr. im Kontext kriegerischer Auseinandersetzungen Männer gezeigt werden, die im Begriff sind, sich die Hand zu geben und damit wohl (Friedens?-)Vereinbarungen schließen (S. 104, S. 112, Abb. 3).

Abb. 16
Leonid Breschnew küsst seinen Bündnispartner Erich Honecker.

Insgesamt ist der Handschlag in der antiken Ikonografie also ein Symbol für Verbundenheit und Abschluss eines Rechtsakts. Als solcher kann er auch zu einem Symbol des Friedens werden, auch wenn sein Bedeutungsgehalt deutlich größer ist.

Die Umarmung findet im Gegensatz zur literarischen Überlieferung in der Bilderwelt eher selten Niederschlag. Bis zum Zeitalter des Hellenismus (323–331 v. Chr.) klingt eine Umarmung in dem Motiv des auf die Schulter gelegten Armes an, wie dies beispielsweise ein heute verschollenes Holzrelief aus Samos sowie das Brüderpaar auf der Grabstele für Dermys und Kittylos im Nationalmuseum von Athen für das 7./6. Jahrhundert v. Chr. zeigen. Für die innige Beziehung zwischen der Göttin Demeter und ihrer Tochter Persephone ist dies in der klassischen Kunst einige Male nachzuweisen. Umarmungen, wie sie in der Berichterstattung zu Friedensherbeiführungen in der Neuzeit zwischen den handelnden Staatsvertretern inszeniert werden, finden wir in der Antike kaum. Lediglich die spätantike Vier-Herrscher-Gruppe in Venedig scheint darstellen zu wollen, dass die beiden Kaiser und die beiden Caesaren in harmonischer Einigkeit durch die Umarmung verbunden sind (Abb. 15).

Echte Umarmungen – oftmals auch erweitert um den Kuss – sind in antiken Bildkompositionen extrem selten und kommen nur im Zusammenhang mit erotischen Darstellungen vor. Als prominentes Beispiel sei auf die Gruppe des Liebesgottes Eros (Amor) und der Königstochter Psyche, die wohl in der Zeit von 150 bis 100 v. Chr. entstanden ist, hingewiesen.[17]

Abb. 17
Priamos, der König von Troja,
küsst kniefällig die Hand des Achilleus.
1. Hälfte 1. Jahrhundert n. Chr. (Kat.-Nr. 132)

Der Sonnengott Sol ist in einer Umarmung, die wohl in einen Wangenkuss übergehen wird, mit dem Gott Sarapis auf römischen Lampen aus Ägypten belegt (Kat.-Nr. 134). Leider erschließt sich uns nicht, welche Beziehung zwischen diesen beiden Gottheiten damit ausgedrückt werden soll.

Küsse zwischen Staatsmännern – heute berühmt ist der Kuss, den Leonid Breschnew 1979 mit seinem Bündnispartner Erich Honecker austauscht (Abb. 16) – versinnbildlichen brüderliche Einigkeit. Küsse zwischen politisch handelnden Personen kann man für die Antike erst ab der frühen römischen Kaiserzeit literarisch bezeugt finden: Der Wangenkuss war ein Hinweis auf die Verbundenheit des Kaisers mit den Mitgliedern seines engsten Umfelds und seiner Vertrauten. Beim Handkuss war der Küssende dem Geküssten untergeordnet, was eine Münze aus der Zeit des Kaisers Trajan verdeutlichen kann: Die Personifikation von Alexandria muss den Kopf neigen, um die Hand des Kaisers zu küssen (Kat.-Nr. 133). Der Handkuss in Verbindung mit dem Kniefall (*proskynese*) galt in der Antike als Zeichen des Schutzflehens und des Gnadengesuchs und im alten Orient auch der göttlichen Verehrung. So zeigt der Reliefbecher von Hoby Priamos, dem König von Troja, wie er mit diesem Gestus Achilleus zu überzeugen versucht, ihm die Leiche seines Sohnes Hektor auszuhändigen (Abb. 17, Kat.-Nr. 132). Der Fußkuss – gern von den unbeliebten Kaisern eingefordert – degradiert die küssende Person im Sinne einer Unterwerfung.[18]

Neben den Gesten der Verbundenheit können auch gemeinsame Gastmähler zum Frieden leiten bzw. ihn besiegeln. So berichtet der griechische Historiker Herodot davon, wie die Verhandlungen der gegen Griechenland ziehenden Perser mit den Böotiern dazu führen, dass diese sich nicht in die panhellenische Verteidigung eingliedern.[19] Als zeremonielles Resultat teilen sich während eines Festmahls von 100 Teilnehmern ein Thebaner und ein Perser jeweils ein

Abb. 18
Symbole des Friedens
Silbermünze aus dem Bürgerkriegsjahr 68 n. Chr. (Kat.-Nr. 131)

Speisesofa (*kline*). Am Hofe des persischen Großkönigs war es üblich, auswärtige Delegationen während des Gelages zu empfangen. Der Schriftsteller Plutarch schildert im 22. Kapitel der Lebensbeschreibung des Artaxerxes II., wie der Spartaner Antalkidas, Timagoras aus Athen und die Thebaner Ismenias und Pelopidas im Jahr 367 v. Chr. wohl zur Vorbereitung einer Friedenskonferenz in Susa empfangen werden. Solche sogenannten Friedensmahle können allerdings nur aus den Texten erschlossen werden; gesicherte Darstellungen von solchen historischen Ereignissen fehlen bisher.[20]

Fazit

In der antiken Ikonografie hat sich ein breites Spektrum an Darstellungen herausgebildet, welche den Frieden symbolisch ins Bild setzen. Die wichtigsten Symbole konzentrieren sich auf das Umfeld der Friedensgöttin Eirene/Pax. Bei diesen Bildern kann eine komplexe Vielschichtigkeit und Mehrdeutigkeit der Symbolik festgestellt werden. Einige der Attribute wie der Zweig und die Waffenhaufen verweisen eher auf die militärische Komponente, die zum Frieden führt, andere Symbole wie das Kerykeion/der Caduceus deuten auf den Verhandlungsfrieden, während das Füllhorn die segensreichen Wirkungen des Friedens anspricht. Daneben haben sich auch Symbole und Gesten herausgebildet, welche die Konnotation von Frieden tragen konnten, ohne dass sie ausschließliche Friedenssymbole waren, wie etwa der Handschlag. Viele dieser Symbole wurden in der Antike frei kombiniert (Abb. 18) und sind bis in die Gegenwart tradiert. Einige von ihnen, wie die Taube, haben antike Grundlagen, wurden aber nachantik uminterpretiert. So konnte schließlich aus dem Attributtier der Aphrodite die Friedenstaube Picassos werden.

1 Zum Tropaion vgl. Janssen 1957.
2 Zur Ikonografie der Dea Roma vgl. Mellor 1975.
3 Derartig aufgeladene Bilder zieren auch Gegenstände des Alltags. Eine Lampe im Britischen Museum zeigt als Reliefbild gleichsam als Auszug aus dem Altarrelief Sphaira, Füllhorn und geflügelten Caduceus und ergänzt diese Friedenssymbole um einen Palmwedel als Zeichen der Sieghaftigkeit: Bailey 1988, S. 379, Kat. Q 3077, Taf. 103.
4 Zur römischen Triumphalkunst vgl. zuletzt verschiedene Beiträge in Aßkamp/Jansen 2017.
5 Hom. Il., Zl. 334–691.
6 Diod. 5,75,1 (Übersetung O. Veh).
7 Zum Kerykeion/Caduceus Cornwell 2017, S. 35–40; Halm-Tisserant/Siebert 1997, S. 728–730; Boetzkes 1921, S. 330–342.
8 Ovid, Fast. 5,115–128.
9 Zum Füllhorn Bemmann 1994.
10 Plin. nat. 15,30,136–137.
11 Prückner 1968, S. 53–54, Abb. 9, Taf. 11,2.
12 Plin. nat. 36,184. Zu Sosos Salzmann 2004, S. 413.
13 Gen. 1. Mose 8,8–12.
14 Zum Handschlag z. B. Rollinger/Niemayr 2007, S. 135–178; Meyer 1989, S. 140–145; Neumann 1965, S. 41–66.
15 Zu Homonoia z. B. Shapiro 1990, S. 476–479.
16 Zu Concordia z. B. Hölscher 1990, S. 479–498; Reekmans 1958, S. 23–95; Koch/Sichtermann 1982, S. 97–106.
17 Zuletzt zu dieser Statuengruppe AK Freiburg 2017, S. 74–81, Kat.-Nr. 4 (A.-S. Menschner).
18 Zu Küssen in der römischen Kaiserzeit Hartmann 2016, S. 71–88.
19 Hdt. 9,15–16.
20 Zum Bankett z. B. Vössing 2004; Schmitt Pantel 1992, besonders S. 466–470.

Tieridyll

LORENZ WINKLER-HORAČEK

»Heimbringen werden von selbst milchstrotzende Euter die Ziegen, / und die Herden werden die großen Löwen nicht fürchten. / Untergehn wird auch die Schlange, es wird das tückische Giftkraut untergehn, / überall wird assyrischer Balsam erblühen.«[1]

Die Vorstellung von einer nährenden Erde, in der alle Tiere friedlich zusammenleben und die frei ist von gefährlichen wilden Tieren, giftigen Pflanzen sowie unwegsamen Orten, bestimmt seit dem Hellenismus die Gattung der bukolischen Dichtung.[2] Schon in den »Eidyllia« des Theokrit aus dem 3. Jahrhundert v. Chr. entfaltet sich ein Landschaftsbild, in dem der Hirte eingebettet in eine tiefe Ruhe einen offenen Raum für Gefühle und Liebesgesang findet. Zwar lassen sich hier auch realistische Züge des Landlebens und der Natur erkennen, aber die Verklärung dominiert. Die römische Dichtung greift insbesondere mit Vergils Hirtengedichten (»Bucolica« oder »Eklogae«) diese Idee eines ländlichen Glücksgefühls auf: Hirten werden hier vielfach in Dialogen, in musischen Agonen oder als einsame Klagende in unglücklicher Liebe beschrieben.[3] Die reale Gefahr der Wildnis und das mühsame Landleben werden ausgeblendet. Anders als bei Theokrit wirken bei Vergil zusätzlich die historischen und politischen Erfahrungen der Zeit in die Gedichte stärker mit hinein und geben ihnen eine Bedeutungsebene, die von der Hoffnung auf ein friedliches Zeitalter mitgetragen wird. Es ist diese Sehnsucht nach Frieden, die sich auch in den bukolischen Bildern der augusteischen Zeit und insbesondere in den Bildern idyllischer Tiergruppen niederschlägt.

◄ Detail aus Abb. 6

Bilder der Gewalt – Bilder des Friedens

Die friedliche Idylle der Natur entfaltet ihre Wirkung erst vor dem Hintergrund einer gewalttätigen Natur. Denn diese ist das vorherrschende Thema nicht nur dieser und der vorangegangenen Epochen. Ein brutales Bild vom Kampf der Tiere in der Wildnis umschreiben besonders eindringlich die homerischen Gleichnisse.[4]
Die »uralten« homerischen Epen wirken dabei als zentrales Referenzwerk in die römische Zeit hinein: »Und wie ein Löwe die kleinen Kinder einer schnellen Hirschkuh / Leicht zermalmt, sie packend mit starken Zähnen, / In ihr Lager gekommen und ihnen das zarte Herz raubt – /

Abb. 1
Ein Löwe attackiert mit weit aufgerissenem Maul und erhobener Pranke ein vor ihm liegendes Reh
Umzeichnung einer Szene auf einer Amphora in London, um 700 v. Chr.

Sie aber, wenn sie auch ganz nah ist, kann ihnen nicht helfen, / Denn ein Zittern, ein schreckliches, überkommt sie selber / Und schnell eilt sie durch dichtes Gebüsch und Gehölz, / Hastend, in Schweiß, vor dem Andrang des starken Tieres.«[5]

Es ist hierbei nicht nur der Kampf zwischen den Tieren in der Natur, es ist auch der Kampf der Wildnis gegen die Nutztiere der Zivilisation, der in den Gleichnissen drastisch ausgefochten wird:

»Und wie wenn ein Löwe, ein auf Bergen ernährter, seiner Kraft vertrauend, / Aus der weidenden Herde eine Kuh raubt, die die beste ist, / Und er packt sie und bricht ihr den Nacken heraus mit starken Zähnen / Zuerst, und schlürft dann das Blut und alle Eingeweide, / Sie zerfleischend, und um ihn erheben Hunde und Hirtenmänner / Ein sehr lautes Geschrei, von weitem, und wollen nicht / Ihm entgegentreten, denn sehr ergreift sie die blasse Furcht.«[6]

Die Brutalität unter den Tieren in der Wildnis einerseits und andererseits der existentielle Kampf der Hirten gegen die Raubtiere oder die Überwindung der Tiere durch verschiedene Helden bestimmten über Jahrhunderte die Vorstellung von einer bedrohlichen Natur. Diese Vorstellung schlägt sich in zahlreichen Bildern nieder und findet ihre symbolische Reduktion in Tierkampfgruppen, in denen Löwen oder andere Raubtiere friedliche Tiere angreifen und reißen.[7] Bereits auf einer frühprotoattischen Amphora in London um 700 v. Chr. attackiert ein Löwe mit weit aufgerissenem Maul und erhobener Pranke ein vor ihm liegendes Reh (Abb. 1),[8] auf einer vermutlich milesischen Kanne des späten 7. bzw. frühen 6. Jahrhunderts v. Chr. beißt ein Leopard einem bereits gestürzten Reh in den Hals, während von der anderen Seite ein Löwe heraneilt.[9] Auch wenn die Brutalität der Tierkämpfe in archaischer Zeit intensiver als in späteren Epochen thematisiert wurde, sind entsprechende Szenen bis in römische Zeit vielfach bekannt. Ein Löwe, der einem in seinen Pranken gehaltenen Tier in den Kopf beißt, ziert als verbreitetes

Abb. 2
Ein Löwe, der einem in seinen Pranken gehaltenen Tier in den Kopf beißt
Fragment eines römischen Sarkophags

Abb. 3
Nutztiere im äußeren Fries und Raubtiere im inneren
Umzeichnung einer protoattischen Schale in Athen, im Außenkreis aneinandergereihte Stiere und Kühe, die ihre Jungen säugen

Motiv beispielsweise zahlreiche Seiten römischer Sarkophage (Abb. 2).[10] Die Gewalttätigkeit der wilden Tiere bleibt über alle Zeiten präsent.

Demgegenüber gibt es bereits früh – wenn auch deutlich seltener – Bilder pastoraler Idyllen. Auf einer frühkorinthischen Amphora in Athen um 600 v. Chr. treibt ein Hirte eine Herde von Widdern und Ziegen vor sich her[11] und auf einer protoattischen Schale in Athen finden sich im Außenkreis aneinandergereihte Stiere und Kühe, die ihre Jungen säugen (Abb. 3).[12] Doch wie in den homerischen Gleichnissen ist auch diese Idylle bedroht: Auf der protoattischen Schale befinden sich im Innenkreis mehrere Löwen, und ein Panther reißt ein Reh. Es geht in diesen frühen Bildern um den Gegensatz von Fruchtbarkeit und Gewalt, nicht um deren Vereinbarkeit. Auch zahlreiche Bilder der Löwen, die mit Pflanzen als Zeichen der Fruchtbarkeit kombiniert werden – seien es Lotosblüten, die hinter den Löwen emporwachsen, sei es das Flankieren zweier Löwen um ein Lotos-Palmetten-Ornament[13] –, sind als gegensätzliche Prinzipien der Natur zu verstehen: fruchtbares Werden und tödliche Bedrohung.[14] Damit unterscheiden sie sich grundsätzlich von den späteren bukolischen Bildern.

Und dennoch: Es gibt auch schon früh die Vorstellungen nicht endender Fruchtbarkeit und ländlicher Idylle. Wenn Homer in der »Odyssee« das westlich gelegene Libyen beschreibt, so ist es ein Land »[…], wo gleich bei der Geburt die Widder gehörnt sind; / Dreimal werfen dort nämlich im Lauf eines Jahres die Schafe. / Weder ist dort der Herr bedürftig, noch fehlt es dem Hirten / Weder an Käse noch Fleisch, noch süßer Milch von der Herde, / Sondern das ganze Jahr durch geben Milch sie zum Melken.«[15]

Hier wird eine Utopie entworfen. Die wundersame Fruchtbarkeit ist nicht Teil des eigenen belebten Landschaftsraumes. Sie ist vielmehr Teil einer Projektion, die am Rande der Welt lokalisiert wird und die vor dem Hintergrund der Kolonisierung des 8. und 7. Jahrhunderts v. Chr. zu verstehen ist. Sie ist hier Ausdruck eines existentiellen Bedürfnisses nach fruchtbarem Land: Libyen ist ein Land, das zu kolonisieren sich lohnt.[16]

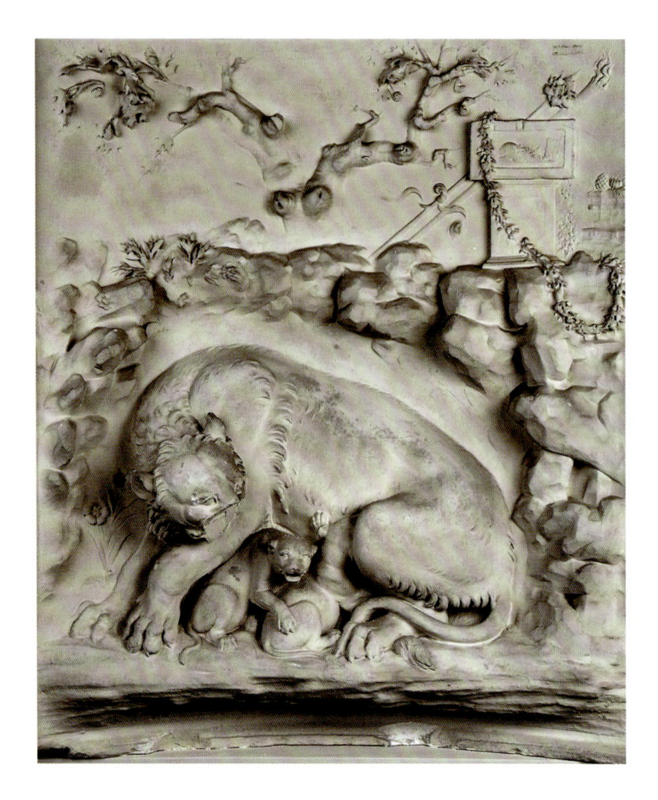

Abb. 4
Säugende Löwin in Felsgrotte
sogenanntes Grimani-Relief aus Praeneste, Abguss, Bonn, Akademisches Kunstmuseum, Inv.-Nr. 879A

Löwe, Schaf und Wildsau: die Gegensätze der Natur friedlich vereint

Seit dem späten Hellenismus und insbesondere unter der Regierung des Kaisers Augustus tritt eine Fülle neuer Bilder neben die beschriebene gewalttätige Natur. Dabei verbinden sich in den sogenannten bukolischen Reliefs die Gegensätze miteinander. In einem friedlichen ländlichen Idyll werden die Raubtiere zahm und mit ländlichen Nutztieren in eine Welt integriert, die durch Heiligtümer, Ställe und die Attribute eines Hirtenlebens vom Menschen bestimmt sowie von der Verehrung der Götter durchdrungen ist. Hier entfaltet sich keine gewalttätige Natur und auch kein Sehnsuchtsort am Rande der Welt. Es ist eine zeitlose und nicht lokalisierbare Utopie mitten unter den Menschen.

Drei Reliefs, die nach einem berühmten Venezianer Sammler als Grimani-Reliefs bezeichnet und in die augusteische Zeit datiert werden (Abb. 4–6), zeigen diese Utopie eindringlich.

Zwei Reliefs sind seit der Renaissance bekannt und werden seit dem 19. Jahrhundert intensiv diskutiert (Abb. 4–5). Sie befinden sich heute im Kunsthistorischen Museum Wien. Im 20. Jahrhundert konnte eine dritte zugehörige Platte in Praeneste/Palaestrina gefunden werden (Kat.-Nr. 26, Abb. 6). Alle Reliefs gehörten vermutlich zu einer Brunnenanlage im Fortunaheiligtum von Praeneste. Als Stifter des Brunnens sieht die Forschung den berühmten Verrius Flaccus, Grammatiker und Erzieher am augusteischen Hof.[17]

Die Zusammengehörigkeit der Reliefs lässt sich aufgrund des Formates, deren leicht konkaver Formen sowie des Themas gut belegen. Eines der Reliefs zeigt eine liegende Löwin vor einer Grotte (Abb. 4). Sie wendet ihren Kopf zurück zu ihren beiden Jungen, die sie mit ihrem Körper umgibt. Während eines der beiden Jungtiere an ihren Zitzen hängt, wendet sich das zweite mit dem Kopf dem Betrachter zu. Die Steine der Grotte rahmen die Kontur der Löwin. Oberhalb der Grotte wächst ein knorriger Baum – vielleicht eine Platane –, rechts ist ein ländliches Heiligtum zu sehen: Auf einem Postament steht eine längsrechteckige gerahmte Tafel, auf der bacchische Motive dargestellt sind. Eine brennende Fackel und ein von Efeublättern und Korymben bekrönter Thyrsosstab lehnen an dem Votivmal, um das sich zudem noch eine Girlande schlingt und es so mit dem Felsgrund verbindet. Vom Rand abgeschnitten und eher im Hintergrund ist ein aus Steinen aufgeschichteter Altar zu erkennen. Hier liegen ein Pinienzapfen, eine Mohnkapsel, Ähren und eine Feige.

Die nährende Löwin ist Zeichen des Friedens und des Überflusses. Sie ist nicht Teil einer bedrohlichen Wildnis. Das kleine Heiligtum integriert sie in die Welt der Menschen und deren Verehrung der Götter. Die Natur ist hier ein Idyll voller Anspielungen auf Fruchtbarkeit und Fülle. An den Pranken der Löwin und am Eingang der Grotte wächst unversehrt eine Blume mit zwei großen Blüten heraus. Weitere Blumen finden sich im Gestein der Grotte. Aus den Felsen sprießt zudem ein Lorbeerstrauch. An ihm hängen kleine Beeren, und an seinen Wurzeln züngelt eine kleine Schlange aus einem Spalt. Der knorrige Baum über dem Felsen hat zwar viele abgestorbene Äste, doch selbst aus ihnen wachsen an vielen Stellen noch einzelne Blätter. In dieser rauen, aber fruchtbaren Landschaft, die von der Verehrung der Götter geprägt ist, verliert die nährende Löwin ihre Bedrohlichkeit. Aber nur weil sie eigentlich brutal und bedrohlich ist, wird das Besondere der Szene deutlich. Erst der Gegensatz macht sie zum Symbol des Friedens.

Die Bedeutung des Bildes erschließt sich in der Kombination mit dem zweiten Relief (Abb. 5). Beide waren vermutlich aufeinander bezogen

Abb. 5
Säugendes Schaf unterhalb eines Gebäudes
sogenanntes Grimani-Relief aus Praeneste, Abguss, Bonn, Akademisches Kunstmuseum, Inv.-Nr. 879B

angebracht. Nun ist es ein Schaf, das sein Jungtier säugt. Kopf und Hals wenden sich dem Lamm zu und entsprechen damit kompositionell denen der Löwin. Das Lamm drängt zwischen die Beine der Mutter, um an ihr zu trinken. Dabei hat es mit seinen eingeknickten Beinen ein Gefäß umgestoßen. Auch Schaf und Lamm sind von Steinen umgeben, die sich aber nicht als Grotte zusammenschließen. Vielmehr öffnet sich nach rechts oben ein Durchbruch zu einem Stall, der die obere rechte Bildhälfte einnimmt. Es ist aber kein gewöhnlicher Stall. Das ordentliche Quadermauerwerk erinnert ebenso wie der profilierte Giebel mit Akroteren und das korinthisch gedeckte Dach mit acht Stirnziegeln an einen frisch renovierten Tempel. Doch aus einer Tür der Langseite springt ein Hund heraus und deutet so auf die Funktion des Baus.

Abb. 6
Säugende Wildsau in Natur
sogenanntes Grimani-Relief aus Praeneste, Abguss Wien, Kunsthistorisches Museum, Inv.-Nr. XIV Z 294

Auch hier ist die felsige Landschaft von Pflanzen durchzogen. Über dem aufsteigenden Felsen der linken Bildhälfte thront eine knorrige Eiche. An einem Ast hängt das Bündel eines abwesenden Hirten – Früchte und ein Knotenstock schauen heraus. Ein Eichenzweig ist abgebrochen und liegt unterhalb auf dem Felsen, während links von der Eiche zwei blühende Pflanzen – es handelt sich um Mohn und Hirse – aus dem Gestein wachsen.

Löwe und Schaf, Wild- und Nutztier bilden durch die Gegenüberstellung der Reliefs eine friedliche Einheit. Die Gegensätze der Natur – bedrohliche Wildnis und nährende Fruchtbarkeit – haben sich aufgelöst.

Das dritte Relief ist entsprechend aufgebaut (Abb. 6, Kat.-Nr. 26). Nun ist es eine Wildsau mit ihren Jungen in vergleichbarer Haltung. Auch hier umschließt eine felsige Grotte die Gruppe. Sie öffnet sich aber nach oben, und es sind die aus ihr herauswachsenden Pflanzen, die die Wildschweine rahmen: links eine aufragende Eiche, rechts sich über der Gruppe wiegendes Schilf. Vermutlich wird dieses Relief ebenfalls ein heute fehlendes Pendant innerhalb der Brunnenanlage gehabt haben.

In ihrer Gesamtheit visualisieren die Bilder von Löwin, Wildsau und Mutterschaf die Fruchtbarkeit und den Frieden in der Natur. Die umgebenden Pflanzen verstärken dies. Einzelne Pflanzen wurden darüber hinausgehend in direktem Bezug zur augusteischen Ideologie gedeutet. Die Eichen im Schafs- und Wildschweinrelief können als Reminiszenz an den Eichenkranz, die *corona civica*, gelesen werden. Als Symbol für die Rettung des Staates wurde diese dem Augustus 27 v. Chr. verliehen und verwies auf dessen Leistungen bei der Überwindung der Bürgerkriege.[18] Der Lorbeerstrauch über der Löwin ist ein Zeichen des mit Augustus eng verbundenen Gottes Apollo. Es sind Hinweise auf das *saeculum aureum* und damit auf politische Bezüge, die durch Vergleiche zu anderen Monumenten verstärkt werden.[19]

Friedliche Tiere – Saeculum Aureum

Das Bild der friedlich säugenden Sau in ländlicher Umgebung zeigt die Schmalseite eines Altars, der sich heute im Vatikan befindet: der sogenannter Altar vom Belvedere (Abb. 7). Er wird zwischen 12 und 2 v. Chr. datiert.[20] Auf dem felsigen Untergrund hat sich die Sau gelagert, und zahlreiche Ferkel drängen an ihre Zitzen. Oberhalb ihres Kopfes wächst eine knorrige Eiche aus dem Felsen. Die friedliche Natur wird hier durch zwei menschliche Gestalten erweitert. In der rechten Bildhälfte steht ein Mann in der Position eines Hirten

Abb. 7
Friedlich säugende Sau in ländlicher Umgebung
sogenannter Altar vom Belvedere im Vatikan, zwischen 12 und 2 v. Chr.

auf seinen Stab gestützt, allerdings mit aufwendigem Mantel bekleidet, der den nackten Oberkörper freilässt. Es ist Aeneas, der nach seiner langen Irrfahrt aus Troja sein Ziel in Latium erreicht hat.

Vergil widmet sich in der »Aeneis« dieser Geschichte.[21] An der Stelle, an der eine im Schatten gelagerte Wildsau dreißig Ferkel gebiert, soll er eine Stadt errichten. Es wird Lavinium sein, die Mutterstadt von Alba Longa und später Rom. Da Aeneas' Sohn Ascanius zugleich das Geschlecht der Julier begründet und somit Vorfahre des Kaisers Augustus ist, vermischt sich die idyllische Landschaft mit der Frühgeschichte Roms und zugleich mit der Familiengeschichte des Augustus. In der linken Bildhälfte sitzt zudem eine weibliche Gestalt mit einer Schriftrolle. Sie ist zwar schwer zu deuten, kann durch ihr Attribut aber als zukunftskündende Autorität angesehen werden. Sie verweist auf die Gegenwart, in der Augustus die Nachfolge des Aeneas angetreten hat und den Staat in ein friedliches Zeitalter führt. Dies fügt sich mit den anderen Seiten des Altars zu einem umfassenderen und eng mit Augustus verbundenen Ganzen. Hier werden mit dem Bild der Victoria, des sogenannten Tugendschildes und zweier Lorbeerbäume zentrale Ehrungen des Augustus angesprochen, die für seine Autorität im Staate grundlegend waren.[22] Darüber hinaus zeigen die weiteren Seiten zum einen die Einrichtung des Larenkultes durch Augustus – dies verweist auf dessen Frömmigkeit (*pietas*) – und zum anderen die Apotheose des vergöttlichten Caesar[23] – dies hebt die göttliche Herkunft des Augustus hervor.

Das Bild einer säugenden Wildsau in einer durch Felsen und Bäume geprägten Landschaft ist im Einzelnen kaum von der säugenden Wildsau auf den Grimani-Reliefs zu unterscheiden. Hier ist das Tieridyll allerdings Teil einer mythischen Erzählung und zugleich eingebunden in ein politisches Konzept, das die Herrschaft des Augustus verherrlicht. Die friedlichen und nährenden Tiere werden so zum visuellen Ausdruck eines übergeordneten staatlichen Friedenskonzepts, das zugleich die Macht des Princeps verstetigt.

Eine vergleichbare Verbindung von Tieridyll, bukolischer Landschaft, Mythos und politischer Ideologie findet sich an einem weiteren zentralen Monument dieser Zeit: der Ara Pacis Augustae. Der zwischen 13 und 9 v. Chr. errichtete marmorne Altar für den Frieden weist eines der komplexesten Bildprogramme der augusteischen Zeit auf, in das Tieridyll und bukolische Elemente eingebunden sind.[24] Das Monument besteht aus einer äußeren Ummauerung, die sich an zwei von vier Seiten durch Tore öffnet und den Zugang zum eigentlichen Altar im Inneren zulässt. Diese Ummauerung ist an der Außenseite mit großformatigen Reliefs geschmückt. Die untere Hälfte nehmen Reliefplatten mit komplexen Rankengebilden ein, den oberen Bereich prägen figürliche Szenen.

An der westlichen Eingangsseite der Ara Pacis – ursprünglich auf dem Marsfeld an der Via Latina gelegen – befand sich rechts der Eingangsseite ein Relief, das Aeneas beim Opfer in einer von den bukolischen Bildern her bekannten Landschaft zeigt (Abb. 8).[25] Bekleidet mit einem Mantel, der den Oberkörper frei lässt und zugleich nach Art des späteren römischen Opferritus das Haupt bedeckt (*capite velato*), vollzieht Aeneas an einem aus Steinen geschichteten Altar das unblutige Voropfer (*libatio*). Von links kommen zwei Opferdiener mit Opfergeräten, Früchten und dem zu opfernden Schwein heran. Es ist das Schwein, das Aeneas zuvor als Omen unter der Eiche vorgefunden hat. Über dem felsigen Altar erhebt sich eben diese Eiche, links am Bildrand sind weitere Pflanzen zu erkennen. Der bukolische Charakter der Szene wird durch den kleinen Tempel links oben im Bild verstärkt, der in seiner Bauart an den Stall der Schafsszene auf einem der Grimani-

Abb. 8
Aeneas beim Opfer in einer von den bukolischen Bildern her bekannten Landschaft
Relief an der westlichen Eingangsseite der Ara Pacis, zwischen 13 und 9 v. Chr.

Reliefs erinnert. Für ein ländliches Heiligtum viel zu akkurat schichten sich die Quadermauern auf, und auch hier tragen der profilierte Giebel Akrotere und das Dach Stirnziegel. Anders als beim Stall öffnet sich die Schmalseite unter dem Giebel und gibt den Blick auf zwei sitzende Figuren frei. Es handelt sich um die Penaten, Schutzgötter des Haushaltes. Aeneas soll sie von Troja aus mit nach Latium gebracht haben, sie nehmen an der Opferung der hier vorgefundenen Wildsau teil.

Die Penaten als Hausgötter sind individuell an die römischen Familien gebunden und zugleich Teil des Staatskults. Das Opfer des Schweines ist durch die landschaftlichen Bildelemente eng mit den Darstellungen des idyllischen Landlebens verbunden. Somit vereint auch diese Szene das ländliche Glücksidyll mit der mythischen Vorvergangenheit Roms sowie der Geschichte der Familie des Augustus. Die Synthese der verschiedenen Aussagen bezieht sich auf die Gegenwart: Aus der Vergangenheit heraus erfüllt sich die Geschichte im augusteischen Frieden, der an dem Altar der Pax verehrt wird. Ausdruck dieses Friedens sind die Tiere, die sich wie hier im Falle des Schweines friedlich an den ländlichen Altar führen lassen.

Die Aussage wird durch ein weiteres – heute nur sehr fragmentarisch erhaltenes – Relief aus der Gründungsgeschichte Roms verstärkt. Gegenüber dem Aeneas-Relief am Eingang der West-

Abb. 9
Die Wölfin säugt die Zwillinge in einer Grotte, neben der ein Feigenbaum emporwächst
Terrakottarelief, 2. Jahrhundert n. Chr., ehemals Berlin, Antiquarium, Inv.-Nr. TC 8489

seite war nach den gängigen Rekonstruktionen links die Reliefplatte mit Romulus und Remus angebracht.[26] Es zeigte wohl ursprünglich im Zentrum des Bildes die Zwillinge, die von der Wölfin gesäugt wurden, wiederum eingebunden in ein ländliches Idyll und überragt von einem Feigenbaum. Auf den wenigen Fragmenten sind noch der Feigenbaum und rechts ein Hirte zu erkennen, der sich auf seinen Stab stützt. Es ist Faustulus, der dem Mythos zufolge die Szenerie in der Wildnis beobachtet. Links kann als zweiter Beobachter noch Mars ergänzt werden, der Vater der beiden Knaben.

Auch wenn durch die fragmentarische Überlieferung des Reliefs noch manches offen bleibt, so ist der Kern der Szene doch gesichert. Er wird auch durch andere Bilder überliefert, beispielsweise auf einem Terrakottarelief ehemals in Berlin (Abb. 9):[27] Die Wölfin säugt die Zwillinge in einer Grotte, neben der ein Feigenbaum emporwächst. Von rechts schreitet der Hirte Faustulus heran und beobachtet überrascht die Szene. Die Rettung der Stadtgründer Roms – die in der Wildnis ausgesetzten Zwillinge Romulus und Remus – sind Teil eines friedlich bukolischen Idylls. Die Wölfin frisst sie nicht, sie nährt sie und garantiert so das Schicksal Roms. Damit schließt sich auch hier ikonografisch der Kreis zu den Grimani-Reliefs mit ihren säugenden Tieren in einer felsigen und fruchtbaren Landschaft und gibt den Szenen im politischen Kontext eine erweiterte Bedeutung.

Abb. 10
Tieridyll unterhalb der matronalen Gottheit
Sogenanntes Tellus-Relief der Ara Pacis, 13–9 v. Chr.

Bukolische Bildelemente werden am östlichen Eingang zur Ara Pacis wieder aufgenommen und hier zu einem umfassenden Konzept vereint (Kat.-Nr. 23, Abb. 10).[28] Eine mütterliche Gottheit sitzt in würdevoller Haltung auf einem aus Steinen geschichteten Felsen. In ihrem Schoß liegen Früchte und sie hält zwei Säuglinge in ihren Armen, die zu ihrer Brust drängen. Umgeben ist diese matronale Figur von einem Tieridyll und von Landschaftselementen:
Unter ihrem Sitz weidet ein Schaf und ruht ein Rind in der felsigen Landschaft. Im Hintergrund wachsen verschiedene Pflanzen und Schilf seitlich empor. Flankiert wird die Gottheit von sogenannten *aurae*, Verkörperungen der Meer- und Landwinde. Die *aura* des Landes sitzt links auf einem Schwan und fliegt über einen schilfbewachsenen Fluss. Ein umgestürztes Gefäß, aus dem Wasser quillt, verkörpert diesen. Die *aura* des Meeres hingegen fliegt rechts auf einem Seeungeheuer über das Wasser. Beide versorgen das Land mit dem Fruchtbarkeit bringenden Regen, der die Pflanzen nährt.

Fruchtbarkeit und Frieden sind das Thema des Bildes, und es tut wenig zur Sache, dass die zentrale Figur nicht sicher benannt werden kann. Sie wurde ebenso als Friedensgöttin Pax wie als Erdgöttin Tellus oder Italia gedeutet. Sie personifiziert den durch Frieden bedingten Ertrag des Landes und ist als Bild der auf den Waffen sitzenden Roma der rechten Seite des östlichen Eingangs gegenübergestellt.[29] Dieses Bild der waffentragenden Roma präsentiert die Grundlage für den durch Frieden erreichten Wohlstand – den Sieg über die äußeren Feinde. Der Mythos des Aeneas- und des Romulus-Reliefs der Westseite wird hier durch Personifikationen abgelöst, die die erreichten Zustände der augusteischen Zeit beschreiben. Diese Personifikationen sind zeitlos und damit auf die Gegenwart zu beziehen.

Wie eng diese Bilder in den politischen Kontext der augusteischen Zeit eingebunden waren, zeigt ihr Bezug zum *saeculum aureum*, dem glücklichen und friedvollen Goldenen Zeitalter,[30] das nach den langen Bürgerkriegsjahren von Augustus im Jahr 17 v. Chr. umfassend gefeiert wurde.[31] Die sogenannten *ludi saeculares* dienten schon früher dazu, einen Neuanfang zu markieren, und Augustus ließ diese Säkularspiele vom 31. Mai bis zum 3. Juni 17 v. Chr. in Rom zelebrieren. Das von Horaz zu diesem Anlass verfasste »*carmen saeculare*« liest sich in einigen Passagen wie eine Vorgabe für das Tellus-Relief an der Ara Pacis: »Fruchtbar, voll von Herden und Früchten möge die Mutter Erde sein. / Mit Ähren soll Ceres sie bekränzen / Jupiters Luft und seine gesunden Quellen / Mögen die Keime sprießen lassen.«[32]

Friedliche Tiere, Pflanzen im Überfluss, Felsen und Wasser sind die visuelle Umsetzung der Ideen, die mit dem *saeculum aureum* verbunden wurden. Dies lässt sich auch auf die Rankenfriese übertragen, die den gesamten unteren Bereich der Außenmauer des Friedensaltars umzogen (Kat.-Nr. 24). Hier wachsen die Ranken aus breiten Akanthuskelchen, die immer wieder neue Zweige hervorbringen und sich oftmals um Blüten zu Voluten zusammenrollen. Bei näherer Betrachtung entdeckt man eine Fülle von Details und eine große Vielfalt.[33] Akanthuszweige, Trauben, Arazeen, Efeu und Lorbeer, Girlanden mit verschiedenen Früchten, die nie zur gleichen Zeit reif sind, und eine Vielfalt verschiedenster Kleinsttiere verbinden sich hier zu einem paradiesischen Ganzen. Aus der Distanz betrachtet erscheint diese vegetative Fülle geordnet, die Ranken ergeben eine strenge Symmetrie und binden die Vielfalt damit in eine klare Struktur ein.

Rankenfriese, Tieridyll und weitere Bildformeln mit bukolischer Thematik sind emblematische Chiffren und Ausdruck des Friedens und des damit verbundenen Glücks. Sie spiegeln die Sehnsucht nach diesen Zuständen wider, die durch die augusteische Politik ihre Erfüllung gefunden zu haben scheinen. Die landwirtschaftliche Arbeit und die Härten werden hierbei ebenso wenig thematisiert wie die Brutalität einer das Idyll bedrohenden Wildnis.[34] Die Bilder erhalten aber nur vor dem Hintergrund der anderen – insbesondere der brutalen Tierkampfszenen – ihre Bedeutung als Allegorien des Friedens. Als solche sind sie eingebunden in mythologische und politische Bezüge.

1 Verg. ecl. 4,21–24; Übersetzung nach N. Holzberg.
2 Vgl. zusammenfassend: Effe/Binder 1989.
3 Von Albrecht 2001.
4 Zu den homerischen Gleichnissen siehe zusammenfassend Winkler-Horaček 2015, S. 312–317.
5 Hom. Il. 11,113–119; Übersetzung W. Schadewaldt.
6 Hom. Il. 17,61–67; Übersetzung W. Schadewaldt.
7 Vgl. Winkler-Horaček 2015, S. 245–303; von Hofsten 2007; Hölscher 1972.
8 London, British Museum, Inv.-Nr. 1936.10–17.1. Winkler-Horaček 2015, S. 65, Abb. 9; von Hofsten 2007, S. 58, Nr. Pa 1; Himmelmann-Wildschütz 1967, Taf. 3.
9 Athen, ehemals Sammlung Vlastos: Winkler-Horaček 2015, S. 248–249, Abb. 196; Boardman 1998, S. 152, Abb. 286; Walter 1968, S. 127, Nr. 622, Taf. 128 (als smyrnäisch bezeichnet).
10 Rom, Palazzo Caetani: Arachne Nr. 28760 (www.arachne.uni-koeln.de, letzter Zugriff 6. 1. 2018); Rom, Musei Vaticani, Inv.-Nr. 920, 922. Vgl. Stroszeck 1998, S. 155, Kat.-Nr. 360, Taf. 42,5 und S. 157, Kat.-Nr. 371, Taf. 56,1–4, 75,3–4, 99.
11 Athen, Nationalmuseum, Inv.-Nr. 303: Amyx 1988, S. 143, Nr. 2, Taf. 57, 2.
12 Athen, Kerameikosmuseum, Inv.-Nr. 74: Winkler-Horaček 2015, S. 216, Abb. 168; Kübler 1970, S. 445–447, Nr. 34, Taf. 22, 23.
13 Vgl. Paris, Louvre, Inv.-Nr. L 52: Winkler-Horaček 2015, S. 143, Abb. 93, S. 496–497.
14 Winkler-Horaček 2015, S. 136–148.
15 Hom. Od. 4,85–89, Übersetzung nach R. Hampe.
16 Winkler-Horaček 2015, S. 385–386.
17 Zu den Grimani-Reliefs: Schollmeyer 2010, S. 32–34; Agnoli 2002, S. 207–217, Nr. III. 3; Coarelli 1996; Zanker 2009, S. 181–182; Simon 1986, S. 123; Strocka 1965.
18 Bergmann 2010, S. 135–205; Zanker 2009, S. 182.
19 Siehe den Beitrag S. Whybrew in diesem Band, S. 143–147.
20 Rom, Musei Vaticani, Museo Gregoriano Profano, Inv.-Nr. 1115: AK Paris 2014, S. 113, Kat.-Nr. 69 (G. Sauron); Hölscher 1988, S. 394–396, Nr. 223; Zanker 1969; Helbig 1963, S. 198–201, Kat.-Nr. 255; Arachne Nr. 21500 (www.arachne.uni-koeln.de, letzter Zugriff 6. 1. 2018).
21 Verg. Aen. 3,387–393; 8,84.
22 Hölscher 1988, S. 394–395.
23 Die Deutung ist sehr umstritten. Zu den verschiedenen Deutungsmöglichkeiten der Szene siehe zusammenfassend AK Paris 2014, S. 113, Nr. 69 (G. Sauron). Vgl. auch Pollini 2012, S. 141, der eine Deutung auf die Apotheose des Romulus favorisiert.
24 Zur Ara Pacis: Moretti 1948; Simon 1967. Vgl. ferner die Literaturzusammenstellung bei Settis 1988, S. 424; von den Hoff u. a. 2014, S. 194–195, S. 308; AK Paris 2014, S. 162–169 (C. Parisi Presicce).
25 Pollini 2012, S. 221, Abb. V.11 a; Zanker 2009, S. 207, Abb. 157; Settis 1988, S. 410, Abb. 189; Simon 1967, S. 23–24. Siehe auch den Beitrag von S. Faust in diesem Band, S. 139.
26 Pollini 2012, S. 222, Abb. V.12 a; Settis 1988, S. 411–412; Simon 1967, S. 24–25.
27 Ehemals Berlin, Antiquarium: Zanker 2009, S. 208, Abb. 158; Settis 1988, S. 421, Abb. 197; von Rohden/Winnefeld 1911, Taf. 127,1.
28 Zum sog. Tellusrelief: AK Paris 2014, S. 167, Abb. 57 (C. Parisi Presicce); Zanker 2009, S. 179, Abb. 136; Settis 1988, S. 423, Kat.-Nr. 227; Simon 1967, S. 25–29.
29 Pollini 2012, S. 230, Abb. V.19 a; Settis 1988, S. 411, Abb. 191; Simon 1967, S. 29–30.
30 Siehe den Beitrag S. Whybrew in diesem Band, S. 143–147.
31 Von den Hoff u. a. 2014, S. 193–198; Zanker 2009, S. 171–177.
32 Hor. carm. saec. 29–32, Übersetzung nach Zanker 1990, S. 180.
33 Zu den Ranken der Ara Pacis: Pollini 2012, S. 271–308; Zanker 2009, S. 184–188; Kraus 1953. Zur botanischen Vielfalt siehe besonders Caneva 2010, S. 21–112.
34 Henner von Hesberg hat hierbei zwischen öffentlichen Bildern und privaten Bildern unterschieden (von Hesberg 2014; vgl. bereits von Hesberg 1986). Auf den öffentlichen Bildern steht das Idyll der Tiere im Mittelpunkt, um eine friedvolle Welt vor Augen zu führen. Auf privaten Denkmälern – auf Lampen, Gemmen oder in der Ausstattung der Villen und Grabanlagen usw. – liegt der Fokus stärker auf den Hirten, die »das ländliche Glück auf eine Figur konzentrieren und […] für den Betrachter individualisieren und kommensurabel machen« (von Hesberg 2014, S. 246).

1648 1998
Frieden
als Aufgabe
350 Jahre
Westfälischer Friede
Friedensstadt
Münster

Eirenopolis

Friedensstädte in der Antike

ACHIM LICHTENBERGER | H.-HELGE NIESWANDT

In Münster und Osnabrück wurde 1648 der Westfälische Friede ausgehandelt, unterzeichnet und ausgerufen. Er beendete den Dreißgjährigen Krieg, der Europa zuvor fest im Griff gehabt hatte. Beide Städte fühlen sich heute dem Westfälischen Frieden verpflichtet und bezeichnen sich daher jeweils als »Friedensstadt« (Abb. 1).[1] Diesen Ehrentitel haben sie sich selbst nach dem Zweiten Weltkrieg zugelegt.

Das Phänomen, dass eine Stadt den Namen Friedensstadt trägt, ist jedoch nicht neu. Bereits in der Antike gab es »Friedensstädte«, und sie sind erstmals in römischer Zeit zu greifen, und zwar unter Kaiser Augustus und Kaiser Nero.

Nach der Schlacht von Actium 31 v. Chr. spielte unter Augustus die Propagierung des Friedens und der Göttin Pax eine größere Rolle in der römischen Münzprägung.[2] Auch die Weihung der Ara Pacis in Rom gehört zu den Maßnahmen, die unter Augustus ergriffen wurden, um den augusteischen Frieden nach außen zu tragen. Unter diesem Kaiser wurde dann auch im heutigen Portugal, in Lusitanien, eine Kolonie gegründet, die er Pax Julia nannte, das heutige Beja.[3] Die Stadt trug nach dem Geschlecht der Iulier, zu dem Augustus gehörte, den Namen »julischer Friede«. Münzen der Stadt zeigen auf der Rückseite die thronende Friedensgöttin mit Füllhorn und Caduceus (Abb. 2). Die Stadt feierte einen Frieden zwischen Rom und den Lusitaniern. Auch in der Provinz Gallia Narbonensis wurde in Fréjus im heutigen Frankreich eine Kolonie gegründet, die entweder den Namen Colonia Pacensis oder Forum Iulii Pacatum trug.[4] Auch diese Koloniegründung erfolgte unter dem Friedenskaiser Augustus. Eine weitere Friedenskolonie gründete dieser auf Korsika, die Colonia Veneria Iulia Pacensis Restituta Tertianorum Aleria (Aléria).

Diese Kolonien feierten in ihrem Namen den vom römischen Herrscher garantierten Frieden. Ähnlich verhält es sich auch mit zwei Friedensstädten, die unter dem Kaiser Nero zu fassen sind. Die eine, Eirenopolis (»Friedensstadt«), liegt in Kilikien, in der heutigen Türkei, die andere in Galiläa, im heutigen Israel. Beide Städte erhielten ihre Namen unter diesem Kaiser, und beide Städte wurden zugleich auch noch Neronias

◄ Abb. 1
Pin anlässlich des Jubiläums »350 Jahre Westfälischer Frieden«,
auf dem Münster als Friedensstadt benannt ist

Abb. 2
Bronzemünze aus Pax Julia in Lusitanien (Portugal): Auf der Rückseite ist eine thronende Pax wiedergegeben. Sie hält Füllhorn sowie Caduceus.

Abb. 3
Die geflügelte Göttin Nemesis mit Rad zu ihren Füßen: Während sie mit ihrer Rechten am Gewand nestelt, trägt sie in ihrer Linken ein gesenktes Kerykeion. Bronzemünze aus Eirenopolis in Kilikien (Türkei)

Abb. 4
Bronzemünze aus Sepphoris/Diocaesarea in Galiläa: Die Vorderseite ziert ein Doppelfüllhorn vor einem zentral stehenden Kerykeion; in der Legende ist ΕΙΡΗΝΟΠΛΙΣ (»Friedensstadt«) zu erkennen.

genannt, wodurch wie bei den unter Augustus gegründeten Kolonien die enge Verbindung von Kaiser und Frieden ausgedrückt wurde. Das kilikische Eirenopolis wird bei dem heutigen Ort Düziçi lokalisiert.[5] Über die genauen Umstände seiner Gründung und Benennung wissen wir nichts, doch ist davon auszugehen, dass eine kaiserliche Intervention damit verbunden war, worauf nicht nur der zusätzliche Name Neronias verweist, sondern auch der Umstand, dass die lokalen Münzen die Göttin Eirene-Nemesis zeigen, wie wir sie aus Rom von den Münzen des Claudius kennen (Abb. 3, vgl. Kat.-Nr. 134).[6]

Sepphoris in Galiläa erhielt ebenfalls unter Kaiser Nero den Titel Eirenopolis.[7] Es prägte Münzen, die auf der Vorderseite einen Kranz mit Inschrift zeigen und auf der Rückseite ein Doppelfüllhorn mit Kerykeion (Abb. 4). Der Anlass für die Übernahme des Titels Friedensstadt bleibt unklar. Entweder bezieht er sich darauf, dass die Stadt im Jüdischen Krieg 66 n. Chr. den römischen Truppen die Tore öffnete und mit dieser Unterwerfung ihre positiven Absichten gegenüber der Pax Romana zeigte, oder aber die Stadt übernahm diesen Titel zu einem früheren Zeitpunkt, gleichzeitig mit Eirenopolis in Kilikien. Einen Anlass dafür könnte die Schließung des Janus-Tempels in Rom 64 n. Chr. durch Nero geboten haben (vgl. Kat.-Nr. 36).

Die Idee einer Friedensstadt fand in der Antike zunächst keine Nachfolge, doch wurde die Stadt Jerusalem bereits alttestamentlich in einer populäretymologischen Ableitung von Shalom (Frieden) als Stadt des Friedens verstanden.
In byzantinischer Zeit ist dann das christlich geprägte Eirenopolis in Isaurien in der heutigen Türkei belegt, und auch die frühislamische Dynastie der Abbasiden benannte ihre neue Hauptstadt Badgad als Madinat as-Salam, als Friedensstadt.

1 AK Münster 1998, S. 182–185.
2 Siehe den Beitrag Lichtenberger u. a. in diesem Band, S. 116, S. 118.
3 Marques de Faria 1997.
4 Christol 2015. Zu den augusteischen Friedensstädten siehe auch Cornwell 2017, S. 160, Anm. 11.
5 Gerçek/Yastı 2016, S. 18–19; Karbach 1992/93.
6 Siehe den Beitrag Lichtenberger u. a. in diesem Band, S. 236.
7 Meshorer 1979.

Katalog

122

122

Victoria mit Siegessymbolen

Römische Architekturterrakotte (sogenanntes Campanarelief); etwa 30 v. Chr. – 100 n. Chr.
Ton; H 39,5 cm, B 46,5 cm
Museo Nazionale Romano, Palazzo Massimo, Rom, Inv.-Nr. 4455

Literatur: AK Paris 2014, S. 62, Nr. 24 (S. Tortorella); Quilici/Quilici Gigli 1978, S. 99–100, Taf. 32,1; von Rohden/Winnefeld 1911, S. 258, Taf. 38

Die tönerne Reliefplatte war wohl am unteren Ende des Daches einer römischen Villa in Antemnae (nahe Rom) angebracht und gehört zu der Gruppe der römischen Architekturterrakotten. Im Zentrum ist eine nach rechts fliegende Victoria mit weit ausladenden Flügeln und einem wehenden Gewand dargestellt. Die Siegesgöttin hält in der ausgestreckten rechten Hand einen Palmwedel, der am Stiel mit einem Schmuckband (Tänie) verziert ist. Über die linke Schulter gelegt trägt sie ein Siegesmal (*tropaeum*) (s. Beitrag Lichtenberger u. a., S. 233–234). Den oberen Bildfeldabschluss bildet eine Palmettenreihe.
Die sogenannten Campanareliefs können Szenen aus der Sagenwelt, aus der Welt des Weingottes, aber auch aus dem Circus Maximus oder aus der Gladiatorenarena aufweisen. Auch die militärische Sieghaftigkeit Roms dringt hier in die Häuser der Römer: Neben fliegenden Siegesgöttinnen wie auf diesem Stück können diese Gottheiten auch beim Stieropfer gezeigt werden. In dieses Thema passen auch andere Platten mit *tropaeum*, trauernder Provinzpersonifikation und gefesselten Barbaren: Die Victoria Romana ist selbst im Privatleben allgegenwärtig. *PE*

123

123

Siegesgöttin Victoria auf Himmelsglobus

Statuette; 3. Jahrhundert n. Chr.; Bronze; H 9,7 cm
LVR-Römermuseum im Archäologischen Park Xanten,
Inv.-Nr. C 6135c

Literatur: Boschung 2000, S. 121–129; Menzel 1986, S. 42, Nr. 93, Taf. 50; Horn 1972, S. 58–59; allgemein zur Victoria Romana: Hölscher 1967

Die Siegesgöttin steht mit ausgebreiteten Flügeln und Armen auf einem Himmelsglobus *(sphaira)*. Der linke Fuß ist vorgesetzt und der rechte berührt nur mit den Zehen den Globus, sodass sie wohl gerade darauf landet. Die Göttin trägt ein griechisches Leibgewand. In ihrer vorgestreckten rechten Hand hält sie einen Kranz. Das Attribut, welches sie in der linken Hand hält, ist heute verloren. Der Kopf ist leicht nach rechts gewandt, und die Haare sind in der Mitte gescheitelt, von dort nach außen hin zu einer Rolle zusammengefasst und im Nacken verknotet.

Die Statuette der Victoria geht auf eine Statue im Ratsgebäude (*curia*) auf dem Forum Romanum in Rom zurück, welche Octavian dort 29 v. Chr. aufstellen ließ (Kat.-Nr. 124). Sie war ein Siegesdenkmal für die Schlacht bei Actium 31 v. Chr., die das Ende der Römischen Republik einläutete und die Alleinherrschaft des Octavian, des späteren Kaiser Augustus, möglich machte.

Victoria steht dabei nicht nur symbolisch für den Sieg, den sie durch den Kranz überbringt, sondern sie zeigt gleichzeitig durch das Stehen auf der Sphaira das durch den Sieg Erreichte auf, nämlich die Befriedung der ganzen Welt.

Der Fund dieser Statuette in der Colonia Ulpia Traiana, einer Stadt in der Provinz Niedergermanien, verdeutlicht, dass die Darstellung der Sieghaftigkeit des Kaisers nicht nur in Rom selbst, sondern auch in den römischen Provinzen verbreitet war. Der ursprüngliche Aufstellungskontext der Statuette ist unklar. Trotz eines fehlenden Sockels weist die flache Unterseite der Sphaira vermutlich auf eine Verwendung als stehende Einzelfigur hin, die vielleicht neben weiteren Götterfiguren Teil eines Hausaltares (*lararium*) gewesen ist. *MB*

124

Siegesgöttin Victoria auf Himmelsglobus

Nachguss einer Bronzestatuette
Original: 2./3. Jahrhundert n. Chr.; Ruhrtalmuseum Schwerte, ohne Inv.-Nr.; H 9,43 cm, B 3,91 cm
Archäologisches Museum der WWU Münster, Inv.-Nr. A 111

Literatur: Nachguss unpubliziert – zum Original: Stupperich 1988 a, S. 144–145; Stupperich 1988 b, S. 79, Abb. 43 (mit älterer Lit.); Horn 1987, S. 600, Abb. 514; allgemein zur Victoria Romana: Hölscher 1967

Die geflügelte Siegesgöttin Victoria ist im Moment der Landung dargestellt, sodass ihr Gewand aufgebläht ist. Mit den Füßen berührt

124

sie einen Himmelsglobus (*sphaira*). Die Göttin wendet sich leicht nach rechts, hat ihren rechten Arm angehoben und hält den linken gesenkt. Aufgrund des Erhaltungszustandes sind keine Aussagen zu Attributen möglich.

Die Darstellungsart lässt vermuten, dass dieses Stück – wie auch das Exemplar aus Xanten (Kat.-Nr. 123) – auf die Statue der Victoria in der Curia auf dem Forum Romanum in Rom zurück-

125

geht, die Octavian nach dem Sieg in der Schlacht bei Actium im Jahre 29 n. Chr. dort aufstellen ließ. Diese Statue wurde in der Folgezeit als Victoria Romana bezeichnet. Wie die Statuette nach Schwerte, ins damalige Freie Germanien kam, ist unklar. Vielleicht brachte sie ein Reisender mit oder es handelt sich um geraubtes Altmetall.

Die Siegesgöttin steht symbolisch für den Sieg des Römischen Reiches über äußere Feinde. In der Regel trägt sie als Zeichen der Sieghaftigkeit einen Kranz und einen Palmwedel. Gleichzeitig zeigt sie durch das Stehen auf der Sphaira das durch den Sieg Erreichte auf, nämlich die Befriedung der ganzen Welt. *MB*

125

Das römische Kaiserhaus triumphiert über Barbaren

Gipsabguss eines Kameo, sog. Gemma Augustea
Original: 9/10–12 n. Chr.; zweischichtiger Onyx,
Kunsthistorisches Museum Wien, Inv.-Nr. IX A 79
H 19 cm, B 23 cm
Archäologisches Museum der WWU Münster,
Inv.-Nr. A 259

Literatur: Bernhard-Walcher 2009 a, S. 176–177; Zwierlein-Diehl 2008, S. 98–123; Meyer 2002, S. 59–101; Megow 1987, S. 8–11, S. 155–163, Kat.-Nr. A 10, Taf. 3; 4; 5, 1–4, 6, 7; 6, 2, 3, 5, 6; Oberleitner 1985, S. 40–44, Abb. 22–24; Kähler 1968

Ein Kameo ist ein geschnittener Schmuckstein, der vermutlich im Kontext des römischen Kaiserhauses entstanden ist. Dieser ist in ein oberes und ein unteres Bildfeld geteilt. In der oberen Bildkomposition thront in der Mitte Kaiser Augustus mit Priesterstab (*lituus*) und Szepter als Amtsinsignien auf Rüstungsteilen und wird von einer Frau mit Mauerkrone mit einem Eichenkranz (*corona civica*) bekränzt. Links neben ihm, dem Kaiser zugewandt, sitzt die Göttin Roma. Über ihnen ist ein Steinbock (*capricorn*) – das Sternzeichen des Augustus – zu sehen, während unter dem Kaiser ein Adler sitzt. Letzterer verweist ebenso wie die Darstellungsweise des Augustus mit nacktem Oberkörper, Hüftmantel und Szepter auf eine Angleichung an den Gott Jupiter. Neben Roma steht in der Tracht eines Offiziers der Großneffe des Augustus, Germanicus. Es folgt links die Darstellung des Tiberius, des adoptierten Nachfolgers und Stiefsohns des Kaisers, der in eine Toga gehüllt, lorbeerbekränzt und ein Szepter haltend aus einem Zweigespann steigt, welches von der Siegesgöttin Viktoria gelenkt wird. Auf der rechten Seite befinden sich allegorische Figuren: womöglich Oikumene, die bewohnte Erde, Okeanos, die Personifikation des Meeres, und Italia, Tellus oder Pax mit zwei Knaben und Füllhorn.

Im unteren Bildstreifen errichten einige Soldaten oder Götter ein Siegesmal (*tropaeum*) (vgl. Kat.-Nr. 122, 126 und 127) und führen Gefangene zu bereits gefesselten Unterlegenen neben Rüstungsteilen. Neben dem *tropaeum* befindet sich ein Schild mit einem Skorpion, welcher das Sternzeichen des Tiberius darstellt und seinen Anteil am Sieg andeutet.

Die Szene thematisiert womöglich den Sieg des Römischen Reiches über die Aufstände in Pannonien und Dalmatien durch Tiberius, den Oberbefehlshaber der römischen Truppen, im Jahr 9 n. Chr. Im Januar des Jahres 10 n. Chr. zog Tiberius als Triumphator in Rom ein. *SE/SH*

126

126

Römisches Siegesmal (*tropaeum*)

Statuette; 1. Jahrhundert n. Chr.; Bronze mit Einlagen aus Kupfer und Silber; H 22,1 cm
Staatliche Museen zu Berlin, Antikensammlung, Inv.-Nr. Fr. 1193a

Literatur: Aßkamp/Jansen 2017, S. 30–31, Abb. 9 (R. Grüßinger); Pfahl 2012, S. 11–16; AK Haltern am See 2009, S. 267, Nr. 3, 3 (N. Franken); Stroszeck 2004, S. 303–331; AK Nürnberg 2003, S. 27, Nr. 35, Abb. 25 (K. Dornisch); Pfahl 1993, S. 117–135; Kunisch 1968, S. 222, Taf. 27; Bruns 1947, S. 66, Abb. 46

Das römische Siegesmal (*tropaeum*) besteht aus einem Brustpanzer und zwei Beinschienen, die an einem Baumstamm angebracht sind. Ein Querholz ragt aus den Schulteröffnungen, der Stamm aus der Halsöffnung heraus. Wie vergleichbare Tropaea (Kat.-Nr. 122, 125 und 127) zeigen, ist oben ein Helm zu ergänzen. Der Brustpanzer weist auf der Vorderseite eine palmettenartige Verzierung aus eingelegtem Silber auf. Ein Schmuckband verläuft direkt unterhalb der Brust, und eine Feldherrenbinde ist um den Panzer gewickelt und auf Nabelhöhe verknotet. Direkt unter dem Halssteg auf der Brust befindet sich eine freie Stelle für eine verlorene Applik. Die beiden Beinschienen sind direkt unterhalb des Brustpanzers am Baumstamm festgemacht.

Das besonders reich verzierte Tropaeum aus Bronze stellt die verkleinerte Form realer Siegesmale dar, wie sie aus griechischer und römischer Zeit bekannt sind. Auf den Schlachtfeldern werden solche Siegesmonumente aus den Waffen- und Rüstungsteilen der Unterlegenen errichtet, indem man sie an einem Baumstamm befestigt und in die Fluchtrichtung des Feindes ausrichtet. Derartige Siegesmale stehen für den militärischen Erfolg und gehen dem daran anknüpfenden Frieden voraus. Neben bronzenen Siegesmalen sind zahlreiche marmorne, zum Teil auch sehr aufwendige Siegesmonumente bekannt. Als ein Beispiel sei hier das Tropaeum Traiani genannt, welches aus der Zeit des Kaisers Trajan (reg. 98–117 n. Chr.) stammt und in Adamklissi in Rumänien erbaut wurde. Gleich zwei marmorne Siegesmäler wurden von Sulla 86 v. Chr. bei Chaironeia errichtet. *MB*

127

Siegesmal und Friedenszweig

Buntmetall (*quadrans*); Münzstätte: Rom
geprägt 84–85 n. Chr. unter dem Kaiser Domitian
(reg. 81–96 n. Chr.); Dm 18,5 mm, 2,84 g
Vorderseite: IMP DOMIT AVG [GERM].
Siegesmal (*tropaeum*) bestehend aus Helm, Brustpanzer, Schilden und Beinschienen an Baumstamm
Rückseite: S C. Olivenzweig mit Früchten
Archäologisches Museum der WWU Münster,
Inv.-Nr. M 2081

Literatur: unpubliziert – Referenz: RIC II-1[2], Nr. 247; BMC RE II 494; 495, Taf. 81,15

127

128

129

Römischer Siegfrieden ziert die Vorder- und Rückseite dieser Münze. Das Symbol für den erfolgreichen Feldzug – das *tropaeum* – ist kombiniert mit dem Friedenszweig. *SE*

128

Pax verbrennt Waffen

Buntmetall (*sestertius*); Münzstätte: Rom
Dm 33 mm, 25,83 g
geprägt 71 n. Chr. unter dem Kaiser Vespasian
(reg. 69–79 n. Chr.)
Vorderseite: IMP CAES VESPAS AVG P M TR P P P COS III
Büste des Kaisers Vespasian mit Lorbeerkranz nach rechts
Rückseite: PAX AVGVSTI, im Abschnitt S C
Staatliche Museen zu Berlin, Münzkabinett, Inv.-Nr. 18225083

Literatur: RIC II-1², Nr. 241

Pax steht nach rechts gewandt und zündet mit einer Fackel in ihrer Rechten einen an einem Altar liegenden Waffenhaufen an, während sie in der Linken einen Friedenszweig trägt. Links steht die Statue der Minerva auf einer Säule, daran angelehnt sind Lanze und Schild.

Das Motiv der Pax neben Säule mit Minerva, die Waffen an einem Altar verbrennt, ist nur unter Vespasian bekannt (s. Beitrag Lichtenberger u. a., S. 121). Das Verbrennen der Waffen der Gegner unterstreicht nicht nur die anbrechende Friedenszeit, sondern auch den Siegcharakter des römischen Friedens. *SE*

129

Frieden und Eintracht im Handschlagmotiv

Buntmetall (*drachmon*); Münzstätte: Alexandria
Dm 35 mm, 21,55 g
geprägt 112/113 n. Chr. unter Kaiser Trajan
(reg. 98–117 n. Chr.)
Münzsammlung des Instituts für Altertumskunde, Universität zu Köln, Inv. AL_0603

Literatur: RPC III Nr. 4715,1; BMC Nr. 429 var.; Geißen 1974, Kat.-Nr. 603

Auf der Vorderseite der Münze aus Alexandria ist die Büste des Kaisers Trajan mit einem Ährenkranz abgebildet. Die Rückseite zeigt zwei stehende Frauen, die durch Beischriften benannt

130

sind: Die Göttin des Friedens – Eirene – hält in der Linken Ähren und Mohnkapseln und reicht ihre rechte Hand der Göttin der Eintracht – Homonoia –, welche ein Füllhorn mitführt.

Die Göttinnen sind durch Handschlag (*dexiosis*) verbunden, um die friedliche und einträchtige Beziehung zu verdeutlichen.

Die Ähren im Kranz des Kaisers sowie im Arm der Eirene verweisen auf den Getreideanbau Ägyptens, auf den Rom angewiesen ist. Die Legende auf der Rückseite ([L] IϚ) datiert die Münze in das 16. Regierungsjahr des Trajan, also 112/113 n. Chr. *SH*

130

Einigkeit per Vertrag

Bleiplombe; römisch; Blei; 2,4 × 2,2 cm, 20,3 g
Archäologisches Museum der WWU Münster, Inv.-Nr. 3378

Literatur: Nieswandt/Salzmann 2014, S. 29; Henrich 2009, S. 101–103

Die römische Bleiplombe ist mit dem Bildmotiv des Handschlags in einem Punktkreis versehen. Solche Objekte dienten als Verschluss von Warenlieferungen und sollten eine Manipulation oder Verfälschung der Ware verhindern. Wie schon in der griechischen Kultur (s. Kat.-Nr. 9) kann der Handschlag Vertragstreue symbolisieren, in diesem Falle zwischen Verkäufer und Käufer.

Mit diesem Symbol wird im Allgemeinen die Verbundenheit (*concordia*) etwa zwischen Vertragspartnern oder Ehepartnern ausgedrückt. Der Handschlag verleiht der dadurch gewonnenen *concordia* Ausdruck und wird auch bei Friedensschlüssen eingesetzt (s. Beitrag Lichtenberger u. a., S. 241–243). *MB*

131

Der Frieden im Bürgerkrieg

Silber (*denarius*); Münzstätte: Gallia/Hispania?
Dm 17 mm, 3,64 g; geprägt 68 n. Chr.
Vorderseite: ROMA
Rückseite: PAX, P – R links und rechts im Feld
Staatliche Museen zu Berlin, Münzkabinett,
Inv.-Nr. 18228354

Literatur: BMCRE I, S. 290, Nr. 6; Martin 1974, S. 74–75, Nr. 48 (dieses Stück); Nicolas 1979, S. 1307, Nr. 18, S. 1423, S. 1448, Nr. 45, Taf. 11,45 B (dieses Stück); RIC I², Nr. 34

131

Roma mit Helm sitzt nach links auf einem Waffenhaufen. Sie stützt ihren linken Arm auf einen Schild und hält in der ausgestreckten rechten Hand eine Victoriastatuette, die sie bekränzt.

Zwei Hände, die im Handschlag verbunden sind, sind vor einem geflügelten Botenstab (*caduceus*) mit je zwei Ähren und Mohnkolben abgebildet. Diese Münze stammt aus dem Jahr 68 n. Chr., in dem das Römische Reich von einem Bürgerkrieg erschüttert wurde, und zeigt auf der Rückseite dieser Situation widersprechende Symbolik: Obwohl Krieg das Land beherrscht, deutet das Handschlagmotiv vor Kornähren und Mohn an, was die Umschrift verheißt: Frieden. Zudem sitzt auf der Vorder-

132

seite Roma, die personifizierte Stadtgöttin Roms, auf einem Waffenhaufen und in ihrer Hand landet Victoria. Diese bekränzt Roma und erklärt sie somit zur Siegerin. *SE*

132

Gnadengesuchsszene

Galvanoplastische Kopie eines silbernen Trinkgefäßes (sogenannter Hobybecher); Original: 1. Hälfte 1. Jahrhundert n. Chr.; Nationalmuseet Kopenhagen, Inv.-Nr. Dnf. 10/20; H 10,9 cm, Dm 13,5 cm (mit Henkeln 21,7 cm)
Museum Lolland-Falster, Stiftsmuseet i Maribo (Lolland), Inv.-Nr. MLF02188x0000001

Literatur: Hildebrandt 2017, S. 370, S. 375–377, S. 382, Abb. 6 a, b; AK Paris 2014, S. 218, Kat.-Nr. 163 (F. Specque); AK Haltern am See 2009, S. 374, Kat.-Nr. 7.39 (S. Klingenberg); Klingenberg 2006, S. 101–113; AK Berlin 1988, S. 568–571, Kat. 397 (mit weiterführender Literatur) (E. Künzl); Poulsen 1968, S. 69–84, Abb. 1–2, Taf. 42–49

Der silberne Reliefbecher stammt als eines von zwei Gefäßen eines Tafelgeschirrs aus einem germanischen Fürstengrab von Hoby (Insel Lolland). Abgebildet sind Ereignisse des Trojanischen Krieges aus Homers »Ilias«, nämlich der Bittgang des trojanischen Königs Priamos in das griechische Lager zu Achilleus, um die Leiche seines Sohnes Hektors auszulösen. Flankiert von männlichen und weiblichen Griechen, befindet sich im Zentrum der orientalisch in Stiefel, Hose, Tunica, Schultermantel und verzierte phrygische Mütze gekleidete Priamos im Kniefall vor dem Griechen Achilleus. Er küsst dessen Hand, während Achilleus nur mit einem Hüftmantel bekleidet auf einem Stuhl thront und als Zeichen seiner Zustimmung den Kopf neigt. Der unterwürfige Kniefall gilt in Verbindung mit dem Handkuss als Zeichen des Gnadengesuchs (s. Beitrag Lichtenberger u. a., S. 244).

Das auf dem Becherboden lesbare Graffito des Besitzers (SILIVS) bezieht sich vermutlich auf C. Silius A. Caecina Largus, der von 14 bis 21 n. Chr. unter Kaiser Tiberius Heerführer der oberrheinischen Truppe in Germanien war.

133

Die Becher gelangten wohl als diplomatische Geschenke in den Besitz eines Germanen. Tatsächlich überliefert der Historiker Tacitus (Germ. 5), dass Silbergefäße den Fürsten oder Gesandten der Germanen geschenkt wurden. *SH*

133

Alexandria küsst die Hand des Kaisers

Buntmetall (*drachmon*); Münzstätte: Alexandria
Dm 35 mm; 24,95 g
geprägt 130/131 n. Chr. unter dem Kaiser Hadrian (reg. 117–138 n. Chr.)
Münzsammlung des Instituts für Altertumskunde, Universität zu Köln, Inv.-Nr. AL_1035

Literatur: Geißen 1978, Kat.-Nr. 1034; Martiz 2004, S. 41–66; RPC III, Nr. 5778; BMC Alexandria Nr. 870, Taf. 27

Auf der Vorderseite der Münze ist der bekränzte Kaiser Hadrian in Panzerbüste abgebildet. Auf dem Revers steht der Kaiser in Toga rechts und hält mit der Linken ein Szepter, während links die Personifikation der Stadt Alexandria in kurzem Chiton mit Elefantenhaube auf dem gesenkten Kopf seine Hand küsst. In der rechten Hand hält sie zwei Ähren, die sie dem Kaiser reicht.

Der Elefantenskalp verweist auf die geografische Lage der Stadt Alexandria/Ägypten in Afrika, während die Ähren auf den Getreideanbau Ägyptens anspielen, auf den Rom ange-

134

wiesen ist. Der Kaiser nimmt symbolisch das Getreide in Empfang. Die Geste des Handkusses kennzeichnet die küssende Person als unterlegen (s. Beitrag Lichtenberger u. a., S. 244). Die Stadt unterwirft sich demnach dem Kaiser Hadrian. Alexandria wird 30 v. Chr. von Octavian eingenommen und zusammen mit Ägypten dem Römischen Imperium einverleibt. Die Prägung der römischen Münzstätte der Provinzhauptstadt Alexandria datiert laut Angabe der Legende auf der Rückseite ([L]IE) in das 15. Regierungsjahr des Hadrian, also in das Jahr 130/131 n. Chr., für das auch ein Besuch des Kaisers in der Stadt überliefert ist. Hadrian reist durch das Imperium, um den inneren Frieden zu sichern (s. Beitrag Vitale, S. 182). *SH*

134

Sol küsst Sarapis

Lampe; 150–250 n. Chr.; Ton; L 9,5 cm, Dm 6,1 cm
Archäologisches Museum der WWU Münster, Inv.-Nr. 458

Literatur: Kiss 1995, S. 137–138; Tran Tam Tinh 1984, S. 318–328

Die Szene auf der römischen Öllampe zeigt links den Sonnengott Sol und rechts den griechisch-ägyptischen Gott Sarapis, welcher auch bei den Römern sehr beliebt war. Sol umarmt Sarapis und ist im Begriff, diesen auf die Wange zu küssen. Das Motiv tritt auch auf alexandrinischen Münzen auf und weist auf einen Kult im Tempel des Sarapis in Alexandria/Ägypten hin. Die Umarmung wie auch der Kuss gehören zwar zu den Gesten des Friedens (s. Beitrag Lichtenberger u. a., S. 243–244), doch kann hier die abgebildete Handlung eher als eine freundschaftliche Geste zwischen den beiden Göttern aufgefasst werden. *SE/SH*

135

Trinkgelage

Trinkgefäß (Sianaschale), Taras-Maler,
attisch-schwarzfigurig; etwa 550–540 v. Chr.
Ton; H 12,7 cm, Dm 26,3 cm ohne Henkel,
35,4 cm mit Henkeln
Archäologisches Museum der WWU Münster,
Inv.-Nr. 579

Literatur: AK Münster 1984, S. 104–105, Kat. 23, Abb. 32 a, b (K. Stähler); Brijder 1983, S. 251, Kat.-Nr. 160, Taf. 31 b–c; 36 f; 83

Die Schale auf hohem Fuß mit zwei seitlich angebrachten Henkeln diente als Trinkgefäß. Das Innenbild zeigt einen nach links laufenden Krieger und auf einer Außenseite erkennt man vier Reiter. Auf der anderen Seite ist ein Trinkgelage (*symposion*) abgebildet, bei dem sich je zwei von vier Symposiasten auf Speisesofas

135

(*klinen*) lagernd einander zuwenden. Darunter befinden sich jeweils ein kleiner Tisch mit Speisen und ein Fußschemel. Im Hintergrund hängen Kränze, die auf eine Einordnung der Szene im Innenraum eines Hauses bzw. in dem für Männer vorbehaltenen Raum (*andron*) hinweisen.

Trinkgelage wie auch weitere Feste sind Kennzeichen des friedlichen Gemeinschaftslebens und werden seit dem 6. Jahrhundert v. Chr. auf Vasenbildern thematisiert (s. Beitrag Meyer, S. 53). Diese Gelageszene ist allgemein in die Alltagswelt des Adels einzuordnen und kann nicht spezifisch mit Friedensverhandlungen verknüpft werden. Eine Verbindung des Symposion mit dem Thema Frieden gelingt aber über die literarische Überlieferung. Immer wenn es um den Segen des Friedens für die Allgemeinheit geht, ist die Rede von Trinkgelagen und Festen, so bei Herodot (9, 16): »Perser und Thebaner hätten beim Mahl nicht getrennt gelegen, sondern immer ein Perser und Thebaner zusammen auf jedem Polster« (Übersetzung J. Feix), um ihre friedliche Absicht zu demonstrieren (s. Beitrag Lichtenberger u. a., S. 244–245). In der schriftlichen Überlieferung findet sich immer wieder der Hinweis, dass in Friedenszeiten frohe Gelage stattfinden werden. So heißt es bei Bakchylides, Paian Fragment 3,3, Zl. 79–80: »Voll von Gelagen, von frohen, sind die Straßen, / Sang der Jugend hebt sich flammend.« (Übersetzung O. Werner). *SE/SH*

136

Botenstab (*kerykeion*)

480–470 v. Chr.; Bronze; L 51,5 cm, B 8,8 cm
Museum für Kunst und Gewerbe, Hamburg,
Inv.-Nr. 1978.61

Literatur: Hildebrandt 2014, S. 39; AK Malibu 2013, S. 91, Kat. 52 (F. Hildebrandt); Hornbostel/Hornbostel 1988, S. 237 mit Anm. 25, Abb. 7–8; Hornbostel 1979, S. 33–62, S. 197

Der Schaft des Herolds- oder Botenstabs (*kerykeion*) endet unten in einer kegelförmigen Spitze und oben in einem ionischen Kapitell. Darüber folgt eine Bekrönung in Form einer oben offenen Acht, die in zwei einander zugewandten bärtigen Schlangenköpfen endet.

Der Schaft ist mit einer Inschrift verziert (ΣΥΡΑΚΟΣΙΟΝ ΔΑΜΟΣΙΟΝ) und bezeichnet das Kerykeion somit als Eigentum des Volks von

136

Syrakus. Dieser Stab ist einer von etwa zwei Dutzend erhaltenen bronzenen Kerykeia, die als Weihegaben in Heiligtümer gestiftet oder als Beigaben Bestattungen mitgegeben wurden. Der Herold (*keryx*) führt das Kerykeion als diplomatisches Symbol und Erkennungsmerkmal mit sich. Es steht nicht nur für die Unantastbarkeit seines Trägers, sondern fungiert selbst als Friedenssymbol (s. Beitrag Lichtenberger u. a., S. 236). Es kennzeichnet seinen Besitzer als Vermittler bei Friedensverhandlungen und stellt einen hoheitlichen symbolischen Gegenstand für Gemeinschaften und Städte dar. *SE/SH*

137

Papagei und Botenstab

Lampe; 3. Jahrhundert n. Chr.; Ton;
L 8,03 cm, Dm 6,55 cm
Archäologisches Museum der WWU Münster,
Inv.-Nr. 3949

Literatur: Vergleiche verwandte Stücke: Bailey 1988, S. 377, Kat.-Nr. Q 3057, Taf. 102 (aus Ephesos), das gleiche Motiv aber auf einem anderen Lampentypus: Mlasowsky 1993, S. 252–253, Kat.-Nr. 256; Goethert-Polaschek 1985, S. 113, Kat.-Nr. 462, Taf. 58, S. 247, M. 160 mit weiteren Vergleichsstücken (den Vogel als Adler missdeutet); Bailey 1980, S. 170, Kat.-Nr. Q 906, Taf. 15 (diese italischen Stücke datieren deutlich früher, 40–90 n. Chr., als das Stück aus Ephesos)

Die römische Öllampe zeigt ein zum Schmunzeln anregendes Bild: hinter einem nach rechts gerichteten Papagei steht aufrecht ein geflügelter Botenstab, dessen Bekrönung aus den typischen ineinander verschlungenen Schlangenleibern besteht. Zwei erhabene Punkte im Zentrum der Windungen und die Gestaltung der Enden der Schlangen erwecken den Eindruck, dass der Botenstab zur Eule mutiert ist. Der Papagei wird in der römischen Bilderwelt gern als gezähmtes Haustier, allgemein als Symbol für Glückseligkeit aufgefasst – insbesondere dann, wenn er sich zudem in einem dionysischen

137

138

139

Umfeld befindet. Glückseligkeit und ausgiebiges Feiern ist auch die Folge des erlangten Friedens. Wie allerdings die Verwandlung des Botenstabes, der die Unterhändler bei Friedensverhandlungen schützt, in eine Eule zu verstehen ist, erschließt sich nicht. *HN*

138

Pax auf Schwert in Schwertscheide stehend

Silber (*kistophoros*); Münzstätte: Ephesos
Dm 26 mm, 11,21 g
geprägt 28 v. Chr. unter Octavian
Vorderseite: IMP CAESAR DIVI F COS VI LIBERTATIS P R VINDEX. Büste des Octavian mit Lorbeerkranz nach rechts
Rückseite: PAX
Staatliche Museen zu Berlin, Münzkabinett, Inv.-Nr. 18213438

Literatur: RIC I[2], Nr. 476; RPC I, Nr. 2203; Giard 2001, S. 144, Kat.-Nr. 908–910, Taf. 35; Sutherland 1970, S. 42, Nr. 47 (dieses Stück); Pinder 1856, S. 579, Nr. 4, Taf. 2, 4 (dieses Stück)

Umgeben von einem Lorbeerkranz steht Pax auf einem Schwert in Schwertscheide (*parazonium*) und hält in ihrer rechten Hand einen Botenstab (*caduceus*). Neben ihr im rechten Feld befindet sich eine *cista mystica,* aus der eine Schlange hinausschlängelt.

In der Regel ist Pax auf den Prägungen des Octavian nicht benannt. Eine Ausnahme bilden diese Silbermünzen aus Ephesos. Die Göttin trägt hier nicht nur das Friedenssymbol *caduceus*, sondern steht auch noch auf der Waffe, wodurch ein Kampf nicht mehr möglich ist. *SE*

139

Pax-Nemesis

Gold (*aureus*); Münzstätte: Lyon
Dm 19 mm, 7,3 g
geprägt 72 n. Chr. unter dem Kaiser Vespasian (reg. 69–79 n. Chr.)
Vorderseite: IMP CAES VESPAS AVG P M TR P IIII P P COS IIII
Büste des Kaisers Vespasian mit Lorbeerkranz nach rechts
Rückseite: PACI AVGVSTI
Staatliche Museen zu Berlin, Münzkabinett, Inv.-Nr. 18219223

Literatur: RIC II-1[2], Nr. 1180; Giard 2000, S. 145, Nr. 56; Giard 1998, S. 120, Kat.-Nr. 307–308, Taf. 36

Geflügelte Pax-Nemesis mit geflügeltem Botenstab (*caduceus*) in der linken Hand schreitet nach rechts. Sie greift mit der rechten Hand in ihr Gewand, zu ihren Füßen begleitet sie eine Schlange.

Die Friedensgöttin, hier in Verbindung mit der »ausgleichenden Gerechtigkeit« Nemesis, trägt das Friedenssymbol, den geflügelten *caduceus*, der sie als Friedensbringerin auszeichnet. Die Darstellung auf der Münze zeigt eine alexandrinische Goldstatue, die als Bild der Pax Augusta Claudiana in Rom aufgestellt wurde. Kaiser Claudius hatte zuvor einen inneren Zwist in Alexandria/Ägypten befriedet. *SE*

140

Geflügelter *caduceus*

Silber (*denarius*); Münzstätte: Rom
Dm 18 mm, 2,72 g
geprägt 74 n. Chr. unter dem Kaiser Vespasian
(reg. 69–79 n. Chr.)
Vorderseite: IMP CAESAR VESPASIANVS AVG.
Büste des Vespasian mit Lorbeerkranz nach rechts
Rückseite: PON MAX TR P COS V
Geflügelter Botenstab (*caduceus*)
Staatliche Museen zu Berlin, Münzkabinett,
Inv.-Nr. 18219539

Literatur: RIC II-1^{2}, Nr. 703; Giard 1998, S. 99,
Kat.-Nr. 113–115, Taf. 30

Der *caduceus* ist unter Vespasian ein beliebtes Motiv, sowohl als Einzelmotiv, als auch in Verbindung mit Pax. In der Hand der Friedensgöttin ist der Botenstab bereits im 4. Jahrhundert v. Chr. bezeugt (vgl. Kat.-Nr. 19) und erfreut sich unter den Flaviern besonderer Beliebtheit. Anscheinend steht der *caduceus* schon für sich selbst als Friedenssymbol, sodass es nicht nötig war, weitere Attribute oder gar die Göttin selbst darzustellen. *SE*

140

141

142

143

144

141

Eirene mit *kerykeion*

Silber (*tetradrachmon*); Münzstätte: Alexandria;
Dm 25 mm, 13,03 g
geprägt 69 n. Chr. unter dem Kaiser Otho (reg. 69 n. Chr.)
Vorderseite: [ΑΥΤΟΚ Μ]ΑΡΚ ΟΘΩΝΟΣ ΚΑΙΣ Σ[ΕΒ]/L [A] (Jahr 1). Büste des Otho mit Lorbeerkranz nach rechts
Rückseite: ΕΙΡΗΝΗ. Büste der verschleierten und bekränzten Eirene nach rechts, ein *kerykeion* geschultert
Staatliche Museen zu Berlin, Münzkabinett,
Inv.-Nr. 18212928

Literatur: RPC I, Nr. 5360; Savio 1999, Nr. 325 (Heroldstab geflügelt); Geißen 1974, Nr. 246 (Heroldstab geflügelt)

Otho, einer der Kaiser im Vier-Kaiser-Jahr, lässt die Friedensgöttin Eirene trotz des Unfriedens im römischen Reich auf seine Münzen prägen. Diese Bilder wurden auch in der Stadt Alexandria von der Provinzverwaltung übernommen und auf Tetradrachmen gesetzt. *SE*

142

Eirene und die Flavier

Buntmetall; Münzstätte: Klazomenai (Ionien);
Dm 24 mm, 8,09 g; geprägt 73–79 n. Chr. unter dem Kaiser Vespasian (reg. 69–79 n. Chr.)
Vorderseite: TITOC KAICAPEC ΔOMITIANO[C]
Gegenübergesetzte Köpfe des Titus und des Domitian mit Lorbeerkränzen
Rückseite: ΕΙΡΗΝΗ ΚΛΑΖΟΜΗΝΙΩΝ. Eirene mit Botenstab (*kerykeion*) im linken Arm und Kornähren in der rechten Hand nach links stehend
Staatliche Museen zu Berlin, Münzkabinett,
Inv.-Nr. 18208541

Literatur: RPC II, Nr. 1032,3 (diese Münze)

Vespasian kündigt seine Söhne Titus und Domitian als seine Nachfolger an, und diese Bilder werden in den Provinzen des Reiches verbreitet. Auf dieser Münze sind die Prinzen in Verbindung mit einer stehenden Eirene gezeigt, die Kornähren und ein *kerykeion* trägt. Kornähren stehen für den Reichtum, den die Friedensgöttin Eirene mit sich bringt. *SE*

143

Pax

Buntmetall (*as*); Münzstätte: Rom
Dm 25,73 mm, 9,60 g
geprägt unter dem Kaiser Titus
(reg. 79–81 n. Chr.)
Vorderseite: IMP T CAES VESP AVG PM TR P COS VIII
Büste des bekränzten Titus nach rechts
Rückseite: PAX AVGVST; im Feld S – C
Archäologisches Museum der WWU Münster,
Inv.-Nr. M 2068

Literatur: RIC II-12, Nr. 229

Pax steht nach links ausgerichtet mit geflügeltem Botenstab (*caduceus*) in ihrer linken Armbeuge sowie einem Zweig in ihrer gesenkten rechten Hand. *SE*

144

Pax

Buntmetall (*as*); Münzstätte: Rom
Dm 27,9 mm, 12,96 g
geprägt 80–81 n. Chr. unter dem Kaiser Titus
(reg. 79–81 n. Chr.)
Vorderseite: IMP T CAES VESP AVG P M [TR P] COS VIII
Büste des Titus mit Lorbeerkranz nach links
Rückseite: PAX AUGUST / SC
Archäologisches Museum der WWU Münster,
Inv.-Nr. M 2066

Literatur: RIC II-1^2, Nr. 230

Pax steht frontal mit Blick nach links, geflügelter Botenstab (*caduceus*) im linken Arm, Zweig in der rechten Hand. *SE*

145

Pax und Octavian

Silber (*denarius*); Münzstätte: Rom oder Brindisi
Dm 19 mm, 3,76 g
geprägt 32–29 v. Chr. unter Octavian
Vorderseite: Büste der Pax mit Haarreif nach rechts.
Links im Bildfeld ein Füllhorn und rechts ein Friedenszweig
Rückseite: CAESAR DIVI F. Bepanzerter Octavian
nach rechts, er erhebt die Hand zur Ansprache und trägt
einen Speer geschultert.
Staatliche Museen zu Berlin, Münzkabinett,
Inv.-Nr. 18207006

Literatur: RIC I^2, Nr. 253; Weisser 2012, S. 88, Nr. 10 a
(dieses Stück); Giard 2001, S. 66–67, Kat.-Nr. 6–11, Taf. 1

Octavian propagiert sich als Sohn des vergöttlichten Julius Caesar. Durch die Darstellung der Pax mit Füllhorn und Zweig verweist er auf seine zukünftige Friedensherrschaft, die dem römischen Volk Reichtum bringen soll. Durch die Attribute ist sie trotz fehlender Umschrift eindeutig zu benennen. *SE*

146

Thronende Pax

Gold (*aureus*); Münzstätte: Lyon
Dm 20 mm, 7,91 g
geprägt unter dem Kaiser Tiberius (reg. 14–37 n. Chr.)
Vorderseite: TI CAESAR DIVI AVG F AVGVSTVS
Büste des Tiberius mit Lorbeerkranz nach rechts
Rückseite: PONTIF MAXIM. Pax sitzt auf einem Thron
nach rechts, stützt sich mit der Rechten auf ein Szepter und
hält einen Zweig in der linken Hand.
Staatliche Museen zu Berlin, Münzkabinett,
Inv.-Nr. 18211204

Literatur: RIC I^2, Nr. 25; Giard 1988, S. 41,
Kat.-Nr. 13–15, Taf. 1; Giard 1983, S. 124, Nr. 143,9 a,
Taf. 34 (dieses Stück)

Unter Augustus und Tiberius ist diese Darstellungsweise erstmals bekannt (s. Beitrag Lichtenberger u. a., S. 118–119). Durch Legenden auf späteren Münzen ist diese Thronende eindeutig als Pax zu benennen, trotz der fehlenden Bezeichnung in der Umschrift. Dennoch scheint zunächst keine Nennung der Friedengöttin notwendig gewesen zu sein, sodass es eindeutig gewesen sein muss, wer gemeint war. *SE*

147

Pax in Zeiten der Unruhe

Buntmetall (*tetradrachmon*); Münzstätte: Alexandria
Dm 23–26 mm, 13,16 g
geprägt 235 n. Chr. unter dem Kaiser Maximinus Thrax
(reg. 235–238 n. Chr.)
Vorderseite: AVTO MAΞIMINOC EVC CEB. Panzerbüste
des Maximinus Thrax mit Lorbeerkranz nach rechts
Rückseite: L – A
Staatliche Museen zu Berlin, Münzkabinett,
Inv.-Nr. 18208371

Literatur: Geißen 1982, Kat.-Nr. 2547

Die Friedensgöttin steht nach links ausgerichtet, hält ein Szepter in ihrem linken Arm und in ihrer rechten Hand einen Friedenszweig. Das Münzbild ist ein Beleg dafür, wie Friedensbilder aus Rom in den Provinzen rezipiert wurden. *SE*

148

Der Kaiser bringt den Frieden

Silber (*denarius*); Münzstätte: Rom
Dm 19 mm, 3,09 g
geprägt 74 n. Chr. unter dem Kaiser Vespasian
(reg. 69–79 n. Chr.)
Vorderseite: [IMP CAESAR] VESPASI[A]NVS AVG
Büste des Vespasian mit Lorbeerkranz nach rechts
Rückseite: PON [MAX] TR P COS V
Staatliche Museen zu Berlin, Münzkabinett,
Inv.-Nr. 18219544

Literatur: RIC II-1^2, Nr. 702; Giard 1998, S. 99,
Kat.-Nr. 110–111, Taf. 30

145

146

147

148

149

Kaiser Vespasian sitzt auf seinem Amtsstuhl der *sella curulis* und trägt eine Toga, wie es in Friedenszeiten üblich war. Szepter und Zweig in seinen Händen stehen für den machtvollen Frieden, der unter seiner Führung durchgesetzt wurde. Vespasian greift hier auf ein altbekanntes Motiv zurück, das seit der frühen Kaiserzeit bekannt ist (s. Beitrag Lichtenberger u. a., S. 118–120). *SE*

149

Die Flavier stehen für den Frieden

Silber (*denarius*); Münzstätte: Lyon
Dm 19 mm, 2,64 g
geprägt 71 n. Chr. unter dem Kaiser Vespasian
(reg. 69–79 n. Chr.)
Vorderseite: IMP CAESAR VESPASIANVS AVG TR P
Büste des Vespasian mit Lorbeerkranz nach rechts
Rückseite: TITVS ET DOMITIAN CAESARES PRIN IVEN
Staatliche Museen zu Berlin, Münzkabinett,
Inv.-Nr. 18221684

Literatur: RIC II-1², Nr. 1124; Giard 2000, S. 137, Nr. 16

Titus und Domitian sitzen jeweils auf einem Amtsstuhl (*sella curulis*) nach links ausgerichtet und halten beide einen Friedenszweig in ihrer rechten Hand. Der Frieden im Römischen Reich ist durch die Söhne und Nachfolger des Kaisers Vespasian gesichert. *SE*

150

Reichtum von den Feldern

Vorratsgefäß (*pelike*), Orestes-Maler
attisch-rotfigurig; um 440 v. Chr.
Ton; H 26 cm, Dm 14 cm
Εθνικό Αρχαιολογικό Μουσείο, Athen, Inv.-Nr. 16346

Literatur: AK Athen 2008, S. 144, Kat.-Nr. 61 (G. Kavvadias); Bemmann 1994, S. 172–173, Kat. A 6, Abb. 1; Schauenburg 1953, S. 42, S. 47–49, Abb. 5; CVA Athen (2) Taf. 27, 1–3; ARV² 1113,11; Beazley, Add² 330

Im gerahmten Bildfeld der Pelike steht auf der linken Seite ein bekränzter Mann in Leibgewand (*chiton*) und Mantel (*himation*). Mit beiden Händen hält er ein großes Füllhorn, aus dem Opferkuchen oder Brote quellen. Teile des Inhalts, womöglich Saatgut oder Blätter, fallen bereits zu Boden. Der Mann wendet sich einer Frau zu, die mit einem Szepter in der rechten und einem Pflug in der linken Hand neben ihm steht und ihren Blick auf das Füllhorn richtet.

Plouton – als dieser Gott ist die linke Figur zu benennen – ist nicht nur der Gott der Unterwelt, sondern auch der personifizierte Reichtum und Wohlstand. Dies wird durch ein überquellendes Füllhorn (s. Beitrag Lichtenberger u. a., S. 236–237) angezeigt, welches ihn als Spender des Erntesegens charakterisiert. Demeter, die Göttin der Fruchtbarkeit und des Ackerbaus, ist in der Frau zu erkennen, sie führt den Pflug mit sich. Sie soll dieses landwirtschaftliche Gerät dem Mythos zufolge selbst erfunden haben. Die beiden Gottheiten stehen für die Fruchtbarkeit des Bodens und den Segen der Landwirtschaft. *GK*

150

151

151

Pax mit Zweig und Füllhorn

Silber (*denarius*); Münzstätte: Rom oder Brindisi
Dm 20 mm, 3,66 g
Geprägt etwa 32–29 v. Chr. unter Octavian
Vorderseite: Kopf des Octavian nach rechts
Rückseite: CAE[SA]R DIVI F
Staatliche Museen zu Berlin, Münzkabinett,
Inv.-Nr. 18206999

Literatur: RIC I², Nr. 252; Giard 2001, S. 67, Kat.-Nr. 26–33, Taf. 1

Pax steht in Vorderansicht nach links gerichtet und hält in ihrer erhobenen rechten Hand einen Zweig als Friedenszeichen und im linken Arm ein Füllhorn (*cornucopiae*). *SE*

152

Kaiserpaare garantieren Wohlstand

Gipsabguss der sog. Gemma Claudia,
Original: Kameo; etwa 49 n. Chr.; mehrschichtiger Onyx im Kunsthistorischen Museum Wien, Antikensammlung
Inv.-Nr. IXa 63; H 12 cm
Archäologisches Museum der WWU Münster,
Inv.-Nr. A 159

Literatur: Bernhard-Walcher 2009b, S. 184–185; Zwierlein-Diehl 2008, S. 158–165; Guillaume-Coirier 2004, S. 24–60; Megow 1987, S. 78 – 80, S. 200–201, Taf. 31; 32, 1, 2, 4; Oberleitner 1985, S. 55, Abb. 37, 38

Dieser Schmuckstein (Kameo) zeigt zwei antithetisch angeordnete Büstenpaare, die aus zwei verzierten und überquellenden Doppelfüllhörnern ragen. Zwischen diesen ist ein Adler abgebildet, daneben und darunter Waffen.

152

Jeweils die Männer dominieren die Büstenpaare, da sie im Vordergrund dargestellt sind und die Ehefrauen im Hintergrund. Die links abgebildete männliche Büste ist mit einem Eichenkranz im Haar und einer *ägis* um die Schultern versehen – eine als Ziegenfell gedachte Schutzwaffe, die den Göttern vorbehalten ist. Die Frau im Hintergrund trägt eine Mauerkrone und einen Kranz aus Ähren und Mohn auf dem Haupt – Attribute der Göttinnen Fortuna und Ceres. Identifiziert werden können die Personen links als Kaiser Claudius und seine Frau Agrippina die Jüngere. Ihnen gegenüber angeordnet befindet sich eine bekränzte männliche Büste und dahinter eine bekränzte und mit Reif und Helm versehene Frau – Germanicus, der Bruder des Claudius, und dessen Frau Agrippina die Ältere. Möglicherweise wurde dieser Kameo anlässlich der Hochzeit von Claudius mit seiner vierten Ehefrau Agrippina der Jüngeren, der Urenkelin von Augustus, gefertigt.

Der Kameo zeigt die für Rom segenshafte Sieghaftigkeit des Kaiserhauses. Auf den Waffen der Feinde fußt der Reichtum, dazwischen befindet sich der Adler zur Kennzeichnung der göttlichen Unterstützung durch Jupiter. Über allem steht die kaiserliche Familie, die die römische Herrschaft garantiert. *SE*

153

Friedenssymbole als Siegelbild

Geschnittener Karneol in Bronzeeinfassung
etwa 1 v. Chr. – 9/16 n. Chr. (Auflassung des Lagers)
H 1,3 cm, B 1,1 cm
LWL-Römermuseum Haltern, Inv.-Nr. 06-11

Literatur: unpubliziert – zu antiken Gemmen allgemein: Zwierlein-Diehl 2007; Zazoff 1983

Der Besitzer dieses im Römerlager Haltern (Nordrhein-Westfalen) gefundenen Ringes hatte als Motiv für den Schmuckstein zwei gekreuzte Füllhörner vor einem mittig wiedergegebenen geflügelten Botenstab (*caduceus*) gewählt. Diese Symbole des Friedens und des Wohlstands

153

(s. Beitrag Lichtenberger u. a., S. 236–237) überraschen insofern, als dass der Besitzer als Militär bei der Unterwerfung des Freien Germanien beteiligt war. Allgemeine Glückssymbole – vor allem das Füllhorn – finden sich recht häufig auf Gemmen dargestellt, fungierten die Ringe doch auch als Glücksbringer. Ganz allgemein nutzte man derartige Ringe zum Siegeln, beispielsweise von Briefen und Verträgen. *HN/TS*

154

Friedenssymbolik

Buntmetall; Münzstätte: Ephesos?
Dm 19 mm, 3,69 g
geprägt 77–78 n. Chr. unter dem Kaiser Vespasian
(reg. 69–79 n. Chr.)
Vorderseite: [IMP CAES]AR VESPASIAN A[VGVS]T
Büste des bekränzten Vespasian nach rechts
Rückseite: PON MAX TR P P P COS V[III CEN]S,
im Abschnitt S – C. Ein geflügelter *caduceus* ist mittig
hinter zwei sich kreuzenden Füllhörnern dargestellt.
Staatliche Museen zu Berlin, Münzkabinett,
Inv.-Nr. 18229307

Literatur: RIC II-1^{2}, Nr. 1508

Vespasian greift auf dieser Bronzemünze ein Motiv seiner Vorgänger auf: zwei gekreuzte übervolle Füllhörner und dahinter ein *caduceus*. Die Verbindung des Reichtums und der Fülle mit dem Attribut der Boten des Friedens künden gute Zeiten an. *SE*

155

Friedenssymbolik als Kleidungsbestandteil

Knöpfe, römisch
Bronze; Inv.-Nr. 2258: Dm 1,35 cm, 0,96 g;
Inv.-Nr. 2259: Dm 1,5 cm, 1,37 g
Archäologisches Museum der WWU Münster,
Inv.-Nr. 2258; 2259

Literatur: unpubliziert – Allgemein zu römischen Knöpfen: Ulbert 1971, S. 278–279

Die runden Knöpfe zeigen beide je einen Botenstab (*caduceus*) mit zwei gegenüber gesetzten Füllhörnern. Der geflügelte Caduceus des linken Knopfes befindet sich in der Bildmitte und läuft spitz am unteren Ende aus. Jeweils seitlich des Caduceus stehen zwei gefüllte Füllhörner, deren untere Enden sich kreuzen. Das zweite Exemplar unterscheidet sich dahingehend, dass die Füllhörner flacher sind und der Stab eine Punktverzierung aufweist.

Der Caduceus (Kat.-Nr. 136–144) ist ein Friedenssymbol (s. Beitrag Lichtenberger u. a., S. 236). In Verbindung mit den Füllhörnern steht der Botenstab für Überfluss und Reichtum, welche in Friedenszeiten vorherrschen (Kat.-Nr. 153–154). Damit werden die positiven Folgen symbolisiert, die aus einem zwischen zwei Parteien geschlossenen Frieden resultieren. Diese Elemente durchdringen alle Bereiche der römischen Bilderwelt, sogar die Kleidung. *MB*

154

155

156

157

156

Friedensstadt – Eirenopolis

Buntmetall; Münzstätte: Eirenopolis (Kilikien/Türkei)
Dm 22 mm, 7,13 g
geprägt 199/200 n. Chr.
Vorderseite: ΙΟΛΥΙΑ ΔΟΜΝΑ CΕΒΑCΤΗ. Büste der Iulia Domna nach rechts
Rückseite: ΕΙΡΗΝΟΠΟΛΙΤΩΝ ΕΤΟΥC, im Feld Θ/ΜΡ (Jahr 149). Eirene steht nach links ausgerichtet, eine Girlande in ihren Händen haltend.
Staatliche Museen zu Berlin, Münzkabinett, Inv.-Nr. 18224466

Literatur: Karbach 1992/93, S. 116–117, Nr. 73,1 mit Abb. (dieses Stück)

Eirenopolis steht mit ihrem Namen für den vom Kaiser gebrachten und garantierten Frieden und heißt übersetzt »Friedensstadt«. *SE*

157

Pax Julia

Buntmetall (*as*); Münzstätte: Pax Iulia (Beja/Portugal)
Dm 28 mm, 10,35 g
geprägt unter Kaiser Augustus? (reg. 27 v. Chr. – 14 n. Chr.)
Vorderseite: Männlicher Kopf – vermutlich Augustus – nach rechts
Rückseite: PAX IVL gerahmt von zwei horizontalen Linien
Staatliche Museen zu Berlin, Münzkabinett, Inv.-Nr. 18236679

Literatur: RPC I, Nr. 53,1, Taf. 4 (dieses Stück)

Augustus propagiert den Frieden in seinem ganzen Reich. Seine Friedenspolitik unterstreicht er zum Beispiel auch durch die Gründung einer Kolonie im heutigen Portugal, die den Namen Pax Julia trägt. Die Prägungen dieser Stadt verbinden sein Bild mit dem programmatischen Namen der Stadt. *SE*

Anhang

Autoren

ESSAYS

Horst-Dieter Blume
Stephan Faust
Peter Funke
David Hendin
Andrew Lepke
Achim Lichtenberger
Bernhard Linke
Katharina Martin
Roberto Meneghini
Marion Meyer
Hans Neumann
H.-Helge Nieswandt
Sophia Nomicos
Massimiliano Papini
Dieter Salzmann
Torben Schreiber
Marco Vitale
Sebastian Daniel Whybrew
Lorenz Winkler-Horaček

KATALOG

Melanie Barwe *MB*
Matthias J. Bensch *MJB*
Philip Ebeling *PE*
Stamatia Eleftheratou *StE*
Saskia Erhardt *SE*
Steven Fine *SF*
Silke Hockmann *SH*
Georgios Kavvadias *GK*
Achim Lichtenberger *AL*
Andrew Lepke *Ale*
Georg Neumann *GN*
H.-Helge Nieswandt *HN*
Kalliopi Papangeli *KP*
Torben Schreiber *TS*

Leihgeber

Athen
Εθνικό Αρχαιολογικό Μουσείο, Athen
Μουσείο Ακρόπολης, Athen

Berlin
Abguss-Sammlung Antiker Plastik der Freien Universität, Berlin
Berlin-Brandenburgische Akademie der Wissenschaften, Archiv der Inscriptiones Graecae, Berlin
Staatliche Museen zu Berlin, Antikensammlung
Staatliche Museen zu Berlin, Münzkabinett
Staatliche Museen zu Berlin, Vorderasiatisches Museum

Budapest
Budapesti Történeti Múzeum

Dresden
Skulpturensammlung, Staatliche Kunstsammlungen, Dresden

Eleusis
Αρχαιολογικο Μουσειο, Eleusis

Haltern
LWL-Römer-Museum, Haltern

Hamburg
Museum für Kunst und Gewerbe, Hamburg

Köln
Münzsammlung des Instituts für Altertumskunde, Universität zu Köln

Leiden
Rijksmuseum van Oudheden, Leiden

Mainz
Römisch-Germanisches Zentralmuseum, Mainz

Maribo
Museum Lolland-Falster, Stiftsmuseet i Maribo, Lolland

München
Museum für Abgüsse Klassischer Bildwerke, München
Staatliche Antikensammlung und Glyptothek, München

Münster
Stadtmuseum Münster

Narbonne
Musée Narbo Via, Narbonne

Neapel
Museo Archeologico Nazionale, Neapel

Osnabrück
Felix-Nussbaum-Haus und Kulturgeschichtliches Museum, Osnabrück

Rom
Mercati di Traiano Museo dei Fori Imperiali, Rom
Museo de la Civiltà Romana, Rom
Museo Nazionale Romano, Rom

Tirana
Muzeu Historik Kombëtar, Tirana

Trier
Rheinisches Landesmuseum, Trier

Wien
Kunsthistorisches Museum, Antikensammlung, Wien

Würzburg
Martin von Wagner-Museum der Universität Würzburg

Xanten
LVR – Römermuseum, Xanten

Antike Quellen

Aischyl. Ag.
Aischylos, Agamemnon
B. Seidensticker (Hrsg.), Die Orestie des Aischylos (München 1997)

Aischyl. Sept.
Aischylos, Sieben gegen Theben
Übersetzung Horst-Dieter Blume

And.
Andokides, Reden
K. Geus/E. Lutz-Schmidt, Andokides. Reden (Darmstadt 2006)

Arat. Phaenomena
Aratos, Phainomena
M. Erren (Hrsg.), Aratos, Phainomena. Sternbilder und Wetterzeichen (München 1971)

Aristoph. Lys.
Aristophanes, Lysistrata
H.-J. Newiger (Hrsg.), Aristophanes, Antike Komödien (Darmstadt 1968)

Aristoph. Pax
Aristophanes, Pax
H.-J. Newiger (Hrsg.), Aristophanes, Antike Komödien (Darmstadt 1968)

Aristot. Ath. pol. 16,7
Aristoteles, Athenaion Politeia
H. Flashar (Hrsg.), Aristoteles. Werke in deutscher Übersetzung 10 I. Staat der Athener (Darmstadt 1990)

Bakchyl., Paian Fragment
Bakchylides, Paiane
O. Werner (Hrsg.), Simonides. Bakchylides, Gedichte (München 1969), S. 178–181

Cass. Dio
Cassius Dio, Römsche Geschichte
O. Veh, Cassius Dio, Römische Geschichte 1–5 (Darmstadt 2007)

Cic. Brut.
Cicero, Brutus
B. Kytzler (Hrsg.), M. T. Cicero, Brutus 4(Darmstadt 1990)

Cic. fam.
Cicero, Ad Familiares
H. Karsten (Hrsg.), M. T. Cicero, An seine Freunde 6(Düsseldorf u. a. 2004)

Diod.
Diodoros, Griechische Weltgeschichte Buch I–X 2, Bibliothek der griechischen Literatur 35 (Stuttgart 1993)

Eur. Bacch.
Euripides, Die Bakchen
G. A. Seeck (Hrsg.) Euripides. Sämtliche Tragödien und Fragmente 5. Orestes. Iphigenie in Aulis. Die Mänaden (München 1977)

Eur. Kresphontes
Euripides, Kresphontes
G. A. Seeck (Hrsg.) Euripides. Sämtliche Tragödien und Fragmente 6. Fragmente. Der Kyklop. Rhesos (München 1981)

Herakl.
Heraklit
W. Kranz (Hrsg.), Die Fragmente der Vorsokratiker 1 (Berlin 1956), S. 150–182 (Übers.: H. Diels)

Hes. erg. / Hes. Theog.
Hesiod, Werke und Taten / Theogonie
A. von Schirnding (Hrsg.), Hesiod, Theogonie. Wege und Tage (München/Zürich 1991)

Hdt.
Herodot, Historien
J. Feix (Hrsg.), Herodot, Historien 1–2 (München/Zürich 1988)

Hom. Il.
Homer, Ilias
H. Rupé, Homer, Ilias (München/Zürich 1989)

W. Schadewaldt
Homer, Ilias (Frankfurt 1975)

J. H. Voß
Ilias. Odyssee (München 2004)

Hom. Od.
Homer, Ilias
R. Hampe. Homer, Odyssee (Stuttgart 1984)

J. H. Voß, Homer
Ilias. Odyssee (München 2004)

Hor. carm. saec.
Horaz, Carmen saeculare
H. Färber (Hrsg.), Horaz. Sämtliche Werke (München 1964)

Ios. ant. Iud.
Flavius Josephus, Jüdische Altertümer
H. Clementz, Flavius Josephus, Jüdische Altertümer mit Paragraphenzählung nach Flavii Josephi opera recognovit Benedictus Niese (editio minor) Berlin 1888–1895 [4](Wiebaden 2015)

Ios. bell. Iud.
O. Güthling, Flavius Josephus, Der Jüdische Krieg und kleinere Schriften [5](Wiesbaden 2014)

Isokr.
Isokrates, Reden
K. Brodersen (Hrsg.), Isokrates, Sämtliche Werke 1–2 (Stuttgart 1993. 1997)

Nep. Timotheos
Cornelius Nepos, Timotheos
M. Pfeiffer (Hrsg.), Cornelius Nepos, Berühmte Männer (Düsseldorf 2006)

Ov. Fast.
Ovid, Fasti
N. Holzberg (Hrsg.), Ovid, Fasti – Festkalender 4(Berlin 2012)

Paus.
Pausanias, Periegesis
J. Laager, Pausanias, Beschreibung Griechenlands. Ein Reise- und Kulturführer aus der Antike (Zürich 1998)

Pind. Ol.
Pindar, Olympische Siegeslieder
D. Bremer (Hrsg.), Siegeslieder (2003 ND Berlin u. a. 2014)

Plat. Phaid.
Platon, Phaison
Th. Ebert (Hrsg.), Platon, Phaidon (Göttingen 2004)

Plat. leg.
Platon, leges
K. Schöpsdau, Platon, Nomoi (Gesetze) 1–3 (Göttingen 1994–2011)

Plin. nat.
Plinius, Naturalis Historia
L. Möller – M. Vogel (Hrsg.), Die Naturgeschichte des Caius Plinius Secundus 1–2 (Wiesbaden 2007)

Plut. Kimon
Plutarch, Kimon
K. Ziegler (Hrsg.), Plutarch, Große Griechen und Römer 2 (Zürich/Stuttgart 1979)

Plut. Perikles
Plutarch, Perikles
K. Ziegler (Hrsg.), Plutarch, Große Griechen und Römer 2 (Zürich/Stuttgart 1979)

Plut. Pyrrhos
Plutarch, Pyrrhos
K. Ziegler (Hrsg.), Plutarch, Große Griechen und Römer 6 (Zürich/Stuttgart 1965)

Plut. qu. Gr.
Plutarch, quaestiones Graecae
W. R. Halliday, The Greek Questions of Plutarch with a new Translation & Commentary (New York 1975)

Prok. BG
Prokopius, De Bello Gothico
Der Gotenkrieg. Nebst Auszügen aus Agathias sowie Fragmenten des Anonymus Valesianus und des Johannes von Antiochia (Essen 1981)

R. Gest. div. Aug.
Res gestae divi Augusti
E. Weber (Hrsg.), Augustus, Meine Taten, Res gestae divi Augusti 7(Berlin u. a. 2015)

Sen. epist.
Seneca, Epistulae Morales
M. Giebel (Hrsg.), Seneca, Briefe an Lucilius (Stuttgart 2014)

Sol. frg.
Solon, Fragmente
H. Miltner, Solon, Fragmente (München u. a. 1955)

Suet. Aug.
Sueton, Augustus
H. Martinet (Hrsg.), Sueton, Die Kaiserviten, berühmte Männer 4(Berlin 2014)

Tac. Agr.
Tacitus, Das Leben des Iulius Agricola
A. Städele (Hrsg.), Tacitus, Agricola, Germania 2 (Düsseldorf 2001)

Tac. ann.
Tacitus, Annalen
E. Heller (Hrsg.), Tacitus, Annalen 4 (Düsseldorf u. a. 2002)

Tac. dial.
Tacitus, Dialogus de oratoribus
D. Flach (Hrsg.), Cornelius Tacitus, Dialogus de oratoribus – Streitgespräch über die Redner (Stuttgart 2005)

Tac. Germ.
Tacitus Germania
E. Heller (Hrsg.), Tacitus, Annalen 4 (Düsseldorf u. a. 2002)

Thuk.
Thukydides, Geschichte des Peloponnesischen Krieges
G. P. Landmann, Thukydides, Geschichte des Peloponnesischen Krieges 1–2 (Darmstadt 1993)

Verg. Aen.
Vergil, Aeneis
G. Fink (Hrsg.), Vergil, Aeneis (Düsseldorf u. a. 2005)

Verg. ecl.Vergil, Eklogen
N. Holzberg (Hrsg.), Vergil. Hirtengedichte Bucolica (Berlin/Boston 2016)

Vitr.
Vitruv, Zehn Bücher über Architektur
F. von Reber (Hrsg.), Zehn Bücher über Architektur – De architectura libri decem (Wiesbaden 2009)

Xen. hell.
Xenophon, Hellenika
G. Strasburger (Hrsg.), Xenophon, Hellenika (Darmstadt 1988)

Sekundärliteratur

Ackenheil 2016
K. Ackenheil, »Goldene Zeiten« – Neros Herrschaftsantritt und die ersten Regierungsjahre, in: J. Merten (Hrsg.), Nero. Kaiser, Künstler und Tyrann (Darmstadt 2016), S. 34–43.

Ager 1991
S. L. Ager, Rhodes. The Rise and Fall of a Neutral Diplomat, Historia 40, 1991, S. 10–41.

Ager 1996
S. L. Ager, Interstate Arbitrations in the Greek World 337–90 B.C. (Berkeley/Los Angeles/London 1996).

Ager 2005
S. L. Ager, Sacred Settlements. The Role of the Gods in the Resolution of Interstate Disputes, in: J.-M. Bertrand (Hrsg.), La violence dans les mondes grec et romain. Actes du colloque international, Paris, 2–4 mai 2002 (Paris 2005), S. 413–425.

Agnoli 2002
N. Agnoli, Museo Archeologico Nazionale di Palestrina. Le sculture, Xenia Antiqua. Monografie 10 (Rom 2002).

AK Baiae 2006
Museo Archeologico dei Campi Flegrei/ F. Zevi (Hrsg.), Museo archeologico dei campi flegrei. Catalogo generale 3. Liternum, Baia, Miseno (Neapel 2006).

AK Berlin 1988
M Hofter (Red.), Kaiser Augustus und die verlorene Republik, Ausstellungskatalog Berlin (Berlin 1988).

AK Berlin 2002
W.-D. Heilmeyer (Hrsg.), Die griechische Klassik. Idee oder Wirklichkeit, Ausstellungskatalog Berlin (Mainz 2002).

AK Berlin 2006 a
M. Kiderlen/V. Strocka (Hrsg.), Die Götter beschenken. Antike Weihegaben. Ausstellungskatalog Berlin (Berlin 2006).

AK Berlin 2006 b
F. Fless/K. Moede/K. Stemmer (Hrsg.), Schau mir in die Augen … Das antike Portät, Ausstellungskatalog Berlin (Berlin 2006).

AK Berlin 2011
R. Grüßinger/V. Kästner/A. Scholl (Hrsg.), Pergamon. Panorama der antiken Metropole, Ausstellungskatalog Berlin (Fulda 2011).

AK Freiburg 2017
J.-A. Dickmann/R. von den Hoff (Hrsg.), Ansichtssache. Antike Skulpturengruppen im Raum, Ausstellungskatalog Freiburg (Bönen 2017).

AK Halle 2015
H. Meller/M. Schefzik (Hrsg.), Krieg. Eine archäologische Spurensuche, Ausstellungskatalog Halle (Halle/Saale 2015).

AK Haltern am See 2009
2000 Jahre Varusschlacht. Imperium, Ausstellung Haltern am See (Haltern am See 2009).

AK Hildesheim 1988
A. Eggebrecht (Hrsg.), Albanien. Schätze aus dem Land der Skipetaren (Ausstellungskatalog Hildesheim) (Mainz 1988).

AK Hildesheim 1997
M. Boetzkes/H. Stein (Hrsg.), Der Hildesheimer Silberfund. Original und Nachbildung. Vom Römerschatz zum Bürgerstolz, Ausstellungskatalog Hildesheim (Hildesheim 1997).

AK Jerusalem 2010
M. Dayagi-Mendels/S. Rozenberg (Hrsg.), Chronicles of the Land. Archaeology in the Israel Museum. Ausstellungskatalog Jerusalem (Jerusalem 2010).

AK Karlsruhe 2013
Badisches Landesmuseum Karlsruhe (Hrsg.), Imperium der Götter. Isis. Mithras. Christus. Kulte und Religionen im Römischen Reich. Ausstellungskatalog Karlsruhe (Karlsruhe 2013).

AK Karlsruhe 2016
Badisches Landesmuseum Karlsruhe (Hrsg.), Ramses. Göttlicher Herrscher am Nil, Ausstellungskatalog Karlsruhe (Petersberg 2016).

AK Kopenhagen 1999
K. Dēmakopulu (Hrsg.), Götter und Helden der Bronzezeit. Europa im Zeitalter des Odysseus. Ausstellungskatalog Kopenhagen (Ostfildern-Ruit 1999).

AK Malibu 2013
C. L. Lyons/M. Bennett/C. Marconi (Hrsg.), Sicily. Art and Invention between Greece and Rome, Ausstellungskatalog (Los Angeles 2013).

AK München 1979
K. Vierneisel/P. Zanker (Hrsg.), Die Bildnisse des Augustus. Herrscherbild und Politik im kaiserlichen Rom, Ausstellungskatalog München (München 1979).

AK München 1990
K. Vierneisel/B. Kaeser (Hrsg.), Kunst der Schale – Kultur des Trinkens. Ausstellungskatalog München (München 1990).

AK München 2004
V. Brinkmann/R. Wünsche (Hrsg.), Bunte Götter. Die Farbigkeit antiker Skulptur, Ausstellungskatalog München (München 2004).

AK München 2006
R. Wünsche (Hrsg.), Mythos Troja. Ausstellungskatalog München (München 2006).

AK München 2008
R. Wünsche (Hrsg.), Starke Frauen. Ausstellungskatalog München (München 2008).

AK München 2014
A. Schmölder-Veit (Hrsg.), Denk!Mal Demokratie. Under construction, Ausstellungskatalog München (München 2014).

AK München 2017
F. Knauß/C. Gliwitzky (Hrsg.), Charakterköpfe. Griechen und Römer im Porträt, Ausstellungskatalog München (München 2017).

AK Münster 1984
B. Korzus (Hrsg.), Griechische Vasen aus westfälischen Sammlungen (Ausstellungskatalog der Wanderausstellung Bonn/Gelsenkirchen/Dortmund/Münster) (Münster 1984).

AK Münster 1986
H. Polenz (Hrsg.), Das römische Budapest. Neue Ausgrabungen und Funde in Aquincum (Lengerich 1986).

AK Münster 1998
H. Galen (Hrsg.), 30jähriger Krieg, Münster und der Westfälische Frieden, Ausstellungskatalog Münster (Münster 1998).

AK New York 1979
K. Weitzmann (Hrsg.), Age of Spirituality. Late Antique and Early Christian Art, Third to Seventh Century, Ausstellungskatalog New York (New York 1979).

AK New York 2008
N. Kaltsas/A. Shapiro (Hrsg.), Worshiping Women. Ritual and Reality in Classical Athens (Ausstellungskatalog Athen) (New York 2008).

AK Nürnberg 2003
Bildungszentrum der Stadt Nürnberg (Hrsg.), Schätze der Antike aus der Antikensammlung Berlin, Nürnberger Blätter zur Archäologie, Sonderheft, Ausstellungskatalog Nürnberg (Nürnberg 2003).

AK Paris 2014
E. La Rocca (Hrsg.), Auguste, Ausstellungskatalog Paris (Paris 2014).

AK Rom 2009
F. Coarelli (Hrsg.), Divus Vespasianus. Il Bimillenario dei Flavi, Ausstellungskatalog Rom (Mailand 2009).

AK Rom 2013
E. La Rocca (Hrsg.), Augusto, Ausstellungskatalog Rom (Rom 2013).

AK Rom 2014
R. Meneghini (Hrsg.), La biblioteca infinita. I luoghi del sapere nel mondo antico. Ausstellungskatalog Rom (Mailand 2014).

AK Stuttgart 1994
H.-P. Kuhnen (Hrsg.), Mit Thora und Todesmut. Judäa im Widerstand gegen die Römer von Herodes bis Bar-Kochba, Ausstellungskatalog Stuttgart (Stuttgart 1994).

AK Wien 2009
S. Haag (Hrsg.), Meisterwerke der Antikensammlung. Kurzführer durch das Kunsthistorische Museum 4 (Wien 2009).

Albers 2013
J. Albers, Campus Martius. Die urbane Entwicklung des Marsfeldes von der Republik bis zur mittleren Kaiserzeit (Wiesbaden 2013).

Alföldi 1938
A. Alföldi, Tonmodel und Reliefmedaillons aus den Donauländern, Laureae Aquincenses memoriae Valentini Kuzsinszky dicatae I, Dissertationes Pannonicae 2,10 (Budapest 1938).

Alföldy 1955
G. Alföldy Eine Bauinschrift aus dem Colosseum, Zeitschrift für Papyrologie und Epigraphik 109, 1955, S. 195–226.

Almeida 1980
E. R. Almeida, Forma Urbis Marmorea. Aggiornamento Generale (Rom 1980).

Altman 2004
A. Altman, Tracing the Earliest Recorded Concepts of International Law. The Early Dynastic Period in Southern Mesopotamia, Journal of the History of International Law 6, 2004, S. 153–172.

Altman 2005
A. Altman, Tracing the Earliest Recorded Concepts of International Law. (2) The Old Akkadian and Ur III Periods in Mesopotamia, Journal of the History of International Law 7, 2005, S. 115–136.

Ambrogi 1998
A. Ambrogi, Labrum porfiretico rinvenuto nel templum Pacis. Note preliminari, Bullettino della Commissione archeologica comunale di Roma 99, 1998, S. 257–272.

D'Ambrosio/Meneghini/Rea 2011
E. D'Ambrosio/R. Meneghini/R. Rea, Nuovi frammenti di piante marmoree dagli scavi dell'aula di culto del Templum Pacis, Bullettino della Commissione archeologica comunale di Roma 112, 2011, S. 67–77.

Amiet 1974
P. Amiet, Altakkadische Rundplastik, in: W. Orthmann (Hrsg.), Der Alte Orient, Propyläen Kunstgeschichte 14 (Berlin 1974), S. 171–174.

Amyx 1988
D. A. Amyx, Corinthian Vase Painting of the Archaic Period 1–3 (Berkeley 1988).

Andreae 1973
B. Andreae, Römische Kunst (Freiburg 1973).

Andreae 2001
B. Andreae, Skulptur des Hellenismus (München 2001).

Andreae 2003
B. Andreae, Antike Bildmosaiken (Mainz 2003).

Arubas/Goldfus 1995
B. Arubas/H. Goldfus, The Kilnworks of the Tenth Legion Fretensis, in: J. H. Humphrey (Hrsg.), The Roman and Byzantine Near East, Journal of Roman Archaeology Supplement 14 (Ann Arbor 1995), S. 95–107.

ARV²
J. D. Beazley, Attic Red Figure Vase-Painters ²(Oxford 1963).

Aßkamp/Jansen 2017
R. Aßkamp/K. Jansen (Hrsg.), Triumph ohne Sieg. Roms Ende in Germanien (Darmstadt 2017).

Bailey 1980
D. M. Bailey, A Catalogue of the Lamps in the British Museum II. Roman Lamps Made in Italy (London 1980).

Bailey 1988
D. M. Bailey, A Catalogue of the Lamps in the British Museum III. Provincial Lamps (London 1988).

Baltrusch 1994
E. Baltrusch, Symmachie und Spondai. Untersuchungen zum griechischen Völkerrecht der archaischen und klassischen Zeit (8.–5. Jahrhundert v. Chr.) (Berlin/New York 1994).

Baltrusch 2008
E. Baltrusch, Außenpolitik, Bünde und Reichsbildung in der Antike (München 2008).

Barag 1967
D. Barag, Brick-Stamp-Impressions of the Legio X Fretensis, Bonner Jahrbücher 167, 1967, S. 244–267.

Barceló 2004
P. A. Barceló, Hannibal. Stratege und Staatsmann (Stuttgart 2004).

Barker 1996
D. Barker, The Golden Age Proclaimed? The Carmen Saeculare and the Renascence of the Golden Race, Classical Quarterly 46, 1996, S. 434–446.

Bastet/Brunsting 1982
F. L. Bastet/H. Brunsting, Corpus Signorum Classicorum. Musei Antiquarii Lugduno – Batavi. Catalogus van het Klassieke Beeldhouwwerk in het Rijksmuseum van Oudheden te Leiden, Collection oft he National Museum of Antiquities at Leiden (C.N.M.A.L.) 5 (Zutphen 1982).

Beard 2007
M. Beard, The Roman Triumph (London 2007).

Beazley, Add²
T. H. Carpenter/T. Mannack/M. Mendonça, Beazley Addenda. Additional References to ABV, ARV² and Paralipomena ²(Oxford 1989).

Beckman 2006
G. Beckman, Hittite Treaties and the Development of Cuneiform Treaty Tradition, in: M. Witte/K. Schmid/D. Prechel/J. Ch. Gertz (Hrsg.), Die deuteronomistischen Geschichtswerke. Redaktions- und religionsgeschichtliche Perspektiven zur »Deuteronomismus«-Diskussion in Tora und Vorderen Propheten, Beihefte zur Zeitschrift für die alttestamentliche Wissenschaft 365 (Berlin/New York 2006), S. 279–301.

Bemmann 1994
K. Bemmann, Füllhörner in klassischer und hellenistischer Zeit, Europäische Hochschulschriften Reihe 38 Archäologie Band 51 (Frankfurt a. M./Berlin/Bern/New York/Paris/Wien 1994).

Bengtson 1975
H. Bengtson, Die Staatsverträge des Altertums 2. Die Verträge der griechisch-römischen Welt von 700 bis 338 v. Chr. ²(München 1975).

Bentz 1998
M. Bentz, Panathenäische Preisamphoren. Eine athenische Vasengattung und ihre Funktion vom 6.–4. Jahrhundert v. Chr. (Basel 1998).

Bergmann 1998
M. Bergmann, Die Strahlen der Herrscher. Theomorphes Herrscherbild und politische Symbolik im Hellenismus und in der römischen Kaiserzeit (Mainz 1998).

Bergmann 2010
B. Bergmann, Der Kranz des Kaisers. Genese und Bedeutung einer römischen Insignie (Berlin/New York 2010).

Berrens 2004
S. Berrens, Sonnenkult und Kaisertum von den Severern bis zu Constantin I. (193–337 n. Chr.), Historia Einzelschriften 185 (Stuttgart 2004).

Bienkowski 1908
P. Bienkowski, Simulacris barbararum gentium apud Romanos (Krakau 1908).

Binder/Effe 1989
G. Binder/B. Effe (Hrsg.), Krieg und Frieden im Altertum (Trier 1989).

Bleckmann 2002
B. Bleckmann, Die römische Nobilität im Ersten Punischen Krieg. Untersuchungen zur aristokratischen Konkurrenz in der Republik, Klio. Beiträge zur alten Geschichte Beiheft NF 5 (Berlin 2002).

BMC
A Catalogue of the Greek Coins in the British Museum.

BMCRE
Coins of the Roman Empire in the British Museum.

Boardman 1998
J. Boardman, Early Greek Vase Painting. 11th – 6th Centuries BC (London 1998).

Boetzkes 1921
RE 11 (1921), S. 330–342 s. v. Kerykeion (R. Boetzkes).

Borg 2002
B. E. Borg, Der Logos des Mythos (München 2002).

Boschung 2000
D. Boschung, Figürliche Kleinbronzen aus Xanten. Eine konventionelle Bilderwelt und ihre Quellen, Kölner Jahrbuch 33, 2000, S. 121–129.

Boschung 2016
D. Boschung, Nero im Porträt, in: J. Merten (Hrsg.), Nero. Kaiser, Künstler und Tyrann (Darmstadt 2016), S. 82–88.

Botteri 2003
P. Botteri, Ancyra, Antiochia, Apollonia. La rappresentazione del potere nelle Res Gestae Divi Augusti, in: L. de Blois (Hrsg.), The Representation and Perception of Roman Imperial Power: Proceedings of the Third Workshop of the International Network »Impact of Empire« (Roman Empire c. 200 B. C. – A. D. 476) (Amsterdam 2003), S. 240–249.

Bravi 2010
A. Bravi, Angemessene Bilder und praktischer Sinn der Kunst. Griechische Bildwerke im Templum Pacis, in: N. Kramer/C. Reitz (Hrsg.), Tradition und Erneuerung. Mediale Strategien in der Zeit der Flavier (Göttingen 2010), S. 535–552.

Brijder 1983
H. A. G. Brijder, Siana Cups I and Komast Cups, Allard Pierson Series 4 (Amsterdam 1983).

Bruns 1947
G. Bruns, Antike Bronzen (Berlin 1947).

Bunneberg 2006
C. Bunneberg, Dezember 1914. Stille Nacht in Schützengräben. Die Erinnerung an die Weihnachtsfrieden in Flandern, in: T. Arand (Hrsg.), Die »Urkatastrophe« als Erinnerung – Geschichtskultur des Ersten Weltkriegs (Münster 2006), S. 15–60.

Camia 2009
F. Camia, Roma e le poleis. l'interventio di Roma nelle controversie territoriali tra le comunità greche di Grecia et d'Asia Minore nel secondo secolo a.C. Le testimonianza epigrafiche Tripodes. Quaderni della scuola Archeologica Italiana di Atene 10 (Athen 2009).

Caneva 2010
G. Caneva, Il codice botanico di Augusto. Roma – Ara Pacis. Parlare al popolo attraverso le immagini della natura. The Augustus Botanical Code. Rome – Ara Pacis. Speaking to the People through the Images of Nature (Rom 2010).

Canfora 1990
L. Canfora, Una riflessione sulla koinè eiréne e la prolusione di Arnaldo Momigliano, Quaderni di storia, 32, 1990, S. 31–45.

Carettoni u. a. 1960
G. Carettoni/A. M. Colini/L. Cozza/G. Gatti (Hrsg.), La pianta marmorea di Roma Antica. Forma Urbis Romae (Rom 1960).

Castagnoli/L. Cozza 1956–1958
F. Castagnoli/L. Cozza, L'angolo meridionale del Foro della Pace, Bullettino della Commissione archeologica comunale di Roma 76, 1956–1958, S. 119–142.

Castriota 1995
D. Castriota, The Ara Pacis Augustae and the Imagery of Abundance in Later Greek and Early Roman Art (Princeton 1995).

Castritius 1964
H. Castritius, Der Phoenix auf den Aurei Hadrians und Tacitus' Annalen VI, 28, Jahrbuch für Numismatik und Geldgeschichte 14, 1964, S. 89–95.

Celant 2005
A. Celant, Le rose del Templum Pacis nell'antica Roma, Informatore Botanico Italiano 37, 2005, S. 898–899.

Champion 2009
J. Champion, Pyrrhus of Epirus (Barnsley 2009).

Chaniotis 2004
A. Chaniotis, Justifying Territorial Claims in Classsical and Hellenistic Greece. The Beginning of International Law, in: E. M. Harris/L. Rubinstein (Hrsg.), The Law and the Courts in ancient Greece (London 2004), S. 185–213.

Chaniotis 2005
A. Chaniotis, War in the Hellenistic World. A Social and Cultural History (Oxford 2005).

Chaniotis 2009
A. Chaniotis, Überzeugungsstrategien in der griechischen Diplomatie. Geschichte als Argument, in: A. Chaniotis/M. Berg (Hrsg.), Überzeugungsstrategien, Heidelberger Jahrbücher 52, 2008 (Berlin u. a. 2009), S. 147–165.

Chaniotis 2013
A. Chaniotis, Normen stärker als Emotionen? Der kulturhistorische Kontext der griechischen Amnestie, in: Harter-Uibopuu/Mitthoff 2013, S. 7–70.

Charlesworth 1937
M. P. Charlesworth, The Virtues of a Roman Emperor. Propaganda and the Creation of Belief, The Raleigh Lecture on History (London 1937).

Christol 2015
M. Christol, Pacensis. Les noms de la cité de Fréjus et l'histoire coloniale sous Auguste, Mélanges de l'École française de Rome. Antiquité 127, 2015, S. 535–553.

Ciccotti 1971
E. Ciccotti, La guerra e la pace nel mondo antico (Rom 1971).

CIL
Corpus inscriptionum latinarum.

Coarelli 1996
F. Coarelli, Il monumento di Verrio Flacco nel Foro di Preneste, in: F. Coarelli (Hrsg.), Revixit ars. Arte e ideologia a Roma. Dai modelli ellensitici alla tradizione repubblicana (Rom 1996), S. 455–469.

Coarelli 1999
F. Coarelli, Pax. Templum, in: Lexikon Topographicum Urbis Romae IV 1999, S. 67–70.

Cody 2003
J. M. Cody, Conquerors and Conquered on Flavian Coins, in: A. J. Boyle/W. J. Dominik (Hrsg.), Flavian Rome. Culture, Image, Text (Leiden/Boston 2003), S. 203–223.

Colini 1937
A. M. Colini, Forum Pacis, Bullettino della Commissione archeologica comunale di Roma 65, 1937, S. 7–40.

Cooper 1983
J. S. Cooper, Reconstructing History from Ancient Inscriptions. The Lagash-Umma Border Conflict, Sources from the Ancient Near East 2/1 (Malibu 1983).

Cordes 2017
L. Cordes, Kaiser und Tyrann. Die Kodierung und Umkodierung der Herrscherrepräsentation Neros und Domitians, Philologus Suppl. 8 (Berlin 2017).

Cornwell 2017
H. Cornwell, Pax and the Politics of Peace. Republic and Principate (Oxford 2017).

Crowther 1996
C. Crowther, I. Priene 8 and the History of Priene in the Early Hellenistic Period, Chiron 26, 1996, S. 195–250.

Cuntz 1888
O. Cuntz, Die formulæ provinciarum, eine Hauptquelle des Plinius (Bonn 1888).

CVA
Corpus Vasorum Antiquorum.

Dabrowa 2000
E. Dabrowa, Legio X Fretensis, in: Y. Le Bohec/C. Wolff (Hrsg.), Les légions de Rome sous le Haut-Empire. Actes du Congrès de Lyon 17.–19. septembre 1998 (Lyon 2000), S. 317–325.

Dahmen 1998 a
K. Dahmen, Portätkopf des Vespasianus, in: D. Salzmann (Hrsg.) Abgüsse römischer Kaiserporträts und ihrer Familienangehörigen im Archäologischen Museum der Westfälischen Wilhelms-Universität. 22 Führungsblätter (Münster 1998).

Dahmen 1998 b
K. Dahmen, Porträtkopf des Domitianus, in: D. Salzmann (Hrsg.) Abgüsse römischer Kaiserporträts und ihrer Familienangehörigen im Archäologischen Museum der Westfälischen Wilhelms-Universität. 22 Führungsblätter (Münster 1998).

Daltrop/Hausmann/Wegner 1966
G. Daltrop/U. Hausmann/M. Wegner (Hrsg.), Das römische Herrscherbild 2, 1, Die Flavier. Vespasian. Titus. Domitian. Nerva. Julia Titi. Domitilla. Domitia (Berlin 1966).

Darwall-Smith 1996
R. H. Darwall-Smith, Emperors and Architecture. A Study of Flavian Rome, Collection Latomus 231 (Brüssel 1996).

Delbó 2015
G. Delbó, Kuchenformen aus Brigetio in: L. Borhy/K. Tankó/K. Dévai (Hrsg.), Studia archaeologica Nicolae Szabó LXXV annos nato dedicata (Budapest 2015), S. 95–104.

Devecchi 2015
E. Devecchi, Trattati internazionali ittiti (Brescia 2015).

Dillon 1995
M. P. Dillon, Phrynon of Rhamnous and the Macedonian Pirates. The Political Significance of Sacred Truces, Historia 44, 1995, S. 250–254.

DNP
Der neue Pauly. Enzyklopädie der Antike.

Dössel 2003
A. Dössel, Die Beilegung innerstaatlicher Konflikte in den griechischen Poleis vom 5.–3. Jahrhundert v. Chr. (Frankfurt a. M. 2003).

Drees 2009
C. Drees, Ein Mars gibt Rätsel auf, Boreas. Münstersche Beiträge zur Archäologie 32, 2009, S. 61–77.

Du Quesnay 1977
I. M. Du Quesnay, Vergil's Fourth Ecloge, in: F. Cairns (Hrsg.), Papers of the Liverpool Latin Seminar, ARCA. Classical and Medieval Texts, Papers ans Monographs 2 (Liverpool 1976), S. 25–99.

Ebbinghaus 2005
S. Ebbinghaus, Protector of the City, or the Art of Storage in Early Greece, The Journal of Hellenic Studies 125, 2005, S. 51–72.

Eckstein 2006
A. M. Eckstein, Mediterranean Anarchy, Interstate War, and the Rise of Rome (Berkeley 2006).

Effe/Binder 1989
B. Effe/G. Binder, Die antike Bukolik. Eine Einführung [2](München 1989).

Ehlers 1939
RE VII, 1 (1939), S. 493–511 s. v. Triumphus (W. Ehlers).

Eidem 2011–2013
J. Eidem, Staatsvertrag (treaty). A. 3.–2. Jahrtausend, Reallexikon der Assyriologie und Vorderasiatischen Archäologie 13 (Berlin/Boston 2011–2013), S. 38–40.

Eleftheratou 2015
S. Eleftheratou (Hrsg.), Acropolis Museum Guide (Athen 2015).

Elkins 2004
N. T. Elkins, Locating the Imperial Box in the Flavian Amphitheatre, Numismatic Chronicle 164, 2004, S. 147–157.

Elkins 2006
N. T. Elkins, The Flavian Colosseum Sestertii. Currency or Largesse?, The Numismatic Chronicle 166, 2006, S. 211–221

Elkins 2009
N. T. Elkins, What are they doing here? Flavian Colosseum sestertii from archaeological contexts in Hessen and the Taunus-Wetterau Limes (with an Addendum to NC 2006), Numismatic Chronicle 169, 2009, S. 199–204.

Ellinghaus 1997
C. Ellinghaus, Aristokratische Leitbilder – Demokratische Leitbilder. Kampfdarstellungen auf athenischen Vasen in archaischer und frühklassischer Zeit (Münster 1997).

Elmer 1941
G. Elmer, Die Münzprägung der Gallischen Kaiser in Köln, Trier und Mailand, Bonner Jahrbücher 146, 1941, S. 1–106.

Erhard 1957
L. Erhard, Wohlstand für alle (Düsseldorf 1957).

Erler 1987
M. Erler, Das Recht (DIKH) als Segensbringerin für die Polis. Die Wandlung des Motivs von Hesiod zu Kallimachos, Studi Italiani di Filologia Classica 5, 1987, S. 5–36.

Eschbach 1986
N. Eschbach, Statuen auf Panathenäischen Preisamphoren des 4. Jh. v. Chr. (Mainz 1986).

Estiot 1999
S. Estiot, L'or romain entre crise et restitution, 270–276 apr. J.-C. II. Tacite et Florien, Journal des Savants Juli-Dez. 1999, S. 335–447.

Fähndrich 2005
S. Fähndrich, Bogenmonumente in der römischen Kunst. Ausstattung, Funktion und Bedeutung antiker Bogen- und Torbauten, Internationale Archäologie 90 (Rahden/Westf. 2005).

Fakas 2001
C. Fakas, Der hellenistische Hesiod. Arats »Phainomena« und die Tradition der antiken Lehrepik (Wiesbaden 2001).

Famerie 2007
É. Famerie, Une nouvelle édition des deux sénatus-consults adressés à Priène (RDGE 10), Chiron 37, 2007, S. 89–111.

Ferla 2005
K. Ferla (Hrsg.), Priene [2](Athen 2005).

FGrH
Fragmente der griechischen Historiker.

Fine 2017
S. Fine, The Arch of Titus in Color. Polychromy and the Spoils of Jerusalem, City of David – Studies of Ancient Jerusalem 12, 2017, S. 17–37.

Fine/Piening 2012
S. Fine/H. Piening, Farbigkeit des Titusbogens untersucht, Antike Welt 5, 2012, S. 5.

Fine/Schertz/Sanders im Druck
S. Fine/P. M. Schertz/D. H. Sanders, Reimaging the Arch of Titus Spolia Panel. An Experiment in Reconstruction and Polychromy, in: S. Fine and J. Wisse (Hrsg.), The Arch of Titus. From Rome to Jerusalem and Back (Pennsylvania im Druck).

Flecker/Krmnicek/Lipps/Posamentir 2017
M. Flecker/S. Krmnicek/J. Lipps/R. Posamentir (Hrsg.), Augustus ist tot – Lang lebe der Kaiser! Tübinger Archäologische Forschungen 24 (Rahden/Westf. 2017).

Fogagnolo 2005–2006
S. Fogagnolo, Pavimenti marmorei di epoca Severiana del Templum Pacis, Musiva et Sectilia 2–3, 2005–2006, S. 115–116.

Fogagnolo 2006
S. Fogagnolo, Lo scavo del Templum Pacis. Concordanze e novità rispetto alla Forma Urbis, in: R. Meneghini/R. Santangeli Valenzani (Hrsg.), Forma Urbis Romae. Nuovi frammenti di piante marmoree dallo scavo dei Fori Imperiali (Rom 2006), S. 61–74.

Foster 2016
B. R. Foster, The Age of Agade. Inventing Empire in Ancient Mesopotamia (London/New York 2016).

Friedländer/von Sallet 1887
J. Friedländer/A. von Sallet, Das Königliche Münzkabinett. Geschichte und Übersicht der Sammlung nebst erklärender Beschreibung der auf Schautischen ausgelegten Auswahl [2](Berlin 1877)

Friedrich 1956
W.-H Friedrich, Verwundung und Tod in der Ilias. Homerische Darstellungsweisen, Abhandlungen der Akademie der Wissenschaften zu Göttingen, Philologisch-Historische Klasse III.38 (Göttingen 1956)

Frosien-Leinz/Weski 1987
H. Frosien-Leinz/E. Weski, Das Antiquarium der Münchner Residenz. Katalog der Skulpturen (München 1987).

Fuchs 1998
M. Fuchs, Aurea Aetas. Ein glücksverheißendes Sibyllinum im großen Oecus der Villa von Boscoreale, Jahrbuch des Deutschen Archäologischen Instituts 113, 1998, S. 91–108.

Galinsky 1996
K. Galinsky, Augustan Culture. An Interpretative Introduction (Princeton 1996).

Gambash/Gitler/Cotton 2013
G. Gambash/H. Gitler/H. Cotton, IUDAEA RECEPTA, Israel Numismatic Research 8, 2013, S. 89–104.

Gasparri 1995
C. Gasparri, L'officina dei calchi di Baia. Sulla produzione copistica di età romana in area flegrea, Mitteilungen des Deutschen Archäologischen Instituts, Römische Abteilung 102, 1995, S. 173–187.

Gatz 1967
B. Gatz, Weltalter, goldene Zeit und sinnverwandte Vorstellungen, Spudasmata 16 (Hildesheim 1967).

Gauthier 1972
Ph. Gauthier, Symbola. Les étrangers et la justice dans les cités grecques (Nancy 1972).

Gayraud 1981
M. Gayraud, Narbonne antique des origins à la fin du IIIe siècle, Revue archéologique de Narbonnaise Supplement 8 (Paris 1981; zugl. Diss. Universität Paris-Sorbonne 1977).

Gehrke 1985
H.-J. Gehrke, Stasis. Untersuchungen zu den inneren Kriegen in den griechischen Staaten des 5. und 4. Jahrhunderts v. Chr. (München 1985).

Gehrke 1987
H.-J. Gehrke, Die Griechen und die Rache. Ein Versuch in historischer Psychologie, Saeculum 38, 1987, S. 121–149.

Geißen 1978
A. Geißen, Katalog alexandrinischer Kaisermünzen der Sammlung des Instituts für Altertumskunde der Universität zu Köln 2. Hadrian – Antoninus Pius (Nr. 741 – 1994), Papyrologica Coloniensia 5 (Opladen 1974).

Geißen 1978
A. Geißen, Katalog alexandrinischer Kaisermünzen der Sammlung des Instituts für Altertumskunde der Universität zu Köln 2. Augustus – Trajan (Nr. 1–741), Papyrologica Coloniensia 5 (Opladen 1978).

Geißen 1982
A. Geißen, Katalog alexandrinischer Kaisermünzen der Sammlung des Instituts für Altertumskunde der Universität zu Köln 3. Marc Aurel – Gallienus (Nr. 1995 – 3014), Papyrologica Coloniensia 5 (Opladen 1982).

Geominy 2004
W. Geominy, Die Zeit von 390 bis 360 v. Chr., in: P. C. Bol (Hrsg.), Die Geschichte der antiken Bildhauerkunst II. Klassische Plastik (Mainz 2004), S. 259–302.

Giard 1983
J.-B. Giard, Le monnayage de l'atelier de Lyon des origines au règne de Caligula (43 avant J.-C. – 41 après J.-C.), Numismatique romaine. Essais, recherches et documents 14 (Wetteren 1983).

Giard 1988
J.-B. Giard, Catalogue des monnaies de l'Empire romain II. De Tibère à Néron (Paris 1988).

Giard 1998
J.-B. Giard, Catalogue des monnaies de l'Empire romain III. Du soulèvement de 68 après J.-C. à Nerva (Paris/Strasbourg 1998).

Giard 2000
J.-B. Giard, Le Monnayage de l'Atelier de Lyon. De Claude Ier à Vespasien (41–78 après J.-C.) et au temps de Clodius Albinus (196–197 après J.-C.) (Wetteren 2000).

Giard 2001
J.-B. Giard, Catalogue des monnaies de l'Empire romain I. Auguste [3](Paris 2001).

Gerçek/Yastı 2016
A. Gerçek/M. N. Yastı, Neronias-Eirenopolis. Kurtarma kazısı: ilk bulgular, Çukurova Araştırmaları dergisi 2,2, 2016, S. 14–31.

Giuliani 2003
L. Giuliani, Bild und Mythos (München 2003).

Goethert-Polaschek 1985
K. Goethert-Polaschek, Katalog der römischen Lampen des Rheinischen Landesmuseums Trier. Bildlampen und Sonderformen, Trierer Grabungen und Forschungen 15 (Mainz 1985).

Goodnick Westenholz 2004
J. Goodnick Westenholz, The Old Akkadian Presence in Nineveh. Fact or Fiction, Iraq 66, 2004, S. 7–18.

Graepler 1997
D. Graepler, Tonfiguren im Grab. Fundkontexte hellenistischer Terrakotten aus der Nekropole von Tarent (München 1997).

Gray 2015
B. Gray, Stasis and Stability. Exile, the Polis, and Political Thought, c. 404–146 BC (Oxford 2015).

Gregarek 1997
H. Gregarek, Der Hildesheimer Silberschatz, in: H.-H. von Prittwitz und Gaffron/H. Mielsch (Hrsg.), Das Haus lacht vor Silber. Die Prunkplatte von Bizerta und das römische Tafelgeschirr, Ausstellungskatalog Bonn 1997 (Köln 1997), S. 91–98.

Grüner 2004
A. Grüner, Das Pantheon und seine Vorbilder, Mitteilungen des Deutschen Archäologischen Instituts, Römische Abteilung 111, 2004, S. 495–512.

Grüner 2009
A. Grüner, Das Pantheon des Agrippa. Architektonische Form und urbaner Kontext, in: G. Grasshoff/M. Heinzelmann/M. Wäfler (Hrsg.), The Pantheon in Rome, Contributions to the Conference Bern, November 9–12, 2006 (Bern 2009), S. 41–68.

Grunow Sobocinski 2006
M. Grunow Sobocinski, Visualizing Ceremony. The Design and Audience of the Ludi Saeculares Coinage of Domitian, American Journal of Archaeology 110, 2006, S. 581–602.

Guillaume-Coirier 2004
G. Guillaume-Coirier, Nouvelle approche de la Gemma Claudia, l'apport des couronnes, Journal des savants 2004, S. 24–60.

Halm-Tisserant/Siebert 1997
LIMC 8, 1997, S. 728–730 s. v. Kerykeion (M. Halm-Tisserant/G. Siebert).

Hansen 2007
I. L. Hansen, The Trojan Connection: Butrint and Rome, I. L. Hansen/R. Hodges (Hrsg.), Roman Butrint. An Assessment (Oxford 2007), S. 44–61.

Hárshegyi 2009
P. Hárshegyi, Aquincumi Látványraktár. Visual Store at Aquincum (Budapest 2009).

Hart 1952
H. S. J. Hart, Judaea and Rome. The Official Commentary, Journal of Theological Studies 3, 1952, S. 172–198.

Harter-Uibopuu/Mitthoff 2013
K. Harter-Uibopuu/F. Mitthoff (Hrsg.), Vergeben und Vergessen? Amnestie in der Antike (Wien 2013).

Hartmann 2016
E. Hartmann, Ordnung in Unordnung. Kommunikation, Konsum, Konkurrenz in der stadtrömischen Gesellschaft der frühen Kaiserzeit (Stuttgart 2016).

Haselberger 2014
L. Haselberger (Hrsg.), The Horologium of Augustus. Debate and Context, Journal of Roman Archaeology Supplement 99 (Portsmouth 2014).

Haug 2012
A. Haug, Die Entdeckung des Körpers. Körper- und Rollenbilder im Athen des 8. und 7. Jahrhunderts v. Chr. (Berlin/Boston 2012).

Heilmeyer 1988
W.-D. Heilmeyer, Die ausgestellten Werke im Antikenmuseum Berlin, Staatliche Museen Preußischer Kulturbesitz (Berlin 1988).

Heinen 1983
H. Heinen, Die Tryphè des Ptolemaios VIII. Euergetes II. Beobachtungen zum ptolemäischen Herrscherideal und zu einer römischen Gesandtschaft in Ägypten, in: H. Heinen (Hrsg.), Althistorische Studien. Hermann Bengtson zum 70. Geburtstag dargebracht von Kollegen und Schülern (Wiesbaden 1983), S. 116–130.

Helbig 1963
W. Helbig, Führer durch die öffentlichen Sammlungen klassischer Altertümer in Rom. Die päpstlichen Sammlungen im Vatikan und Lateran 1 [4](Tübingen 1963).

Hendin 2007
D. Hendin, Echoes of »Judaea Capta«. The Nature of Domitian's Coinage of Judea and Vicinity, Israel Numismatic Research 2, 2007, S. 123–130.

Henrich 2009
P. Henrich, Bleiplomben und Warenetiketten als Quellen zur Wirtschaftsgeschichte im Vicus von Bonn, Archäologie im Rheinland 2008 (Stuttgart 2009).

Hermann 1925
P. Hermann, Verzeichnis der antiken Originalbildwerke der staatlichen Skulpturensammlung zu Dresden [2](Dresden 1925).

Heuss 1946
A. Heuss, Die archaische Zeit Griechenlands als historische Epoche, Antike und Abendland 2, 1946, S. 26–62.

Hiesinger 1975
U. W. Hiesinger, The Portraits of Nero, American Journal of Archaeology 79, 1975, S. 113–124.

Hildebrandt 2014
F. Hildebrandt, Bürger bestimmen Politik, in: S. Schulze/S. Oldenburg/M. van Rossem (Hrsg.), Objekte erzählen Geschichte. Die Sammlung des Museums für Kunst und Gewerbe Hamburg (Ostfildern 2014), S. 36–39.

Hildebrandt 2017
F. Hildebrandt, Silberne Prunkbecherpaare augusteischer Zeit, in: M. Flecker/S. Krmnicek/J. Lipps/R. Posamentir (Hrsg.), Augustus ist tot – Lang lebe der Kaiser!, Tübinger Archäologische Forschungen 24 (Rhaden/Westf. 2017), S. 367–382.

Hiller von Gaertringen 1906
F. Hiller von Gaertringen, Inschriften von Priene (Berlin 1906).

Himmelmann 1980
N. Himmelmann, Über Hirten-Genre in der antiken Kunst (Opladen 1980).

Himmelmann-Wildschütz 1967
N. Himmelmann-Wildschütz, Erzählung und Figur in der archaischen Kunst, Akademie der Wissenschaften und der Literatur in Mainz. Abhandlungen der Geistes- und Sozialwissenschaftlichen Klasse 2 (Wiesbaden 1967), S. 73–101.

Hinz 1967
W. Hinz, Elams Vertrag mit Narām-Sîn von Akkade, Zeitschrift für Assyriologie und Vorderasiatische Archäologie 58, 1967, S. 66–96.

Hodges 2006
R. Hodges, Eternal Butrint. A UNESCO World Heritage Site in Albania (London 2006).

Hölkeskamp 1999
K.-J. Hölkeskamp, Schiedsrichter, Gesetzgeber und Gesetzgebung im archaischen Griechenland (Stuttgart 1999).

Hölkeskamp 2006
K.-J. Hölkeskamp, Der Triumph – »erinnere Dich, daß Du ein Mensch bist«, in: E. Stein-Hölkeskamp/K.-J. Hölkeskamp (Hrsg.), Erinnerungsorte der Antike. Die römische Welt (München 2006), S. 258–276.

Hölscher 1967
T. Hölscher, Victoria Romana. Archäologische Untersuchungen zur Geschichte und Wesensart der römischen Siegesgöttin von den Anfängen bis zum Ende des 3. Jhs. n. Chr. (Mainz 1967).

Hölscher 1972
F. Hölscher, Die Bedeutung archaischer Tierkampfbilder (Würzburg 1972).

Hölscher 1988 a
T. Hölscher, Historische Reliefs, in: M. Hofter (Red.), Kaiser Augustus und die verlorene Republik. Ausstellungskatalog Berlin (Berlin 1988), S. 351–400.

Hölscher 1988 b
T. Hölscher, Augustusstatue von Prima Porta, in: M. Hofter (Red.), Kaiser Augustus und die verlorene Republik (Berlin 1988), S. 386–387.

Hölscher 1990
LIMC 5, 1990, S. 479–488 s. v. Concordia (T. Hölscher).

Hölscher 2003
T. Hölscher, Images of War in Greece and Rome. Between Military Practice, Public Memory, and Cultural Symbolism, Journal of Roman Studies 93, 2003, S. 1–17.

Horn 1972
H. G. Horn, Eine Victoria aus Xanten, Das Rheinische Landesmuseum Bonn. Berichte aus der Arbeit des Museums 4, 1972, S. 58–59.

Horn 1987
H. G. Horn, Schwerte, in: H. G. Horn (Hrsg.), Die Römer in Nordrhein-Westfalen (Stuttgart 1987).

Hornbostel 1979
W. Hornbostel, Syrakosion Damosion. Zu einem bronzenen Heroldstab, JbHambKuSamml 24, 1979, S. 33–62.

Hornbostel/Hornbostel 1988
G. Hornbostel/W. Hornbostel, Syrakusanische Herolde, in: H. Büsing/F. Hiller (Hrsg.), Bathron. Beiträge zur Architektur und verwandten Künsten. Für Heinrich Drerup zu seinem 80. Geburtstag, Saarbrücker Studien zur Archäologie und Alten Geschichte 3 (Saarbrücken 1988), S. 233–245.

Hoyos 1998
D. Hoyos, Unplanned Wars. The Origins of the First and Second Punic Wars (Berlin/New York 1998).

Hoyos 2011
D. Hoyos (Hrsg.), Companion to the Punic Wars (Chichester 2011).

Hurlet 2016
F. Hurlet, Sources and Evidence, in: A. Zissos (Hrsg.), A Companion to the Flavian Age of Imperial Rome (Chichester/Malden 2016), S. 17–37.

Hurschmann 1998
DNP 5, 1998, S. 4–6 s. v. Gruß (R. Hurschmann).

IK Priene
W. Blümel/R. Merkelbach, Die Inschriften von Priene 1–2, Inschriften griechischer Städte aus Kleinasien 69 (Bonn 2014).

Janssen 1957
A. J. Janssen, Het antieke tropaion (Brüssel 1957).

Jatta 1900
M. Jatta, Le rappresentanze figurate delle provincie romane (Roma 1900).

Jehne 1994
M. Jehne, Koine Eirene. Untersuchungen zu den Befriedungs- und Stabilisierungsbemühungen in der griechischen Poliswelt des 4. Jahrhunderts v. Chr., Hermes Einzelschriften 63 (Stuttgart 1994).

Johansen 1995
F. Johansen, Catalogue Roman Portraits II. Ny Carlsberg Glyptotek (Kopenhagen 1995).

Jucker 1977
H. Jucker, Dokumentationen zur Augustusstatue von Primaporta, Hefte des Archäologischen Seminars der Universität Bern 3, 1977, S. 16–37.

Jung 1976
H. Jung, Zur Eirene des Kephisodot, Jahrbuch des Deutschen Archäologischen Instituts 91, 1976, S. 97–134.

Kader 2003
I. Kader, Eirene und Pax. Die Friedensidee in der Antike und ihre Bildfassungen in der griechischen und römischen Kunst, in: W. Augustyn (Hrsg.), Pax. Beiträge zu Idee und Darstellung des Friedens (München 2003), S. 117–160.

Kähler 1959
H. Kähler, Die Augustusstatue von Primaporta (Köln 1959).

Kähler 1968
H. Kähler, Alberti Rubeni Dissertatio de Gemma Augustea, Monumenta artis Romanae 9 (Berlin 1968).

Kanta 1979
K. G. Kanta, Eleusis. Mythe, Mystères, Histoire, Musée (Athen 1979).

Karbach 1992/93
F.-B. Karbach, Die Münzprägung der Stadt Eirenopolis in Ostkilikien, Jahrbuch für Numismatik und Geldgeschichte 42/43, 1992/93, S. 83–145.

Katalog Neapel 1989
Archivio Fotografico Pedicini (Hrsg.), Le collezioni del Museo Nazionale di Napoli. La scultura greco-romana Le sculture antiche della collezione Farnese, le collezioni Monetali, le oreficerie, la collezione glittica I, 2 (Rom 1989).

Kienast 2009
D. Kienast, Augustus. Prinzeps und Monarch [4](Darmstadt 2009).

Kiss 1995
Z. Kiss, Hélios embrasse Sérapis, in: A. Bursche/M. Mielczarek/W. Nowakowski (Hrsg.), Nunc de Suebis dicendum est. Studia archaeologica et historica Georgii Kolendo ab amici et discipuli dicata. Studia dedykowane profesorowi Jerzemu Kolendo w 60-lecie urodzin i 40-lecie pracy naukowej (Warschau 1995), S. 137–138.

Kleiner 1985
F. S. Kleiner, The Arch of Nero in Rome. A Study of the Roman Honorary Arch Before and Under Nero, Archaeologica 52 (Rom 1985).

Klengel 2002
H. Klengel, Hattuschili und Ramses. Hethiter und Ägypter. Ihr langer Weg zum Frieden, Kulturgeschichte der antiken Welt 95 (Mainz 2002).

Klingenberg 2006
S. Klingenberg, Hoby – en stormandsslægt fra tiden omkring Kristi fødsel, Nationalmuseets Arbejdsmark 2006, S. 101–113.

Knell 2000
H. Knell, Athen im vierten Jahrhundert v. Chr. – eine Stadt verändert ihr Gesicht. Archäologisch-kulturgeschichtliche Betrachtungen (Darmstadt 2000).

Knoll/Vorster/Woelk 2011
K. Knoll/C. Vorster/M. Woelk (Hrsg.), Katalog der antiken Bildwerke II. Idealskulptur der römischen Kaiserzeit 2 (München 2011).

Koch 2005
H. Koch, Texte aus Iran, in: B. Janowski/ G. Wilhelm (Hrsg.), Staatsverträge, Herrscherinschriften und andere Dokumente zur politischen Geschichte, Texte aus der Umwelt des Alten Testaments. Neue Folge 2 (Gütersloh 2005), S. 283–306.

Koch/Sichtermann 1982
G. Koch/H. Sichtermann, Römische Sarkophage, Handbuch der Archäologie (München 1982).

Koenigs 1983
W. Koenigs, Der Athenatempel von Priene. Bericht von den 1977–82 durchgeführten Untersuchungen, Istanbuler Mitteilungen 33, 1983, S. 134–175.

Koenigs 2015
W. Koenigs, Der Athenatempel von Priene (Wiesbaden 2015).

Koeppel 1987
G. M. Koeppel, Die historischen Reliefs der römischen Kaiserzeit V 1. Ara Pacis Augustae, Bonner Jahrbücher 187, 1987, S. 101–157.

Kraay 1972
C. M. Kraay, Greek Coins (New York 1972).

Kraay 1976
C. M. Kraay, Archaic and classical Greek Coins (London 1976).

Kraus 1953
T. Kraus, Die Ranken der Ara Pacis. Ein Beitrag zur Entwicklungsgeschichte der augusteischen Ornamentik (Berlin 1953).

Kroll 1993
J. H. Kroll, The Greek Coins, The Athenian Agora 26 (Princeton 1993).

Kubusch 1986
K. Kubusch, Aurea Saecula. Mythos und Geschichte. Untersuchung eines Motivs in der antiken Literatur bis Ovid, Studien zur Klassischen Philologie 28 (Frankfurt a. M. 1986).

Kübler 1970
K. Kübler, Die Nekropolen des späten 8. bis frühen 6. Jahrhunderts, Kerameikos 6, 2 (Berlin 1970).

Künzl 1988
E. Künzl, Der römische Triumph. Siegesfeiern im antiken Rom (München 1988).

Kunisch 1968
N. Kunisch, Führer durch die Antikenabteilung (Berlin 1968).

Kuttner 1995
A. L. Kuttner, Dynasty and Empire in the Age of Augustus. The Case of the Boscoreale Cups (Berkley/Los Angeles/ Oxford 1995).

Kuzsinszky 1934
B. Kuzsinszky, Aquincum, Ausgrabungen und Funde (Budapest 1934).

Lacroix 1964
L. Lacroix, Quelques aspects de la numismatique sicyonienne, Revue belge de numismatique 110, 1964, S. 5–52.

Lana 1991
I. Lana, L'idea della pace nell'antichità (S. Domenico di Fiesole 1991).

La Rocca 1974
E. La Rocca, Eirene e Ploutos, Jahrbuch des Deutschen Archäologischen Instituts 89, 1974, S. 112–136.

La Rocca 1984
E. La Rocca, L'età d'oro di Cleopatra. Indagine sulla Tazza Farnese, Documenti e Ricerche d'arte Allesandrina 5 (Rom 1984).

Le Bohec 2005
Y. Le Bohec: Histoire de l'Afrique romaine. 146 avant J.-C. – 439 après J.-C., Antiquité/Synthèses 9 (Paris 2005).

Lichtenberger 2011
A. Lichtenberger, Severus Pius Augustus: Studien zur sakralen Repräsentation und Rezeption der Herrschaft des Septimius Severus und seiner Familie (193–211 n. Chr.), Impact of Empire 14 (Leiden/ Boston 2011).

LIMC
Lexicon Iconographum Mythologa Classicae

Linke 2014
B. Linke, Die Väter und der Staat. Die Grundlagen der aggressiven Subsidiarität in der römischen Gesellschaft, in: C. Lundgreen (Hrsg.), Staatlichkeit in Rom? Diskurse und Praxis (in) der römischen Republik, Staatsdiskurse 28 (Stuttgart 2014), S. 65–90.

Linke 2016 a
B. Linke, Die Republik und das Meer. Seerüstung und römische Innenpolitik zur Zeit der Punischen Kriege, in: E. Baltrusch/C. Wendt/H. Kopp (Hrsg.), Seemacht, Seeherrschaft und die Antike, Historia Einzelschrift 244 (Stuttgart 2016), S. 163–185.

Linke 2016 b
B. Linke, Die Nobilität und der Sieg. Eine komplizierte Beziehung, in: M. Haake/A.-C. Harders (Hrsg.), Politische Kultur und soziale Struktur im republikanischen Rom. Bilanzen und Perspektiven, Akten der internationalen Tagung anlässlich des 70. Todestages von Friedrich Münzer (Münster 18. – 20. Oktober 2012) (Stuttgart 2016), S. 384–404.

Lissarrague 1990
F. Lissarrague, L' autre guerrier, archers, peltastes, cavaliers dans l'imagerie attique (Paris 1990).

Löffel 2011
J. Löffl, Die römische Expansion (Berlin 2011).

Löwenstein 2015
S. zu Löwenstein, Mythologische Darstellungen auf Gebrauchsgegenständen der Spätantike. Die Appliken- und reliefverzierte Sigillata C3/C4, Kölner Jahrbuch 48, 2015, S. 397–823.

Lohmann 2002
H. Lohmann, Kalender und Zeitrechnung im Alten Rom. Wozu diente die sog. Sonnenuhr des Augustus?, in: W. Geerlings (Hrsg.), Der Kalender. Aspekte seiner Geschichte (Paderborn 2002).

Lohmann/Kalaitzoglou/Lüdorf 2017
H. Lohmann/G. Kailaitzoglou/G. Lüdorf, Forschungen in der Mykale I, 1. Survey in der Mykale (Dilek Daylan/Aydın) 2001–2009. Landeskunde eines westkleinasiatischen Gebirgszuges von Chalkolithikum bis in spätosmanische Zeit, Asia Minor Studien 77 (Bonn 2017).

Lowrie 2009
M. Lowrie, Writing, Performance, and Authority in Augustan Rome (Oxford 2009).

Magnetto 2008
A. Magnetto, L'arbitrato di Rodi tra Samo e Priene (Pisa 2008).

Magnetto 2009
A. Magnetto, La querelle territoriale entre Samos et Priène. Proposition pour un débat, Topoi 16, 2009, S. 7–17.

Magnetto 2016
A. Magnetto, Interstate Arbitration and Foreign Judges, in: E. M. Harris/M. Canevaro (Hrsg.), The Oxford Handbook of Ancient Greek Law (Oxford 2016).

Mairat 2014
J. Mairat, Coinage of the Gallic Empire, DPhil Oxford University (2014); online abrufbar unter https://ora.ox.ac.uk/objects/uuid:58eb4e43-a6d5-4e93-adeb-f374b9749a7f (4. 1. 2018).

Mallowan 1936
M. E. L. Mallowan, The Bronze Head of the Akkadian Period from Nineveh, Iraq 3/1, 1936, S. 104–110.

Manders 2012
E. Manders, Coining images of power. Patterns in the representation of Roman emperors on imperial *coinage*, A.D. 193–284 (Leiden 2012).

Mangold 2000
M. Mangold, Kassandra in Athen. Die Eroberung Trojas auf attischen Vasenbildern (Berlin 2000).

Marginesu 2016
G. Marginesu, Callia l'Ateniese. Metamorfosi di un'élite, 421–371 a. C., Historia Einzelschriften 247 (Stuttgart 2016).

Marques de Faria 1997
A. Marques de Faria, De novo em torno da fundação de Pax Iulia. Um exercício de »controversismo«, Vipasca 6, 1997, S. 171–185.

Martin 1974
P.-H. Martin, Die anonymen Münzen des Jahres 68 nach Christus (Mainz 1974).

Martin 2016
K. Martin, Momentaufnahme oder Zukunftsperspektive? Goldenes Zeitalter und Ewigkeit in der Münzprägung römischer Kaiser, in: K. Martin/C. Sieg (Hrsg.), Zukunftsperspektiven zwischen Apokalypse und Utopie (Würzburg 2016), S. 175–207.

Martiz 2004
J. Martiz, The Face of Alexandria. The Face of Africa?, in: A. Hirst/M. Silk (Hrsg.), Alexandria, Real and Imagined (Ashgate 2004), S. 41–66.

Meier 1990
C. Meier, Die Rolle des Krieges im klassischen Athen, Historische Zeitschrift 251, 1990, S. 555–606.

Meier 2009
C. Meier, Kultur, um der Freiheit willen. Griechische Anfänge Europas? (München 2009).

Meier 2010
C. Meier, Das Gebot zu vergessen und die Unabweisbarkeit des Erinnerns. Vom öffentlichen Umgang mit schlimmer Vergangenheit (München 2010).

Megow 1987
W.-R. Megow, Kameen von Augustus bis Alexander Severus, Antike Münzen und geschnittene Steine 11 (Berlin 1987).

Mellor 1975
R. Mellor, Thea Rome. The Worship of the Goddess Rome in the Greek World (Göttingen 1975).

Meneghini 2009
R. Meneghini, I Fori Imperiali e i Mercati di Traiano. Storia e descrizione dei monumenti alla luce degli studi e degli scavi recenti (2009).

Meneghini/Rea 2014
R. Meneghini/ R. Rea (Hrsg.), La biblioteca infinita. I luoghi del sapere nel mondo antico (2014).

Meneghini/Santangeli Valenzani 2006
R. Meneghini/R. Santangeli Valenzani (Hrsg.), Formae Urbis Romae. Nuovi frammenti di piante marmoree dallo scavo dei Fori Imperiali (2006).

Meneghini 2015
R. Meneghini, Die Kaiserforen Roms, Antike Welt Sonderheft 1, 2015.

Menzel 1986
H. Menzel, Die römischen Bronzen aus Deutschland III. Bonn (Mainz am Rhein 1986).

Meshorer 1979
Y. Meshorer, Sepphoris and Rome, in: O. Mørkholm/N. M. Waggoner (Hrsg.), Greek Numismatics and Archaeology. Essays in Honor of Margaret Thompson (Wetteren 1979), S. 159–171.

Messerschmidt 2003
W. Messerschmidt, Prosopopoiia. Personifikationen politischen Charakters in spätklassischer und hellenistischer Kunst (Köln 2003).

Meyer 1989
M. Meyer, Die griechischen Urkundenreliefs, Mitteilungen des Deutschen Archäologischen Instituts, Athenische Abteilung, Beiheft 13 (Berlin 1989).

Meyer 2002
H. Meyer, Prunkkameen und Staatsdenkmäler römischer Kaiser. Neue Perspektiven zur Kunst der frühen Prinzipatszeit (München 2002).

Meyer 2005
M. Meyer, Bilder und Vorbilder. Zu Sinn und Zweck von Siegesmonumenten Athens in klassischer Zeit, Jahreshefte des Österreichischen Archäologischen Instituts 74, 2005, S. 279–314.

Meyer 2006
M. Meyer, Die Personifikation der Stadt Antiocheia. Ein neues Bild für eine neue Gottheit (Berlin/New York 2006).

Meyer 2008
M. Meyer, Das Bild des »Friedens« im Athen des 4. Jhs. v. Chr. Sehnsucht, Hoffnung und Versprechen, in: M. Meyer (Hrsg.), Friede. Eine Spurensuche (Wien 2008), S. 61–85.

Meyer 2013
M. Meyer, Krieg und Frieden in der Antike, in: E. Bader (Hrsg.) Krieg oder Frieden. Interdisziplinäre Zugänge (Wien 2013), S. 18–44.

Mlasowsky 1993
A. Mlasowsky, Die antiken Tonlampen im Kestner-Museum Hannover (Hannover 1993).

Mlasowsky 2010
A. Mlasowsky, Ara Pacis. Ein Staatsmonument des Augustus auf dem Marsfeld. Kulturführer zur Geschichte und Archäologie (Mainz 2010).

Mocchegiani Carpano 2006
C. Mocchegiani Carpano, Fori Imperiali. lo scavo della aedes del Templum Pacis, in: M. A. Tomei (Hrsg.), Roma. Memorie dal sottosuolo. Ritrovamenti archeologici 1980/2006 (Mailand 2006), S. 98–105.

Moloney/Stuart Williams 2017
E. P. Moloney/M. Stuart Williams (Hrsg.), Peace and Reconciliation in the Classical World (London/New York 2017).

Momigliano 1966
A. Momigliano, Un momento di storia greca. La pace del 375 a.C. e il Plataico di Isocrate, in: A. Momigliano, Terzo contributo alla storia degli studi classici I (Roma 1966), S. 421–455.

Mommsen 1865
T. Mommsen, Res Gestae Divi Augusti, Berlin 1865.

Monaco 2008
M. C. Monaco, L'Agorà di Atene e la seconda lega delio-attica, in: M. Lombardo (Hrsg.), Forme sovrapoleiche e interpoleiche di organizzazione nel mondo greco antico (Galatina 2008), S. 222–249.

Moretti 1948
G. Moretti, Ara Pacis Augustae (Rom 1948).

Moro 2007
M. P. Del Moro, Il Tempio della Pace, in: L. Ungaro (Hrsg.), Il Museo dei Fori Imperiali nei Mercati di Traiano. A Cura di Lucrezia Ungaro (Roma 2007), S. 170–177.

Müller/Sakuma 2003
DNP 16, 2003, S. 328–337 s. v. Hethitische Staatsverträge (G. G. W. Müller/Y. Sakuma).

Muth 2008
S. Muth, Gewalt im Bild. Das Phänomen der medialen Gewalt im Athen des 6. und 5. Jahrhunderts v. Chr. (Berlin 2008).

Neumann 1965
G. Neumann, Gesten und Gebärden in der griechischen Kunst (Berlin 1965).

Neumann 2003
DNP 16, 2003, S. 321–327 s. v. Keilschriftliche Staatsverträge Mesopotamiens und Nordsyriens (H. Neumann).

Neumann 2005
H. Neumann, Texte des 3. Jt. v. Chr. in sumerischer, akkadischer und hurritischer Sprache, in: B. Janowski/G. Wilhelm (Hrsg.), Staatsverträge, Herrscherinschriften und andere Dokumente zur politischen Geschichte, Texte aus der Umwelt des Alten Testaments. Neue Folge 2 (Gütersloh 2005), S. 1–26.

Neumann 2016
G. Neumann, Altorientalische Siegel und Keilschriftdokumente im Archäologischen Museum der Westfälischen Wilhelms-Universität Münster. Die Stiftung der Sammlung Tono Eitel, Altertumskunde des Vorderen Orients 20, Veröffentlichungen des Archäologischen Museums der Westfälischen Wilhelms-Universität Münster 6 (Münster 2016).

Newiger 1996
H.-J. Newiger, Krieg und Frieden in der Komödie des Aristophanes, in: Drama und Theater. Ausgewählte Schriften zum griechischen Drama, Drama Beiheft 2 (Stuttgart 1996), S. 314–329.

Nicolas 1979
E. P. Nicolas, De Néron à Vespasien. Études et perspectives historiques suivies de l'analyse, du catalogue, et de la reproduction des monnaies »oppositionelles« connues des années 67 à 70 (Paris 1979).

Nicolet 1988
C. Nicolet, L'inventaire du monde: géographie et politique aux origines de l'Empire romain (Paris 1988).

Nieswandt/Salzmann 2014
H.-H. Nieswandt/D. Salzmann (Hrsg.), Zwischen Hellespont und Nemrud Dag. 80 Jahre Münsteraner Forschung in der Türkei, Veröffentlichungen des Archäologischen Museums der Westfälischen Wilhelms-Universität Münster 4 (Münster 2014).

Nisbet 1978
R. G. M. Nisbet, Virgil's Fourth Eclogue. Easterners and Westerners, Bulletin of the Institute of Classical Studies of the University of London 25, 1978, S. 59–78.

Oberleitner 1985
W. Oberleitner, Geschnittene Steine. Die Prunkkameen der Wiener Antikensammlung (Wien 1985).

Ohly 1981
D. Ohly, Glyptothek München. Griechische und römische Skulpturen [5](München 1981).

Ostrowski 1990
J. A. Ostrowski, Les personnifications des provinces dans l'art romain (Warschau 1990).

Packer 2003
J. E. Packer, Plurima et Amplissima Opera; Parsing Flavian Rome, in: A. J. Boyle/W. J. Dominik (Hrsg.), Flavian Rome: Culture, Image Text. (Leiden 2003), S. 167–198.

Papini 2005
M. Papini, Filosofi »in miniatura«. Il Crisippo dal Templum Pacis, Bullettino della Commissione archeologica comunale di Roma 106, 2005, S. 125–137.

Parpola 2011–2013
Reallexikon der Assyriologie und Vorderasiatischen Archäologie 13 (Berlin/Boston 2011–2013), S. 40–45 s. v. Staatsvertrag (treaty). B. Neuassyrisch (S. Parpola).

Perrin-Saminadayar 1999
É. Perrin-Saminadayar, Si vis pacem, gere bellum. L'aspiration à la paix dans la société athénienne, de la guerre du Péloponnèse à la guerre lamiaque, in: F. Prost (Hrsg.), Armées et sociétés de la Grèce classique. Aspects sociaux et politiques de la guerre aux Ve et IVe s. av. J.-C. (Paris 1999), S. 147–162.

Pfahl 1993
S. F. Pfahl, Das römische Bronzetropaeum von Lorch und verwandte Stücke, Fundberichte aus Baden-Württemberg 18, 1993, S. 117–135.

Pfahl 2012
S. F. Pfahl, Rangabzeichen im römischen Heer der Kaiserzeit (Düsseldorf 2012).

Pfanner 1983
M. Pfanner, Der Titusbogen, Beiträge zur Erschließung hellenistischer und kaiserzeitlicher Skulptur und Architektur 2 (Mainz 1983).

Pfeiffer 2009
S. Pfeiffer, Die Zeit der Flavier (Darmstadt 2009).

Pfeifer 2013
G. Pfeifer, Konfliktlösungsmechanismen in altvorderasiatischen Staatsverträgen, Zeitschrift für Altorientalische und Biblische Rechtsgeschichte 19 (2013), S. 13–21.

Piening 2012
H. Piening, Examination Report. The Polychromy of the Arch of Titus Menorah Relief, Images. A Journal of Jewish Art and Visual Culture 6, 2012, S. 28–32.

Pinder 1856
M. Pinder, Über die Cistophoren und über die kaiserzeitlichen Silbermedaillons der römischen Provinz Asia (1856).

Pink 1931
K. Pink, Die Goldprägung des Diocletianus und seiner Mitregenten (284–305), Numismatische Zeitschrift 54, 1931, S. 1–59.

Podany 2010
A. H. Podany, Brotherhood of Kings. How International Relations Shaped the Ancient Near East (Oxford/New York 2010).

Pollini 1986
J. Pollini, Ahenobarbi, Appuleii and some others on the Ara Pacis, American Journal of Archaeology 90, 1986, S. 453–460.

Pollini 2012
J. Pollini, From Republic to Empire. Rhetoric, Religion, and Power in the Visual Culture of Ancient Rome (Oklahoma 2012).

Popkin 2016
M. L. Popkin, The Architecture of the Roman Triumph. Monuments, Memory, and Identity (Cambridge 2016).

Post 1998
A. Post, Büste des Nero, in: D. Salzmann (Hrsg.) Abgüsse römischer Kaiserporträts und ihrer Familienangehörigen im Archäologischen Museum der Westfälischen Wilhelms-Universität. 22 Führungsblätter (Münster 1998).

Poulsen 1968
V. H. Poulsen, Die Silberbecher von Hoby, Antike Plastik 8, 1968, S. 69–84.

Pritchard 2010
D. M. Pritchard, The Symbiosis Between Democracy and War. The Case of Ancient Athens, in: D. M. Pritchard (Hrsg.), War, Democracy and Culture in Classical Athens (Cambridge 2010), S. 1–62.

Prückner 1968
H. Prückner, Die lokrischen Tonreliefs. Beitrag zur Kulturgeschichte von Lokroi Epizephyrii (Mainz 1968).

Du Quesnay 1977
I. M. Du Quesnay, Vergil's Fourth Eclogue, in: F. Cairns (Hrsg.), Papers of the Liverpool Latin Seminar, ARCA. Classical and medieval texts, papers and monographs 2 (Liverpool 1976), S. 25–99.

Quilici/Quilici Gigli
L. Quilici/S. Quilici Gigli, Antemnae, Latium Vetus 1 (Rom 1978).

Raaflaub 2007
K. Raaflaub (Hrsg.), War and Peace in the Ancient World (Malden/Oxford/Victoria 2007).

Raaflaub 2016
K. A. Raaflaub, Greek Concepts and Theories of Peace, in: K. A. Raaflaub (Hrsg.), Peace in the Ancient World. Concepts and Theories (Malden/Oxford 2016), S. 122–157.

Raeder 1912
A. Raeder, L'arbitrage international chez les Hellènes (Kristiania 1912).

Rantala 2017
J. Rantala, Promoting Family, Creating Identity. Septimius Severus and the Imperial Family in the Rituals of the ludi saeculares, in: W. Vanacker/A. Zuiderhoek (Hrsg.), Imperial Identities in the Roman World (London 2017), S. 110–124.

RE
Paulys Realencyclopädie der classischen Altertumswissenschaft.

Reade 2005
J. Reade, The Ishtar Temple at Nineveh, Iraq 67/1, 2005, S. 347–390.

Recke 2002
M. Recke, Gewalt und Leid (Istanbul 2002).

Reekmans 1958
L. Reekmans, La »dextrarum iunctio« dans l'iconographie romaine et paléochrétienne, Bulletin de l'Institut Historique Belge de Rome 31, 1958, S. 23–95.

Rehak 2006
P. Rehak, Imperium and Cosmos. Augustus and the Northern Campus Martius (London 2006).

Rhodes 2008
P. Rhodes, Making and Breaking Treaties in the Greek World, in: Ph. de Souza/J. France (Hrsg.), War and Peace in Ancient and Medieval History (Cambridge 2008), S. 6–27.

Ryberg 1955
I. S. Ryberg, Rites of the State. Religion in Roman Art (Rom 1955)

RIC
Roman Imperial Coinage.

Richter 1965
G. M. A. Richter, The Portraits of the Greeks 2 (London 1965).

Ridgway 1997
B. S. Ridgway, Fourth-Century Styles in Greek Sculpture (London 1997).

Roehmer 1997
M. Roehmer, Der Bogen als Staatsmonument. Zur politischen Bedeutung der römischen Ehrenbögen des 1. Jhs. n. Chr., Quellen und Forschungen zur Antiken Welt 28 (München 1997).

Rollinger/Niemayr 2007
R. Rollinger/H. Niemayr, Von Assur nach Rom. Dexiosis und »Staatsvertrag« – Zur Geschichte eines rechtssymbolischen Aktes, in: R. Rollinger/H. Barta (Hrsg.), Rechtsgeschichte und Interkulturalität. Zum Verhältnis des östlichen Mittelmeerraums und »Europa« im Altertum, Philippika 19 (Wiesbaden 2007), S. 135–178.

Rosenstein 2004
N. Rosenstein, Rome at War. Farms, Families, and Death in the Middle Republic (Chapel Hill 2004).

Rossini 2006
O. Rossini, Ara Pacis (Mailand 2006).

RPC
Roman Provincial Coinage.

Rüpke 1995
J. Rüpke, Wege zum Töten, Wege zum Ruhm. Krieg in der römischen Republik, in: H. von Stietencron/J. Rüpke (Hrsg.), Töten im Krieg (Freiburg/München 1995), S. 213–240.

Rutter 2001
N. K. Rutter, Historia Numorum. Italy 1 (London 2001).

Sallaberger 1999
W. Sallaberger, Ur III-Zeit, in: W. Sallaberger/A. Westenholz, Mesopotamien. Akkade-Zeit und Ur III-Zeit, Orbis Biblicus et Orientalis 160/3, Annäherungen 3 (Freiburg, Schweiz/Göttingen 1999), S. 121–390.

Salzmann 2004
R. Vollkommer (Hrsg.) Künstlerlexikon der Antike 2 (München/Leipzig 2004), S. 413 s. v. Sosos (D. Salzmann).

Santi Amantini 2012
L. Santi Amantini, Eirene. una parola dai molti volti, in: S. Cataldi/E. Bianco/G. Cuniberti (Hrsg.), Salvare le poleis, costruire la concordia, progettare la pace (Alessandria 2012), S. 515–529.

Šašel 1972
J. Šašel, Zur Erklärung der Inschrift am Tropaeum Alpium (Plin. n. h. 3, 136–137. CIL V 7871), Ziva antika 22, 1972, S. 135–144.

Savio 1999
A. Savio, Catalogo completo della collezione Dattari. Numi augg. alexandrini (Triest 1999).

Schäfer 2001
T. Schäfer, Der Augustus von Primaporta im Wechsel der Medien, in: H. J. Wendel (Hrsg.), Wechsel des Mediums. Zur Interdependenz von Form und Inhalt (Rostock 2001), S. 7–58.

Scharff 2016
S. Scharff, Eid und Außenpolitik. Studien zur religiösen Fundierung der Akzeptanz zwischenstaatlicher Vereinbarungen im vorrömischen Griechenland (Stuttgart 2016).

Schauenburg 1953
K. Schauenburg, Pluton und Dionysos, Jahrbuch des Deutschen Archäologischen Instituts 68, 1953, S. 38–72.

Schede 1964
M. Schede, Die Ruinen von Priene [2](Berlin 1964).

Schefold 1970
K. Schefold, Xanthos und Südanatolien, Antike Kunst 13, 1970, S. 79–84.

Scheibler 1984
I. Scheibler, Götter des Friedens in Hellas und Rom, Antike Welt 15, 1, 1984, S. 39–57.

Schipporeit 2017
S. T. Schipporeit, Auf den Pfaden der Sieger – Die Triumphzugstrecke durch Rom, in: R. Aßkamp/K. Jansen (Hrsg.), Triumph ohne Sieg. Roms Ende in Germanien. Ausstellungskatalog Haltern am See (Darmstadt 2017), S. 36–54.

Schmaltz 1970
B. Schmaltz, Untersuchungen zu den attischen Marmorlekythen (Berlin 1970).

Schmidt 1994
E. Schmidt, Katalog der antiken Terrakotten, Teil 1, Die figürlichen Terrakotten, Martin-von-Wagner-Museum der Universität Würzburg (Mainz 1994).

Schmidt 2000
K. Schmidt, Friede durch Vertrag. Der Friedensvertrag von Kadesch von 1270 v. Chr, der Friede des Antalkidas von 386 v. Chr. und der Friedensvertrag zwischen Byzanz und Persien von 562 n. Chr., Europäische Hochschulschriften II Rechtswissenschaft 3437 (Frankfurt a. M. 2002; zugl. Diss. Universität Wien 2000).

Schmidt-Dick 2003
F. Schmidt-Dick, Typenatlas der römischen Reichsprägung von Augustus bis Aemilianus. 1: Weibliche Darstellungen (Wien 2003).

Schmidt-Dick 2011
F. Schmidt-Dick, Typenatlas der römischen Reichsprägung von Augustus bis Aemilianus 2. Geographische und männliche Darstellungen, Veröffentlichungen der numismatischen Kommission 55 (Wien 2011).

Schmitt 1997
M. T. Schmitt, Die römische Außenpolitik des 2. Jahrhunderts n. Chr. Friedenssicherung oder Expansion? (Stuttgart 1997).

Schmitt Pantel 1992
P. Schmitt Pantel, La cité au banquet. Histoire des repas publics dans les cités grecques, Collection de l'Ecole Française de Rome 157 (Rom 1992).

Schneider 2003
R. M. Schneider, Gegenbilder im römischen Kaiserporträt. Die neuen Gesichter Neros und Vespasians, in: M. Büchsel/P. Schmidt (Hrsg.), Das Porträt vor der Erfindung des Porträts (Mainz 2003).

Schnegg-Köhler 2002
B. Schnegg-Köhler, Die augusteischen Säkularspiele, Archiv für Religionsgeschichte 4 (München/Leipzig 2002).

Schollmeyer 2010
P. Schollmeyer, Die Bildhauerkunst während der Regierungszeit des Augustus (40 v. Chr. – 14 n. Chr.), in: P. C. Bol (Hrsg.), Die Geschichte der antiken Bildhauerkunst 4. Plastik der Römischen Kaiserzeit bis zum Tode Kaiser Hadrians (Mainz 2010), S. 17–46.

Schoppa 1935
H. Schoppa, Nachbildung der Eirene des Kephisodot auf einem Trierer Tonrelief, Germania 19, 1935, S. 337–338.

Schulzki 1996
H.-J. Schulzki, Die Antoninianprägung der gallischen Kaiser von Postumus bis Tetricus (AGK). Typenkatalog der regulären und nachgeprägten Münzen, Antiquitas Reihe 3, 35 (Bonn 1996).

Sear 2005
D. R. Sear, Roman Coins and their Values, The 3rd Century Crisis and Recovery AD 235–285. The Accession of Maximus to the Death of Carinus 3 (London 2005).

Seelentag 2004
G. Seelentag, Taten und Tugenden Traians. Herrschaftsdarstellung im Principat, Hermes Einzelschriften 91 (Stuttgart 2004).

SEG
Supplementum Epigraphicum Graecum.

Settis 1988
S. Settis, Die Ara Pacis, in: M. Hofter (Red.), Kaiser Augustus und die verlorene Republik. Ausstellungskatalog Berlin (Berlin 1988), S. 400–426.

Shapiro 1986
H. A. Shapiro, The Origins of Allegory in Greek Art, Boreas. Münstersche Beiträge zur Archäologie 9, 1986, S. 4–23.

Shapiro 1990
LIMC 5, 1990, S. 476–479 s. v. Homonoia (H. A. Shapiro).

Shapiro 1993
H. A. Shapiro, Personifications in Greek Art. The Representation of Abstract Concept 600–400 B.C. (Zürich 1993).

Simon 1957
E. Simon, Zur Augustusstatue von Prima Porta, Mitteilungen des Deutschen Archäologischen Instituts, Römische Abteilung 64, 1957, S. 46–68.

Simon 1967
E. Simon, Ara Pacis Augustae (Tübingen 1967).

Simon 1979
E. Simon, Sterngottheiten auf zwei augusteischen Panzerstatuen, WürzbJb 5, 1979, S. 263–272.

Simon 1986 a
LIMC 3, 1986, S. 700–705 s. v. Eirene (E. Simon).

Simon 1986 b
E. Simon, Augustus. Kunst und Leben in Rom um die Zeitenwende (München 1986).

Simon 1988
E. Simon, Eirene und Pax. Friedensgöttinnen in der Antike, Sitzungsberichte der wissenschaftlichen Gesellschaft an der Johann Wolfgang Goethe-Universität Frankfurt am Main XXIV, 3 (Stuttgart 1988).

Simon 2009
LIMC, Supplementum 1, 2009, S. 193 s. v. Eirene (E. Simon).

Smith 1997
A. C. Smith, Political Personifications in Classical Athenian Art (New Haven 1997; zugl. Diss. Yale University 1997).

Smith 2005
A. C. Smith, From Drunkenness to a Hangover. Maenads as Personifications, in: E. Stafford /J. Herrin (Hrsg.), Personification in the Greek World. From Antiquity to Byzantinum (Ashgate 2005).

Smith 2011
A. C. Smith, Polis and Personification in Classical Athenian Art, Monumenta Graeca et Romana 19 (Leiden/Boston 2011).

Smith 2013
R. R. R. Smith, The Marble Reliefs from the Julio-Claudian Sebasteion. Aphrodisias VI: Results of the Excavations at Aphrodisias in Caria conducted by the New York University (Darmstadt/Mainz 2013).

SNG
Sylloge Nummorum Graecorum.

Sordi 1985
M. Sordi (Hrsg.), La pace nel mondo antico, Contributi dell'Istituto di storia antica 11 (Mailand 1985).

Stähler 1983
K. Stähler, Griechische Vasen des Archäologischen Museums der Universität Münster. Erwerbungen 1982, Boreas. Münstersche Beiträge zur Archäologie 6 1983, S. 255–264.

Stähler 1985
K. Stähler, Graecodaunische (canosinische) polychrome Keramik und Tonplastik, in: K. Stähler (Hrsg.), Apulien. Kulturberührungen in griechischer Zeit. Antiken der Sammlung G.-St. (Münster 1985), S. 99–121.

Stafford 2000
E. Stafford, Worshipping Virtues. Personification and the Divine in Ancient Greece (London 2000).

Stern 2015
G. Stern, The New Cult of *PAX AUGUSTA* 13 BC – AD 14, Acta Antiqua Academiae Scientiarum Hungaricae 55, 2015, S. 1–16.

Stevenson 2010
T. Stevenson, Personifications on the Coinage of Vespasian (AD 69–79), Acta Classica, Proceedings of the Classical Association of South Africa 53, 2010, S. 181–205.

Strocka 1965
V. M. Strocka, Die Brunnenreliefs Grimani, Antike Plastik 4 (Berlin 1965), S. 87–102.

Strootman 2014
R. Strootman, The Dawning of a Golden Age. Images of Peace and Abundance in Alexandrian Court Poetry in Relation to Ptolemaic Imperial Ideology, in: M. A. Harder/R. F. Regtuit/C. G. Wakker (Hrsg.), Hellenistic Poetry in Context, Hellenistica Groningana 20 (Leuven 2014), S. 323–339.

Stroszeck 1998
J. Stroszeck, Löwen-Sarkophage. Die Sarkophage mit Löwenköpfen, schreitenden Löwen und Löwen-Kampfgruppen, AS. 6, 1 (Berlin 1998).

Stroszeck 2004
J. Stroszeck, Greek Trophy Monuments, in: S. des Bouvrie (Hrsg.), Myth and Symbol II. Symbolic Phenomena in Ancient Greek Culture. Papers from the Second and Third International Symposia on Symbolism at The Norwegian Institute at Athens, September 21–24, 2000 and September 19–22, 2002. Papers from the Norwegian Institute of Athens 7 (Bergen 2004), S. 303–331.

Stupperich 1977
R. Stupperich, Staatsbegräbnis und Privatgrabmal im klassischen Athen (Münster 1977).

Stupperich 1988 a
R. Stupperich, Untersuchungen zu den figürlichen römischen Metallarbeiten anhand der Importfunde aus dem Freien Germanien Band 1 (Münster 1988).

Stupperich 1988 b
R. Stupperich, Untersuchungen zu den figürlichen römischen Metallarbeiten anhand der Importfunde aus dem Freien Germanien Band 2 (Münster 1988).

Sutherland 1970
C. H. V. Sutherland, The Cistophori of Augustus (London 1970).

Tarn 1932
W. W. Tarn, Alexander Helios and the Golden Age, Journal of Roman Studies 22, 1932, S. 135–160.

Theotikou 2005
M. Theotikou, Ekecheiria. Zur Institution des sog. Olympischen Friedens in der griechischen Antike, in: H. D. Blume/C. Lienau (Hrsg.), Die Olympischen Spiele in Griechenland zwischen Kult, Sport und Politik 776 v. Chr. – 2004 n. Chr., Choregia, Münstersche Griechenland-Studien 3 (Münster 2005), S. 35–52.

Theotikou 2013
M. Theotikou, Die ekecheiria zwischen Religion und Politik. Der sog. »Gottesfriede« als Instrument in den zwischenstaatlichen Beziehungen der griechischen Welt (Berlin 2013).

Todisco 1993
L. Todisco, Scultura greca del IV secolo. Maestri e scuole di statuaria tra classicità ed ellenismo (Mailand 1993).

Tölle-Kastenbein 1980
R. Tölle-Kastenbein, Pfeil und Bogen im antiken Griechenland (Bochum 1980).

Topper 2012
K. Topper, The Imagery of the Athenian Symposium (New York 2012).

Torelli 1992
M. Torelli, Typology and Structure of Roman Historical Relief, Thomas Spencer Jerome Lectures 14 (Ann Arbor 1992).

Toynbee 1934
J. M. C. Toynbee, Hadrianic School. A Chapter in the History of Greek Art (Cambridge 1934).

Thompson/Hamilton 1932
R. C. Thompson/R. W. Hamilton, The British Museum Excavations on the Temple of Ishtar at Nineveh, 1930–31, Annals of Archaeology and Anthropology 19, 1932, S. 55–116.

Tran Tam Tinh 1984
V. Tran Tam Tinh, Le baiser d'Hélios, in: N. Bonacasa/A. di Vita (Hrsg.), Alessandria e il mondo ellenistico-romano. Studi in onore di Achille Adriani 2, Studi e Materiali. Instituto di Archeologia, Università di Palermo 5, Rom 1984, S. 318–328.

Trillmich 1988
W. Trillmich, Münzpropaganda, in: M. Hofter (Red.), Kaiser Augustus und die verlorene Republik, Ausstellungskatalog Berlin 1988 (Mainz 1988), S. 474–528.

Tucci 2013
P. L. Tucci, Flavian libraries in the city of Rome, in: J. König/K. Oikonomopoulou/G. Woolf (Hrsg.), Ancient Libraries (Cambridge 2013), S. 277–312.

Tucci 2018
P. L. Tucci, The Temple of Peace in Rome (Cambridge 2018).

Uglione 1991
R. Uglione (Hrsg.), La pace nel mondo antico. Atti del convegno nazionale di studi (Torino 1991).

Ulbert 1971
G. Ulbert, Römische Bronzeknöpfe mit Reliefverzierung, Fundberichte aus Schwaben 19, 1971, S. 278–279.

Veenhof 2013
K. R. Veenhof, New Mesopotamian Treaties from the Early Second Millennium BC from kārum Kanesh and Tell Leilan (Šehna), Zeitschrift für Altorientalische und Biblische Rechtsgeschichte 19, 2013, S. 23–57.

Vierneisel-Schlörb 1988
B. Vierneisel-Schlörb, Klassische Grabdenkmäler und Votivreliefs (München 1988).

Vitale 2013
M. Vitale, Koinon Syrias. Priester, Gymnasiarchen und Metropoleis der Eparchien im kaiserzeitlichen Syrien (Berlin 2013).

Vitale 2014
M. Vitale, Iudaea recepta. Eine neue Legende auf Goldmünzen Vespasians, Ancient Society 44, 2014, S. 243–255.

Vitale 2017
M. Vitale, Das Imperium in Wort und Bild. Römische Darstellungsformen beherrschter Gebiete in Inschriftenmonumenten, Münzprägungen und Literatur (Stuttgart 2017).

Vössing 2004
K. Vössing, Mensa Regia. Das Bankett beim hellenistischen König und beim römischen Kaiser, Beiträge zur Altertumskunde 193 (München/Leipzig 2004).

von Albrecht 2001
M. von Albrecht, Vergil. Bucolica. Hirtengedichte (Stuttgart 2001).

von den Hoff 1994
R. von den Hoff, Philosophenporträts des Früh- und Hochhellenismus (Bonn 1994).

von den Hoff 2007
R. von den Hoff, Eine neue Replik des Plutos aus der Statuengruppe der Eirene des Kephisodot, in: H. von Steuben/G. Lahusen/H. Kotsidu (Hrsg.), ΜΟΥΣΕΙΟΝ. Beiträge zur antiken Plastik. Festschrift zu Ehren von Peter Cornelis Bol (Möhnesee 2007), S. 307–316.

von den Hoff u. a. 2014
R. von den Hoff/W. Stroh/M. Zimmermann, Divus Augustus. Der erste römische Kaiser und seine Welt (München 2014)

von Hesberg 1986
H. von Hesberg, Das Münchner Bauernrelief. Bukolische Utopie oder Allegorie individuellen Glücks?, Münchner Jahrbuch der bildenden Kunst 37, 1986, S. 7–32.

von Hesberg 2014
H. von Hesberg, Bukolik, Formkonstanz und Bedeutungswandel, in: D. Boschung/ L. Jäger (Hrsg.), Formkonstanz und Bedeutungswandel (Paderborn 2014), S. 229–251.

von Hofsten 2007
S. von Hofsten, The Feline-Prey Theme in Archaic Greek Art. Classification, Distribution, Origin, Iconographical Context (Stockholm 2007).

von Mosch 1999
H.-C. von Mosch, Bilder zum Ruhme Athens. Aspekte des Städtelobs in der kaiserzeitlichen Münzprägung (Mailand 1999).

von Rohden/Winnefeld 1911
H. von Rohden/H Winnefeld, Architektonische römische Tonreliefs der Kaiserzeit, Die antiken Terrakotten 4 (Berlin/ Stuttgart 1911).

Walser 2008
V. A. Walser, Bauern und Zinsnehmer. Politik, Recht und Wirtschaft im frühhellenistischen Ephesos, Vestigia. Beiträge zur Alten Geschichte (München 2008).

Walter 1968
H. Walter, Frühe samische Gefäße. Chronologie und Landschaftsstile ostgriechischer Gefäße, Samos 5 (Bonn 1968).

Walters 1903
H. B. Walters, Catalogue of the Terracottas in the Department of Greek and Roman Antiquities, British Museum (London 1903).

Weidemann 1990
K. Weidemann, Spätantike Bilder des Heidentums und Christentums (Mainz 1990).

Weidner 2009
M. K. N. Weidner, Matrizen und Patrizen aus dem römischen Trier. Untersuchungen zu einteiligen keramischen Werkstattformen, Trierer Zeitschrift Beiheft 32 (Trier 2009).

Weinstock 1960
S. Weinstock, Pax and the Ara Pacis, The Journal of Roman Studies 50, 1960, S. 44–58.

Weisser 2002
B. Weisser, Athen in der Römerzeit, in: W.-D. Heilmeyer (Hrsg.), Die griechische Klassik. Idee oder Wirklichkeit. Katalog Berlin (Mainz 2002).

Weisser 2012
B. Weisser, Die Münzprägung unter Kaiser Augustus – Einblicke in eine Umbruchszeit zwischen später Republik und früher Kaiserzeit, in: G. Köster/ M. Puhle (Hrsg.), Otto der Große und das Römische Reich. Kaisertum von der Antike zum Mittelalter (2012).

Welz 1959
K. Welz, Die Tauben der Aphrodite, Schweizer Münzblätter 34, 1959, S. 33–37.

Weniger 1905
L. Weniger, Das Hochfest des Zeus in Olympia. III. Der Gottesfriede, Klio. Beiträge zur alten Geschichte 5, 1905, S. 209–214.

Wilhelm 1990/92
R. M. Wilhelm, The Metamorphoses of the golden Age in Greek and Latin Writers, Augustan Age 10, 1990/92, S. 58–78.

Wilhelm 2011–2013
G. Wilhelm, Staatsvertrag. C. Bei den Hethitern, in: Reallexikon der Assyriologie und Vorderasiatischen Archäologie 13 (Berlin/Boston 2011–2013), S. 45–49.

Wilker 2012
J. Wilker (Hrsg.), Maintaining Peace and Interstate Stability in Archaic and Classical Greece (Mainz 2012).

Winkler-Horaček 2010
L. Winkler-Horaček, Parthersieg und cista mystica. »Tradition« und »Reduktion« in Münzbildern unter Vespasian und Titus: Zwei Fallbeispiele, in: N. Kramer – Chr. Reitz (Hrsg.), Tradition und Erneuerung. Mediale Strategien in der Zeit der Flavier (Berlin/New York 2010), S. 457–481.

Winkler-Horaček 2015
L. Winkler-Horaček, Monster in der frühgriechischen Kunst. Die Überwindung des Unfassbaren, Image & Context 4 (Berlin 2015).

Witschel 2016
C. Witschel, Nero im Spiegel der Inschriften, in: J. Merten (Hrsg.), Nero. Kaiser, Künstler und Tyrann (Darmstadt 2016), S. 97–105.

Wolters 1999
R. Wolters, Nummi Signati. Untersuchungen zur römischen Münzprägung und Geldwirtschaft, Vestigia 49, München 1999.

Wolters 2016
R. Wolters, Neros Image in fremden Händen? Die Repräsentation des Kaisers auf Münzen, in: J. Merten (Hrsg.), Nero. Kaiser, Künstler und Tyrann (Darmstadt 2016), S. 89–96.

Woytek 2010
B. Woytek, Die Reichsprägung des Kaisers Traianus (98–117) (Wien 2010).

Wünsche 2005
R. Wünsche, Glyptothek München. Meisterwerke griechischer und römischer Skulptur (München 2005).

Yacoub 1993
M. Yacoub, Le musée du Bardo (Départements antiques) (Tunis 1993).

Yarden 1991
L. Yarden, The Spoils of Jerusalem on the Arch of Titus. A Re-investigation (Stockholm 1991).

Zanier 1999
W. Zanier, Der Alpenfeldzug 15 v. Chr.: Bilanz einer 100jährigen Diskussion der historischen, epigraphischen und archäologischen Quellen, Bayerische Vorgeschichtsblätter 64, 1999, S. 99–132.

Zanker 1969
P. Zanker, Der Larenaltar im Belvedere des Vatikans, Mitteilungen des Deutschen Archäologischen Instituts, Römische Abteilung 76, 1969, S. 205–218.

Zanker 1990
P. Zanker, Augustus und die Macht der Bilder [2](München 1990).

Zanker 2009
P. Zanker, Augustus und die Macht der Bilder [5](München 2009).

Zanker 2010
A. T. Zanker, Late Horatian Lyric and the Vergilian Golden Age, American Journal of Philology 131, 2010, S. 495–516.

Zapheiropoulou 2006
M.-K. Zapheiropoulou, Emblemata vermiculata. Hellenistische und spätrepublikanische Bildmosaiken (Paderborn 2006).

Zazoff 1983
P. Zazoff, Die antiken Gemmen, Handbuch der Archäologie (München 1983).

Ziegler 1975
W. Ziegler, Symbolai und Asylia (Bonn 1975).

Ziolkowski 1988
A. Ziolkowski, Mummius' Temple of Hercules Victor and the Round Temple on the Tiber, Phoenix. The Journal of the Classical Association of Canada 42, 4, 1988, S. 309–333.

Zissos 2016
A. Zissos (Hrsg.), A Companion to the Flavian Age of Imperial Rome (Chichester 2016).

Zwierlein-Diehl 2007
E. Zwierlein-Diehl, Antike Gemmen und ihr Nachleben (Berlin 2007).

Zwierlein-Diehl 2008
E. Zwierlein-Diehl, Magie der Steine. Die antiken Prunkkameen im Kunsthistorischen Museum (Wien 2008).

Zwingmann 2011
N. Zwingmann, Erinnerungslandschaften und Identitäten in einer kulturellen Kontaktzone: Mythen und Denkmäler in Kelainai-Apameia Kibotos, in: Lâtife Summerer/Askold Ivantchik/Alexander von Kienlin (Hrsg.), Kelainai-Apameia Kibotos. Développement urbain dans le contexte anatolien/Stadtentwicklung im anatolischen Kontext, Kelainai 1, Actes du colloque international, München 2.4.–4.4.2009, (Bordeaux 2011), S. 93–116.

Abbildungsnachweise

KATALOG

Kat.-Nr. 1 Staatliche Museen zu Berlin – Vorderasiatisches Museum (Foto: Olaf M. Teßmer)

Kat.-Nr. 2 Archäologisches Museum der WWU Münster (Foto: Robert Dylka)

Kat.-Nr. 3 Archäologisches Museum der WWU Münster (Foto: Robert Dylka)

Kat.-Nr. 4 KHM Museumsverband

Kat.-Nr. 5 KHM Museumsverband

Kat.-Nr. 6 SMB Antikensammlung (Foto: Johannes Laurentius)

Kat.-Nr. 7 Archäologisches Museum der WWU Münster (Foto: Robert Dylka)

Kat.-Nr. 8 Muzeu Historik Kombëtar, Tirana

Kat.-Nr. 9 Hellenic Ministry of Culture and Sports/Archaeological Receipts Fund of Greece/National Archaeological Museum © Acropolis Museum (Foto: Socratis Mavromattis)

Kat.-Nr. 10 Staatliche Antikensammlung und Glyptothek München

Kat.-Nr. 11 Archiv der Inscriptiones Graecae, Berlin –Brandenburgische Akademie der Wissenschaften, Berlin (Foto: Robert Dylka)

Kat.-Nr. 12 Archäologisches Museum der WWU Münster (Foto: Robert Dylka)

Kat.-Nr. 13 Skulpturensammlung, Staatliche Kunstsammlungen Dresden (Foto: H.-P. Klut/E. Estel)

Kat.-Nr. 14 Roy Hessing, Museum für Abgüsse Klassischer Bildwerke München

Kat.-Nr. 15 Archäologisches Museum der WWU Münster (Foto: Robert Dylka)

Kat.-Nr. 16 Münzkabinett der Staatlichen Museen zu Berlin, 18251130 (Foto: Reinhard Saczewski)

Kat.-Nr. 17 Hellenic Ministry of Culture and Sports/Archaeological Receipts Fund of Greece/Ephorate of Antiquities of West Attica/Archaeological Museum of Eleusis

Kat.-Nr. 18 GDKE/Rheinisches Landesmuseum Trier (Foto: Th. Zühmer)

Kat.-Nr. 19 © archivio dell'arte | pedicini fotografi MN3909

Kat.-Nr. 20 Akademisches Kunstmuseum – Antikensammlung der Universität Bonn (Foto: Jutta Schubert)

Kat.-Nr. 21 Archäologisches Museum der WWU Münster (Foto: Robert Dylka)

Kat.-Nr. 22 Abguss-Sammlung Antiker Plastik der freien Universität Berlin (Institut für Klassische Archäologie)

Kat.-Nr. 23 Roy Hessing, Museum für Abgüsse Klassischer Bildwerke München

Kat.-Nr. 24 Akademisches Kunstmuseum – Antikensammlung der Universität Bonn (Foto: Gisela Geng)

Kat.-Nr. 25 Felix-Nussbaum-Haus und kulturgeschichtliches Museum Osnabrück (Foto: Robert Dylka)

Kat.-Nr. 26 KHM Museumsverband

Kat.-Nr. 27 Archäologisches Museum der WWU Münster (Foto: Robert Dylka)

Kat.-Nr. 28 Römisch-Germanisches Zentralmuseum Mainz, Fotostudio Lübke & Wiedemann

Kat.-Nr. 29 Münzkabinett der Staatlichen Museen zu Berlin, 18262389 (Foto: Karsten Dahmen)

Kat.-Nr. 30 Archäologisches Museum der WWU Münster (Foto: Robert Dylka)

Kat.-Nr. 31 Martin von Wagner Museum Universität Würzburg

Kat.-Nr. 32 Archäologisches Museum der WWU Münster (Foto: Robert Dylka)

Kat.-Nr. 33 Palais des Archevêques, Ville de Narbonne (Foto: Henri Gaud)

Kat.-Nr. 34 https://commons.wikimedia.org/wiki/File:Autel_gens_augusta_rome.JPG (Dyolf77)

Kat.-Nr. 35 Archäologisches Museum der WWU Münster (Foto: Robert Dylka)

Kat.-Nr. 36 Archäologisches Museum der WWU Münster (Foto: Robert Dylka)

Kat.-Nr. 37 Münzkabinett der Staatlichen Museen zu Berlin, 18204476 (Foto: Reinhard Saczewski)

Kat.-Nr. 38 Archäologisches Museum der WWU Münster (Foto: Robert Dylka)

Kat.-Nr. 39 Münzkabinett der Staatlichen Museen zu Berlin, 18219102 (Foto: Dirk Sonnenwald)

Kat.-Nr. 40 Münzkabinett der Staatlichen Museen zu Berlin, 18221451 (Foto: Dirk Sonnenwald)

Kat.-Nr. 41 Münzkabinett der Staatlichen Museen zu Berlin, 18202403 (Foto: Reinhard Saczewski)

Kat.-Nr. 42 Münzkabinett der Staatlichen Museen zu Berlin, 18206704 (Foto: Reinhard Saczewski)

Kat.-Nr. 43 Münzkabinett der Staatlichen Museen zu Berlin, 18224877 (Foto: Dirk Sonnenwald)

Kat.-Nr. 44 Münzkabinett der Staatlichen Museen zu Berlin, 18221455 (Foto: Dirk Sonnenwald)

Kat.-Nr. 45 Münzkabinett der Staatlichen Museen zu Berlin, 18206712 (Foto: Reinhard Saczewski)

Kat.-Nr. 46 Münzkabinett der Staatlichen Museen zu Berlin, 18229495 (Foto: Dirk Sonnenwald)

Kat.-Nr. 47 Münzkabinett der Staatlichen Museen zu Berlin, 18229495 (Foto: Dirk Sonnenwald)

Kat.-Nr. 48 Archäologisches Museum der WWU Münster (Foto: Robert Dylka)

Kat.-Nr. 49 Archäologisches Museum der WWU Münster (Foto: Robert Dylka)

Kat.-Nr. 50 Archäologisches Museum der WWU Münster (Foto: Robert Dylka)

Kat.-Nr. 51 inv. MCR 363 – Arco di Tito a Roma, plastico ricostruttivo (Roma, Museo della Civiltà Romana – Archivio Fotografico del Museo della Civiltà Romana, foto Giuseppe Schiavinotto) © Roma, Sovrintendenza Capitolina ai Beni Culturali

Kat.-Nr. 52 Courtesy of the VIZIN: The Institute for the Visualization of History and the Titus Project, Yeshiva University Center for Israel Studies

Kat.-Nr. 53 Münzkabinett der Staatlichen Museen zu Berlin, 18219180 (Foto: Dirk Sonnenwald)

Kat.-Nr. 54 Münzkabinett der Staatlichen Museen zu Berlin, 18212634 (Foto: Reinhard Saczewski)

Kat.-Nr. 55 Münzkabinett der Staatlichen Museen zu Berlin, 18229500 (Foto: Dirk Sonnenwald)

Kat.-Nr. 56 Budapest History Museum – Aquincum Museum – Photo Gallery (Péter Komjáthy)

Kat.-Nr. 57 Archäologisches Museum der WWU Münster (Robert Dylka/Stanford Digital Forma Urbis Romae Project)

Kat.-Nr. 58 inv. FP 132 – Basamento con iscrizione di Cefisodoto (Roma, Mercati di Traiano, Museo dei Fori Imperiali – Archivio Fotografico dei Fori Imperiali, foto Stefano Castellani) © Roma, Sovrintendenza Capitolina ai Beni Culturali

Kat.-Nr. 59 Privatsammlung (Foto: Robert Dylka)

Kat.-Nr. 60 Privatsammlung (Foto: Robert Dylka)

Kat.-Nr. 61 Münzkabinett der Staatlichen Museen zu Berlin, 18219093 (Foto: Dirk Sonnenwald)

Kat.-Nr. 62 Münzkabinett der Staatlichen Museen zu Berlin, 18221525 (Foto: Dirk Sonnenwald)

Kat.-Nr. 63 Münzkabinett der Staatlichen Museen zu Berlin, 18225080 (Foto: Dirk Sonnenwald)

Kat.-Nr. 64 Münzkabinett der Staatlichen Museen zu Berlin, 18228051 (Foto: Dirk Sonnenwald)

Kat.-Nr. 65 Münzkabinett der Staatlichen Museen zu Berlin, 18228526 (Foto: Dirk Sonnenwald)

Kat.-Nr. 66 Münzkabinett der Staatlichen Museen zu Berlin, 18219184 (Foto: Dirk Sonnenwald)

Kat.-Nr. 67 Rijksmuseum van Oudheden, Leiden

Kat.-Nr. 68 Münzkabinett der Staatlichen Museen zu Berlin, 18237617 18212634 (Foto: Reinhard Saczewski)

Kat.-Nr. 69 Archäologisches Museum der WWU Münster (Foto: Robert Dylka)

Kat.-Nr. 70 Münzkabinett der Staatlichen Museen zu Berlin, 18227516 (Foto: Dirk Sonnenwald)

Kat.-Nr. 71 Archäologisches Museum der WWU Münster (Foto: Robert Dylka)

Kat.-Nr. 72 Münzkabinett der Staatlichen Museen zu Berlin, 18260329 (Foto: Karsten Dahmen)

Kat.-Nr. 73 Archäologisches Museum der WWU Münster (Foto: Robert Dylka)

Kat.-Nr. 74 Archäologisches Museum der WWU Münster (Foto: Robert Dylka)

Kat.-Nr. 75 Münzkabinett der Staatlichen Museen zu Berlin, 18212792 (Foto: Reinhard Saczewski)

Kat.-Nr. 76 Münzkabinett der Staatlichen Museen zu Berlin, 18239954 (Foto: Lutz-Jürgen Lübke [Lübke und Wiedemann])

Kat.-Nr. 77 Münzkabinett der Staatlichen Museen zu Berlin, 18239909 (Foto: Lutz-Jürgen Lübke [Lübke und Wiedemann])

Kat.-Nr. 78 Münzkabinett der Staatlichen Museen zu Berlin, 18239905 (Foto: Lutz-Jürgen Lübke [Lübke und Wiedemann])

Kat.-Nr. 79 Münzkabinett der Staatlichen Museen zu Berlin, 18239931 (Foto: Lutz-Jürgen Lübke [Lübke und Wiedemann])

Kat.-Nr. 80–121 Archäologisches Museum der WWU Münster (Foto: Robert Dylka)

Kat.-Nr. 122 Su concessione del Ministero dei beni e delle attività culturali e del turismo – Museo Nazionale Romano

Kat.-Nr. 123 LVR-Archäologischer Park Xanten (Foto: A. Thünker).

Kat.-Nr. 124 Archäologisches Museum der WWU Münster (Foto: Robert Dylka)

Kat.-Nr. 125 Archäologisches Museum der WWU Münster (Foto: Robert Dylka)

Kat.-Nr. 126 © SMB Antikensammlung (Foto: Johannes Laurentius)

Kat.-Nr. 127 Archäologisches Museum der WWU Münster (Foto: Robert Dylka)

Kat.-Nr. 128 Münzkabinett der Staatlichen Museen zu Berlin, 18225083 (Foto: Dirk Sonnenwald)

Kat.-Nr. 129 Münzsammlung des Instituts für Altertumskunde, Universität zu Köln

Kat.-Nr. 130 Archäologisches Museum der WWU Münster (Foto: Robert Dylka)

Kat.-Nr. 131 Münzkabinett der Staatlichen Museen zu Berlin, 18228354 (Foto: Dirk Sonnenwald)

Kat.-Nr. 132 © Museum Lolland-Falster

Kat.-Nr. 133 Münzsammlung des Instituts für Altertumskunde, Universität zu Köln

Kat.-Nr. 134 Archäologisches Museum der WWU Münster (Foto: Robert Dylka)

Kat.-Nr. 135 Archäologisches Museum der WWU Münster (Foto: Robert Dylka)

Kat.-Nr. 136 © Stiftung für die Hamburger Kunstsammlungen (Foto: Martin Luther & Dirk Fellenberg)

Kat.-Nr. 137 Archäologisches Museum der WWU Münster (Foto: Robert Dylka)

Kat.-Nr. 138 Münzkabinett der Staatlichen Museen zu Berlin, 18213438 (Foto: Dirk Sonnenwald)

Kat.-Nr. 139 Münzkabinett der Staatlichen Museen zu Berlin, 18219223 (Foto: Dirk Sonnenwald)

Kat.-Nr. 140 Münzkabinett der Staatlichen Museen zu Berlin, 18219539 (Foto: Dirk Sonnenwald)

Kat.-Nr. 141 Münzkabinett der Staatlichen Museen zu Berlin, 18212928 (Foto: Reinhard Saczewski)

Kat.-Nr. 142 Münzkabinett der Staatlichen Museen zu Berlin, 18208541 (Foto: Reinhard Saczewski)

Kat.-Nr. 143 Archäologisches Museum der WWU Münster (Foto: Robert Dylka)

Kat.-Nr. 144 Archäologisches Museum der WWU Münster (Foto: Robert Dylka)

Kat.-Nr. 145 Münzkabinett der Staatlichen Museen zu Berlin, 18207006 (Foto: Reinhard Saczewski)

Kat.-Nr. 146 Münzkabinett der Staatlichen Museen zu Berlin, 18211204 (Foto: Dirk Sonnenwald)

Kat.-Nr. 147 Münzkabinett der Staatlichen Museen zu Berlin, 18208371 (Foto: Reinhard Saczewski)

Kat.-Nr. 148 Münzkabinett der Staatlichen Museen zu Berlin, 18219544 (Foto: Reinhard Saczewski)

Kat.-Nr. 149 Münzkabinett der Staatlichen Museen zu Berlin, 18221684 (Foto: Dirk Sonnenwald)

Kat.-Nr. 150 Hellenic Ministry of Culture and Sports/Archaeological Receipts Fund (Foto: George Fafalis)

Kat.-Nr. 151 Münzkabinett der Staatlichen Museen zu Berlin, 18206999 (Foto: Reinhard Saczewski)

Kat.-Nr. 152 Archäologisches Museum der WWU Münster (Foto: Robert Dylka)

Kat.-Nr. 153 LWL-Römermuseum Haltern

Kat.-Nr. 154 Münzkabinett der Staatlichen Museen zu Berlin, 18229307 (Foto: Dirk Sonnenwald)

Kat.-Nr. 155 Archäologisches Museum der WWU Münster (Foto: Robert Dylka)

Kat.-Nr. 156 Münzkabinett der Staatlichen Museen zu Berlin, 18224466 (Foto: Reinhard Saczewski)

Kat.-Nr. 157 Münzkabinett der Staatlichen Museen zu Berlin, 18236679 (Foto: Lutz-Jürgen Lübke [Lübke und Wiedemann])

ESSAYS

H. Neumann (S. 17)

Abb. 1 © Staatliche Museen zu Berlin – Vorderasiatisches Museum (Foto: Olaf M. Teßmer)

Abb. 2 BPK Bildarchiv

Abb. 3 nach: AK New York 2003, S. 464, Abb. 326 c (bearbeitet von Robert Dylka)

Abb. 4 a BPK Bildarchiv

Abb. 4 b BPK Bildarchiv

P. Funke (S. 27)

Abb. 1 Archäologisches Museum der WWU Münster (Foto: Robert Dylka)

Abb. 2 KHM Museumsverband

Abb. 3 Archäologisches Museum der WWU Münster (Foto: Robert Dylka)

Abb. 4 © Archiv der Inscriptiones Graecae, Berlin –Brandenburgische Akademie der Wissenschaften, Berlin (Foto: Robert Dylka)

Abb. 5 Archäologisches Museum der WWU Münster (Foto: Robert Dylka)

Abb. 6 Hellenic Ministry of Culture and Sports/Archaeological Receipts Fund of Greece/National Archaeological Museum © Acropolis Museum (Foto: Socratis Mavromattis)

Abb. 7 https://commons.wikimedia.org/wiki/File:Dexileos.JPG(Χρήστης/Magnus Manske)

H.-D. Blume (S. 41)

Abb. 1 Staatliche Antikensammlung und Glyptothek München

Abb. 2 Fotothek Deutsches Archäologisches Institut D-DAI-ATH-Mykonos 0087 (Foto E. Czako)

Abb. 3 Archäologisches Museum der WWU Münster (Foto: Saskia Erhardt)

Abb. 4 https://commons.wikimedia.org/wiki/File:Cinesias_Entreating_Myrrhina_to_Coition,_Aubrey_Beardsley.jpg?uselang=de

Detail Abb. 2 https://commons.wikimedia.org/wiki/File:Mykonos_vase,_relief_pithos,_capture_of_Troy,_670_BC,_AM_Mykonos,_2240,_177256.jpg?uselang=de (Zde)

M. Meyer (S. 49)

Abb. 1 nach: AK Kopenhagen 1999, S. 206, Kat.-Nr. 233

Abb. 2 nach: AK Kopenhagen 1999, S. 206, Kat.-Nr. 233

Abb. 3 Slg. D. Jordan (Foto R. Dylka)

Abb. 4 © Antikenmuseum Basel und Sammlung Ludwig (Foto: R. Habegger)

Abb. 5 Fotothek Deutsches Archäologisches Institut D-DAI-ATH-Mykonos 0087 (Foto E. Czako)

Abb. 6 nach: Moretti 1999, 14, Abb. 7

Abb. 7 Archäologisches Nationalmuseum © Griechisches Ministerium für Kultur und Sport / TAPA (Foto: Giannis Patrikianos)

Abb. 8 Archäologisches Nationalmuseum © Griechisches Ministerium für Kultur und Sport / TAPA (Foto: Elefttherios Galanopoulos)

Abb. 9 © The Fitzwilliam Museum, Cambridge. Lewis Collection, reproduced by courtesy of the Master and Fellows of Corpus Christi College, Cambridge

Abb. 10 nach: Kader 2003, S. 129, Abb. 10

Abb. 11 Fotothek Deutsches Archäologisches Institut D-DAI-ATH 1990/441 (Foto E. Gehnen)

T. Schreiber (S. 59)

Abb. 1 ©Illustrated London News Ltd/ Mary Evans.

Abb. 2 https://commons.wikimedia.org/wiki/File:UN_General_Assembly_hall.jpg?uselang=de (Patrick Gruban/Pine)

M. Papini (S. 63)

Abb. 1 Staatliche Antikensammlung und Glyptothek München

Abb. 2 Hellenic Ministry of Culture and Sports/Archaeological Receipts Fund of Greece/Ephorate of Antiquities of West Attica/Archaeological Museum of Eleusis

Abb. 3 Münzkabinett der Staatlichen Museen zu Berlin, 18251130 (Foto: Reinhard Saczewski)

Abb. 4 nach: von den Hoff 2007, 317, Abb. 1 (bearbeitet von Robert Dylka)

Abb. 5 Roy Hessing, Museum für Abgüsse Klassischer Bildwerke München

Abb. 6 Archivio Fotografico della Soprintendenza per i Beni Archeologici del Lazio

A. Lepke (S. 75)

Abb. 1 Archiv der Inscriptiones Graecae, Berlin-Brandenburgische Akademie der Wissenschaften, Foto: Robert Dylka

Abb. 2 Archäologisches Museum der WWU Münster (Foto: Robert Dylka)

Abb. 3 nach: IK Priene 2, S. 184–185 (bearbeitet von Robert Dylka)

B. Linke (S. 105)

Abb. 1 Numismatik Lanz München, Auktion 163 (7. 12. 2016) Nr. 155

Abb. 2 https://commons.wikimedia.org/wiki/File:Cesare_Maccari._Appius_Claudius_Caecus_in_senate.jpg

Abb. 3 Foto: Silke Hockmann

A. Lichtenberger, K. Martin, H.-H. Nieswandt, D. Salzmann (S. 115)

Abb. 1 © archivio dell'arte | pedicini fotografi MN3909

Abb. 2 Münzkabinett der Staatlichen Museen zu Berlin, 18201827 (Foto: Dirk Sonnenfeld)

Abb. 3 ANS 1937.158.237

Abb. 4 Numismatica Ars Classica NAC AG, Auktion 63 (17. 5. 2012) Nr. 462

Abb. 5 Münzkabinett der Staatlichen Museen zu Berlin, 18212634 (Foto: Reinhard Saczewski)

Abb. 6 Archäologisches Museum der WWU Münster (Foto: Robert Dylka)

Abb. 7 David Jeselsohn

Abb. 8 Münzkabinett der Staatlichen Museen zu Berlin, 18212634 (Foto: Reinhard Saczewski)

Abb. 9 Münzkabinett der Staatlichen Museen zu Berlin, 18225083 (Foto: Dirk Sonnenwald)

Abb. 10 Leu Numismatik AG, Web Auktion 3 (25. 2. 2018) Nr. 844

Abb. 11 Classical Numismatic Group, Electronic Auction 406 (27. 9. 2017) Nr. 710 (www.cngcoins.com)

Abb. 12 Auktionshaus H. D. Rauch GmbH, Auktion 105 (16. 11. 2017) Nr. 296

Abb. 14 Münzkabinett der Staatlichen Museen zu Berlin, 18201703 (Foto: Lutz-Jürgen Lübke [Lübke und Wiedemann])

Abb. 15 Münzkabinett der Staatlichen Museen zu Berlin, 18200756 (Foto: Lutz-Jürgen Lübke [Lübke und Wiedemann])

Abb. 16 Münzkabinett der Staatlichen Museen zu Berlin, 18203969 (Foto: Lutz-Jürgen Lübke [Lübke und Wiedemann])

Abb. 17 ANS 1944.100.18348

Abb. 18 Münzen & Medaillen GmbH, Auktion 44 (25. 11. 2016) Nr. 418

Abb. 19 Münzkabinett der Heinrich-Heine-Universität Düsseldorf, Slg. Roth Nr. 11605

Abb. 20 Münzkabinett der Staatlichen Museen zu Berlin, 18200667 (Foto: Lutz-Jürgen Lübke [Lübke und Wiedemann])

Abb. 21 Münzkabinett der Staatlichen Museen zu Berlin, 18237617 18212634 (Foto: Reinhard Saczewski)

Abb. 22 ANS 1984.146.913

Abb. 23 ANS 1944.100.5861

Abb. 24 Münzkabinett der Staatlichen Museen zu Berlin, 18260846 (Foto: Karsten Dahmen)

Abb. 25 Münzkabinett der Staatlichen Museen zu Berlin, 18201533 (Foto: Lutz-Jürgen Lübke [Lübke und Wiedemann])

Abb. 26 Archäologisches Museum der WWU Münster (Foto: Robert Dylka)

S. Faust (S. 131)

Abb. 1 Foto: Silke Hockmann

Abb. 2 Foto: Silke Hockmann

Abb. 3 Foto: Silke Hockmann

Abb. 4 https://commons.wikimedia.org/wiki/Ara_Pacis#/media/File:Ara_Pacis_Rom.jpg (Manfred Heyde; bearbeitet von Robert Dylka)

S. Whybrew (S. 143)

Abb. 1 Fotothek Deutsches Archäologisches Institut, D-DAI-ROM-75.487

Abb. 2 Münzkabinett der Staatlichen Museen zu Berlin, 18204693 (Foto: Dirk Sonnenwald)

T. Schreiber (S. 149)

Abb. 1 Bundesarchiv, B 145 Bild-F004204-0003 (Foto: Doris Adrian)

Abb. 2 Archäologisches Museum der WWU Münster (Foto: Robert Dylka)

Abb. 3 Archäologisches Museum der WWU Münster (Foto: Robert Dylka)

Abb. 4 Münzkabinett der Staatlichen Museen zu Berlin, 18234607 (Foto: Reinhard Saczewski)

Abb. 5 Archäologisches Museum der WWU Münster (Foto: Robert Dylka)

S. Nomicos (S. 153)

Abb. 1 Budapest History Museum – Aquincum Museum – Photo Gallery (Foto: Péter Komjáthy)

Abb. 2 Roberto Meneghini/Inklink

Abb. 3 Münzkabinett der Staatlichen Museen zu Berlin, 18204476 (Foto: Reinhard Saczewski)

R. Meneghini (S. 157)

Abb. 1 Roberto Meneghini

Abb. 2 Roberto Meneghini/Inklink

Abb. 3 nach: Carettoni u. a. 1960, Taf. 20 (bearbeitet von Robert Dylka)

Abb. 4 Google Earth (bearbeitet von Roberto Meneghini)

Abb. 5 Roberto Meneghini/Inklink

Abb. 6 Foto: Roberto Meneghini

Abb. 7 Foto: Roberto Meneghini

Abb. 8 Foto: Roberto Meneghini

Abb. 9 nach: Castagnoli/L. Cozza 1956–1958, S. 131, Abb. 15 (bearbeitet von Roberto Meneghini)

Abb. 10 Foto: Roberto Meneghini

Abb. 11 a Foto: Roberto Meneghini

Abb. 11 b Roberto Meneghini/Inklink

Abb. 12 Archiv Roberto Meneghini

Abb. 13 nach: AK Rom 2014, S. 166, Abb. 7 (bearbeitet von Robert Dylka)

Abb. 14 nach: AK Rom 2014, S. 319 (bearbeitet von Robert Dylka)

D. Hendin (S. 173)

Abb. 1 Classical Numismatic Group, Inc.,Triton XVI (9. 1. 2013) Nr. 1060 (www.cngcoins.com)

Abb. 2 Münzkabinett der Staatlichen Museen zu Berlin, 18204487 (Foto: Reinhard Saczewski)

Abb. 3 Detail, Münzkabinett der Staatlichen Museen zu Berlin, 18204487 (Foto: Reinhard Saczewski)

M. Vitale (S. 177)

Abb. 1 Foto: Robert Dylka

Abb. 2 Münzkabinett der Staatlichen Museen zu Berlin, 18219476 (Dirk Sonnenwald)

Abb. 3 New York University Excavations at Aphrodisias (G. Petruccioli)

Abb. 4 Foto: https://commons.wikimedia.org/wiki/File:Relief_Hadrianeum_MAN_Napoli_Inv79.jpg (Marie-Lan Nguyen)

Abb. 5 New York University Excavations at Aphrodisias (G. Petruccioli)

A. Lichtenberger, H.-H. Nieswandt, D. Salzmann (S. 233)

Abb. 1 Staatliche Antikensammlung und Glyptothek München

Abb. 2 SMB Antikensammlung (Foto: Johannes Laurentius)

Abb. 3 https://commons.wikimedia.org/wiki/File:Autel_gens_augusta_rome.JPG (Dyolf77)

Abb. 4 Archäologisches Museum der WWU Münster (Foto: Robert Dylka)

Abb. 5 Staatliche Antikensammlung und Glyptothek München

Abb. 6 nach: Ryberg 1955, Taf. 50

Abb. 7 Classical Numismatic Group, Inc. Nr. 808352 (www.cngcoins.com)

Abb. 8 Foto: Silke Hockmann

Abb. 9 Deutsche Friedensgesellschaft – Vereinigte KriegsdienstgegnerInnen Mainz

Abb. 10 Münzkabinett der Staatlichen Museen zu Berlin, 18200381 (Foto: Lutz-Jürgen Lübke [Lübke und Wiedemann])

Abb. 11 Privatbesitz (Foto: Robert Dylka)

Abb. 12 © archivio dell'arte | pedicini fotografi MN0320

Abb. 13 © akg-images

Abb. 14 Münzkabinett der Staatlichen Museen zu Berlin, 18203596 (Foto: Lutz-Jürgen Lübke [Lübke und Wiedemann])

Abb. 15 Foto: Jennifer Wahlbring

Abb. 16 © Getty Images

Abb. 17 © Museum Lolland-Falster

Abb. 18 Münzkabinett der Staatlichen Museen zu Berlin, 18228354 (Foto: Dirk Sonnenwald)

L. Winkler-Horaček (S. 247)

Abb. 1 Lorenz Winkler-Horaček

Abb. 2 Foto: Robert Dylka

Abb. 3 nach: Kübler 1970, Taf. 23

Abb. 4 Akademisches Kunstmuseum – Antikensammlung der Universität Bonn (Foto: Gisela Geng)

Abb. 5 Akademisches Kunstmuseum – Antikensammlung der Universität Bonn (Foto: Gisela Geng)

Abb. 6 KHM Museumsverband

Abb. 7 Foto: Matthias J. Bensch

Abb. 8 Foto: Silke Hockmann

Abb. 9 Foto: 2008. Sergey Sosnovskiy (CC BY-S. 4.0) http://ancientrome.ru/art/artworken/img.htm?id=5867

Abb. 10 Foto: Silke Hockmann

A. Lichtenberger, H. Nieswandt (S. 261)

Abb. 1 Stadtmuseum Münster (Foto: Tomasz Samek)

Abb. 2 Numismatik Lanz München, Auktion 158 (5. 6. 2014) Nr. 405

Abb. 3 Solidus Numismatik, Monthly Auction 19 (23. 9. 2017) Nr. 482

Abb. 4 Classical Numismatic Group, Electronic Auction 406 (27. 9. 2017) Nr. 635 (www.cngcoins.com)

Impressum

Diese Publikation erscheint anlässlich der Ausstellung

Eirene/Pax. Frieden in der Antike

28. April – 2. September 2018

im Archäologischen Museum der Westfälischen Wilhelms-Universität Münster

im Rahmen der Ausstellungskooperation

Frieden. Von der Antike bis heute

LWL-Museum für Kunst und Kultur
Bistum Münster
Archäologisches Museum der WWU Münster
Kunstmuseum Pablo Picasso Münster
Stadtmuseum Münster

Ausstellung

Archäologisches Museum der WWU Münster

Direktor
Achim Lichtenberger

Kurator
H.-Helge Nieswandt

Kuratorische Assistenz
Silke Hockmann,
Torben Schreiber,
Saskia Erhardt

Wissenschaftliche Konzeption
Achim Lichtenberger,
H.-Helge Nieswandt,
Dieter Salzmann

Ausstellungsmanagement
H.-Helge Nieswandt,
Silke Hockmann

Registrarin
Silke Hockmann

Kommunikation
H.-Helge Nieswandt,
Norbert Robers

Kunstvermittlung
H.-Helge Nieswandt

Besucherbüro Kunstvermittlung
Saskia Erhardt, Silke Hockmann

Verwaltung
Achim Lichtenberger,
Eckhard Kluth

Ausstellungsgestaltung
nur | design.text

Restauratorische Betreuung
Thomas Lehmkuhl

Aufbau und Technik
H.-Helge Nieswandt, Gerd Schossow,
Nico von Rüden, Klaus Lehmkuhl,
Dezernat 7 der WWU Münster,
Schreinerei der WWU Münster

Magazinverwaltung
H.-Helge Nieswandt

Herausgeber
Achim Lichtenberger, H.-Helge Nieswandt, Dieter Salzmann

Konzeption
Achim Lichtenberger,
H.-Helge Nieswandt

Redaktion
Saskia Erhardt, Silke Hockmann,
Achim Lichtenberger, H.-Helge Nieswandt

Lektorat
Saskia Erhardt, Silke Hockman,
Achim Lichtenberger, H.-Helge Nieswandt, Monika Nieswandt

Bildbearbeitung
Sabine Ahlbrand-Dornseif,
Anne Neier

Projektleitung Verlag und Lektorat
Christine Jäger-Ulbricht,
Sandstein Verlag

Gestaltung
Michaela Klaus, Jana Felbrich,
Joachim Steuerer, Annett Stoy,
Jacob Stoy, Sandstein Verlag

Satz und Reprografie
Gudrun Diesel, Katharina Stark,
Jana Neumann, Sandstein Verlag

Druck und Verarbeitung
Westermann Druck Zwickau GmbH

Die Deutsche Nationalbibliothek verzeichnet diese Publikation in der Deutschen Nationalbibliografie; detaillierte bibliografische Daten sind im Internet unter http://dnb.dnb.de abrufbar.

ISBN 978-3-95498-385-8

www.sandstein-verlag.de

Umschlag Vorderseite
Reliefdarstellung der Pax
auf der Ara Pacis (Kat.-Nr. 23)

Umschlag Rückseite
Pax mit Botenstab und Zweig
Buntmetallmünze (Kat.-Nr. 144)

Ausstellungskooperation

Förderer des Kooperationsprojekts

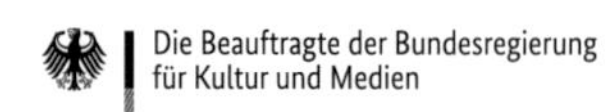

K U L T U R
S T I F T U N G · D E R
L Ä N D E R

Ministerium für
Kultur und Wissenschaft
des Landes Nordrhein-Westfalen

friede springer stiftung

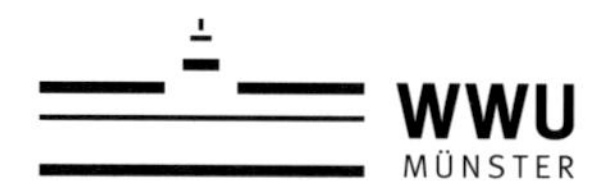